百衲本

周書

唐·令狐德棻等撰

國家圖書館出版社

圖書在版編目（CIP）數據

百衲本周書／（唐）令狐德棻等撰. --北京：國家圖書館出版社，2014.9（2019. 2重印）

ISBN 978-7-5013-5406-1

Ⅰ.①百… Ⅱ.①令… Ⅲ.①中國歷史—北周—紀傳體 Ⅳ.①K239.250.42

中國版本圖書館CIP數據核字（2014）第148429號

書　　名　百衲本周書
著　　者　（唐）令狐德棻等撰
叢 書 名　百衲本二十四史
責任編輯　陳　卓
重印編輯　張慧霞
封面設計　邢　毅

出　　版　國家圖書館出版社（100034　北京市西城區文津街7號）
（原書目文獻出版社　北京圖書館出版社）
發　　行　010-66114536　66126153　66151313　66175620
66121706（傳真）　66126156（門市部）
E-mail　nlcpress@nlc.cn（郵購）
Website　www.nlcpress.com→投稿中心
經　　銷　新華書店
印　　裝　北京華藝齋古籍印務有限責任公司
版　　次　2014年9月第1版　2019年2月第2次印刷

開　　本　710×1000毫米　1/16
印　　張　27.75
字　　數　260千字

書　　號　ISBN 978-7-5013-5406-1
定　　價　90.00圓

百衲本二十四史影印出版説明

『二十四史』是中國古代各朝被政府納爲正統的二十四部史書的總稱，其上起《史記》，下迄《明史》，記載了從傳説中的五帝時代到清朝初年約四千餘年中政治、經濟、文化等諸多方面的歷史，是我國古代最權威、最詳細的史學著作。

清代最通行的『二十四史』，是乾隆年間刊行的『欽定武英殿本二十四史』，即『殿本』。殿本版式疏朗，刻印精良，但是校勘不夠審慎，存在誤字、衍字、缺字甚至整段文字脱失的情况。而且，由於殿本的編纂官皆屬御用史官，不得不爲帝王所左右，史實記録上存在竄改等原因造成的缺憾。晚清時，又出現了由各省官書局刊刻的局本，廣爲流傳，但仍以殿本爲依據，存在不少問題。

二十世紀二十年代起，張元濟先生耗費巨資搜訪宋元善本，通過採用當時最先進的攝影製版技術，歷經多年努力，至一九三六年，終於出齊了整套影印版的『二十四史』。因各書底本多殘缺不全，不得不通過許多版本相互參校、補綴而成，猶如僧侣之『百衲衣』，故名之曰『百衲本二十四史』。其中除《舊五代史》《元史》《明史》以明清時的版本作爲底本外，均以宋元版爲主要底本。百衲本對殿本、局本中的謬誤多有匡正，其對歷史研究的功績有目共睹，影響深巨，被史學界一致公認爲『中國最佳全本正史』，是中國史學史上的一座豐碑，具有極高的版本價值、研究價值和收藏價值。

百衲本二十四史自問世以來，曾數次被影印出版，其中的宣紙綫裝本，因價格不菲，不便學者購藏利用。而縮印本則多存在質量問題，其中質量較好的，當數二十世紀五十年代北京商務印書館的精裝二十四冊本。但年代既久，流傳亦少，已屬罕見。爲滿足文史工作者的研究需求，也讓更多的文史愛好者接觸到百衲本二十四史，我社決定將之再度影印出版。

本次影印，將每部正史單獨製作，採取每頁分上下雙欄的形式印製，並爲每部正史編製了分卷目録。需要説明的是，此次我社在編製目録時，爲更好地反映百衲本原貌，充分體現其與殿本、局本等其他系統傳本的差異，原則上均依原書卷端著録，部分保留了原書中使用的簡體字、俗體字及異體字等。對原書中有目無傳或有傳無目等情況，不予變動，僅對極個別處出現的明顯衍、漏、誤字等情況進行了修改。不當之處，請讀者批評指正。

國家圖書館出版社

二〇一四年七月

百衲本周書目録

後周書目録

凡五十卷

紀八卷

傳四十二卷

列傳第八　周書十六
趙貴　獨孤信　侯莫陳崇
列傳第九　周書十七
梁禦　若干惠　怡峯
劉亮　王德
列傳第十　周書十八
王羆 子慶遠　孫述　王思政
列傳第十一　周書十九
達奚武 子震　侯莫陳順
豆盧寧　宇文貴　楊忠

列傳第十二　周書二十
王盟　賀蘭祥　尉遲綱
叱列伏龜　閻慶
列傳第十三　周書二十一
尉遲迥　王謙　司馬消難
列傳第十四　周書二十二
周惠達 馮景　楊寬 兄穆儉　柳慶 子機
列傳第十五　周書二十三
蘇綽
列傳第十六　周書二十四
盧辯
列傳第十七　周書二十五
李賢 弟遠
列傳第十八　周書二十六
長孫儉　長孫紹遠 弟澄　兄子兕
斛斯徵
列傳第十九　周書二十七
赫連達　韓果　蔡祐

常善　辛威　厙狄昌
田弘　梁椿　梁臺
宇文測 弟深
列傳第二十　周書二十八
史寧　陸騰　賀若敦
權景宣
列傳第二十一　周書二十九
王傑　王勇　宇文虯

宇文盛 弟立 耿豪 高琳
李和 伊婁穆 楊紹
王雅 達奚寔 劉雄
侯植

列傳第二十二　周書二十
竇熾 兄子毅 于翼 李穆附

列傳第二十三　周書三十一
韋孝寬 韋夐 梁士彦

列傳第二十四　周書三十二
申徽 陸通 弟逞 柳敏
盧柔 唐瑾

後周書目録　五

列傳第二十五　周書三十三
厙狄峙 楊存 趙剛
王慶 趙昶 王悦
趙文表

列傳第二十六　周書三十四
趙善 元定 楊擯
裴寬 楊敷

列傳第二十七　周書三十五
鄭孝穆 崔謙 弟說 子弘度
崔猷 裴俠 薛端
薛善 弟慎

列傳第二十八　周書三十六
鄭偉 楊纂 段永
王士良 崔彦穆 令狐整
司馬裔 裴果 子孝仁 附刘志 子明 子陵

列傳第二十九　周書三十七
寇儁 韓褒 趙肅
張軌 李彦 郭彦
裴文舉 高賓

後周書目録　六

列傳第三十　周書三十八
蘇亮 弟湛 柳虯 吕思禮
薛憕 薛寘 李昶
元偉

列傳第三十一　周書三十九
韋瑱 梁昕 皇甫璠

辛慶之 族子昂 王子直 杜杲

列傳第三十二 周書四十

尉遲運 王軌 宇文神舉

宇文孝伯 顏之儀 樂運

列傳第三十三 周書四十一

王褒 庾信

列傳第三十四 周書四十二

蕭撝 蕭世怡 蕭圓肅

蕭大圜 宗懍 劉璠

柳霞

列傳第三十五 周書四十三

李延孫 韋祐 韓雄

陳忻 魏玄

列傳第三十六 周書四十四

泉企 李遷哲 楊乾運

扶猛 陽雄 席固

任果

列傳第三十七 周書四十五

儒林

盧誕 盧光 沈重

樊深 熊安生 樂遜

列傳第三十八 周書四十六

孝義

李棠 柳檜 杜叔毗

荆可 秦族 皇甫遐

張元

列傳第三十九 周書四十七

藝術

冀儁 蔣昇 姚僧垣 子最

黎景熙 趙文深 褚該

列傳第四十 周書四十八

蕭詧

列傳第四十一 周書四十九

異域上

高麗 百濟 蠻

獠 宕昌 鄧至

後周書目録

周書本紀八列傳四十二合五十篇唐令狐德棻請撰次而詔德棻與陳叔達庾儉成之仁宗時出太清樓本合史館秘閣本又募天下獻書而取夏竦李巽家本下館閣是正其文字令既鏤板以傳學官而臣等始預其是正又序其目録一篇曰周之六帝當四海分裂之時形勢劫束毅然有志合天下於一而材足以有爲者特文帝而已文帝召蘇綽於稠人之中始知之未盡也卧予之言既當其意遂起并晝夜諮諏酬酢知其果可以斷安危治亂之謀而詘已以聽之考於書唯府兵之設歛千歲已散之民而係之於兵庶幾得三代之遺意能不駭人視聽以就其事而效見於後世文帝嘗患文章浮薄使綽爲大誥以勸而卒能變一時士大夫之制作然則勢在人上而欲鼓舞其下者奚患不成雖然非文帝之智内有以得於己而蘇綽之守外不詘於人則未可必其能然也以彼君臣之相遭非以先王之道而猶且懇懇以誘之言

又況無所待之豪傑可易以畜哉夫以德力行
仁所以爲王霸之異而至於詘已任人則未始
不同然而君能畜臣者天下之至難傳曰取人
以身修身以道修道以仁蓋道極於不可知之
神而人有其質推之爲天下國家之用者以其
粗爾然非致其精於已則其粗亦不能以爲人
惟能自愛其身則内不欺其心内不欺其心則
外不蔽於物然後好惡無所作而尚何有已哉
能無已始可以得已而足以揆天下之理知人

三百六十四　周書目録　十一　林良臣

之言而邪正無以廋其實尚何患乎論之不一
哉於是賢能任使之盡其方而吾所省者以天
下之耳目而小人不能託忠以誣君子又從而
爲之勸禁則小人忿欲之心已黜於冥冥之際
君子樂以其類進而摩厲其俗凛然有恥君
臣相與謀於上因敝以新法度而令能者馳騖
於下有忠信之守而無傳會遷就之患則法度
有佛於民而下不以情赴上者乎蓋虚然後能
受天下之實約然後能操天下之煩垂纓攝衽

俯仰廟堂無爲以應萬幾者致其思而已矣夫
思之爲王者事君臣一也而君之勢則異焉世
獨頌堯舜之無爲而安知夫人主自宜無爲而
思則不可一日已也書曰思曰睿揚雄曰於道
則勞其不然歟蓋夫法度善矣非以道作其人
則不能爲之守而民之多寡物之豐殺法度有
視時而革者必待人而後謀則是可不致其思
乎苟未能此而徒欲法度之革者是豈先王爲
治之序哉彼區區之周何足以議徒取其能因

周書目録　十二

一時君臣之致好猶足以見其効又況慨然行
先王之道而得大有爲之勢乎是固不宜無論
也臣燾臣安國臣希謹昧死上

周書一

紀第一

令狐德棻等撰

文帝上

太祖文皇帝姓宇文氏諱泰字黑獺代武川人也其先出自炎帝神農氏爲黃帝所滅子孫遯居朔野有葛烏菟者雄武多筭略鮮卑慕之奉以爲主遂揔十二部落世爲大人其後曰普回因狩得玉璽三紐有文曰皇帝璽普回心異之以爲天授其俗謂天曰宇謂君曰文因號宇文國并以爲氏焉普回子莫那自陰山南徙始居遼西是曰獻侯爲魏舅生之國九世至侯豆歸爲慕容晃所滅其子陵仕燕拜駙馬都尉封玄菟公魏道武將攻中山陵從慕容寶禦之寶敗陵率甲騎五百歸魏拜都牧主賜爵安定侯天興初徙豪傑於代都陵隨例遷武川焉陵生系系生韜並以武略稱韜生肱肱任俠有氣幹正光末沃野鎮人破六汗拔陵作亂遠近多應之其僞署王衛可孤徒黨最盛肱乃糾合鄉里斬

可孤其衆乃散後避地中山遂陷於鮮于脩禮脩禮令肱還統其部衆後爲定州軍所破歿於陣武成初追尊曰德皇帝太祖德皇帝之少子也母曰王氏孕五月夜夢抱子昇天纔不至而止寤而告德皇帝德皇帝喜曰雖不至天貴亦極矣生而有黑氣如蓋下覆其身及長身長八尺方顙廣額美鬚髯髮長委地垂手過膝背有黑子宛轉若龍盤之形面有紫光人望而敬畏之少有大度不事家人生業輕財好施以交結賢士大夫少隨德皇帝在鮮于脩禮軍及葛榮殺脩禮太祖時年十八榮遂任以將帥太祖知其無成與諸兄謀欲逃避計未行會爾朱榮擒葛榮定河北太祖隨例遷晉陽榮以太祖兄弟雄傑懼或異己遂託以他罪誅太祖第三兄洛生復欲害太祖太祖自理家冤辭旨慷慨榮感而免之益加敬待孝昌二年燕州亂太祖始以統軍從榮征之先是北海王顥奔梁梁人立爲魏主令率兵入洛魏孝莊帝出居河內以避之

榮遣賀拔岳討顥仍迎孝莊帝太祖與岳有
舊乃以別將從岳及孝莊帝反正以功封寧都子
邑三百戶遷鎮遠將軍步兵校尉万俟醜奴作
亂關右孝莊帝遣爾朱天光及岳等討之太
祖遂從岳入關先鋒破僞行臺尉遲菩薩等及平
醜奴定隴右太祖功居多遷征西將軍金紫光祿
大夫增邑三百戶加直閤將軍行原州事時關
隴寇亂百姓凋殘太祖撫以恩信民皆悅服咸
喜曰早值宇文使君吾等豈從逆亂太祖嘗

周書紀一　三

從數騎於野忽聞簫鼓之音以問從人皆云莫
之聞也普泰二年爾朱天光東拒齊神武留弟
顯壽鎮長安秦州刺史侯莫陳悅爲天光所召
將軍衆東下岳知天光必敗欲留悅共圖顯壽
而計無所出太祖謂岳曰今天光尚邇悅未有
二心若以此事告之恐其驚懼然悅雖爲主將不
能制物若先說其衆必人有留心進失爾朱之
期退恐人情變動乘此說悅事無不遂岳大
喜即令太祖入悅軍說之悅遂不行乃相率襲

長安令太祖輕騎爲前鋒太祖策顯壽怯懦聞
諸軍將至必當東走恐其遠遁乃倍道兼行
顯壽果已東走追至華山擒之太昌元年岳爲
關西大行臺以太祖爲左丞領岳府司馬加散騎
常侍事無巨細皆委決焉齊神武既破爾朱遂
專朝政太祖請往觀之既至并州齊神武問岳
軍事太祖口對雄辯齊神武以爲非常人欲留
之太祖詭陳忠款乃得反命遂星言就道齊神
武果遣追之至關不及太祖還謂岳曰高歡非

周書紀一　四

人臣也逆謀所以未發者憚公兄弟耳然凡欲立
大功匡社稷未有不因地勢總英雄而能克成
者也侯莫陳悅本實庸材遭逢際會遂叨任
委既無憂國之心亦不爲高歡所忌但爲之備
圖之不難今費也頭控弦之騎不下一萬夏州
刺史解拔彌俄突勝兵之士三千餘人及靈州
刺史曹泥並恃其僻遠常懷異望河西流民紇
豆陵伊利等戶口富實未奉朝風今若移軍近
隴扼其要害示之以威服之以德即可收其士

馬以實五軍西輯氐羌北撫沙塞還軍長安匡
輔魏室此桓文舉也岳大悦復遣太祖詣闕請
事密陳其狀魏帝深納之加太祖武衛將軍還
令報岳岳遂引軍西次平凉謀於其衆曰夏州
隣接寇賊須加綏撫安得良刺史以鎮之衆皆
曰宇文左丞即其人也岳曰左丞吾之左右手
也如何可廢沈吟累日乃從衆議於是表太祖
爲使持節武衛將軍夏州刺史太祖至州伊利
望風款附而曹泥猶通使於齊神武魏永熙三

三卅四 周書紀一 五 朱

年春正月岳欲討曹泥遣都督趙貴至夏州與
太祖計事太祖曰曹泥孤城阻遠未足爲憂侯
莫陳悦怙衆密邇貪而無信必將爲患願早
圖之岳不聽遂與悦俱討泥二月至于河曲岳
果爲悦所害其士衆散還平凉唯大都督趙貴
率部曲收岳屍還營於是三軍未有所屬諸
將以都督寇洛年最長相與推洛以揔兵事洛
素无雄略威令不行乃謂諸將曰洛智能本闕
不宜統御近者迫於羣議推相攝領今請避位

更擇賢材於是趙貴言於衆曰元帥忠公盡節
暴於朝野勳業未就奄罹凶酷豈唯國喪良宰
固亦衆无所依必欲糾合同盟復讎雪耻須擇
賢者揔統諸軍舉非其人則大事難集雖欲立
忠建義其可得乎竊觀宇文夏州英姿不世雄
謨冠時遠邇歸心士卒用命加以法令齊肅賞
罰嚴明眞足恃也今若告喪必來赴難因而奉
之即大事集矣諸將皆稱善乃命赫連達馳至
夏州告太祖曰侯莫陳悦不顧盟誓棄恩背德

三卅四 周書紀一 六 子

賊害忠良羣情憤惋控告无所公昔居管轄恩
信著聞今無小無大咸願推奉衆之思公引日
成歲願勿稽留以慰衆望也太祖將赴之夏州
吏民咸泣請曰聞悦今在永洛去平凉不遠若
已有賀拔公之衆則圖之實難願且停留以觀
其變太祖曰悦既害元帥自應乘勢直據平凉
而反趑趄屯兵永洛吾知其无能爲也且難得
易失者時也不俟終日者幾也今不早赴將恐
衆心自離都督彌姐元進規欲應悦密圖太祖

事發斬之太祖乃率帳下輕騎馳赴平涼時齊
神武遣長史侯景招引岳衆太祖至安定遇之
謂景曰賀拔公雖死宇文諱尚存卿何爲也景
失色對曰我猶箭耳隨人所射安能自裁景於
此即還太祖至平涼哭岳甚慟將士且悲且喜
曰宇文公至無所憂矣于時魏孝武帝將圖齊
神武聞岳被害遣武衛將軍元毗宣旨慰勞追
岳軍還洛陽毗到平涼會諸將已推太祖侯莫
陳悅亦被勑追還悅既附齊神武不肯應召太

祖謂諸將曰侯莫陳悅枉害忠良復不應詔命
此國之大賊豈可容之乃命諸軍戒嚴將以討
悅及元毗還太祖表於魏帝曰臣前以故關西
大都督臣岳竭誠奉國橫罹非命三軍喪氣朝
野痛惜都督寇洛等銜冤茹感志雪讎恥以臣
昔同幕府苦賜要結臣便以今月十四日輕來
赴軍當發之時已有別表既爲衆情所逼權掌
兵事詔召岳軍入京此乃爲國良策但高歡之
衆已至河東侯莫陳悅猶在永洛在此軍士多

是關西之人皆戀鄉邑不願東下今逼以上命
悉令赴闕悅躡其後歡邀其前首尾受敵其勢
危矣臣殞身王事誠所甘心恐敗國殄人所損
更大乞少停緩更思後圖徐事誘導漸就東引
太祖志在討悅而未測朝旨且兵衆未集假此
爲詞因與元毗及諸將刑牲盟誓同奬王室初
賀拔岳營於河曲有軍吏獨行忽見一老翁鬚
眉皓素謂之曰賀拔岳雖復據有此衆然終無
所成當有一宇文家從東北來後必大盛言訖

不見此吏恒與所親言之至是方驗魏帝詔太
祖曰賀拔岳既殞士衆未有所歸卿可爲大都
督即相統領知欲漸就東下良不可言今亦徵
侯莫陳悅士馬入京若其不來朕當親自致罰
宜體此意不過淹留太祖又表曰侯莫陳悅違
天逆理酷害良臣自以專戮罪重不恭詔命阻
兵永洛彊梁秦隴臣以大宥既班忍抑私憾頻
問悅及都督可朱渾元等歸闕早晚而悅並維
縶使人不聽反報觀其指趣勢必異圖臣正爲

此未敢自拔兼順衆情乞少停緩太祖乃與悅
書責之曰頃者正光之末天下沸騰塵飛河朔
霧塞荆沔故將軍賀拔公攘袂勃起志寧寓縣
授戈南指拯皇靈於已墜擁旄西邁濟百姓於
淪胥西顧無憂繄公是賴勲茂賞隆遂征關右
此乃行路所知不藉一二談也君實名微行薄
本无遠量故將軍降遷高之志篤彙征之理乃
申啓朝廷薦君爲隴右行臺朝議以君功名闕
然未之許也遂頻煩請謁至於再三天子難違

上將便相聽許是亦遐邇共知不復煩之翰墨
縱使木石爲心猶當知感況在生靈安能無愧
加以王室多故高氏專權主上虛心寄隆晉鄭
君復與故將軍同受密旨屢結盟約期於畢力
共匡時難而貌恭心很妬勝嫉賢口血未乾匕
首已發協黨國賊共危本朝孤恩負誓有靦面
目豈不上畏於天下慙於地吾以弱才猥當藩
牧蒙朝廷拔擢之恩荷故將軍國士之遇聞問
之日魂守驚馳便陳啓天朝暫來奔赴衆情所

推遂當戎重比有勑旨召吾還闕亦有別詔令
君入朝雖操行無聞而年齒已宿今日進退唯
君是視君若督率所部自山隴東邁吾亦總勒
師徒北道還闕共追廉藺之迹同慕寇賈之風
如其首鼠兩端不時奉詔專戮違旨國有常刑
枕戈坐甲指日相見幸圖利害無貽噬臍悅既
懼太祖謀已詐爲詔書與秦州刺史万俟普撥
令與悅爲黨援普撥疑之封詔以呈太祖太祖
表之曰臣自奉詔揔平涼之師責重憂深不遑

啓處訓兵秣馬唯思竭力前以人戀本土侯莫
陳悅窺窬進退量度且宜住此今若召悅授以
內官臣列旆東轅匪朝伊夕朝廷若以悅堪爲
邊扞乞處以瓜涼一藩不然則終致猜虞於事
無益初原州刺史史歸爲岳所親任河曲之變反
爲悅守悅遣其黨王伯和成次安將兵二千人
助歸鎭原州太祖遣都督侯莫陳崇率輕騎一
千襲歸擒之并獲次安伯和等送於平涼太祖
表崇行原州事万俟普撥又遣其將叱干保洛

領二千騎來從軍三月太祖進軍至原州衆軍悉集諭以討悅之意士卒莫不懷憤太祖乃表曰臣聞誓死酬恩覆宗報主人倫所急赴蹈如歸自大都督臣岳殁後臣頻奉詔還闕秣馬戒途志不俟旦直以督將已下咸稱賀拔公視我如子今讎耻未報亦何面目以處世間若得一雪寃瞑目萬死无恨且悅外附彊臣内違朝旨臣今上思逐惡之志下遂節士之心冀仗天威爲國除害小違大順實在兹辰克定之後伏待斧

鉞夏四月引兵上隴留兄子導爲都督鎮原州太祖軍令嚴肅秋豪无犯百姓大悅識者知其有成軍出木峽關大雨雪平地二尺太祖知悅怯而多猜乃倍道兼行出其不意悅果疑其左右有異志者左右亦不安衆遂離貳聞大軍且至退保略陽留一萬餘人據守永洛太祖至永洛命圍之城降太祖即率輕騎數百趣略陽以臨悅軍悅大懼乃召其部將議之皆曰此鋒不可當勸悅退保上邽以避之時南秦州刺史李

弼亦在悅軍乃間道遣使請爲内應其夜悅出軍軍中自驚潰將卒或相率來降太祖縱兵奮擊大破之虜獲萬餘人馬八千疋悅與其子弟及麾下數十騎遁走太祖曰悅本與曹泥應接不過走向靈州乃令原州都督導邀其前都督賀拔頴等追其後導至牽屯山追及悅斬之太祖入上邽收悅府庫財物山積皆以賞士卒毫釐无所取左右竊一銀鏤甕以歸太祖知而罪之即剖賜將士衆大悅時涼州刺史李叔仁爲

其民所執舉州騷擾宕昌羌梁企定引吐谷渾寇金城渭州及南秦州氐羌連結所在蜂起南岐至于瓜鄯跨州據郡者不可勝數太祖乃令李弼鎮原州夏州刺史拔也惡蚝鎮南秦州渭州刺史可朱渾元還鎮渭州衛將軍趙貴行秦州事徵豳涇東秦岐四州粟以給軍齊神武聞秦隴克捷乃遣使於太祖甘言厚禮深相倚結太祖拒而不納時齊神武已有異志故魏帝深仗太祖乃徵二千騎鎮東雍州助爲聲援仍令

太祖稍引軍而東太祖乃遣大都督梁禦率步騎五千鎮河渭合口爲圖河東之計太祖之討悅也悅遣使請援於齊神武神武使其都督韓軌將兵一萬據蒲坂而雍州刺史賈顯送船與軌請軌兵入關太祖因梁禦之東乃逼召顯赴軍禦遂入雍州魏帝遣著作郎姚幼瑜持節勞軍進太祖侍中驃騎大將軍開府儀同三司關西大都督略陽縣公承制封拜使持節如故於是以寇洛爲涇州刺史李弼爲秦州刺史前

略陽郡守張獻爲南岐州刺史盧待伯拒代遣輕騎襲擒之待伯自殺時魏帝方圖齊神武又遣徵兵太祖乃令前秦州刺史駱超爲大都督率輕騎一千赴洛進授太祖兼尚書僕射關西大行臺餘官封如故太祖乃傳檄方鎮曰蓋聞陰陽遞用盛衰相襲苟當百六无聞三五皇家創歷陶鑄蒼生保安四海仁育萬物運距孝昌屯沴屢起隴冀騷動燕河狼顧雖靈命重啓蕩定有期而乘釁之徒因生羽翼賊臣高歡器識庸下出自輿皁罕聞禮義直以一介鷹犬効力戎行靦冒恩私遂階榮寵不能竭誠盡節專挾姦回乃勸爾朱榮行茲篡逆及榮以專政伏誅世隆以凶黨外叛歡苦相敦勉令取京師又勸吐萬兒復爲弑虐暫立建明以令天下假推普泰欲竊威權並歸廢斥俱見酷害於是稱兵河北假討爾朱亟通表奏云取讒敗既行廢黜遂將篡弑以人望未改恐鼎鑊交及乃求宗室權允人心天方與魏必將有主翊戴聖明誠非

歡力而歡阻兵安忍自以爲功廣布腹心跨州連郡端揆禁闈莫非親黨皆行貪虐窫窳生人而舊將名臣正人直士橫生瘡痏動挂網羅故武衛將軍伊琳清貞剛毅禁旅攸屬直閤將軍鮮于康仁忠亮驍傑爪牙斯在歡收而戮之曾无聞奏司空高乾是其黨與每相影響謀危社稷但以姦志未從恐先洩漏乃密白朝廷使殺高乾方哭對其弟稱天子橫戮孫騰任祥歡之心膂並使入居樞近伺國間隙知歡逆謀將發相

纖逃歸歡益加撫待亦无陳白然歡入洛之始本有姦謀令親人蔡儁作牧河濟厚相恩贍以爲東道主人故關西大都督清水公賀拔岳勳德隆重興亡攸寄歡好亂樂禍深相忌毒乃與侯莫陳悅陰圖陷害幕府以受律專征便即討戮歡知逆狀已露稍懷旅距遂遣蔡儁拒代令竇泰佐之又遣侯景等云向白馬輔世珍等徑趣石濟高隆之疋婁昭等屯據壺關韓軌之徒擁衆蒲坂於是上書言天子數論得失訾毀

周書紀一　十五

乘輿威侮朝廷藉此微庸冀茲大寶谿壑可盈禍心不測或言徑赴荊楚開疆於外或言分詣伊洛取彼讒人或言欲來入關與幕府決戰今聖明御運天下清夷百寮師師四隩來暨人盡忠良誰爲君側而歡威福自己生是亂階緝構南箕指鹿爲馬包藏凶逆伺我神器是而可忍孰不可容幕府折衝宇宙親當受脤銳師百萬彀騎千羣裹糧坐甲唯敵是俟義之所在糜軀匪悋況頻有詔書班告天下稱歡逆亂徵兵致

伐今便分命將帥應機進討或趣其要害或襲其窟宅電繞蛇擊霧合星羅而歡違負天地毒被人鬼乘此掃蕩易同俯拾歡若渡河稍逼宗廟則分命諸將直取并州幕府躬自東轅電赴伊洛若固其巢穴未敢發動亦命羣帥直遣俱前轘裂賊臣以謝天下其州鎮郡縣率土人黎或州鄉冠冕或勳庸世濟並宜捨逆歸順立効軍門封賞之科已有別格凡百君子可不勉歟太祖謂諸將曰高歡雖智不足而詐有餘今

蓋　周書紀一　十六

聲言欲西其意在入洛吾欲令寇洛率馬步萬餘自涇州東引王羅率甲士一萬先據華州歡若西來王羅足得抗拒如其入洛寇洛即襲汾晉吾便速駕直赴京邑使其進有內顧之憂退有被躡之勢一舉大定此爲上策衆咸稱善秋七月太祖帥衆發自高平前軍至於弘農而齊神武稍逼京邑魏帝親總六軍屯於河橋令左衛元斌之領軍斛斯椿鎮武牢遣使告太祖太祖謂左右曰高歡數日行八九百里曉兵者所

忌正須乘便擊之而主上以萬乘之重不能
决戰方緣津據守且長河萬里扞禦爲難若一
處得度大事去矣即以大都督趙貴爲別道
行臺自蒲坂濟趣并州遣大都督李賢將精騎
一千赴洛陽會斌之與斛斯椿爭權不協斌之遂
棄椿還紿帝云高歡兵至七月丁未帝遂從洛
陽率輕騎入關太祖備儀衞奉迎謁見東陽驛
太祖免冠泣涕謝曰臣不能式遏寇虐遂使乘
輿遷幸請拘司敗以正刑書帝曰公之忠節曝

於朝野朕以不德負乘致寇今日相見深用厚
顏責在朕躬无勞謝也乃奉帝都長安披草
萊立朝廷軍國之政咸取太祖決焉仍加授大
將軍雍州刺史兼尚書令進封略陽郡公別置
二尚書隨機處分解尚書僕射餘如故太祖固
讓詔敦諭乃受初魏帝在洛陽許以馮翊長公
主配太祖未及結納而帝西遷至是詔太祖尚
之拜駙馬都尉八月齊神武襲陷潼關侵華陰
太祖率諸軍屯霸上以待之齊神武留其將薛

瑾守關而退太祖乃進軍討瑾虜其卒七千還
長安進位丞相冬十月齊神武推魏清河王亶
子善見爲主徙都於鄴是爲東魏十一月遣儀
同李諱與李弼趙貴等討曹泥於靈州諱引河
灌之明年泥降遷其豪帥于咸陽閏十二月魏
孝武帝崩太祖與羣公定策尊立魏南陽王寶
炬爲嗣是爲文皇帝

紀第一 周書一

紀第二　　周書二

令狐德棻等撰

文帝下

魏大統元年春正月己酉進太祖督中外諸軍事録尚書事大行臺改封安定郡王太祖固讓王及録尚書事魏帝許之乃改封安定郡公東魏遣其將司馬子如寇潼關太祖軍霸上子如乃回軍自蒲津寇華州刺史王羆擊走之三月太祖以戎役屢興民吏勞弊乃命所司斟酌今古參考變通可以益國利民便時適治者爲二十四條新制奏魏帝行之

二年春三月東魏襲陷夏州留其將張瓊許和守之夏五月秦州刺史建忠王万俟普撥率所部叛入東魏太祖勒輕騎追之至河北千餘里不及而還

三年春正月東魏寇龍門屯軍蒲坂造三道浮橋度河又遣其將竇泰趣潼關高敖曹圍洛州太祖出軍廣陽召諸將曰賊今犄吾三面又造橋於河示欲必渡是欲綴吾軍使竇泰得西入耳久與相持其計得行非良策也且歡起兵以來泰每爲先驅其下多鋭卒屢勝而驕今出其不意襲之必克克泰則歡不戰而自走矣諸將咸曰賊在近捨而遠襲事若蹉跌悔無及也太祖曰歡前再襲潼關吾軍不過霸上今者大來兵未出郊賊顧謂吾但自守耳无遠鬭意又狃於得志有輕我之心乘此擊之何往不克賊雖造橋未能徑渡比五日中吾取竇泰必矣公等勿疑庚戌太祖率騎六千還長安聲言欲保隴右辛亥謁帝而潛出軍癸丑旦至小關竇泰卒聞軍至惶懼依山爲陣未及成列太祖縱兵擊破之盡俘其衆萬餘人斬泰傳首長安高敖曹適陷洛州執刺史泉企聞泰之歿焚輜重弃城走齊神武亦撤橋而退企子元禮尋復洛州斬東魏刺史杜密太祖還軍長安六月遣儀同于謹取楊氏壁太祖請罷行臺帝復申前命太祖受録尚書事餘固讓乃止秋七月徵兵會咸陽八月丁丑

太祖率李弼獨孤信梁禦趙貴于謹若干惠怡
峯劉亮王德侯莫陳崇李遠達奚武等十二
將東伐至潼關太祖乃誓於師曰與爾有衆奉
天威誅暴亂惟爾士整爾甲兵戒爾戎事无貪
財以輕敵无暴民以作威用命則有賞不用命則
有戮爾衆士其勉之遣于謹居軍前徇地至盤豆
東魏將高叔禮守栅不下謹急攻之乃降獲其戍
卒一千送叔禮于長安戊子至弘農東魏將高干
陝州刺史李徽伯拒守于時連雨太祖乃命諸軍

冒雨攻之庚寅城潰斬徽伯虜其戰士八千高干
走度河令賀拔勝追擒之并送長安於是宜陽邵
郡皆來歸附先是河南豪傑多聚兵應東魏
至是各率所部來降齊神武懼率衆十萬出壺
口趨蒲坂將自后土濟又遣其將高敖曹以三萬人出
河南是歲關中飢太祖既平弘農因館穀五十餘
日時戰士不滿萬人聞齊神武將度乃引軍入關
齊神武遂度河逼華州刺史王羆嚴守知不可
攻乃涉洛軍於許原西太祖據渭南徵諸州兵

皆會乃召諸將謂之曰高歡越山度河遠來至
此天亡之時也吾欲擊之何如諸將咸以衆寡不敵
請待歡更西以觀其勢太祖曰歡若得至咸陽人
情轉騷擾今及其新至便可擊之即造浮橋於
渭令軍人齎三日粮輕騎度渭輜重自渭南夾渭
而西冬十月壬辰至沙苑距齊神武軍六十餘里齊
神武聞太祖至引軍來會癸巳旦候騎告齊神
武軍且至太祖召諸將謀之李弼曰彼衆我寡不
可平地置陣此東十里有渭曲可先據以待之遂

進軍至渭曲背水東西爲陣李弼爲右拒趙貴
爲左拒命將士皆偃戈於葭蘆中聞鼓聲而起
申時齊神武至望太祖軍少競馳而進不爲行列
摠萃於左軍兵將交太祖鳴鼓士皆奮起于謹等
六軍與之合戰李弼等率鐵騎橫擊之絕其軍
爲二隊大破之斬六千餘級臨陣降者二萬餘人齊
神武夜遁追至河上復大克獲前後虜其卒七
萬留其甲士二萬餘悉縱歸收其輜重兵甲獻
俘長安還軍渭南於是所徵諸州兵始至乃於

戰所准當時兵士人種樹一株以旌武功進太祖柱國大將軍增邑并前五千戶李弼等十二將亦進爵增邑并其下將士賞各有差遣左僕射馮翊王元季海爲行臺與開府獨孤信率步騎二萬向洛陽洛州刺史李顯趨荆州賀拔勝李弼度河圍蒲坂牙門將高子信開門納勝軍東魏將薛崇禮弃城走勝等追獲之太祖進軍蒲坂略定汾絳於是許和殺張瓊以夏州降初太祖自弘農入關後東魏將高敖曹圍弘農聞其軍敗退守

洛陽獨孤信至新安敖曹復走度河信遂入洛陽東魏潁川長史賀若統與密縣人張儉執刺史田迅舉城降滎陽鄭榮業鄭偉等攻梁州擒其刺史鹿永吉清河人崔彥穆檀琛攻滎陽擒其郡守蘇淑皆來附自梁陳已西將吏降者相屬於是東魏將堯雄趙育是云寶出潁川欲復降地太祖遣儀同宇文貴梁遷等逆擊大破之趙育來降東魏復遣將任祥率河南兵與雄合儀同怡峯與貴遷等復擊破之又遣都督韋孝寬

取豫州是云寶殺其東揚州刺史那椿以州來附

四年春三月太祖率諸將入朝禮畢還華州七月東魏遣其將侯景庫狄干高敖曹韓軌可朱渾元莫多婁貸文等圍獨孤信於洛陽齊神武繼其後先是魏帝將幸洛陽拜園陵會信被圍詔太祖率軍救信魏帝亦東八月庚寅太祖至穀城莫多婁貸文可朱渾元來逆臨陣斬貸文元單騎遁免悉虜其衆送弘農遂進軍瀍東是夕魏帝幸太祖營於是景等夜解圍去及旦太祖率輕騎追

之至于河上景等北據河橋南屬邙山爲陣與諸軍合戰太祖馬中流矢驚逸遂失所之因此軍中擾亂都督李穆下馬授太祖軍以復振於是大捷斬高敖曹及其儀同李猛西兗州刺史宋顯等虜其甲士一萬五千赴河死者以萬數是日置陣既大首尾懸遠從旦至未戰數十合氛霧四塞莫能相知獨孤信李遠居右趙貴怡峯居左戰並不利又未知魏帝及太祖所在皆弃其卒先歸開府李諱念賢等爲後軍遇信等退即與俱還由是乃班

師洛陽亦失守大軍至弘農守將皆已棄城西走
所虜降卒在弘農者因相與閉門拒守進攻拔
之誅其魁首數百人大軍之東伐也關中留守兵少
而前後所虜東魏士卒皆散在民間乃謀爲亂及
李諱等至長安計無所出乃與公卿輔魏太子出
次渭北關中大震恐百姓相剽刼於是沙苑所俘軍
人趙青雀雍州民于伏德等遂反青雀據長安
子城伏德保咸陽與太守慕容思慶各收降卒
以拒還師長安大城民皆相率拒青雀每日接戰

魏帝留止閿鄉遣太祖討之長安父老見太祖至
悲且喜曰不意今日復得見公士女咸相賀華州
刺史導率軍襲咸陽斬思慶擒伏德南度渭與太
祖會攻青雀破之太傅梁景睿先以疾留長安
遂與青雀通謀至是亦伏誅關中於是乃定魏
帝還長安太祖復屯華州冬十月東魏將侯景攻
陷廣州十二月是云寶襲洛陽東魏將王元軌棄
城走都督趙剛襲廣州拔之自襄廣以西城鎮
復內屬

五年冬大閱於華陰

六年春東魏將侯景出三鵶將侵荆州太祖遣開
府李弼獨孤信各率騎五千出武關景乃退還
夏茹茹度河至夏州太祖召諸軍屯沙苑以備之

七年春三月稽胡帥夏州刺史劉平伏據上郡叛
遣開府于謹討平之冬十一月太祖奏行十二條制恐
百官不勉於職事又下令申明之

八年夏四月大會諸軍於馬牧澤冬十月齊神武侵汾
絳圍玉壁太祖出軍蒲坂將擊之軍至皁莢齊神

武退太祖度汾追之遂遁去十二月魏帝狩於華
陰大饗將士太祖率諸將朝於行在所

九年春東魏北豫州刺史高仲密舉州來附太祖
師師迎之令開府李遠爲前軍至洛陽遣開府
于謹攻栢谷塢拔之三月齊神武至河北太祖還軍
瀍上以引之齊神武果度河據邙山爲陣不進者
數日太祖留輜重於瀍曲士皆銜枚夜登邙山未
明擊之齊神武單騎爲賀拔勝所逐僅而獲
免太祖率右軍若干惠等大破齊神武軍悉虜

其步卒趙貴等五將軍居左戰不利齊神武軍復合太祖又不利夜乃引還既入關屯渭上齊神武進至陝開府達奚武等率軍禦之乃退太祖以邙山之戰諸將失律上表請自貶魏帝報曰公膺期作宰義高匡合伏鉞專征舉无遺筭朕所以垂拱九載實資元輔之力俾九服寧謐誠賴翊賛之功今大寇未殄而以諸將失律便欲自貶深虧體國之誠宜抑此謙光恤予一人於是廣募關隴豪右以增軍旅冬十月大閱於櫟陽還屯華州

十年夏五月太祖入朝秋七月魏帝以太祖前後所上三十四條及十二條新制方爲中興永式乃命尚書蘇綽更損益之揔爲五卷班於天下於是搜簡賢才以爲牧守令長皆依新制而遣焉數年之間百姓便之冬十月大閱於白水

十一年春三月令曰古之帝王所以外建諸侯內立百官者非欲富貴其身而尊榮之蓋以天下至廣非一人所能獨治是以博訪賢才助己爲治若其知賢也則以禮命之其人聞命之日則慘然曰凡受人之事任人之勞何捨己而從人又自勉曰天生儁士所以利時彼人主者欲與我爲治安可苟辭於是降心而受命及居官也則晝不甘食夜不甘寢思所以上匡人主下安百姓不遑恤其私而憂其家故妻子或有饑寒之斃而不顧也於是人主賜之以俸祿尊之以軒冕而不以爲惠也賢臣受之亦不以爲德也位不虛加祿不妄賜爲人君者誠能以此道授官爲人臣者誠能以此情受位則天下之大可不言而治矣昔堯舜之爲君稷契之爲臣

用此道也及後世衰微此道遂廢乃以官職爲私恩爵祿爲榮惠人君之命官也親則授之愛則任之人臣之受位也可以尊身而潤屋者則迂道而求之損身而利物者則巧言而辭之於是至公之道沒而姦詐之萌生天下不治正爲此矣今聖主中興思去澆僞諸在朝之士當念職事之艱難負闕之招累夙夜兢兢如臨深履薄才堪者則審己而當之不堪者則收短而避之使天官不妄加王爵不虛授則淳素之風庶幾可及冬十月大

閱于白水遂西狩岐陽

十二年春涼州刺史宇文仲和據州及瓜州民張保害刺史成慶以州應仲和太祖遣開府獨孤信討之東魏遣其將侯景侵襄州太祖遣開府若干惠率輕騎擊之至穰景遁去夏五月獨孤信平涼州擒仲和遷其民六千餘家於長安瓜州都督令狐延起義誅張保瓜州平七月太祖大會諸軍於咸陽九月齊神武圍玉壁大都督韋孝寬力戰拒守齊神武攻圍六旬不能下其士卒死者什二三會齊神武有疾燒營而退

十三年春正月茹茹寇高平至于方城是月齊神武薨其子澄嗣是爲文襄帝與其河南大行臺侯景有隙景不自安遣使請舉河南六州來附齊文襄遣其將韓軌庫狄干等圍景於潁川三月太祖遣開府李弼率軍援之軌等遁去景請留收輯河南遂徙鎮豫州於是遣開府王思政據潁川弼引軍還秋七月侯景密圖附梁太祖知其謀悉追還前後所配景將士景懼遂叛冬太

祖奉魏帝西狩于岐陽

十四年春魏帝詔封太祖長子毓爲寧都郡公食邑三千戶初太祖以平元顥納孝莊帝之功封寧都縣子至是改縣爲郡而以封毓用彰勤王之始也夏五月進授太祖太師太祖奉魏太子巡撫西境自新平出安定登隴刻石紀事下安陽至原州歷北長城大狩將東趣五原至蒲川聞魏帝不豫遂還既至帝疾已愈於是還華州是歲東魏遣其將高岳慕容紹宗劉豐生等率衆十餘萬圍王思政於潁川

十五年春太祖遣大將軍趙貴帥軍至穰兼督東南諸州兵以援思政高岳起堰引洧水以灌城自潁川以北皆爲陂澤救兵不得至夏六月潁川陷初侯景自豫州附梁後遂度江圍建業梁司州刺史柳仲禮以本朝有難帥兵援之梁竟陵郡守孫暠舉郡來附太祖使大都督符貴往鎮之及景克建業仲禮還司州率衆來寇暠以郡叛太祖大怒冬十一月遣開府楊忠率兵與行臺僕射長孫儉討

之攻克隨郡忠進圍仲禮長史馬岫於安陸是歲盜
殺齊文襄於鄴其弟洋討賊擒之仍嗣其事是為
文宣帝
十六年春正月柳仲禮率衆來援安陸楊忠逆擊
於漴頭大破之擒仲禮悉虜其衆馬岫以城降三月
魏帝封太祖第三子震為武邑公邑二千戶先是
梁雍州刺史岳陽王詧與其叔父荊州刺史湘東
王繹不睦乃稱蕃來附遣其世子嶚為質及楊
忠擒仲禮繹懼復遣其子方平來朝夏五月齊

文宣廢其主元善見而自立秋七月太祖率諸軍
東伐拜章武公導為大將軍摠督留守諸軍
事屯涇北以鎮關中九月丁巳軍出長安時連雨
自秋及冬諸軍馬驢多死遂於弘農北造橋濟
河自蒲坂還於是河南自洛陽河北自平陽以東
遂入於齊矣
十七年春三月魏文帝崩皇太子嗣位太祖以冢
宰摠百揆梁邵陵王蕭綸侵安陸大將軍楊忠
討擒之冬十月太祖遣大將軍王雄出子午伐上津

魏興大將軍達奚武出散關伐南鄭
魏廢帝元年春王雄平上津魏興以其地置東梁
州夏四月達奚武圍南鄭月餘梁州刺史宜豐
侯蕭循以州降武執循還長安秋八月東梁州民
叛率衆圍州城太祖復遣王雄討之侯景之克建
業也還奉梁武帝為主居數旬梁武以憤恚薨
景又立其子綱尋而廢綱自立歲餘綱弟繹討景
擒之遣其舍人魏彥來告仍嗣位於江陵是為元帝
二年春魏帝詔太祖去丞相大行臺為都督中外

諸軍事二月東梁州平遷其豪帥於雍州三月
太祖遣大將軍魏安公尉遲迥率衆伐梁武陵
王蕭紀於蜀夏四月太祖勒銳騎三萬西踰隴度
金城河至姑臧吐谷渾震懼遣使獻其方物五月
蕭紀潼州刺史楊乾運以州降引迥軍向成都秋七
月太祖自姑臧至于長安八月克成都劔南平冬十
一月尚書元烈謀作亂事發伏誅
三年春正月始作九命之典以叙內外官爵以第一
品為九命第九品為一命改流外品為九秩亦以九

爲上又改置州郡及縣改東雍爲華州北雍爲宜州南雍爲蔡州華州爲同州北華爲鄜州東秦爲隴州南秦爲成州北秦爲交州東荆爲淮州南荆爲昌州東夏爲延州南夏爲長州東梁爲金州南梁爲隆州北梁爲静州陽都爲汾州南汾爲勳州汾州爲丹州南豳爲寧州南岐爲鳳州南洛爲上州南廣爲淯州南襄爲湖州西凉爲甘州西郢爲鴻州西益爲利州東巴爲集州北應爲輔州恒州爲均州沙州爲深州寧州爲麓州義州爲巖州新州爲温州江州爲沔州西安爲鹽州安州爲始州并州爲隨州肆州爲塘州冀州爲順州淮州爲純州揚州爲頴州司州爲憲州南平爲昇州南郢爲歸州青州爲眉州凡改州四十六置州一改郡一百六改縣二百三十自元烈誅魏帝有怨言魏淮安王育廣平王贊等垂泣諫之帝不聽於是太祖與公卿定議廢帝尊立齊王廓是爲恭帝

魏恭帝元年夏四月帝大饗羣臣魏史柳虬執簡書告於朝曰廢帝文皇帝之嗣子年七歲文皇帝託

於安定公曰是子才由於公不才亦由於公宜勉之公既受兹重寄居元輔之任又納女爲皇后遂不能訓誨有成致令廢黜負文皇帝付屬之意此咎非安定公而誰太祖乃令太常盧辯作告諭公卿曰嗚呼我羣后暨衆士維文皇帝以襁褓之嗣託於予訓之誨之庶厥有成而予罔能革變厥心庸暨乎廢墜我文皇帝之志嗚呼兹咎予其焉避予實知之矧爾衆人之心哉惟予之顔豈惟今厚將恐來世以予爲口實乙亥詔封太祖子諱爲輔城公憲爲安城公邑各三千戶茹茹乙旃達官寇廣武五月遣柱國趙貴追擊之斬首數千級收其輜重而還秋七月太祖西狩至於原州梁元帝遣使請據舊圖以定疆界又連結於齊言辭悖慢太祖曰古人有言天之所弃誰能興之其蕭繹之謂乎冬十月壬戌遣柱國于謹中山公護大將軍楊忠韋孝寬等步騎五萬討之十一月癸未師濟於漢中山公護與楊忠率銳騎先屯其城下據江津以備其逸丙申謹至江陵列營圍守辛亥進攻城其

日克之擒梁元帝殺之并虜其百官及士民以歸没爲奴婢者十餘萬其免者二百餘家立蕭詧爲梁主居江陵爲魏附庸梁將王僧辯陳霸先於丹陽立梁元帝第九子方智爲主魏氏之初統國三十六大姓九十九後多絶滅至是以諸將功高者爲三十六國後次功者爲九十九姓後所統軍人亦改從其姓

二年梁廣州刺史王琳寇邊冬十一月遣大將軍豆盧寧帥師討之

三年春正月丁丑初行周禮建六官以太祖爲太師大冢宰柱國李弼爲太傅大司徒趙貴爲太保大宗伯獨孤信爲大司馬于謹爲大司寇侯莫陳崇爲大司空初太祖以漢魏官繁思革前弊大統中乃命蘇綽盧辯依周制改創其事尋亦置六卿官然爲撰次未成衆務猶歸臺閣至是始畢乃命行之夏四月太祖北巡狩秋七月度北河王琳遣使來附以琳爲大將軍長沙郡公魏帝封太祖子直爲秦郡公招爲正平公邑各一千戶

九月太祖有疾還至雲陽命中山公護受遺輔嗣子冬十月乙亥崩于雲陽宮還長安發喪時年五十二甲申葬于成陵謚曰文公孝閔帝受禪追尊爲文王廟曰太祖武成元年追尊爲文皇帝太祖知人善任使從諫如流崇尚儒術明達政事恩信被物能駕馭英豪一見之者咸思用命沙苑所獲囚俘釋而用之河橋之役率以擊戰皆得其死力諸將出征授以方略無不制勝性好朴素不尚虛飾恒以反風俗復古始爲心

史臣曰水曆將終羣凶放命或威權震主或釁逆滔天咸謂大寶可以力征神物可以求得旣不闚九鼎睥睨兩宮而誅夷繼及亡不旋踵是知巨君篡盜終成建武之資仲穎凶殘實啓當塗之業天命有底庸可滔乎太祖田無一成衆無一旅驅馳戎馬之際躡足行伍之間屬與能之時應啓聖之運鳩集義勇糾合同盟一舉而殄仇讎再駕而匡帝室於是内詢帷幄外杖材雄推至誠以待人弘大順以訓物高氏籍甲兵之衆恃戎馬

之彊屢入近畿志圖吞噬及英謀電發神旆風
馳弘農建城濮之勳沙苑有昆陽之捷取威定
霸以弱爲彊紹元宗之衰緒創隆周之景命南
清江漢西舉巴蜀北控沙漠東據伊瀍乃擯落
魏晉憲章古昔脩六官之廢典成一代之鴻規
德刑並用勳賢兼敘遠安邇悅俗阜民和億
兆之望有歸揖讓之期允集功業若此人臣以終
盛矣哉非夫雄略冠時英姿不世天與神授緯
武經文者孰能與於此乎昔者漢獻蒙塵曹

公成夾輔之業晉安播蕩宋武建匡合之勳
校德論功綽有餘裕至於渚宮制勝闔城孥戮
茹茹歸命盡種誅夷雖事出於權道而用乖
於德教周祚之不永或此之由乎

紀第二　周書二

紀第三　周書三

令狐　德棻　等撰

孝閔帝

孝閔皇帝諱覺字陁羅尼太祖第三子也母曰
元皇后大統八年生於同州官舍九歲封略陽
郡公時有善相者史元華見帝退謂所親曰此
公子有至貴之相但恨其壽不足以稱之耳魏
恭帝三年三月命爲安定公世子四月拜大將
軍十月乙亥太祖崩是日嗣位太師大冢宰十

二月丁亥魏帝詔以岐陽之地封帝爲周公庚
子禪位于帝詔曰予聞皇天之命不于常惟歸
于德故堯授舜舜授禹時其宜也天厭我魏邦
垂變以告惟爾罔弗知予雖不明敢弗龔天命
格有德哉今踵唐虞舊典禪位于周庸布告遐
邇焉使大宗伯趙貴持節奉冊書曰咨爾周公
帝王之位弗有常有德者受命時乃天道予式
時庸荒求于唐虞之彝踵曰我魏德之終舊矣
我邦小大罔弗知今其可久怫于天道而不歸

有德歟時用詢謀僉曰公昭考文公格勳德于天地丕濟生民洎公躬又宣重光故玄象徵見于上謳訟奔走于下天之歷數用實在焉予安敢弗若是以欽祇聖典遜位于公公其享茲大命保有萬國可不慎歟魏帝臨朝遣民部中大夫濟北公元迪致皇帝璽紱固辭公卿百辟勸進太史陳祥瑞乃從之是日魏帝遜于大司馬府元年春正月辛丑即天王位柴燎告天朝百官于路門追尊皇考文公為文王皇妣為文后

周書帝紀三　三

大赦天下封魏帝為宋公是日槐里獻赤雀四百官奏議云帝王之興罔弗更正朔明受之於天革民視聽也逮于尼父稽諸陰陽云行夏之時後王所不易今魏曆告終周室受命以木承水寔當行錄正用夏時式遵聖道惟文王誕玄氣之祥有黑水之讖服色宜烏制曰可以大司徒趙郡公李弼為太師大宗伯南陽公趙貴為太傅大冢宰大司馬河內公獨孤信為太保大宗伯柱國中山公護為大司馬以大將軍寧都公

毓高陽公達奚武武陽公豆盧寧小司寇陽平公李遠小司馬博陵公賀蘭祥小宗伯魏安公尉遲迥等並柱國壬寅祠圓丘詔曰予本自神農其於二丘宜作厥主始祖獻侯啓土遼海肇有國基配南北郊文考德符五運受天明命祖于明堂以配上帝廟為太祖癸卯祠方丘甲辰祠太社初除市門稅乙巳祠太廟丁未會百官于乾安殿班賞各有差戊申詔曰上天有命革魏于周致予一人受茲大號予惟古先聖王罔弗

周書帝紀三　三

先于省視風俗以求民瘼然後克治矧予眇眇又當草昧若弗尚于達四聰明四目之訓者其有聞知哉有司宜分命方別之使所在巡撫五教何者不宜時政有何不便得無脩身絜己才堪佐世之人而不為上所知冤枉受罰幽辱于下之徒而不為上所理孝義貞節不為有司所申鰥寡孤窮不為有司所恤暨黎庶衣食豐約賦役繁省災厲所興水旱之處並宜具聞若有年八十已上所在就加禮餼辛亥祠南郊壬子

立王后元氏乙卯詔曰惟天地草昧建邦以寧今可大啓諸國爲周藩屏於是封太師李弼爲趙國公太傅趙貴爲楚國公太保獨孤信爲衛國公大司寇于謹爲燕國公大司空侯莫陳崇爲梁國公大司馬中山公護爲晉國公邑各萬戶辛酉祠太廟癸亥親耕籍田景寅於劍南陵井置陵州武康郡置資州遂寧郡置遂州二月癸酉朝日于東郊乙亥改封永昌公廣爲天水郡公戊寅祠太社丁亥楚國公趙貴謀反

伏誅詔曰朕文考昔與羣公洎列將衆官同心戮力共治天下自始及終二十三載迭相匡弼上下無怨是以羣公等用升余于大位朕雖不德豈不識此是以朕於羣公同姓者如弟兄異姓者如甥舅冀此一心平定宇内各令子孫享祀百世而朕不明不能輯睦致使楚公貴不悅于朕與万俟幾通叱奴興王龍仁長孫僧衍等陰相假署圖危社稷事不克行爲開府宇文盛等所告及其推究咸伏厥辜興言及此心焉如

痗但法者天下之法朕既爲天下守法安敢以私情廢之書曰善善及後世惡惡止其身其貴通興龍仁罪止一家僧衍止一房餘皆不問惟爾文武咸知時事太保獨孤信有罪免甲午以大司空梁國公侯莫陳崇爲太保大司馬晉國公護爲大冢宰柱國博陵公賀蘭祥爲大司馬高陽公達奚武爲大司寇大將軍化政公宇文貴爲柱國己亥秦州涇州各獻木連理歲星守少微經六十日三月庚子會文武百官班賜各有

差己酉柱國衛國公獨孤信賜死壬子詔曰淅州去歲不登厥民饑饉朕用愍焉其當州租輸未畢者悉宜免之兼遣使巡檢有窮餒者並加振給癸亥省六府士員三分減一夏四月己巳以少師平原公侯莫陳順爲柱國壬申詔死罪以下各降一等壬午謁成陵乙酉還宮丁亥祠太廟五月癸卯歲星犯太微上將太白犯軒轅己酉槐里獻白鷰帝欲觀漁於昆明池博士姜須諫乃止秋七月壬寅帝聽訟於右寢多所哀宥

甲辰月掩心後星辛亥祠太廟熒惑犯東井北
端第二星八月戊辰祠太社辛未詔曰朕甫臨大
位政教未孚使我民農多陷刑網今秋律已應
將行大戮言念群生責在於朕宜從肆眚與其
更新其犯者宜降從流流以下各降一等不在赦
限者不從此降甲午詔曰帝王之治天下罔弗博
求衆才以乂厥民今二十四軍宜舉賢良堪治民
者軍列九人被舉之人於後不稱厥任者所舉官
司皆治其罪九月庚申詔曰朕聞君臨天下者非

由一人時乃上下同心所致今文武之官及諸軍人不
霑爵封者宜各授兩大階改太守爲郡守帝性
剛果見晉公護執政深忌之司會李植軍司馬
孫恒以先朝佐命入侍左右亦疾護之專乃與宮
伯乙弗鳳賀拔提等潛謀請帝誅護帝然之
又引宮伯張光洛同謀光洛密白護護乃出植
爲梁州刺史恒爲潼州刺史鳳等遂不自安
更奏帝將召群公入因此誅護光洛又白之時
小司馬尉遲綱摠統宿衛兵護乃召綱共謀廢

立令綱入殿中詐呼鳳等論事既至以次執送
護第並誅之綱仍罷散禁兵帝方悟無左右獨
在內殿令宮人持兵自守護又遣大司馬賀蘭祥
逼帝遜位遂幽于舊邸月餘日以弑崩時年十
六植恒等亦遇害及武帝誅護後乃詔曰愼始
敬終有國彝典事亡如存哲王通制義崇追遠
禮貴尊親故略陽公至德純粹天姿秀傑屬
魏祚告終寶命將改謳歌允集曆數攸歸上
協蒼靈之慶下昭后祇之錫而禍生肘腋釁起

蕭牆白獸噬驂蒼鷹集殿幽辱神器弑酷
乘輿寃結生民毒流寓縣今河海澄清氛沴
消蕩追尊之禮宜崇徽號遣太師蜀國公迥
於南郊上謚曰孝閔皇帝陵曰靜陵

史臣曰孝閔承既安之業應樂推之運柴天竺
物正位君臨邇無異言遠無異望雖黃初代德
太始受終不之尚也然政由寧氏主懷芒刺之疑
祭則寡人臣無復子之請以之速禍宜哉

紀第三　周書三

紀第四　　周書四

令狐　德棻　等撰

明帝

世宗明皇帝諱毓小名統萬突太祖長子也母
曰姚夫人永熙三年太祖臨夏州生帝於統萬城
因以名焉大統十四年封寧都郡公十六年行華
州事尋拜開府儀同三司宜州諸軍事宜州刺
史魏恭帝三年授大將軍鎮隴右孝閔帝踐
祚進位柱國轉岐州諸軍事岐州刺史治有美

政黎民懷之及孝閔帝廢晉公護遣使迎帝
於岐州秋九月癸亥至京師止于舊邸甲子羣
臣上表勸進備法駕奉迎帝固讓羣臣固請
是日即天王位大赦天下乙丑朝羣臣於延壽殿
冬十月癸酉太師趙國公李弼薨己卯以大將
軍昌平公尉遲綱為柱國乙酉祠圓丘景戌祠
方丘甲午祠太社柱國陽平公李遠賜死是月
梁相陳霸先廢其主蕭方智而自立是為陳
武帝十一月庚子祠太廟丁未祠圓丘丁巳詔曰
帝王之道以寬仁為大魏政諸有輕犯未至重
罪及諸村民一家有犯乃及數家而被遠配者並
宜放還十二月庚午謁成陵癸酉還宮庚辰以
大將軍輔成公諱為柱國戊子赦長安見囚甲
午詔曰善人之後猶累世獲宥況魏氏以德讓
代終豈容不加隱卹元氏子女自坐趙貴等事
以來所有沒入為官口者悉宜放免
二年春正月乙未以大冢宰晉公護為太師辛亥
親耕籍田癸丑立王后獨孤氏丁巳雍州置十二

郡又於河東置蒲州河北置虞州弘農置陝州
正平置絳州宜陽置熊州邵郡置邵州二月癸
未詔曰王者之宰民也莫不同四海一遠近為父母
而子之一物失所若納于隍賊之境土本同大化
往因時難致阻東西遂使疆埸之間互相抄掠
興言及此良可哀傷自元年已來有被掠入賊者
悉可放免自冬不雨至于是月方大雩三月甲午
齊北豫州刺史司馬消難舉州來附遣柱國高
陽公達奚武與大將軍楊忠率衆迎之改雍州

刺史爲雍州牧京兆郡守爲京兆尹以廣業脩
城二郡置康州葭蘆郡置文州戊申長安獻白
雀庚申詔曰三十六國九十九姓自魏氏南徙皆
稱河南之民今周室既都關中宜改稱京兆人
夏四月己巳以太師晉公護爲雍州牧庚午熒
惑入軒轅辛未降死罪一等五歲刑已下皆原
之甲戌王后獨孤氏崩甲申葬敬后五月乙
未以大司空梁國公侯莫陳崇爲大宗伯六月
癸亥嚈噠遣使獻方物己巳板授高年刺史守

令恤鰥寡孤獨各有差分長安爲萬年縣並
治京城辛未幸昆明池壬申長安獻白烏遣使
分行州郡理囚徒察風俗掩骼埋胔秋七月甲
午遣柱國寧蜀公尉遲迥率衆於河南築安樂
城景申順陽獻三足烏八月甲子羣臣上表稱
慶詔曰夫天不愛寶地稱表瑞莫不威鳳巢
閣圖龍躍沼豈直日月珠連風雨玉燭是以鈎
命決曰王者至孝則出元命苞曰人君至治所有
虞舜烝烝來茲異趾周文翌翼翔此靈禽文考

至德下覃遺仁爰被遠符千載降斯三足將
使三方歸本九州翕定惟此大體景福在民予
安敢讓宗廟之善弗宣大惠可大赦天下文武
官普進二級九月辛卯以大將軍楊忠大將軍
楊雄並爲柱國甲辰封少師元羅爲韓國公以
紹魏後丁未幸同州過故宅賦詩曰玉燭調秋
氣金輿歷舊宮還如過白水更似入新豐霜潭
漬晚菊寒井落疎桐舉盃延故老令聞歌大
風冬十月辛酉還宮乙丑遣柱國尉遲迥鎮隴

右長安獻白兔十二月辛酉突厥遣使獻方物
癸亥太廟成辛巳以功臣琅耶貞獻公賀拔勝
等十三人配享太祖廟庭壬午大赦天下
武成元年春正月己酉太師晉公護上表歸政
帝始親覽萬機軍旅之事護猶揔焉初改都督
諸州軍事爲揔管景辰封大將軍章武孝公
導子亮爲永昌公翼爲西陽公三月癸巳陳六
軍帝親擐甲冑迎太白於東方秦郡公直鎮蒲
州吐谷渾寇邊庚戌遣大司馬博陵公賀蘭祥

率衆討之四月戊午武當郡獻赤烏甲戌雲
秦州獻白馬朱鬣五月戊子詔曰皇王之迹不一
因革之道已殊莫不擂八政以成物兆三元而為
紀是以容成創定於軒轅羲和欽若於唐世鴻
範九疇大弘五法易曰澤中有火革君子以治
曆明時故曆之為義大矣但忽微成象象極
則差分積命時時積斯舛開闢至于獲麟二
百七十六萬歲晷度推移餘分盈縮南正無聞
疇人靡記晷往寒來理乖攸序敬授民時何其

積謬昔漢世巴郡洛下閎善治曆云後八百歲
當有聖人定之自火行至今木德應其運矣朕
何讓焉可命有司傍稽六曆仰觀七曜博推
古今造我周曆量定以聞己亥聽訟於正武殿
辛亥以大宗伯梁國公侯莫陳崇為大司徒大
司寇高陽公達奚武為大宗伯武陽公豆盧寧
為大司寇柱國輔城公諱為大司空乙卯詔曰比
屢有糺發官司赦前事此雖意在疾惡但先王
制肆眚之道令天下自新若又推問自新何由

哉如此之徒有司勿為推究惟庫廐倉廪與海
內所共漢帝有云朕為天下守財耳若有侵盜
公家財畜錢粟者魏朝之事年月既遠一不須
問自周有天下以來雖經赦宥而事跡可知者
有司宜即推窮得實之日但免其罪徵備如法
賀蘭祥攻拔洮陽洪和二城吐谷渾遁走閏月
庚申高昌遣使獻方物六月戊子大雨霖詔曰
昔唐咨四嶽殷告六眚覩災興懼咸寘時雍朕
撫運應圖作民父母弗敢怠荒以求民瘼而霖

雨作沴害麥傷苗隤屋漂垣洎于昏墊諒朕
不德蒼生何咎刑政所失罔識厥由公卿大夫士
爰及牧守黎庶等令宜各上封事讜言極諫罔
有所諱朕將覽察以荅天譴其遭水者有司
可時巡撿條列以聞庚子詔曰潁川從我是曰元
動無忘父城實起王業文考屬天地草昧造化
權輿拯彼橫流匡茲頹運賴英賢盡力文武同
心翼贊大功克隆帝業而被堅執銳櫛風沐雨
求言疇昔良用憮然至若功成名遂建國剖符

子帷休也其有致死王事妻子無歸者朕甚傷
之凡是從先王向夏州發夏州從來見在及薨
亡者並量賜錢帛稱朕意焉是月陳武帝薨
兄子蒨立是謂文帝八月己亥改天王稱皇帝追
尊文王爲帝大赦改元壬子以大將軍安城公憲
爲益州揔管癸丑增御正四人位上大夫九月乙卯
以大將軍天水公廣爲梁州揔管辛未進封輔
城公邕爲魯國公安城公憲爲齊國公秦郡公直
爲衛國公正平公招爲趙國公封皇弟儉爲譙國

周書帝紀四　七

公純爲陳國公盛爲越國公達爲代國公通爲冀
國公逌爲滕國公進封天水公廣爲蔡國公高陽
公達奚武爲鄭國公武陽公豆盧寧爲楚國公
博陵公賀蘭祥爲涼國公寧蜀公尉遲迥爲蜀
國公化政公宇文貴爲許國公陳留公楊忠爲隨
國公昌平公尉遲綱爲吳國公武威公王雄爲庸
國公邑各萬戶冬十月甲午以柱國吳國公尉遲
綱爲涇州揔管是月齊文宣帝薨子殷嗣立以
柱國蜀國公尉遲迥爲秦州揔管

二年春正月癸丑朔大會羣臣于紫極殿始用百
戲焉三月辛酉重陽閣成會羣公列將卿大夫
及突厥使者於芳林園賜錢帛各有差夏四月
帝因食遇毒庚子大漸詔曰人生天地之間稟五
常之氣天地有窮已五常有推移人安得長在
是以生而有死者物理之必然處必然之理脩短
之間何足多恨朕雖不德性好典墳披覽聖賢
餘論未嘗不以此自曉今乃命也夫復何言諸公
及在朝卿大夫士軍中大小督將軍等並立勳効積

周書紀四　八

有年載輔翼太祖成我周家今朕纘承大業處
萬乘之上此乃上不負太祖下不負朕躬朕得啓
手啓足從先帝於地下實無恨於心矣所可恨
者朕享大位可謂四年矣不能使政化循理黎
庶豐足九州未一三方猶梗顧此懷恨目用不瞑
唯冀仁兄冢宰洎朕先正先父公卿大臣等協
和爲心勉力相勸勿忘太祖遺志提挈後人朕
雖沒九泉形體不朽今大位虛曠社稷無主朕兒
幼稚未堪當國魯國公邕朕之介弟寬仁大度

海内共聞能弘我周家必此子也夫人貴有始終公等事太祖輔朕躬可謂有始矣若克念世道艱難輔邕以主天下者可謂有終矣哀死事生人臣大節公等思念此言令萬代稱歎朕稟生儉素非能力行菲薄每寢大布之被服大帛之衣凡是器用皆無雕刻身終之日豈容違棄此好喪事所須務從儉約斂以時服勿使有金玉之飾若以禮不可闕皆令用瓦小斂訖七日哭文武百官各權辟衰麻且以素服從事葬日選擇不毛之地因地勢為墳勿封勿樹且厚葬傷生聖人所誡朕既服膺聖人之教安敢違之凡百官司勿異朕此意四方州鎮使到各令三日哭哭訖悉權辟凶服還以素服從事待大例除非有呼召各按部自守不得輒奔赴闕庭禮有通塞隨時之義葬訖內外悉除服從吉三年之內勿禁婚娶飲食一令如平常也時事殷猥病困心亂止能及此如其事有不盡准此以類為斷死而近思古人有之朕今忍死書此懷抱其詔即帝口授也辛丑崩於延壽殿時年二十七謚曰明皇帝廟稱世宗五月辛未葬於昭陵帝寬明仁厚敦睦九族有君人之量幼而好學博覽羣書善屬文詞彩溫麗及即位集公卿已下有文學者八十餘人於麟趾殿刊校經史又捃採衆書自羲農以來訖于魏末敘為世譜凡五百卷云所著文章十卷

史臣曰世宗寬仁遠度叡哲博聞處代邸之尊實文昭之長豹姿已變龍德猶潛而百辟傾心萬方注意及乎迎宣黜賀入纂大宗而禮貌功臣敦睦九族率由恭儉崇尚文儒亹亹焉其有君人之德者矣始則權臣專制政出私門終乃鴆毒潛加享年不永嗚呼惜哉

紀第四　周書四

紀第五

周書五

令狐　德棻　等撰

武帝上

高祖武皇帝諱邕字禰羅突太祖第四子也母
叱奴太后大統九年生於同州有神光照室幼
而孝敬聰敏有器質太祖異之曰成吾志者必此
兒也年十二封輔城郡公孝閔帝踐祚拜大將
軍出鎮同州世宗即位遷柱國授蒲州諸軍事
蒲州刺史武成元年入為大司空治御正進封

周書帝紀五　一

魯國公領宗師甚為世宗所親愛朝廷大事多
共參議性沉深有遠識非因顧問終不輒言世
宗每歎曰夫人不言言必有中武成二年夏四月
世宗崩遺詔傳帝位於高祖高祖固讓百官勸
進乃從之壬寅即皇帝位大赦天下冬十二月改
作露門應門是歲齊常山王高演廢其主殷而
自立是為孝昭帝

保定元年春正月戊申詔曰寒暑亟周奄及徂
歲改元命始國之典章朕祗承寶圖宜遵故實
可改武成三年為保定元年嘉號既新惠澤宜
布文武百官各增四級以大冢宰晉國公護為
都督中外諸軍事令五府總於天官庚戌祠圓
丘壬子祠方丘甲寅祠感生帝於南郊乙卯祠太
社辛酉突厥遣使獻其方物戊辰詔曰履端開
物寔資元后代終成務諒惟宰輔故周文公以
上聖之智翼彼姬周爰作六典用光七百自茲
厥後代失其緒俾魏魏之化歷千祀而莫傳郁
郁之風終百王而永墜我太祖文皇帝稟純和

周書帝紀五　二

之氣挺天縱之英德配乾元功侔造化故能撥
末世之弊風蹈隆周之叡典誕述百官厥用允
集所謂乾坤改而重構豈帝王洪範而已哉朕
入嗣大寶思揚休烈今可班斯禮於太祖廟庭
己巳祠太廟班太祖所述六官焉癸酉吐谷渾
高昌並遣使獻方物甲戌詔先經兵戎官年六
十已上及民七十以上節級板授官乙亥親耕籍
田景子大射於正武殿賜百官各有差二月己卯
遣大使巡察天下於洮陽置洮州甲午朝日於

東郊乙未突厥宕昌並遣使獻方物景午省鑾
輦去百戲弘農上言九尾狐見三月景寅改八丁
兵爲十二丁兵率歲一月役夏四月景子朔日有
食之庚寅以少傅吴公尉遲綱爲大司空丁酉白
蘭遣使獻犀甲鐵鎧五月景午封孝閔皇帝子
康爲紀國公皇子贇爲魯國公晉公護獲玉斗
以獻戊辰突厥龜茲並遣使獻方物六月乙酉
遣治御正殷不害等使於陳秋七月戊申詔曰元
旱歷時嘉苗殄悴豈獄犴失理刑罰乖衷歟其

所在見囚死以下一歲刑以上各降本罪一等百鞭
以下悉原免之更鑄錢文曰布泉以一當五與五
銖並行己酉追封皇伯父顥爲邵國公以晉公子
江陵公會爲後次伯父連爲杞國公以章武孝公
子永昌公亮爲後第三伯父洛生爲莒國公以
晉公子崇業公至爲後又追封武邑公震爲宋
國公以世宗子實爲後並襲封己巳熒惑入輿
鬼犯積尸九月甲辰南寧州遣使獻滇馬及蜀
鎧乙巳客星見於翼冬十月甲戌日有蝕之戊寅

熒惑犯太微上將合爲十一月乙巳以大將軍衛國
公直爲雍州牧陳遣使來聘丁進封柱國廣武公
竇熾爲鄧國公丁巳狩於岐陽是月齊孝昭帝
薨弟長廣王湛代立是爲武成帝十二月壬午至
自岐陽是歲追封皇族祖仲爲虞國公
二年春正月壬寅初於蒲州開河渠同州開龍
首渠以廣溉灌丁未以陳主弟項爲柱國送還
江南閏月己丑詔柱國以下帥都督以上母妻授
太夫人夫人郡君縣君各有差癸巳太白入昴己

亥柱國大司馬凉國公賀蘭祥薨洛州民周共
妖言惑衆假署將相事發伏誅二月壬寅熒惑
犯太微上相癸丑以久不雨降宥罪人京城三十里
内禁酒梁主蕭詧薨以大將軍蔡國公廣爲秦
州摠管三月壬午熒惑犯左執法夏四月甲辰禁
屠宰旱故也丁巳南陽獻三足烏湖州上言見
二白鹿從三角獸而行己未於伏流城置和州
癸亥詔曰比以寇難猶梗九州未一文武之官立
功効者雖錫以茅土而未給租賦諸柱國等勳

德隆重宜有優崇各准別制邑戶聽寄食他縣
五月庚午以山南衆瑞並集大赦天下百官及軍
人普汎二級南陽宛縣三足烏所集免今年役
及租賦之半壬辰以柱國隨國公楊忠爲大司
空吳國公尉遲綱爲陝州摠管六月己亥以柱國
蜀國公尉遲迥爲大司馬鄧國公會爲蒲州摠
管分山南荊州安州襄州江陵爲四州摠管秋
七月己巳封開府賀拔緯爲霍國公乙亥太白
犯輿鬼九月戊辰朔日有蝕之陳遣使來聘冬

十月戊戌詔曰樹之元首君臨海內本乎宣明教
化亭毒黔黎豈唯尊貴其身侈富其位是以
唐堯疏葛之衣麤糲之食尚臨汾陽而永歎
登姑射而興想況無聖人之德而嗜欲過之何以
克厭衆心處于尊位朕甚恧焉今巨寇未平軍
戎費廣百姓空虛與誰爲足凡是供朕衣服飲
食四時所須爰及宮內調度朕今手自減削縱
不得頓行古人之道豈曰全无庶幾凡爾百司
安得不思省約朂朕不逮者哉辛亥帝御太武

殿大射公卿列將皆會戊午講武於少陵原分
南寧州置恭州十一月丁卯以大將軍衛國公直
大將軍趙國公招並爲柱國又以招爲益州摠管
壬午熒惑犯歲星於危南十二月益州獻赤烏
三年春正月辛未改光遷國爲遷州乙酉太保
梁國公侯莫陳崇賜死壬辰於乞銀城置銀州
二月庚子初頒新律辛丑詔魏大統九年以前
都督以上身亡而子孫未齒叙者節級授官渭
州獻三足烏辛酉詔曰二儀創闢玄象著明三

才已備曆數昭列故書稱欽若敬授易序治曆
明時此先代一定之典百王不易之務伏惟太祖
文皇帝敬順昊天憂勞庶政曆序六家以陰陽
爲首洎予小子弗克遵行惟斯不安夕惕若厲
自頃朝廷權輿事多倉卒乖和爽序違失先
志致風雨愆時疾厲屢起嘉生不遂萬物不昌
朕甚傷之自今舉大事行大政非軍機急速皆
宜依月令以順天心三月乙丑朔日有蝕之景子
宕昌遣使獻生猛獸二詔放之南山乙酉益州獻

三足烏夏四月乙未以柱國鄭國公達奚武爲
太保大將軍韓果爲柱國己亥帝御正武殿錄
囚徒癸卯大雩癸丑有牛足生於背戊午幸太
學以太傅燕國公于謹爲三老而問道焉初禁
天下報讎犯者以殺人論壬戌詔百官及民庶
上封事極言得失五月甲子朔避正寢不受
朝旱故也甲戌雨秋七月戊辰行幸原州庚午
陳遣使來聘丁丑幸津門問百年賜以錢帛又
賜高年板職各有差降死罪一等八月丁未改

作露寢九月甲子自原州登隴山熒惑犯太微
上將景戌幸同州戊子詔柱國楊忠率騎一萬
與突厥伐齊己丑蒲州獻嘉禾異畝同穎初令
世襲州郡縣者改爲五等爵州封伯郡封子縣
封男冬十月壬辰熒惑犯左執法乙巳以開府
杞國公亮爲梁州總管庚戌陳遣使來聘十有
二月辛卯至自同州遣太保鄭國公達奚武率
騎三萬出平陽以應楊忠是月有人生子男而
陰在背後如尾兩足指如獸爪有犬生子署以

後分爲二身兩尾六足
四年春正月庚申楊忠破齊長城至晉陽而還
二月庚寅朔日有蝕之甲午熒惑犯房右驂三
月己未熒惑又犯房右驂庚辰初令百官執笏
夏四月癸卯以柱國鄧公竇熾爲大宗伯五月
壬戌封世宗長子賢爲畢國公丁卯突厥遣使
獻方物癸酉以大將軍安武公李穆爲柱國丁
亥改禮部爲司宗大司禮爲禮部大司樂爲樂
部六月庚寅改御伯爲納言秋七月戊午粟特

遣使獻方物戊寅焉耆遣使獻名馬八月丁亥
朔日有蝕之詔柱國楊忠率師與突厥東伐至
北河而還戊子以柱國齊公憲爲雍州牧許國
公宇文貴爲大司徒九月丁巳以柱國衞國公直
爲大司空封開府李諱爲唐國公若干鳳爲徐
國公陳遣使來聘是月以皇世母閻氏自齊至
大赦天下閏月己亥以大將軍韋孝寬大將軍
長孫儉並爲柱國冬十月癸亥以大將軍陸通
大將軍宇文盛蔡國公廣並爲柱國甲子詔大

將軍大冢宰晉國公護率軍伐齊帝於太廟庭授以斧鉞於是護總大軍出潼關大將軍權景宣率山南諸軍出豫州少師楊檦出軹關丁卯幸沙苑勞師癸酉還宮十一月甲午柱國蜀國公尉遲迥率師圍洛陽柱國齊國公憲營於邙山晉公護次於陝州十二月權景宣攻齊豫州刺史王士良以州降壬戌齊師渡河晨至洛陽諸軍驚散尉遲迥率麾下數十騎扞敵得却至夜引還柱國庸國公王雄力戰死之遂班師楊檦於軹關戰没權景宣亦棄豫州而還

周書紀五　九

五年春正月甲申朔廢朝以庸國公王雄死王事故也辛卯白虹貫日庚子令荊州安州江陵等揔管並隷襄州揔管府以柱國大司空衛國公直爲襄州揔管甲辰太白熒惑歲星合於婁乙巳吐谷渾遣使獻方物以庸國公王雄世子開府謙爲柱國二月辛酉詔陳國公純柱國許國公宇文貴神武公竇毅南安公楊荐等如突厥逆女甲子鄧州獲緑毛龜景寅以柱國安武公李穆爲大司空綏德公陸通爲大司寇壬申行幸岐州三月戊子柱國楚國公豆盧寧薨夏四月齊武成禪位於其太子緯自稱太上皇帝五月景戌以皇族父興爲大將軍襲虞國公封己亥詔左右武伯各置中大夫一人六月庚申彗星出三台入文昌犯上將後經紫宮西垣入危漸長一丈餘指室壁後百餘日稍短長二尺五寸在虛危滅辛未詔曰江陵人年六十五以上爲官奴婢者已令放免其公私奴婢有年至七十以外者所在官司宜贖爲庶人秋七月辛巳朔日有蝕之庚寅

周書紀五　十

行幸秦州降死罪以下辛丑遣大使巡察天下八月景子至自秦州九月乙巳益州獻三足烏冬十月辛亥改函谷關城爲通洛防十一月庚辰岐州上言一角獸見甲午吐谷渾遣使獻方物丁未陳遣使來聘

天和元年春正月己卯日有蝕之辛巳露寢成幸之令羣臣賦古詩京邑耆老並預會焉頒賜各有差癸未大赦改元百官普加四級己亥親耕

籍田丁未於宕昌置宕州以柱國昌寧公長孫
儉爲陝州摠管遣小載師杜果使於陳二月戊
申以開府中山公訓爲蒲州摠管戊辰詔三公
已下各舉所知庚午日鬭光遂微日裏烏見三
月景午祠南郊夏四月己酉益州獻三足烏辛
亥雩甲子日有交暈白虹貫之是月陳文帝薨
子伯宗嗣立五月庚辰帝御正武殿集羣臣親
講禮記吐谷渾龍涸王莫昌率戶內附以其地
爲扶州甲午詔曰道德交喪禮義嗣興蓋四始

周書帝紀第五　十二　方

於三言美三千於爲敬是以在上不驕處滿不
溢富貴所以長守邦國於焉又安故能承天靜地
和民敬鬼明並日月道錯四時朕雖庸昧有志
前古甲子乙卯禮云不樂萇弘表昆吾之稔杜
蕢有揚觶之文自世道喪亂禮儀紊毀此典茫
然已墜於地昔周王受命請聞顓頊廟有戒盈
之器室爲復禮之銘矧伊末學而能忘此宜依
是日省事停樂庶知爲君之難爲臣不易貽之
後昆殷鑒斯在六月景午以大將軍枹罕公辛

威爲柱國秋七月戊寅築武功郿斜谷武都留
谷津坑諸城以置軍人壬午詔諸冑子入學但
束脩於師不勞釋奠釋奠者學成之祭自今
即爲恒式八月己未詔諸有三年之喪或負土
成墳或寢苫骨立一志一行可稱揚者仰本部
官司隨事言上當加弔恤以勵薄俗九月乙亥
信州蠻冉令賢向五子王反詔開府陸騰討平
之冬十月乙卯太白晝見經天甲子初造山雲
儛以備六代之樂十一月景戌行幸武功等新
城十二月庚申還宮

三十六　周書帝紀第五　十二

二年春正月癸酉朔日有蝕之己亥親耕籍田
三月癸酉改武遊園爲道會苑丁亥初立郊丘
壇壝制度夏四月乙巳省東南諸州以潁州歸
州湞州均州入唐州油州入純州鴻州入淮州洞
州入湖州睢州入襄州憲州入昌州以大將軍
陳國公純爲柱國五月壬申突厥吐谷渾安息
並遣使獻方物丁丑進封柱國安武公李穆爲
申國公己丑歲星與熒惑合於井六月辛亥尊

所生叱奴氏爲皇太后甲子月入畢閏月庚午地震戊寅陳湘州刺史華皎率衆來附遣襄州揔管衛國公直率柱國綏德公陸通大將軍田弘權景宣元定等將兵援之因而南伐壬辰以大將軍譙國公儉爲柱國丁酉歲星太白合於柳戊戌襄州上言慶雲見秋七月辛丑梁州上言鳳凰集於楓樹羣鳥列侍以萬數甲辰立露門學置生七十二人庚戌太白犯軒轅壬子以太傅燕國公于謹爲雍州牧九月衛國公直等與陳將淳于量吳明徹戰於沌口王師失利元定以步騎數千先度遂没江南冬十月辛卯日出入時有黑氣一大如盃在日中甲午又加一焉經六日乃滅十一月戊戌朔日有蝕之癸丑太保許國公宇文貴薨

三年春正月辛丑祠南郊二月丁卯幸武功丁亥還宫三月癸卯皇后阿史那氏至自突厥甲辰大赦天下亡官失爵竝聽復舊丁未大會百僚及四方賓客於路寢賜衣馬錢帛各有差甲

寅以柱國陳國公純爲秦州總管滎國公廣爲陝州總管戊午太傅柱國燕國公于謹薨己未太白犯井北軒第一星夏四月辛巳以太保鄭國公達奚武爲太傅大司馬蜀國公尉遲迥爲太保柱國齊國公憲爲大司馬太白入輿鬼犯積尸五月庚戌祠太廟庚申行幸醴泉宫六月甲戌有星孛於東井北行一月至輿鬼乃滅秋七月壬寅柱國陳國公楊忠薨戊午至自醴泉宫己未客星見房漸東行入天市犯營室至奎四十餘日乃滅八月乙丑韓國公元羅薨齊請和親遣使來聘詔軍司馬陸逞兵部尹公正報聘焉癸酉帝御大德殿集百僚及沙門道士等親講禮記九月庚戌太白與鎮星合於角冬十月癸亥祠太廟丙戌太白入氐丁亥上親率六軍講武於城南京邑觀者輿馬彌漫數十里諸蕃使咸在焉十一月壬辰朔日有蝕之甲辰行幸岐陽壬子遣開府崔彥穆小賓部元暉使於齊甲寅陳安成王頊廢其主伯宗而自立是爲宣帝十二月丁丑至自

岐陽是月齊武成帝薨

四年春正月辛卯朔廢朝以齊武成薨故也遣司會河陽公李綸等會葬於齊仍弔賻焉二月癸亥以柱國昌寧公長孫儉爲夏州總管戊辰帝御大德殿集百僚道士沙門等討論釋老義歲星逆行掩太微上將庚午有流星大如斗出左攝提流至天津滅後有聲如雷夏四月己巳齊遣使來聘五月己丑帝制象經成集百僚講說封魏廣平公子元謙爲韓國公以紹魏後庚戌

周書帝紀五　十五

行幸醴泉宮丁巳柱國吴國公尉遲綱薨六月築原州及涇州東城秋七月辛亥至自醴泉宮丁巳突厥遣使獻馬八月庚辰盜殺孔城防主以其地入齊九月辛卯遣柱國齊國公憲率衆於宜陽築崇德等城冬十一月辛亥柱國昌寧公長孫儉薨十二月壬午罷隴州

五年春二月己巳邵惠公顥孫胄自齊來歸改邵國公會爲譚國公封胄爲邵國公三月辛卯進封柱國韋孝寬爲鄖國公甲辰初令宿衛官住關外者將家累入京不樂者解宿衛夏四月甲寅以柱國宇文盛爲大宗伯行幸醴泉宮省帥都督官景寅遣大使巡天下以陳國公純爲陝州總管六月壬辰封開府梁睿爲蔣國公庚子降宥罪人并免逋租懸調等以皇女生故也七月鹽州獻白兎乙卯至自醴泉宮辛巳以柱國譙國公儉爲益州總管九月己卯太白歲星合於亢冬十月辛巳朔日有蝕之景戌太白鎮星合於氐丁酉太傅鄭國公達奚武薨十一月乙丑追封章

周書帝紀五　十六

孝公導爲豳國公以蔡國併於豳丁卯柱國豳國公廣薨十二月癸巳大將軍鄭恪率師平越巂置西寧州是冬齊將斛律明月寇邊於汾北築城自華谷至於龍門

六年春正月己酉朔廢朝以露門未成故也詔柱國齊國公憲率師禦斛律明月丁卯以大將軍張掖公王傑譚國公會鴈門公田弘魏國公李暉等並爲柱國二月己丑夜有蒼雲廣三尺許經天自戌加辰三月己酉齊國公憲自龍門度河斛律

明月退保華谷憲攻拔其新築五城夏四月戊寅朔日有蝕之己卯熒惑犯輿鬼辛卯信州蠻渠冉祖喜冉龍驤舉兵反遣大將軍趙誾率師討平之甲午以柱國燕國公于寔爲涼州總管大將軍杞國公亮爲秦州總管庚子以大將軍滎陽公司馬消難爲柱國陳國公純鴈門公田弘率師取齊宜陽等九城以大將軍武安公侯莫陳瓊大安公閻慶神武公竇毅南陽公叱羅協平高公侯伏侯龍恩並爲柱國封開府斛斯徵爲岐國

公右宮伯長孫覽爲薛國公五月癸卯遣納言鄭詡使於陳景寅以大將軍唐國公李諱中山公訓杞國公亮上庸公陸騰安義公宇文丘北平公寇紹許國公宇文善犍爲公高琳鄭國公達奚震隴東公楊纂常山公于翼並爲柱國六月乙未以大將軍太原公王秉爲柱國是月齊將段孝先攻陷汾州秋七月乙丑以大將軍越國公盛爲柱國八月癸未鎮星歲星太白合於氐九月庚申月在婁蝕之既光不復癸酉省掖庭四夷樂後

宮羅綺工人五百餘人冬十月壬午冀國公通薨乙未遣右武伯谷會琨御正蔡斌使於齊壬寅上親率六軍講武於城南十一月壬子以大將軍梁國公侯莫陳芮大將軍李意並爲柱國景辰齊遣使來聘丁巳行幸散關十二月己丑還宮是冬牛大疫死者十六七

建德元年春正月戊午帝幸玄都觀親御法座講說公卿道俗論難事畢還宮降死罪及流罪一等其五歲刑已下並宥之二月癸酉遣大將軍昌城公孫深使於突厥司宗李除小賓部賀遂方

禮使於齊乙酉柱國安義公宇文丘薨三月癸卯朔日有蝕之齊遣使來聘景辰誅大冢宰晉國公護護子柱國譚國公會會弟大將軍莒國公至崇業公靜并柱國侯伏侯龍恩龍恩弟大將軍萬壽大將軍劉勇等大赦改元罷中外府癸亥以太傅蜀國公尉遲迥爲太師柱國鄧國公竇熾爲太傅大司空申國公李穆爲太保齊國公憲爲大冢宰衛國公直爲大司徒趙國公

招爲大司空柱國枹罕公辛威爲大司寇綏德
公陸通爲大司馬詔曰民亦勞止則星動於天作
事不時則石言於國故知爲政欲靜靜在寧民
爲治欲安安在息役頃興造無度徵發不已加
以頻歲師旅農畝廢業去秋災蝗年穀不登民
有散亡家空杼軸朕每旦恭己夕惕兢懷自今
正調以外無妄徵發庶時殷俗阜稱朕意焉夏
四月甲戌以代國公達滕國公逌並爲柱國詔荆
州安州江陵等總管停隸襄州己卯以柱國張

掖公王傑爲涇州總管魏國公李暉爲梁州總
管詔公卿以下各舉所知遣工部代公達小禮部
辛彥之使於齊景戌詔百官軍民上封事極言
得失丁亥詔斷四方非常貢獻庚寅追尊略
陽公爲孝閔皇帝癸巳立魯國公贇爲皇太子
大赦天下百官各加封級五月封衞國公直長
子賓爲莒國公紹莒莊公洛生後壬戌帝以大旱
集百官於庭詔之曰盛農之節亢陽不雨氣序
愆度蓋不徒然豈朕德薄刑賞乖中歟將公卿

大臣或非其人歟宜盡直言無得有隱公卿各
引咎自責其夜澍雨六月庚子改置宿衞官員
秋七月辛丑陳遣使來聘景午辰星太白合於
東井己酉月犯心中星九月庚子朔日有蝕之庚
申扶風掘地得玉杯以獻冬十月庚午詔江陵
所獲俘虜充官口者悉免爲民辛未遣小匠師
楊褫齊馭唐則使於陳柱國大司馬綏德公陸
通薨十一月景午上親率六軍講武城南庚戌
行幸羌橋集京城以東諸軍都督以上頒賜有

差乙卯還宮壬戌以大司空趙國公招爲大司馬
乙未月犯心中星十二月壬申行幸斜谷集京
城以西諸軍都督已上頒賜有差景戌還宮己
丑帝御正武殿親錄囚徒至夜而罷庚寅幸道
會苑以上善殿壯麗遂焚之
二年春正月辛丑祠南郊乙巳以柱國鴈門公
田弘爲大司空大將軍徐國公若干鳳爲柱國
庚戌復置帥都督官乙卯祠太廟閏月己巳陳
遣使來聘二月辛亥白虹貫日甲寅詔皇太子

蠙撫巡西土壬戌遣司會侯莫陳凱太子宮尹鄭
譯使於齊癸亥熒惑犯輿鬼入積尸省雍州內八郡
併入京兆馮翊扶風咸陽等郡三月己卯皇太
子於岐州獲二白鹿以獻詔答曰在德不在瑞
癸巳省六府諸司中大夫以下官府置四司以下
大夫爲之官長上士貳之夏四月己亥祠太廟
景辰增改東宮官員五月丁卯熒惑犯右執法
丁丑以柱國周昌公侯莫陳瓊爲大宗伯滎陽
公司馬消難爲大司寇上庸公陸騰爲大司空

六月庚子省六府員外諸官皆爲丞甲辰月犯
心中星壬子皇孫衍生文武官普加一階大選
諸軍將帥景辰帝御露寢集諸軍將勗以戎
事庚申詔諸軍旌旗皆畫以猛獸鷙鳥之象秋
七月己巳祠太廟自春末不雨至於是月壬申
集百寮於大德殿帝責躬罪己問以治政得失
戊子雨八月景午改三夫人爲三妃關內大蝗九
月乙丑陳遣使來聘癸酉太白犯右執法戊寅
以柱國鄭國公達奚震爲金州總管詔曰政在

節財禮唯寧儉而頃者婚嫁競爲奢靡牢羞之
費罄竭資財甚乖典訓之理有司宜加宣勒使
咸遵禮制壬午納皇太子妃楊氏冬十月癸卯
齊遣使來聘甲辰六代樂成帝御崇信殿集百
官以觀之十一月辛巳帝親率大軍講武於城東
癸未集諸軍都督以上五十人於道會苑大射帝
親臨射宮大備軍容十二月癸巳集羣臣及沙門
道士等帝升高座辨釋三教先後以儒教爲先
道教爲次佛教爲後以大將軍樂川公赫連達

爲柱國詔曰尊年尚齒列代弘規序舊酬勞哲
王明範朕嗣承洪業君臨萬邦驅此兆庶寘諸
仁壽軍民之間年多耆耋眷言衰暮宜有優崇
可頒授老職使榮霑邑里戊午聽訟於正武殿
自旦及夜繼之以燭
三年春正月壬戌朝羣臣於露門冊柱國齊國
公憲衛國公直趙國公招譙國公儉陳國公純
越國公盛代國公達滕國公逌並進爵爲王己
巳祠太廟庚午突厥遣使獻馬癸酉詔自今已

後男年十五女年十三已上爰及鰥寡所在軍民以時嫁娶務從節儉勿爲財幣稽留乙亥親耕籍田景子初服短衣享二十四軍督將已下試以軍旅之法縱酒盡歡詔以往歲年穀不登民多乏絶令公私道俗凡有貯積粟麥者皆准口聽留以外盡糶二月壬辰朔日有蝕之丁酉紀國公康畢國公賢酆國公貞宋國公實漢國公贊秦國公贄曹國公允並進爵爲王景午令六府各舉賢良清正之人癸丑柱國許國公宇文

善有罪免乙卯行幸雲陽宮景辰詔曰民生而靜純懿之性本均感物而遷嗜欲之情斯起雖復雲鳥殊世文質異時莫不限以隄防示之禁令朕君臨萬寓覆養黎元思振頽綱納之軌式比因人有犯輿衆棄之所在羣官有愆過者咸聽首露莫不輕重畢陳纖毫無隱斯則風行草偃從化無違導德齊禮庶幾可致但上失其道有自來矣淩夷之弊反本無由宜加蕩滌與民更始可大赦天下庚申皇太后不豫三月辛酉至

自雲陽宮癸酉皇太后叱奴氏崩帝居倚廬朝夕共一溢米羣臣表請累旬乃止詔皇太子贇揔釐庶政夏四月乙卯齊遣使弔贈會葬丁巳有星孛於東北紫宮垣長七尺五月庚申葬文宣皇后於永固陵帝袒跣至陵所辛酉詔曰齊斬之情經籍彝訓近代沿革遂亡斯禮伏奉遺令既葬便除攀慕几筵情實未忍三年之喪達於天子古今無易之道王者之所常行但時有未諧不得全制軍國務重庶自聽朝縗麻之節

苫廬之禮率遵前典以申罔極百寮以下宜依遺令公卿上表固請俯就權制過葬即吉帝不許引古禮荅之羣臣乃止於是遂申三年之制五服之内亦令依禮初置太子諫議員四人文學十人皇弟皇子友員各二人學士六人丁卯荊州獻白烏戊辰詔故晉國公護及諸子並追復先封改葬加謚景子初斷佛道二教經像悉毀罷沙門道士並令還民并禁諸淫祀禮典所不載者盡除之六月丁未集諸軍將教以戰陣之法

壬子更鑄五行大布錢以一當十與布泉錢並行
戊午詔曰至道弘深混成無際體包空有理極
幽玄但歧路既分派源逾遠淳離朴散形氣斯
乖遂使三墨八儒朱紫交競九流七略異說相
騰道隱小成其來舊矣不有會歸爭驅靡息
今可立通道觀聖哲微言先賢典訓金科玉篆
秘賾玄文所以濟養黎元扶成教義者並宜弘
闡一以貫之俾夫翫培塿者識嵩岱之崇崛守磧
礫者悟渤澥之泓澄不亦可乎秋七月庚申行

幸雲陽宮乙酉衞王直在京師舉兵反欲突入
肅章門司武尉遲運等拒守直敗率百餘騎遁
走京師連雨三旬是日霽戊子至自雲陽宮八
月辛卯擒直於荊州免爲庶人乙未詔自建德
元年八月以前犯罪未被推糾於後事發失官
爵者並聽復舊景申行幸雲陽宮九月庚申幸
同州戊辰以柱國大宗伯周昌公侯莫陳瓊爲
秦州揔管冬十月景申御正楊尚希禮部盧愷
使於陳戊戌雍州獻倉烏庚子詔蒲州民遭饑

乏絶者令向郿城以西及荊州管内就食甲寅
行幸蒲州乙卯曲赦蒲州見囚大辟以下景辰
行幸同州始州民王鞅擁衆反大將軍鄭恪討
平之十一月戊午以柱國大司空上庸公陸騰爲
涇州揔管于闐遣使獻名馬己巳大閱於城
東甲戌至自同州十二月戊子大會衞官及軍
人以上賜錢帛各有差辛卯月掩太白詔荊襄
安延夏五州揔管内有能率其從軍者授官各
有差其貧下戶給復三年景申改諸軍軍士並

爲侍官丁酉利州上言驎虞見癸卯集諸軍講
武於臨皐澤涼州比年地震壞城郭地裂涌泉出

紀第五　　周書五

紀第六　　周書六

令狐　德棻　等撰

武帝下

建德四年春正月戊辰以柱國枹罕公辛威爲
寧州揔管太原公王康爲襄州揔管初置營
軍器監壬申詔曰今陽和布氣品物資始敬授
民時義兼敦勸詩不云乎弗躬弗親庶民弗信
刺史守令宜親勸農百司分番躬自率導事非
機要並停至秋鰥寡孤獨不能自存者所在量

加賑卹逋租懸調兵役殘功並宜蠲免癸酉行
幸同州二月景戌朔日有蝕之辛卯改置宿衛官
員己酉柱國廣德公李意有罪免三月景辰遣
小司寇淮南公元衛納言伊婁謙使於齊郡縣
各省主簿一人景寅至自同州甲戌以柱國趙王
招爲雍州牧夏四月甲午柱國燕國公于寔有
罪免丁酉初令上書者並爲表於皇太子以下
稱啓六月詔東南道四揔管内自去年以來新
附之戶給復三年秋七月景辰行幸雲陽宮己

未禁五行大布錢不得出入關布泉錢聽入而
不聽出丁卯至自雲陽宮甲戌陳遣使來聘景子
召大將軍以上於大德殿帝曰太祖神武膺運創
造王基兵威所臨有征無戰唯彼僞齊猶懷跋
扈雖復戎車屢駕而大勳未集朕以寡昧纂
承鴻緒往以政出權宰無所措懷自親覽萬
機便圖東討惡衣菲食繕甲治兵數年已來戰
備稍足而僞主昏虐恣行無道伐暴除亂斯實
其時今欲數道出兵水陸兼進北拒太行之路

東扼黎陽之險若攻拔河陰兖豫則馳檄可定
然後養銳享士以待其至但得一戰則破之必矣
王公以爲何如群臣咸稱善丁丑詔曰高氏因時
放命據有汾漳擅假名器歷年永久朕以亭毒
爲心遵養時晦遂敦聘好務息黎元而彼懷
惡不悛尋事侵軼背言負信竊邑藏姦往者
軍下宜陽釁由彼始兵興汾曲事非我先此獲
俘囚禮送相繼彼所拘執曾無一反加以淫刑妄
逞毒賦斂繁興齊魯軫殄悴之哀幽并啓來蘇

之望既禍盈惡稔衆叛親離不有一戎何以大定
今白藏在辰凉風戒節厲兵詰暴時事惟宜朕
當親御六師龔行天罰庶憑祖宗之靈潛資將
士之力風馳九有電掃八紘可分命衆軍指期進
發以柱國陳王純爲前一軍總管滎陽公司馬消
難爲前二軍總管鄭國公達奚震爲前三軍總
管越王盛爲後一軍總管周昌公侯莫陳瓊爲後
二軍總管趙王招爲後三軍總管齊王憲率衆
二萬趣黎陽隋國公楊堅廣寧侯薛迴舟師三

萬自渭入河柱國梁國公侯莫陳芮率衆一萬守
太行道申國公李穆帥衆三萬守河陽道常山
公于翼帥衆二萬出陳汝壬午上親率六軍衆
六萬直指河陰八月癸卯入于齊境禁伐樹踐苗
稼犯者以軍法從事丁未上親率諸軍攻河陰
大城拔之進攻子城未克上有疾九月辛酉夜
班師水軍焚舟而退齊王憲及于翼李穆等所
在克捷降拔三十餘城皆棄而不守唯以王藥城
要害令儀同三司韓正守之正尋以城降齊戊寅

至自東伐己卯以華州刺史畢王賢爲荊州總
管冬十月戊子初置上柱國上大將軍官改開府
儀同三司爲開府儀同大將軍儀同三司爲儀
同大將軍又置上開府上儀同官甲午行幸同州
閏月齊將尉相貴寇大寧延州總管王慶擊走
之以柱國齊王憲蜀國公尉遲迥爲上柱國柱國
代王達爲益州總管大司寇滎陽公司馬消難爲
梁州總管詔諸畿郡各舉賢良十一月己亥改置
司内官員十二月辛亥朔日有蝕之庚午至自同州

是歲岐寧二州民饑開倉賑給
五年春正月癸未行幸同州辛卯行幸河東涑川
集關中河東諸軍校獵甲午還同州丁酉詔曰
朕克己思治而風化未弘永言前古載懷夕惕
可分遣大使周省四方察訟聽謡問民卹隱其
獄犴無章侵漁黎庶隨事究驗條錄以聞若
政績有施治綱克舉及行宣圭蓽道著丘園並
須檢審依名騰奏其鰥寡孤獨實可哀矜亦宜
賑給務使周贍廢布泉錢戊申初令鑄錢者絞

其從者遠配爲民二月辛酉遣皇太子贇巡撫西土仍討吐谷渾戎事節度並宜隨機專決三月庚子月犯東井第一星壬寅至自同州文宣皇后服再朞戊申祥夏四月乙卯行幸同州開府清河公宇文神舉攻拔齊陸渾等五城五月壬辰至自同州六月戊申朔日有蝕之辛亥祠太廟景辰利州總管紀王康有罪賜死丁巳行幸雲陽宮月掩心後星庚午熒惑入輿鬼秋七月乙未京師旱八月戊申皇太子伐吐谷渾至伏俟城而還乙卯

至自雲陽宮乙丑陳遣使來聘九月丁丑大醮於正武殿以祈東伐冬十月帝謂群臣曰朕去歲屬有疹疾遂不得克平逋寇前入賊境備見敵情觀彼行師殆同兒戲又聞其朝政昏亂政由群小百姓嗷然朝不謀夕天與不取恐貽後悔若復同往年出軍河外直爲撫背未扼其喉然晉州本高歡所起之地鎮攝要重今往攻之彼必來援吾嚴軍以待擊之必克然後乘破竹之勢鼓行而東足以窮其窟穴混同文軌諸將多不

願行帝曰幾者事之微不可失矣若有沮吾軍者朕當以軍法裁之己酉帝總戎東伐以越王盛爲右一軍總管杞國公亮爲右二軍總管隋國公楊堅爲右三軍總管譙王儉爲左一軍總管大將軍竇泰爲左二軍總管廣化公丘崇爲左三軍總管齊王憲陳王純爲前軍庚戌熒惑犯太微上將戊午歲星犯太陵癸亥帝至晉州遣齊王憲率精騎二萬守雀鼠谷陳王純步騎二萬守千里徑鄭國公達奚震步騎一萬守統軍川大將軍韓明步騎五千

守齊子嶺焉氏公尹昇步騎五千守鼓鍾鎮涼城公辛韶步騎五千守蒲津關柱國趙王招步騎一萬自華谷攻齊汾州諸城柱國宇文盛步騎一萬守汾水關遣内史王誼監六軍攻晉州城帝屯於汾曲齊王憲攻洪洞永安二城並拔之是夜虹見於晉州城上首向南尾入紫微宮長十餘丈帝每日自汾曲赴城下親督戰城中惶窘庚午齊行臺左丞侯子欽出降壬申齊晉州刺史崔景嵩守城北面夜密遣使送款上開府王軌率衆應之未明登城鼓

噪齊衆潰遂克晉州擒其城主特進開府海昌王尉相貴俘甲士八千人送關中甲戌以上開府梁士彥爲晉州刺史加授大將軍留精兵一萬以鎮之又遣諸軍徇齊諸城鎮並相次降款十月己卯齊主自幷州率衆來援帝以其兵新集且避之乃詔諸軍班師遣齊王憲爲後拒是日齊主至晉州憲不與戰引軍度汾齊主遂圍晉州晝夜攻之齊王憲屯諸軍於涑水爲晉州聲援河東地震癸巳至自東伐獻俘於太廟甲午詔曰

僞齊違信背約惡稔禍盈是以親揔六師問罪汾晉兵威所及莫不摧殄賊衆危惶鳥栖自固暨元戎反旆方來聚結遊魂境首尚敢赼趄朕今更率諸軍應機除剪景申放齊諸城鎮降人還丁酉帝發京師壬寅度河與諸軍合十二月戊申次於晉州初齊攻晉州恐王師卒至於城南穿塹自喬山屬於汾水庚戌帝帥諸軍八萬人置陣東西二十餘里帝乘常御馬從數人巡陣處分所至輒呼主帥姓名以慰勉之將士感見知之恩各思自厲將戰有司請換馬帝曰朕獨乘良馬何所之齊主亦於塹北列陣申後齊人填塹南引帝大喜勒諸軍擊之齊人便退齊主與其麾下數十騎走還幷州齊衆大潰軍資甲仗數百里間委棄山積辛亥帝幸晉州仍率諸軍追齊主諸將固請還師帝曰縱敵患生卿等若疑朕將獨往諸將不敢言甲寅齊主遣其丞相高阿那肱守高壁帝麾軍直進那肱望風退散景辰師次介休齊將韓建業城降以爲上柱國封郇

國公丁巳大軍次幷州齊主留其從兄安德王延宗守幷州自將輕騎走鄴是日詔曰 以下缺

夫樹之以君司牧黔首蓋以除其苛慝恤其患害朕君臨萬國志清四海思濟一世之人寘之仁壽之域嗟彼齊趙獨爲匪民乃睠東顧載深長想僞主凉德早聞醜聲夙著酒色是耽盤游是悅閹豎居阿衡之任胡

以上五行原缺一九五八年重印據册府元龜卷一六四校補

人寄喉脣之重棟梁骨鯁翦爲仇讎狐趙緒餘
降城阜隸民不見德唯虐是聞朕懷兹漏網置
之度外正欲各靜封疆共紓民瘼故也爾之主相
曾不是思欲構厲階反貽其梗我之率土咸求倳
刃帷幄獻兼弱之謀爪牙奮干戈之勇羸糧坐
甲若赴私讎是以一鼓而定晉州再舉而摧逋醜
偽丞相高阿那瓌驅逼餘燼竊據高壁偽定
南王韓建業作守介休規相抗擬聊示兵威應
時崩潰那瓌則單馬宵遁建業則面縛軍和爾

之逃卒所知見也若其懷遠以德則爾難以德
綏處隣以義則爾難以義服且天與不取道家
所忌攻昧侮亡兵之上術朕今親馭羣雄長驅
宇內六軍舒旆萬隊啓行勢與雷電爭威氣
逐風雲齊舉王師所次已達近郊望歲之民室
家相慶來蘇之后思副厥誠偽主若妙盡人謀
深達天命牽羊道左銜璧轅門當惠以焚櫬之
恩待以列侯之禮偽將相王公已下衣冠士民之
族如有深識事宜建功立効官榮爵賞各有

加隆若下愚不移守迷莫改則委之執憲以正
刑書嗟爾燕士胡寧自棄或我之將卒逃彼逆
朝無問貴賤皆從蕩滌善求多福無貽後悔
璽書所至咸使聞知自是齊之將帥降者相繼
封其特進開府賀拔伏恩爲郡國公其餘官爵
各有差戊午高延宗僭即偽位改年德昌己未
軍次并州庚申延宗擁兵四萬出城抗拒帝率
諸軍合戰齊人退帝乘勝逐北率千餘騎入東
門詔諸軍繞城置陣至夜延宗率其衆排陣而

前城中軍却人相蹂踐大爲延宗所敗死傷略
盡齊人欲閉門以閫下積尸扉不得闔帝從數
騎崎嶇危險僅得出門至明率諸軍更戰大破
之擒延宗并州平壬戌詔曰昔天厭水運龍戰于
野兩京圯隔四紀于兹朕垂拱巖廊君臨宇縣
相邠民於海內混楚弓於天下一物失所有若推
溝方欲德綏未服義征不譓偽主高緯放命燕
齊怠慢典刑俶擾天紀加以背惠怒隣棄信
忘義朕應天從物伐罪弔民一鼓而蕩平陽再

舉而權劾敵偽署王公相繼道左高緯智窮數屈迸竄草間偽安德王高延宗擾攘之間遂竊名號與偽齊昌王莫多婁敬顯等收合餘燼背城抗敵王威既振魚潰鳥離破竹更難建瓴非易延宗衆散解甲軍門根本既傾枝葉自實幽青海岱折簡而來冀北河南傳檄可定八紘共貫六合同風方當偃伯靈臺休牛桃塞無疆之慶非獨在余漢皇約法除其苛政姬王輕典刑彼新邦思覃惠澤被之率土新舊臣民皆從蕩

滌可大赦天下高緯及王公以下若釋然歸順咸許自新諸亡入偽朝亦從寬宥官榮次序依例無失其齊偽制令即宜削除鄒魯搢紳幽并騎士一介可稱並宜銓錄百年去殺雖或難希期月有成庶幾可勉景寅出齊宮中金銀寶器珠翠麗服及宮女二千人班賜將士以柱國趙王招陳王純越王盛杞國公亮梁國公侯莫陳芮庸國公王謙北平公寇紹鄭國公達奚震並為上柱國封齊王憲子安城郡公質為河間王大將軍廣化公

丘崇為潞國公神水公姬願為原國公廣業公尉遲運為盧國公諸有功者封授各有差癸酉帝率六軍趣鄴以上柱國陳王純為并州總管

六年春正月乙亥齊主傳位於其太子恒改年承光自號為太上皇壬辰帝至鄴齊主先於城外掘塹豎柵癸巳帝率諸軍圍之齊人拒守諸軍奮擊大破之遂平鄴齊主先送其母并妻子於青州及城陷乃率數十騎走青州遣大將軍尉遲勤率二千騎追之是戰也於陣獲其齊昌王莫多婁敬

顯帝責之曰汝有死罪者三前從并走鄴攜妾棄母是不孝外為偽主勠力內實通啓於朕是不忠送款之後猶持兩端是不信如此用懷不死何待遂斬之是日西方有聲如雷者一甲午帝入鄴城齊任城王湝先在冀州齊主至河遣其侍中斛律孝卿送傳國璽禪位於湝孝卿未達被執送鄴詔去年大赦班宣未及之處皆從赦例封齊開府洛州刺史獨孤永業為應國公景申以上柱國越王盛為相州總管己亥詔曰自晉州大陣至于平鄴身殞戰

埸者其子即授父本官尉遲勤擒齊主及其太子恒於青州庚子詔曰僞齊之末姦佞擅權濫罰淫刑動挂羅網僞右丞相咸陽王故斛律明月僞侍中特進開府故崔季舒等七人或功高獲罪或直言見誅朕兵以義動翦除凶暴表閭封墓事切下車宜追贈謚幷窆措其見存子孫各隨蔭敘録家口田宅没官者並還之辛丑詔曰僞齊叛渙竊有漳濱世縱淫風事窮彫飾或穿池運石爲山學海或層臺累構槩日陵雲以暴亂之心

周書紀六　十三

極奢侈之事有一於此未或弗亡朕菲食薄衣以弘風教追念生民之費尚想力役之勞方當易茲弊俗率歸節儉其東山南園及三臺可並毀撤瓦木諸物凡入用者盡賜下民山園之田各還本主二月景午論定諸軍功勳置酒於齊太極殿會軍士以上班賜有差丁未齊主至帝降自阼階以賓主之禮相見高湝在冀州擁兵未下遣上柱國齊王憲與柱國隋公楊堅率軍討平之齊定州刺史范陽王高紹義叛入突厥齊諸行臺州鎮

悉降關東平合州五十五郡一百六十二縣三百八十五戶三百三十萬二千五百二十八口二千萬六千八百八十六乃於河陽幽青南兗豫徐北朔定並置捴管府相幷二捴管各置宮及六府官癸丑詔曰無侮煢獨事顯前書哀彼矜人惠流往訓僞齊末政昏虐寔繁災甚滔天毒流比屋無罪無辜係虜三軍之手不飲不食僵仆九達之門朕爲民父母職養黎人念甚泣辜誠深罪己除其苛政事屬改張宜加寬宥兼行振卹自僞武平

周書紀六　十四

三年以來河南諸州之民僞齊破掠爲奴婢者不問官私並宜放免其住在淮南者亦即聽還願住淮北者可隨便安置其有癃殘孤老饑餒絶食不能自存者仰刺史守令及親民長司躬自檢校無親屬者所在給其衣食務使存濟乙卯帝自鄴還京景辰以柱國隋公楊堅爲定州捴管三月壬午詔山東諸州各舉明經幹治者二人若奇才異術卓爾不群者弗拘多少夏四月乙巳至自東伐列齊主於前其王公等並從車轝旗幟

及器物以次陳於其後大駕布六軍備凱樂獻俘於太廟京邑觀者皆稱萬歲戊申封齊王憲爲溫國公庚戌大會羣臣及諸蕃客於露寢乙卯廢蒲陝涇寧四州總管己巳祠太廟詔曰東夏既平王道初被齊氏弊政餘風未殄朕劬勞萬機念存康濟恐淸淨之志未形四海下民疾苦不能上達寢興軫慮用切於懷宜分遣使人巡方撫慰觀風省俗宣揚治道有司明立條科務在弘益五月丁丑以柱國譙王儉爲大冢宰庚辰以上柱國杞國公

亮爲大司徒鄭國公達奚震爲大宗伯梁國公侯莫陳芮爲大司馬柱國應國公獨孤永業爲大司寇鄭國公韋孝寬爲大司空辛巳大醮於正武殿以報功也己丑祠方丘詔曰朕欽承丕緒寢興寅畏惡衣菲食貴昭儉約上棟下宇土階茅屋猶恐居之者逸作之者勞詎可廣廈高堂肆其嗜欲往者冢臣專任制度有違正殿別寢事窮壯麗非直雕牆峻宇深戒前王三爲絺構弘敞有踰淸廟不軌不物何以示後兼東夏初平民未見德率先海

內宜自朕始其露寢會義崇信含仁雲和思齊諸殿等農隙之時悉可毀撤雕斲之物並賜貧民繕造之宜務從卑朴癸巳行幸雲陽宮戊戌詔曰京師宮殿已從撤毀并鄴二所華侈過度誠復作之非我豈容因而弗革諸堂殿壯麗並宜除蕩甍宇雜物分賜窮民三農之隙別漸營構止蔽風雨務在卑狹庚子陳遣使來聘是月青城門無故自崩六月丁未至自雲陽宮辛亥御正武殿錄囚徒癸亥於河州雞鳴防置旭州甘松防置芳州

廣川防置弘州甲子帝東巡丁卯詔曰同姓百世婚姻不通蓋惟重別周道然也而娶妻買妾有納母氏之族雖曰異宗猶爲混雜自今以後悉不得娶母同姓以爲妻妾其已定未成者即令改聘秋七月己卯封齊王憲第四子廣都公貞爲莒國公紹莒莊公洛生後癸未應州獻芝草景戌行幸洛州己丑詔山東諸州舉有才者上縣六人中縣五人下縣四人赴行在所共論治政得失戊戌以上柱國庸公王謙爲益州總管八月壬寅議定權衡度

量頒於天下其不依新式者悉追停詔曰以刑
止刑世輕世重罪不及嗣皆有定科雜役之徒獨
異常憲一從罪配百世不免罰既無窮刑何以
措道有欲革宜從寬典凡諸雜戶悉放爲民配
雜之科因之永削甲子鄭州獻九尾狐皮肉銷
盡骨體猶具帝曰瑞應之來必昭有德若使五
品時叙四海和平家識孝慈人知禮讓乃能致此
今無其時恐非實錄乃命焚之九月壬申以柱國
鄧國公竇熾申國公李穆並爲上柱國戊寅初令民

庶已上唯聽衣綢綿綢絲布圓綾紗絹綃葛布等九
種餘悉停斷朝祭之服不拘此例甲申絳州獻
白雀壬辰詔東土諸州儒生明一經已上並舉送州
郡以禮發遣癸卯封上大將軍上黃公王軌爲郯
國公吐谷渾遣使獻方物冬十月戊申行幸鄴宮
戊午改葬德皇帝於冀州帝服緦哭於太極殿
百官素服哭是月誅溫國公高緯十一月庚午百
濟遣使獻方物壬申封皇子充爲道王兌爲蔡
王癸酉陳將吳明徹侵呂梁徐州總管梁士彥

出軍與戰不利退守徐州遣上大將軍郯國公
王軌率師討之是月稽胡反遣齊王憲率軍討
平之詔自永熙三年七月已來去年十月以前
東土之民被抄略在化內爲奴婢者及平江陵之後
良人沒爲奴婢者並宜放免所在附籍一同民伍
若舊主人猶須共居聽留爲部曲及客女詔曰
正位於中有聖通典質文相革損益不同五帝
則四星之象三王制六宮之數劉曹已降等列彌
繁選擇遍於生民命秩方於庶職椒房丹地有

衆如雲本由嗜欲之情非關風化之義朕運當
澆季思復古始無容廣集子女屯聚宮掖弘贊
後庭事從約簡可置妃二人世婦三人御妻三人自茲
以外悉宜減省己亥晦日有蝕之初行刑書要制
持杖群彊盜一匹以上不持杖群彊盜五匹以上監臨
主掌自盜二十匹以上小盜及詐偽請官物三
十匹以上正長隱五戶及十丁以上隱地三頃以上者
至死刑書所不載者自依律科十二月戊午吐
谷渾遣使獻方物己未東壽陽土人反率

衆五千襲并州城刺史東平公宇文神舉破平
之庚申行幸并州宮移并州軍人四萬戶於關
中景寅以柱國滕王逌爲河陽總管丁卯以柱
國隋國公楊堅爲南兖州總管上柱國申國公李
穆爲并州總管戊辰廢并州宮及六府是月北
營州刺史高寶寧據州反
宣政元年春正月癸酉吐谷渾偽趙王他婁屯
來降壬午行幸鄴宮分相州廣平郡置洺州清
河郡置貝州黎陽郡置黎州汲郡置衛州分定
州常山郡置恒州分并州上黨郡置潞州辛卯行
幸懷州癸巳幸洛州詔於懷州置宮二月甲辰柱
國大冢宰譙王儉薨丁巳帝至自東巡乙丑以
上柱國越王盛爲大冢宰陳王純爲雍州牧三
月戊辰於蒲州置宮廢同州及長春二宮壬申
突厥遣使獻方物甲戌初服常冠以皁紗爲之
加簪而不施纓導其制若今之折角巾也上大
將軍郯國公王軌破陳師於呂梁擒其將吳明
徹等俘斬三萬餘人丁亥詔柱國故豆盧寧征

江南武陵南平等郡所有民庶爲人奴婢者悉
依江陵放免壬辰改元夏四月壬子初令遭父母
喪者聽終制庚申突厥入寇幽州殺略吏民議
將討之五月己丑帝總戎北伐遣柱國原公姬願
東平公宇文神舉等率軍五道俱入發關中公
私驢馬悉從軍癸巳帝不豫止于雲陽宮丙申
詔停諸軍事六月丁酉帝疾甚還京其夜崩
於乘輿時年三十六遺詔曰人肖形天地禀質
五常脩短之期莫非命也朕君臨宇縣十有九
年未能使百姓安樂刑措罔用所以昧旦求衣
分宵忘寢昔魏室將季海內分崩太祖扶危翼
傾肇開王業燕趙榛蕪久竊名號朕上述先志
下順民心遂與王公將帥共平東夏雖復妖氛蕩
定而民勞未康每一念此如臨冰谷將欲包舉六
合混同文軌今遘疾大漸氣力稍微有志不申以
此歎息天下事重萬機不易王公以下爰及庶
僚宜輔導太子副朕遺意令上不負太祖下無
失爲臣朕雖瞑目九泉無所復恨朕平生居處

每存菲薄非直以訓子孫亦乃本心所好喪事
資用須使儉而合禮墓而不墳自古通典隨吉即
葬葬訖公除四方士庶各三日哭妃嬪以下無子者
悉放還家謚曰武皇帝廟稱高祖已未葬於孝
陵帝沉毅有智謀初以晉公護專權常自晦迹人
莫測其深淺及誅護之後始親萬機尅己勵
精聽覽不怠用法嚴整多所罪殺號令懇惻唯
屬意於政群下畏服莫不肅然性既明察少於恩
惠凡布懷立行皆欲踰越古人身衣布袍寢布被

無金寶之飾諸宮殿華綺者皆撤毀之改爲土階
數尺不施櫨栱其雕文刻鏤錦繡纂組一皆禁
斷後宮嬪御不過十餘人勞謙接下自強不息以
海内未康銳情教習至於校兵閱武步行山
谷履涉勤苦皆人所不堪平齊之後見軍士有
跣行者帝親脫靴以賜之每宴會將士必自執杯
勸酒或手付賜物至於征伐之處躬在行陣性又
果决能斷大事故能得士卒死力以弱制強破
齊之後遂欲窮兵極武平突厥定江南一二年間
必使天下一統此其志也
史臣曰自東西否隔二國爭彊戎馬生郊干戈
日用兵連禍結力敵勢均疆埸之事一彼一此高
祖纘業未親萬機慮遠謀深以蒙養正及英
威電發朝政惟新内難既除外略方始乃苦心焦
思克己勵精勞役爲士卒之先居處同匹夫之
儉脩富民之政務彊兵之術乘讎人之有釁順
大道而推亡五年之間大勳斯集擄祖宗之宿
憤拯東夏之阽危盛矣哉其有成功者也若使

翌日之瘳無爽經營之志獲申黷武窮兵雖
見譏於良史雄圖遠略足方駕於前王者歟

紀第六　　周書六

紀第七　　周書七

令狐德棻　等撰

宣帝

宣皇帝諱贇字乾伯高祖長子也母曰李太后武成元年生於同州保定元年五月景午封魯國公建德元年四月癸巳高祖親告廟冠於阼階立爲皇太子詔皇太子巡撫西土文宣皇后崩高祖諒闇詔太子總朝政五旬而罷高祖每巡幸四方太子常留監國五年二月又詔皇太子巡西土因討吐谷渾宣政元年六月丁酉高祖崩戊戌皇太子即皇帝位尊皇后爲皇太后癸丑歲星熒惑太白合於東井甲子誅上柱國齊王憲封開府于智爲齊國公閏月乙亥詔山東流民新復業者及突厥侵掠家口破亡不能存濟者並給復一年立妃楊氏爲皇后辛巳以上柱國趙王招爲太師陳王純爲太傅柱國代王達滕王逌盧國公尉遲運薛國公長孫覽並爲上柱國進封柱國平陽郡公王誼爲揚國

公是月幽州人盧昌期據范陽反詔柱國東平公宇文神舉率衆討平之秋七月辛丑月犯心前星乙巳祠太廟景午祠圜丘戊申祠方丘庚戌以小宗伯岐國公斛斯徵爲大宗伯景辰熒惑太白合於七星己未太白犯軒轅大星壬戌以柱國南兗州總管隋公楊堅爲上柱國大司馬癸亥尊所生李氏爲帝太后八月景寅夕月於西郊長安萬年二縣民居在京城者給復三年壬申行幸同州遣大使巡察諸州詔制九條宣下州郡一曰決獄科罪皆准律文二曰毋族絕服外者聽婚三曰以杖決罰悉令依法四曰郡縣當境賊盜不擒獲者並仰録奏五曰孝子順孫義夫節婦表其門閭才堪任用者即宜申薦六曰或昔經驅使名位未達或沉淪蓬蓽文武可施宜並採訪具以名奏七曰僞齊七品以上已勑收用八品以下爰及流外若欲入仕皆聽預選降二等授官八曰州舉高才博學者爲秀才郡舉經明行脩者爲孝廉上州上郡歲一

人下州下郡三歲一人九日年七十以上依式授官鰥寡困乏不能自存者並加稟恤以大司徒杞國公亮爲安州摠管上柱國薛國公長孫覽爲大司徒柱國楊國公王誼爲大司空庚辰太白入太微景戌以柱國永昌公椿爲大司寇九月丁酉熒惑入太微以柱國宇文盛張掖公王傑枹罕公辛威鄖國公韋孝寬並爲上柱國庚戌封皇弟元爲荆王詔諸應拜者皆以三拜成禮汾州稽胡帥劉受邏千舉兵反詔上柱國

越王盛爲行軍元帥率衆討平之庚申熒惑犯左執法冬十月癸酉至自同州以大司空楊國公王誼爲襄州摠管戊子百濟遣使獻方物十一月己亥講武於道會苑帝親擐甲冑是月突厥寇邊圍酒泉殺掠吏民十二月甲子以柱國畢王賢爲大司空癸未熒惑入亢仍留經一月己丑以上柱國河陽摠管滕王逌爲行軍元帥率衆伐陳免京師見徒並令從軍

大象元年春正月癸巳受朝於露門帝服通天冠絳紗袍群臣皆服漢魏衣冠大赦改元大成初置四輔官以上柱國大冢宰越王盛爲大前疑相州摠管蜀國公尉遲迥爲大右弼申國公李穆爲大左輔大司馬隋國公楊堅爲大後丞癸卯封皇子衍爲魯王甲辰東巡狩景午日有背以柱國常山公于翼爲大司徒辛亥以柱國許國公宇文善爲大宗伯癸丑日又背戊午行幸洛陽立魯王衍爲皇太子二月癸亥詔曰河洛之地世稱朝市上則於天陰陽所會下紀於

地職貢路均聖人以萬物阜安乃建王國時經五代世歷千祀規摹弘遠邑居壯麗自魏氏失馭城闕爲墟君子有戀舊之風小人深懷土之思我太祖受命酇鎬胥宇崤函蕩定四方有懷光宅高祖神功聖略混一區宇往巡東夏省方觀俗布政此宮遂移氣序朕以眇身祗承寶祚庶幾聿脩之志敢忘燕翼之心一昨駐蹕金墉備嘗遊覽百王制度基趾尚存今若因修爲功易立宜命邦事修復舊都奢儉取文質之間功役

依子來之義北瞻河內咫尺非遙前謂經營今宜停罷於是發山東諸州兵增一月功爲四十五日役起洛陽宮常役四萬人以迄于晏駕并移相州六府於洛陽稱東京六府殺柱國徐州揔管鄖國公王軌停南討諸軍以趙王招女爲千金公主嫁於突厥戊辰以上柱國鄖國公韋孝寬爲徐州揔管乙亥行幸鄴景子初令授總管刺史及行兵者加持節餘悉罷之辛巳詔曰有聖大寶寔惟重器玄天表命人事與能幽顯同謀

確乎不易域中之大寶懸定於杳冥天下爲公蓋不避於內舉我大周感蒼昊之精受河洛之錫武功文德光格區宇創業垂統永光無窮朕以寡薄祇承鴻緒上賴先朝得一之迹下藉羣后不貳之心職貢與雲雨俱通憲章共光華並亘圓首方足咸登仁壽思隆國本用弘天曆皇太子衍地居上嗣正統所歸遠憑積德之休允叶無疆之祚帝王之量未肅而成天祿之期不謀已至朕今傳位於衍乃睠四海深合謳歌之

望俾予一人高蹈風塵之表萬方兆庶知朕意焉可大赦天下改大成元年爲大象元年帝於是自稱天元皇帝所居稱天臺冕二十有四旒車服旗鼓皆以二十四爲節內史御正皆置上大夫皇帝衍稱正陽宮置納言御正諸衛等官皆准天臺尊皇太后爲天元皇太后封內史上大夫鄭譯爲沛國公癸未日初出及將入時其中並有烏色大如雞卵經四日滅戊子以上柱國大前疑越王盛爲太保大右弼蜀公尉遲迥

爲大前疑代王達爲大右弼辛卯詔徙鄴城石經於洛陽又詔曰洛陽舊都今既修復凡是元遷之戶並聽還洛州此外諸民欲往者亦任其意河陽幽相豫亳青保七揔管受東京六府處分三月壬寅以上柱國薛國公長孫覽爲涇州揔管庚申至自東巡大陳軍伍帝親擐甲冑入自青門皇帝衍備法駕從入百官迎於青門外其時驟雨儀衛失容辛酉封趙王招第二子貫爲永康縣王夏四月壬戌朔有司奏言日蝕

不視事過時不食乃臨軒立妃朱氏爲天元帝
后癸亥以柱國畢王賢爲上柱國己巳祠太廟
壬午大醮於正武殿戊子太白歲星辰星合於
東井五月辛亥以洺州襄國郡爲趙國以齊州
濟南郡爲陳國以豐州武當安富二郡爲越國
以潞州上黨郡爲代國以荆州新野郡爲滕國
邑各一萬戶令趙王招陳王純越王盛代王達
滕王逌並之國癸丑有流星大如斗出太微落
落如遺火是月遣使簡視京兆及諸州士民之

女充選後宮突厥寇并州六月丁卯有流星大
如雞子出氐西北流長一丈入月中己巳月犯
房北頭第二星乙酉有流星大如斗出營室流
入東壁是月咸陽有池水變爲血發山東諸州
民修長城秋七月庚寅以大司空畢王賢爲雍
州牧大後丞隋國公楊堅爲大前疑柱國滎陽
公司馬消難爲大後丞壬辰熒惑掩房北頭第
一星景申納大後丞司馬消難女爲正陽宮皇
后尊天元帝太后李氏爲天皇太后壬子改天

元帝后朱氏爲天皇后立妃元氏爲天右皇后
妃陳氏爲天左皇后八月庚申行幸同州壬申
還宮甲戌以天左皇后父大將軍陳山提天右
皇后父開府元晟並爲上柱國山提封鄅國公
晟封翼國公開府楊雄爲邗國公乙弗寔戴國
公初高祖作刑書要制用法嚴重及帝即位
以海內初平恐物情未附乃除之至是大醮於
正武殿告天而行焉辛巳熒惑犯南斗第五星
壬午以上柱國雍州牧畢王賢爲太師上柱國郇

國公韓建業爲大左輔是月所在有蟻羣鬭
各方四五尺死者什八九九月己酉太白入南斗
乙卯以酆王貞爲大冢宰上柱國鄖國公韋孝
寬爲行軍元帥率行軍總管杞國公亮郕國公
梁士彦以伐陳遣御正杜杲禮部薛舒使於陳
冬十月壬戌歲星犯軒轅大星是日帝幸道會
苑大醮以高祖武皇帝配醮訖論議於行殿是
歲初復佛像及天尊像至是帝與二像俱南面
而坐大陳雜戲令京城士民縱觀乙酉熒惑鎮

星合於虛是月相州人段德舉謀反伏誅十一月乙未幸温湯戊戌行幸同州壬寅還宮己酉有星大如斗出張東南流光明燭地丁巳初鑄永通萬國錢以一當千與五行大布並行是月韋孝寬拔壽陽杞國公亮拔黃城梁士彥拔廣陵陳人退走於是江北盡平十二月戊午以災異屢見帝御路寢見百官詔曰穹昊在上聰明自下吉凶由人妖不自作朕以寡德君臨區寓大道未行小信非福始於秋季及此玄冬幽顯殷勤屢貽深戒至有金入南斗木犯軒轅熒惑干房又與土合流星照夜東南而下然則南斗主於爵祿軒轅爲於後宮房曰明堂布政所也火土則憂孽之兆流星乃兵凶之驗豈其官人失序女謁尚行政事乖方憂患將至何其昭著若斯之甚上瞻俯察朕實懼焉將避正寢齋居克念惡衣減膳去飾撤懸披不諱之誠開直言之路欲使刑不濫及賞弗踰等選舉以才宮闈脩德宜宣諸內外庶盡弼諧允叶民心用銷天譴

於是舍仗衛往天興宮百官上表勸復寢膳許之甲子還宮御正武殿集百官及宮人內外命婦大列妓樂又縱胡人乞寒用水澆沃爲戲樂乙丑行幸洛陽帝親御驛馬日行三百里四皇后及文武侍衛數百人並乘驛以從仍令四后方駕齊驅或有先後便加譴責人馬頓仆相屬己卯還宮

二年春正月丁亥帝受朝于道會苑癸巳祠太廟乙巳造二扆畫日月之象以置左右戊申雨雪雪止又雨細黃土移時乃息乙卯詔江左諸州新附民給復二十年初稅入市者人一錢二月丁巳帝幸露門學行釋奠之禮戊午突厥遣使獻方物且逆千金公主乙丑改制詔爲天制詔勑爲天勑壬午尊天元皇太后爲天元上皇太后天皇太后李氏曰天元聖皇太后癸未立天元皇后楊氏爲天元大皇后天皇后朱氏爲天大皇后天右皇后元氏爲天右大皇后天左皇后陳氏爲天左大皇后正陽宮皇后直稱皇

后是月洛陽有禿鶖鳥集於新營太極殿前榮州有黑龍見與赤龍鬭於汴水之側黑龍死三月丁亥賜百官及民大酺詔曰盛德之後是稱不絶功施於民義昭祀典孔子德惟藏往道實生知以大聖之才屬千古之運載弘儒業式叙彝倫至如幽贊天人之理裁成禮樂之務故以作範百王垂風萬葉朕欽承寶曆服膺教義眷言洙泗懷道滋深○褒成啓號雖彰故實旌崇聖績猶有闕如可追封爲鄒國公邑數准舊并立後承襲別於京師置廟以時祭享戊子行軍總管杞國公亮舉兵反襲行軍元帥鄖國公韋孝寬於豫州亮不勝孝寬獲而殺之辛卯以永昌公椿爲杞國公紹簡公連後行幸同州增候正前驅戒道爲三百六十重自應門至於赤岸澤數十里間幡旗相蔽鼓樂俱作又令武賁持鈒馬上稱警蹕以至於同州乙未改同州宮爲天成宮庚子至自同州詔天臺侍衛之官皆著五色及紅紫綠衣以雜色爲緣名曰品色衣有大事與公服間服之壬寅詔內外命婦皆執笏其拜宗廟及天臺皆俛伏甲辰初置天中大皇后立天左大皇后陳氏爲天中大皇后立妃尉遲氏爲天左大皇后夏四月乙丑有星大如斗出天廚流入紫宮抵鉤陳乃滅己巳祠太廟己卯詔曰朕以寡薄昧於治方不能使天地休和陰陽調序自春涉夏甘澤未豐既軫西郊之歎將虧南畝之業興言夕惕無忘鑒寐良由德化未敷政刑多舛萬方有罪責在朕躬思覃寬惠被之率土見囚死罪並降從流流罪從徒五歲刑已下悉皆原宥其反叛惡逆不道及常赦所不免者不在降例壬午幸中山祈雨至咸陽宮雨降甲申還宮令京城士女於衢巷作音樂以迎候五月己丑以上柱國大前疑隋國公楊堅爲揚州總管甲午夜帝備法駕幸天興宮乙未帝不豫還宮詔隋國公堅入侍疾甲辰有星大如三斗出太微端門流入翼聲若風鼓幡旗丁未追趙陳越代滕五王入朝己酉大漸御正下大

夫劉昉與内史上大夫鄭譯矯制以隨國公堅受遺輔政是日帝崩於天德殿時年二十二謚曰宣皇帝七月景申葬定陵帝之在東宮也高祖慮其不堪承嗣遇之甚嚴朝見進止與諸臣無異雖隆寒盛暑亦不得休息性既嗜酒高祖遂禁醪醴不許至東宮帝每有過輒加捶扑嘗謂之曰古來太子被廢者幾人餘兒豈不堪立耶於是遣東宮官屬録帝言語動作每月奏聞帝憚高祖威嚴矯情脩飾以是過惡遂不外

聞嗣位之初方逞其欲大行在殯曾無戚容即閱視先帝宮人逼爲淫亂纔及踰年便恣聲樂采擇天下子女以充後宮好自矜夸飾非拒諫禪位之後彌復驕奢躭酗於後宮或旬日不出公卿近臣請事者皆附奄官奏之所居宮殿帷帳皆飾以金玉珠寶光華炫燿極麗窮奢及營洛陽宮雖未成畢其規摹壯麗踰於漢魏遠矣唯自尊崇無所顧憚國典朝儀率情變改後宮位號莫能詳録每對臣下自稱爲天以五色

土塗所御天德殿各隨方色又於後宮與皇后等列坐用宗廟禮器罇彝珪瓚之屬以飲食焉又令群臣朝天臺者皆致齋三日清身一日車旗章服倍於前王之數既自比上帝不欲令人同已嘗自帶綬及冠通天冠加金附蟬顧見侍臣武弁上有金蟬及王公有綬者並令去之又不聽人有高大之稱諸姓高者改爲姜九族稱高祖者爲長祖曾祖爲次長祖官名凡稱上及大者改爲長有天者亦改之又令天下車皆以渾

成木爲輪禁天下婦人皆不得施粉黛之飾唯宮人得乘有輻車加粉黛焉西陽公溫杞國公亮之子即帝之從祖兄子也其妻尉遲氏有容色因入朝帝遂飲之以酒逼而淫之亮聞之懼誅乃反纔誅溫即追尉遲氏入宮初爲妃尋立爲皇后每召侍臣論議唯欲興造變革未嘗言及治政其後遊戲無恒出入不節羽儀仗衛晨出夜還或幸天興宮或遊道會苑陪侍之官皆不堪命散樂雜戲魚龍爛漫之伎常在目

前好令京城少年爲婦人服飾入殿歌舞與後宮觀之以爲喜樂擯斥近臣多所猜忌又吝於財略無賜與恐羣臣規諫不得行己之志常遣左右密伺察之動止所爲莫不鈔録小有乖違輒加其罪自公卿已下皆被楚撻其間誅戮黜免者不可勝言每笞捶人皆以百二十爲度名曰天杖宮人内職亦如之后妃嬪御雖被寵嬖亦多被杖背於是内外恐懼人不自安皆求苟免莫有固志重足累息以逮於終

史臣曰高祖識嗣子之非才顧宗祏之至重滯愛同於晉武則哲異於宋宣但欲威之以檟楚期之於懲肅義方之教豈若是乎卒使昏虐君臨姦回肆毒善無小而必弃惡無大而弗爲窮南山之簡未足書其過盡東觀之筆不能記其罪然猶獲全首領及子而亡幸哉

紀第七　周書七

紀第八　周書八

令狐　德棻　等撰

靜帝

靜皇帝諱衍後改爲闡宣帝長子也母曰朱皇后建德二年六月生于東宮大象元年正月癸卯封魯王戊午立爲皇太子二月辛巳宣帝於鄴宮傳位授帝居正陽宮二年夏五月乙未宣帝寢疾詔帝入宿於露門學己酉宣帝崩帝入居天臺廢正陽宮大

赦天下停洛陽宮作庚戌上天元上皇太后尊号爲太皇太后天元聖皇太后李氏爲太帝太后天元大皇后楊氏爲皇太后天大皇后朱氏爲帝太后其天中大皇后陳氏天右大皇后元氏天左大皇后尉遲氏並出俗爲尼柱國漢王贊爲上柱國右大丞相上柱國揚州揔管隋國公楊堅爲假黄鉞左大丞相柱國秦王贄爲上柱國帝居諒闇百官揔己以聽於左大丞相壬子以上柱國鄖國公韋

孝寬爲相州摠管罷入市稅錢六月戊午以柱
國許國公宇文善神武公竇毅脩武公侯莫
陳瓊大安公閻慶並爲上柱國趙王招陳王純
越王達代王盛滕王逌來朝庚申復行佛道二
教舊沙門道士精誠自守者簡令入道辛酉以
柱國杞國公椿燕國公于寔郜國公賀拔伏恩
並爲上柱國甲子相州摠管尉遲迥舉兵不受
代詔發關中兵即以孝寬爲行軍元帥率軍
討之上柱國畢王賢以謀執政被誅以上柱國秦

王贄爲大冢宰杞國公椿爲大司徒己巳詔南
定北光衡巴四州民爲宇文亮抑爲奴婢者並
免爲民復其本業甲戌有赤氣起西方漸東
行遍天庚辰罷諸魚池及山澤公禁者與百姓
共之以柱國蔣國公梁睿爲益州摠管秋七月
甲申突厥送齊范陽王高紹義庚寅申州刺
史李慧起兵辛卯月掩氐東南星甲午月掩
南斗第六星庚子詔趙陳越代滕五王入朝不
趨劒履上殿榮州刺史邵國公宇文胄舉兵

遣大將軍清河公楊素討之青州摠管尉遲
勤舉兵丁未隋公楊堅爲都督內外諸軍事己
酉鄖州摠管司馬消難舉兵以柱國楊國公王
誼爲行軍元帥率軍討之壬子歲星與太白合
於張有流星大如斗出五車東北流光明燭地
趙王招越王盛以謀執政被誅癸丑封皇弟衎
爲鄴王衎爲郢王是月豫州荆州襄州三摠管
內諸蠻各率種落反焚燒村驛攻亂郡縣八月
庚申益州摠管王謙舉兵不受代即以梁睿爲

行軍元帥率軍討之丁卯封上柱國杞罕公辛
威爲宿國公開府怡昂爲郜國公庚午韋孝
寬破尉遲迥於鄴城迥自殺相州平移相州於
安陽其鄴城及邑居皆毀廢之分相州陽平
郡置毛州昌黎郡置魏州景子以漢王贊爲
太師上柱國并州摠管申國公李穆爲太傅宋
王實爲大前疑秦王贄爲大右弼燕國公于
寔爲大左輔己卯詔曰朕祗承洪業三載於茲
藉祖考之休憑宰輔之力經天緯地四海晏如

逆賊尉遲迥才質凡庸志懷姦慝因緣戚屬位冠朝倫屬上天降禍先皇晏駕萬國深鼎湖之痛四海窮遏密之悲獨幸天災欣然放命稱兵擁衆便懷問鼎乃詔六師肅茲九伐而凶徒孔熾充原蔽野諸將肆雷霆之威壯士縱貔貅之勢芟夷縈拂所在如莽直指漳濱擒斬元惡羣醜喪魄咸集鼓下順高秋之氣就上天之誅兩河妖孽一朝清蕩自朝及野喜抃相趨昔上皇之時不言爲治聖人宰物有教而已未戢干戈實深慙德思弘寛簡之政用副億兆之心可大赦天下其共迥元謀執迷不悟及迥子姪逆人司馬消難王謙等不在赦例庚辰司馬消難擁其衆以魯山甑山二鎮奔陳遣大將軍宋安公元景山率衆追擊俘斬五百餘人郘州平沙州氐帥開府楊永安聚衆應王謙遣大將軍樂寧公達奚儒討之楊素破宇文冑於滎州斬冑於石濟以上柱國神武公竇毅爲大司馬齊國公于智爲大

周書紀八　四

司空廢相青荊金晉梁六州總管九月甲申熒惑與歲星合於翼景戌廢河陽摠管爲鎮隷洛州以小宗伯竟陵公陽慧爲大宗伯壬辰廢皇后司馬氏爲庶人甲午熒惑入太微戊戌以柱國楊國公王誼爲上柱國辛丑分潼州管内新遂普合及瀘州管内瀘戎六州並隷信州揔管府己酉熒惑犯左執法庚戌以柱國常山公于翼化政公宇文忻並爲上柱國進封翼爲任國公忻爲英國公壬子丞相去左右之号隋公楊堅爲大丞相冬十月甲寅日有蝕之乙卯有流星大如五斗出張南流光明燭地壬戌陳王純以怨執政被誅大丞相隋國公楊堅加大冢宰五府揔於天官戊寅梁睿破王謙於劍南追斬之傳首京師益州平十一月甲辰達奚儒破楊永安於沙州沙州平乙巳歲星守太微丁未上柱國鄖國公韋孝寛薨十二月壬子以柱國蔣國公梁睿爲上柱國癸丑熒惑入氐丁巳以柱國邦國公楊雄爲普安公賀

周書紀八　五

蘭蓦郕國公梁士彥上大將軍新寧公叱列長乂武鄉公崔弘度大將軍中山公宇文恩濮陽公宇文述渭原公和千子任城公王景漁陽公楊銳上開府廣宗公李崇隴西公李詢並爲上柱國庚申以柱國楚國公豆盧勣爲上柱國癸亥詔曰詩稱不如同姓傳曰異姓爲後蓋明辯親疎皎然不雜太祖受命龍德猶潛籙表革代之文星垂除舊之象三分天下志扶魏室多所改作冀允上玄文武羣官賜姓者衆本殊國邑實乖胙土不歆非類異骨肉而共烝嘗不愛其親在行路而叙昭穆且神徵革姓本爲曆數有歸天命在人推讓終而弗獲故君臨區寓累世於茲不可仍遵謙挹之旨久行權宜之制諸改姓者悉宜復舊甲子大丞相隋國公楊堅進爵爲王以十郡爲國辛未代王達滕王逌並以謀執政被誅壬申以大將軍長寧公楊勇爲上柱國大司馬小冢宰始平公元孝矩爲大司寇

周書紀八　六

大定元年春正月壬午詔曰朕以不天夙遭極罰光陰遄速遽及此辰窮慕纏綿言增號絕踰祀革号憲章前典可改大象三年爲大定元年乙酉歲星逆行守右執法熒惑掩房北第一星景戌詔曰帝王設官惟才是務人臣報國薦賢爲重去歲已來屢有妖寇宰臣英筭咸得清蕩逆亂之後兵車始輯遐邇勞役生民未康居官之徒致治者寡斯故上失其道以至於茲亦由下有幽人未展其力今四海寧一八表無塵元輔執鈞垂風揚化若使天下英傑盡升於朝銓衡陟降量才而處垂拱無爲庶幾可至於是遣戎秩上開府以上職事下大夫以上外官刺史以上各舉清平勤幹者三人被舉之人居官三年有功過者所舉之人隨加賞罰以大司馬長寧公楊勇爲洛州總管三月庚申大丞相隋王楊堅爲相國總百揆更封十郡通前二十郡劒履上殿入朝不趨贊拜不名備九錫之禮加璽鉞遠遊冠相國印綠綟綬位

三七　周書紀八　七　洗

在諸王上又加冕十有二旒建天子旌旗出警入蹕乘金根車駕六馬備五時副車置旄頭雲罕樂舞八佾設鍾簴宮懸王后王子爵命之号並依魏晉故事甲子隋王楊堅稱尊号帝遜于別宮隋氏奉帝爲介國公邑萬戶車服禮樂一如周制上書不爲表荅表不稱詔有其文事竟不行開皇元年五月壬申崩時年九歲隋志也謚曰靜皇帝葬恭陵

史臣曰靜帝越自幼沖紹茲衰緒内相挾孫劉之詐戚藩無齊代之彊隋氏因之遂遷龜鼎雖復岷峨投袂㶖成陵奪之威漳滏勤王無救宗周之殞嗚呼以太祖之克隆景業未踰二紀不祀忽諸斯蓋宣帝之餘殃非孺子之罪戾也

二卅九　周書紀八　八　翔

紀第八　周書八

列傳第一　周書九

令狐　德棻　等撰

皇后

文帝元皇后

文宣叱奴皇后

孝閔帝元皇后

明帝獨孤皇后

武帝阿史那皇后

武帝李皇后

宣帝楊皇后

宣帝朱皇后

宣帝陳皇后

宣帝元皇后

宣帝尉遲皇后

靜帝司馬皇后

書紀有虞之德載釐降二女詩述文王之美稱刑于寡妻是知婚姻之道男女之別寔有國有家者之所愼也自三代迄于魏晉興衰之數得

一百三十五　周書列傳一　一　凌

失之迹備乎傳記故其詳可得聞焉若嫔納以
德防閑以禮大義正於宮闈王化行於邦國則
坤儀式固而鼎命惟永矣至於邪僻既進法度
莫修冶容迷其主心私謁蠹其朝政則風化凌
替而宗社不守矣夫然者豈非皇王之龜鑑歟
周氏率由姬制内職有序太祖創基修衽席以
儉約高祖嗣曆節情欲於矯枉宮闈有貫魚之
美戚里無私溺之尤可謂得人君體也宣皇外
行其志内逞其欲溪壑難滿採擇無厭恩之所

三百十二　周書列傳一　二　子成

加莫限厮皁榮之所及無隔險詖於是升蘭殿
而正位踐椒庭而齊體者非一人焉階房帷而
拖青紫承恩倖而擁玉帛者非一族焉雖辛癸
之荒淫趙李之傾惑曾未足比其驕縱也民厭
苛政弊事寔多太祖之祚忽諸特由於此故叙其
事以爲皇后傳云
文帝元皇后魏孝武帝之妹初封平原公主適
開府張歡歡性貪殘遇后無禮又嘗殺后侍婢
后怒訴之於帝帝乃勅歡殺之改封后爲馮翊

公主以配太祖生孝閔帝大統七年薨魏恭帝
三年十二月合葬成陵孝閔帝踐祚追尊爲王后
武成初又追尊爲皇后
文宣叱奴皇后代人也太祖爲丞相納后爲姬
生高祖天和三年六月尊爲皇太后建德二年
三月癸酉崩四月丁巳葬永固陵
孝閔帝元皇后名胡摩魏文帝第五女初封晉
安公主帝之爲略陽公也尚焉及踐祚立爲王
后帝被廢后出俗爲尼建德初高祖誅晉國公

三百十三　周書傳一　三

護上帝尊號爲孝閔帝以后爲孝閔皇后居崇
義宮隋氏革命后出居里第大業十二年殂
明帝獨孤皇后太保衛國公信之長女帝之在
藩也納爲夫人三年正月立爲王后四月崩葬
昭陵武成初追崇爲皇后世宗崩與后合葬
武帝阿史那皇后突厥木扞可汗俟斤之女突
厥滅茹茹之後盡有塞表之地控弦數十萬志陵
中夏太祖方與齊人爭衡結以爲援俟斤初欲
以女配帝既而悔之高祖即位前後累遣使要

結乃許歸后於我保定五年二月詔陳國公純
許國公宇文貴神武公竇毅南陽公楊荐等
奉備皇后文物及行殿并六宮以下百二十人至
俟斤牙帳所迎后俟斤又許齊人以婚將有異
志純等在彼累載不得反命雖諭之以信義俟
斤不從會大雷風起飄壞其穹廬等旬日不
止俟斤大懼以爲天譴乃備禮送后及純等設
行殿列羽儀奉之以歸天和三年三月后至高
祖行親迎之禮后有姿貌善容止高祖深敬焉

宣帝即位尊爲皇太后大象元年二月改爲天
元皇太后二年二月又尊爲天元上皇太后冊
曰天元皇帝臣贇奉璽綬冊謹上天元皇太后
尊號曰天元上皇太后伏惟窮神盡智含弘載
物道洽萬邦儀刑四海聖慈訓誘恩深明德雖
冊徽號未極尊嚴是用增奉鴻名光緣常禮
俾誠敬有展歡慰在茲福祉無疆億兆斯賴
宣帝崩靜帝尊爲太皇太后隋開皇二年殂
年三十二隋文帝詔有司備禮冊祔葬於孝陵

武帝李皇后名娥姿楚人也于謹平江陵后家
被籍沒至長安太祖以后賜高祖後稍得親幸
大象元年二月改爲天元帝太后七月又尊爲
天皇太后二年尊爲天元聖皇太后冊曰天元
皇帝臣諱奉璽綬冊謹上天皇太后尊號曰天元
聖皇太后伏惟月精効祉坤靈表貺瑞摩丹
陵慶流華渚雖率由令典夙奉徽號而因心盡
敬未極尊名是用思弘稱首上昭聖德敢竭誠
敬永綏福履顯揚慈訓貽厥孫謀宣帝崩靜

帝尊爲太帝太后隋開皇元年三月出俗爲
尼改名常悲八年殂年五十三以尼禮葬于京
城南

宣帝楊皇后名麗華隋文帝長女帝在東宮
高祖爲帝納后爲皇太子妃宣政元年閏六月
立爲皇后帝後自稱天元皇帝號后爲天元皇
后尋又立天皇后及左右皇后與后爲四皇后
焉二年詔曰帝降二女后德所以儷君天列四
星妃象於焉垂耀朕取法上玄稽諸令典爰

命四后内正六宮庶弘贊柔德廣脩粢盛比殊禮雖降稱謂曷宜其因天之象增錫嘉名於是后與三皇后並加太焉帝遣使持節冊后爲天元大皇后曰咨爾令章載德體順居貞肅恭享祀儀刑邦國是用嘉茲顯號式暢徽音爾其敬踐厥猷寅荅靈命對揚休烈可不慎歟尋又立爲天中太皇后與后爲五皇后后性柔婉不妬忌四皇后及嬪御等咸愛而仰之帝後昏暴滋甚喜怒乖度嘗譴后欲加之罪后進止詳閑辭色不撓帝大怒遂賜后死逼令引訣后母獨孤氏聞之詣閤陳謝叩頭流血然後得免帝崩靜帝尊后爲皇太后居弘聖宮初宣帝不豫詔后父入禁中侍疾及大漸劉昉鄭譯等因矯詔以后父受遺輔政后初雖不預謀然以嗣主幼沖恐權在他族不利於己聞昉譯已行此詔心甚悅之後知其父有異圖意頗不平形於言色及行禪代憤惋逾甚隋文帝既不能譴責内甚愧之開皇六年封后爲樂平公

主後又議奪其志后誓不許乃止大業五年從煬帝幸張掖殂於河西年四十九煬帝還京詔有司備禮祔葬后於定陵

宣帝朱皇后名滿月吳人也其家坐事沒入東宮帝之爲太子后被選掌帝衣服帝年少召而幸之遂生靜帝大象元年立爲天元帝后尋改爲天皇后二年又改爲天大皇后冊曰咨爾彌宣四德訓範六宮軒庭列序彤門表慶嘉稱既降盛典宜膺爾其飾性履道無忝禮正永固休祉可不慎歟后本非良家子又年長於帝十餘歲疎賤無寵以靜帝故特尊崇之班亞楊皇后焉及宣帝崩靜帝尊爲帝太皇后隋開皇元年出俗爲尼名法淨六年殂年四十以尼禮葬京城

宣帝陳皇后名月儀自云潁川人大將軍山提第八女也大象元年六月以選入宮拜爲德妃月餘立爲天左皇后二年二月改天左大皇后冊曰咨爾儀範柔閑操履凝潔淑問彰於遠

近令則冠於宮闈正用申彼寵章加茲徽號爾
其復禮問詩披圖顧史永隆嘉命可不慎歟
三月又詔曰正內之重風化之基嘉耦之制代多
殊典軒譽繼軌次妃並四虞舜受命厥取女猶
三禮非相襲隨時不無朕祗承寶圖載弘徽
號自我改作超革先古曰天元居極五帝所以
御崇王者稱尊列后於焉上儷且坤儀比德
土數惟五既縟恒典宜取斯儀四太皇后外可
增置天中大皇后一人天中大皇后爰主粢盛徽

音日躋肇建嘉名宜膺顯冊於是以后爲天
中大皇后帝崩后出家爲尼改名華光后父山
提本高氏之餘仕齊官至特進開府東兗州刺
史謝陽王高祖平齊拜大將軍封淅陽郡公
大象元年以后父超授上柱國進封鄖國公除
大宗伯

宣帝元皇后名樂尚河南洛陽人也開府晟
之第二女年十五被選入宮拜爲貴妃大象元
年七月立爲天右皇后二年二月改爲天元太
皇后冊曰咨爾資靈姜水載德塗山懿淑內
融徽音潛暢是用加茲寵數式光踐禮爾其聿
脩儀範肅膺顯冊祗奉休命可不慎歟帝崩
后出俗爲尼改名華勝初后與陳后同時被
選入宮俱拜爲妃及升后位又同日受冊帝寵
遇二后禮數均等年齒復同特相親愛及爲
尼後李朱及尉遲后等並相繼殞沒而二后于
今尚存后父晟少以元氏宗室拜開府大象元
年七月以后父進位上柱國封翼國公

宣帝尉遲皇后名熾繁蜀國公迥之孫女有
美色初適杞國公亮子西陽公溫以宗婦例入
朝帝逼而幸之及亮謀逆帝誅溫進后入宮拜
爲長貴妃大象二年三月立爲天左大皇后冊
曰咨爾門膺積善躬表靈貺徽音茂德朕
實嘉之是用弘茲盛典申彼寵章爾其克慎
厥猷寅荅景命永承休烈可不慎歟帝崩后
出俗爲尼改名華首隋開皇十五年殂年三十

靜帝司馬皇后名令姬柱國滎陽公消難之

女大象元年二月宣帝傳位於帝七月爲帝納爲皇后冊曰坤道成形厚德於焉載物陰精迭運重光所以麗天在昔皇王膺乾御曆內政爲助昭被圖篆惟爾門積慶靈家韜休烈徽音令範無背一時是用命爾作儷皇極爾其克勵婉心肅膺盛典追皇英之逸軌庶任姒之芳塵褘翟有光粢盛無怠雖休勿休以隆嘉祚二年九月隋文帝以后父擁衆奔陳廢后爲庶人後嫁爲隋司隸刺史李丹妻于

今尚存

史臣曰孔子稱夷狄之有君不如諸夏之亡也是以周納狄后富辰謂之禍階晉升戎女卜人以爲不吉斯固非謬焉自周氏受命逮乎高祖年踰三紀世歷四君業非草昧之辰事殊權宜之日乃弃同即異以夷亂華捐婚姻之彝序求犲狼之外利既而報者倦矣施者無厭向之所謂和親未幾已成讎敵奇正之道有異於斯于時高祖雖受制於人未親庶政而謀士韞奇直臣鉗口過矣哉歷觀前載以外戚而居宰輔者多矣申呂則曠代無聞呂霍則與時俱盛傾漢室者王族喪周祚者楊氏何滅亡之禍合若符契焉斯魏文所以發一槩之詔也已

列傳第一 周書九

列傳第二　周書十

令狐德棻等撰

邵惠公顥 子什肥 導 護 什肥子冑 導子廣 亮 翼 椿 衆

杞簡公連

莒莊公洛生 子菩提

虞國公仲 子興

邵惠公顥太祖之長兄也德皇帝娶樂浪王氏是爲德皇后生顥次杞簡公連次莒莊公洛生次太祖顥性至孝德皇后崩哀毀過禮鄉黨嘆异焉德皇帝與衞可孤戰于武川南河臨陣墜馬顥與數騎奔救擊殺數十人賊衆披靡德皇帝乃得上馬引去俄而賊追騎大至顥遂戰殁保定初追贈太師柱國大將軍大冢宰大都督恒朔等十州諸軍事恒州刺史封邵國公邑萬戸謚曰惠顥三子什肥導護護別有傳

什肥年十五而惠公没自傷早孤事母以孝聞永安中太祖入關什肥不能離母遂留晉陽及太祖定秦隴什肥爲齊神武所害保定初追贈

大將軍小冢宰大都督冀定等州諸軍事冀州刺史襲爵邵國公謚曰景子冑嗣

冑少而孤貧頗有幹略景公之見害也以年幼下蠶室保定初詔以晉公護子會紹景公封天和中與齊通好冑始歸關中授大將軍開府儀同三司襲爵邵公尋除宗師中大夫進位大將軍出爲原州刺史轉滎州刺史大象末隋文帝輔政冑舉州兵應尉遲迥與清河公楊素戰敗遂走追獲於石濟遂斬之國除冑子乾仁幼好學聰惠魏恭帝二年以護平江陵之功賜爵江陵縣公保定初紹景公後拜驃騎大將軍開府儀同三司二年除蒲州潼關六防諸軍事蒲州刺史冑至自齊改封譚國公尋進位柱國建德初與護同伏誅三年五月追贈復封舊爵

導字菩薩少雄豪有仁惠太祖愛之初與諸父在葛榮軍中榮敗遷于晉陽及太祖隨賀拔岳入關導從而西常從征伐太祖討侯莫陳悅以導爲都督鎮原州及悅敗北走出故塞導率騎追

之至牽屯山及悅斬之傳首京師以功封饒陽
縣增邑五百戶拜冠軍將軍加通直散騎常侍魏
文帝即位以定策功進爵爲公增邑五百戶拜
使持節散騎常侍車騎大將軍左光祿大夫三
年太祖東征導入宿衞拜領軍將軍大都督齊
神武渡河侵馮翊太祖自弘農引軍入關導督
左右禁旅會於沙苑與齊神武戰大破之進位
儀同三司明年魏文帝東征留導爲華州刺史
及趙青雀于伏德慕容思慶等作亂導自華州

三百卅 周書傳二 三 帥公

率所部兵擊之擒伏德斬思慶進屯渭橋會太
祖軍事平進爵章武郡公增邑并前二千戶尋
加侍中開府驃騎大將軍太子少保高仲密以
北豫降太祖率諸將輔魏皇太子東征復以
導爲大都督華東雍二州諸軍事行華州刺史導
治兵訓卒得定捍之方及大軍不利東魏軍追
至稠桑知關中有備乃退會侯景舉河來附遣
使請援朝議將應之乃徵爲隴右大都督秦南
等十五州諸軍事秦州刺史及齊氏稱帝太祖

發關中兵討之魏文帝遣齊王廓鎮隴右徵導
還朝拜大將軍大都督三雍二華等二十三州
諸軍事屯咸陽大軍還乃旋舊鎮導性寬
明善於撫御凡所引接人皆盡誠臨事敬慎常
若弗及太祖每出征討導恒居守深爲吏民所
附朝廷亦以此重之魏恭帝元年十二月薨於
上邽年四十四魏帝遣侍中漁陽王纁監護喪
事贈本官加尚書令秦州刺史謚曰孝朝議以
導撫和西戎威恩顯著欲令世鎮隴右以彰厥

周書列傳二 四

德乃葬於上邽城西無疆原華戎會葬有萬
餘人負土於路悲號滿野皆曰我君捨我乎大
小相率負土成墳高五十餘尺周迴八十餘步
爲官司所止然後泣辭而去其遺愛見思如此
天和五年重贈太師柱國豳國公導五子廣亮
翼椿衆亮椿並出後於杞
廣字乾歸少方嚴好文學初封永昌郡公孝閔
帝踐阼改封天水郡公世宗即位授驃騎大將
軍開府儀同三司出爲秦州刺史武成初進位

大將軍遷梁州總管進封蔡國公增邑萬戶保
定初入爲小司寇尋以本官鎮蒲州兼知潼關等
六防諸軍事二年除秦州總管十三州諸軍事
秦州刺史廣性明察善綏撫民庶畏而悅之時
晉公護諸子及廣弟杞國公亮等服玩侈靡踰
越制度廣獨率由禮則又折節待士朝野以是
稱焉曾侍食於高祖所食瓜美持以奉進高祖
悅之四年進位柱國廣以晉公護久擅威權勸
令抱損護不能納天和三年除陝州總管以病

免及孝公追封豳國公詔廣襲爵初廣母李氏
以廣患彌年憂而成疾因此致沒廣既居喪更
加綿篤乃以毀薨世稱母爲廣病廣爲母亡慈
孝之道極於一門高祖素服親臨百僚畢集其
故吏儀同李充信等上表曰臣聞資孝成忠生
民高義旌德樹善有國常規竊惟故豳國公臣
廣懿親令望具瞻攸在道冠羣后功懋維城受
脤建旆威行秦隴班條驅傳化溢崤函比媵理
舛和奉詔還闕藥石所及沉痾漸愈而災釁仍

集丁此窮憂至性過人遂增舊疾因茲毀頓以
至薨殂尋等繹貫切不能自已臣等接事每承餘
論仰之平昔約已立身位極上公賦兼千乘所
獲祿秩周贍無餘器用服玩取給而已每言及
終始尤存簡素非秦政而忘吳禮譏石椁而美
厚薪今卜兆有期先遠方及誠恐一從朝露此
志莫伸伏惟陛下弘不世之慈垂霈然之澤
留情既往降愍幽魂爰勑有司申其宿志窀穸
之禮庶存儉約詔曰省充信等表但增哀悼豳

國公廣藩屏令望宗室表儀言著身文行成士
則方憑懿戚用匡朝政奄丁荼蓼便致毀滅啓
手歸全無忘雅操言念既往震于厥心昔河間
才藻追叙於中尉東海謙約見稱於身後可斟
酌前典率由舊章使易簀之言得申遺志黜
殯之請無虧令終於是贈本官加太保葬於隴
西所司一遵詔旨並存儉約子洽嗣大定中隋文
輔政以宗室被害國除
亮字乾德武成初封永昌郡公後襲烈公爵除

開府儀同三司梁州摠管天和末拜宗師中大夫進位大將軍豳國公薨以亮爲秦州摠管廣之所部悉以配焉亮在州甚無政績尋進位柱國晉公護誅後亮心不自安唯縱酒而已高祖手勑讓之建德中高祖東伐以亮爲右第二軍摠管并州平進位上柱國仍從平鄴遷大司徒宣帝即位出爲安州摠管大象初詔以亮爲行軍摠管與元帥鄖國公韋孝寬等伐陳亮自安陸道攻拔黃城輒破江側民村掠其生口

以賜士卒軍還至豫州亮密謂長史杜士峻曰主上淫縱滋甚社稷將危吾既忝宗枝不忍坐見傾覆今若襲取鄖國公而并其衆推諸父爲主鼓行而前誰敢不從遂夜將數百騎襲孝寬營會亮國官茹寬知其謀先以馳告孝寬乃設備亮不克遯走孝寬追斬之子明坐亮誅詔以亮弟椿爲烈公後

翼字乾宜武成初封西陽郡公早薨謚曰昭無子以杞國公亮子温爲嗣後坐亮反誅國除

椿字乾壽初封永昌郡公保定中授開府儀同三司宗師中大夫建德初加大將軍尋除岐州刺史四年關中民飢椿表陳其狀璽書勞慰因令所在開倉賑卹四年高祖東伐椿與齊王憲攻拔武濟等五城五年高祖出晉州椿率衆屯棲雞原宣帝即位拜大司寇亮誅後詔令紹烈公封尋進位上柱國轉大司徒大定初爲隋文帝所害并其五子西陽公道宗本仁隣武子禮獻

衆字乾道保定初封天水郡公少而不惠語默不常人莫能測隋文帝踐極初欲封爲介公後復誅之并二子仲和孰倫

杞簡公連幼而謹厚臨敵果毅隨德皇帝逼定州軍於唐河遂俱歿保定初追贈使持節太傅柱國大將軍大司徒大都督定冀等十州諸軍事定州刺史封杞國公邑五千戸謚曰簡子光寶爲齊神武所害保定初追贈大將軍小司徒大都督幽燕等六州諸軍事幽州刺史襲爵杞國

公謚曰烈以章武公導子亮嗣
莒莊公洛生少任俠尚武藝及壯有大度好施
愛士北州賢俊皆與之遊而才能多出其下及
葛榮破鮮于脩禮乃以洛生爲漁陽王仍領德
皇帝餘衆時人皆呼爲洛生王洛生善將士帳
下多驍勇至於攻戰莫有當其鋒者是以克獲
常冠諸軍爾朱榮定山東收諸豪傑遷於晉陽
洛生時在虜中榮雅聞其名心憚之尋爲榮所
害保定初追贈使持節太保柱國大將軍大冢

宰大宗伯大都督并肆等十州諸軍事并州刺
史封莒國公邑五千戶謚曰莊
子菩提爲齊神武所害保定初追贈大將軍小
宗伯大都督肆恒等六州諸軍事肆州刺史襲
爵莒國公謚曰穆以晉公護子至爲嗣
至字乾附初封崇業公後襲穆公爵建德初父
護誅詔以衛王直子賓爲穆公後三年追復至
爵
賓字乾瑞尋坐直誅建德六年更以齊王憲子

廣都公貢襲爵貢字乾禎宣帝初被誅國除
虞國公仲德皇帝從父兄也卒于代保定初追
贈使持節太傅柱國大將軍大司徒大都督燕
平等十州諸軍事燕州刺史封虞國公邑三千
戶子興嗣
興生兵亂與仲相失年又沖幼莫知其戚屬遠
近與太祖兄弟初不相識齊神武寇沙苑興預
在行間軍敗被虜隨例散配諸軍興性弘厚有
志度雖流離世故而風範可觀魏恭帝二年舉

賢良除本郡丞徙長隰縣令保定二年詔仲子
興始附屬籍高祖以興宗戚近屬尊禮之甚厚
拜使持節驃騎大將軍開府儀同三司都督封
大寧郡公尋除宗師中大夫四年出爲涇州刺
史五年又徵拜宗師加大將軍襲爵虞國公天
和二年薨高祖親臨慟焉詔大司空申國公李
穆監護喪事贈使持節柱國大將軍大都督恒
幽等六州諸軍事恒州刺史謚曰靖子洛嗣
洛字水洛九歲命爲虞國公世子天和四年詔

襲興爵建德初拜使持節車騎大將軍儀同
三司及靜帝崩隋文帝以洛爲介國公爲隋室
賓云
史臣曰自古受命之君及守文之主非獨異姓
之輔也亦有骨肉之助焉其茂親有魯衞梁楚
其疎屬有凡蔣荆燕咸能飛聲騰實不泯於百
代之後至若邵孝公之勳烈而加之以善政蔡文
公之純孝而飾之以儉約峩峩焉足以轥轢於
前載矣當隋氏之起秉天威而服海内將相王

侯莫不隳肝膽以効欵援符命以頌德胄以葭
莩之親據一州而叶義舉可謂忠而能勇功業
不遂悲夫亮寔庸才圖非常於巨逆古人稱不
度德不量力者其斯之謂歟

列傳第二　　周書十

列傳第三　　周書十一

令狐　德棻　等撰

晉蕩公護　叱羅協　馮遷

晉蕩公護字薩保太祖之兄邵惠公顥之少子
也幼方正有志度特爲德皇帝所愛異於諸兄
年十一惠公薨隨諸父在葛榮軍中榮敗遷晉
陽太祖之入關也護以年小不從普泰初自晉陽
至平涼時年十七太祖諸子並幼遂委護以家務
內外不嚴而肅太祖嘗歎曰此兒志度類我及出

臨夏州留護事賀拔岳岳之被害太祖至平涼
以護爲都督從征侯莫陳悅破之後以迎魏帝
功封水池縣伯邑五百戶大統初加通直散騎常
侍征虜將軍以預定樂勳進爵爲公增邑通
前一千戶從太祖擒竇泰復弘農破沙苑戰河橋
並有功遷鎮東將軍大都督八年進車騎大將軍
儀同三司邙山之役護率衆先鋒爲敵人所圍都
督侯伏侯龍恩挺身扞禦方得免是時趙貴
等軍亦退太祖遂班師護坐免官尋復本位十二

年加驃騎大將軍開府儀同三司進封中山公
增邑四百戶十五年出鎮河東遷大將軍與于
謹征江陵護率輕騎為先鋒晝夜兼行乃遣裨
將攻梁臨邊城鎮並拔之并擒其候騎進兵逕
至江陵城下城中不意兵至惶窘失圖護又遣
騎二千斷汙津收舟艦以待大軍之至圍而克之
以功封子會為江陵公初襄陽蠻帥向天保等
萬有餘落恃險作梗及師還護率軍討平之初
行六官拜小司空太祖西巡至牽屯山遇疾馳驛

召護護至涇州見太祖而太祖疾已綿篤謂護曰
吾形容若此必是不濟諸子幼小寇賊未寧天下
之事屬之於汝宜勉力以成吾志護涕泣奉命行
至雲陽而太祖崩護祕之至長安乃發喪時嗣
子沖弱彊寇在近人情不安護綱紀內外撫循
文武於是衆心乃定先是太祖常云我得胡力當
時莫曉其旨至是人以護字當之尋拜柱國太
祖山陵畢護以天命有歸遣人諷魏帝遂行禪
代之事孝閔帝踐阼拜大司馬封晉國公邑一萬

戶趙貴獨孤信等謀襲護護因貴入朝追執之
黨與皆伏誅拜大冢宰時司會李植軍司馬孫
恒等在太祖之朝久居權要見護執政恐不見
容乃密要宮伯乙弗鳳張光洛賀拔提元進等
為腹心說帝曰護誅趙貴以來威權日盛謀臣
宿將爭往附之大小政事皆決於護以臣觀之將
不守臣節恐其滋蔓願早圖之帝然其言鳳等
又曰以先王之聖明猶委植恒以朝政今若左提
挈何向不成且晉公常云我今夾輔陛下欲行周

公之事臣聞周公攝政七年然後復子明辟陛
下今日豈能七年若此乎深願不疑帝愈信之數
將武士於後園講習為執縛之勢護微知之乃
出植為梁州刺史恒為潼州刺史欲遏其謀後
帝思植等每欲召之護諫曰天下至親不過兄
弟若兄弟自搆嫌隙他人何易可親太祖以陛
下富於春秋顧命託臣以後事臣既情兼家國
寔願竭其股肱若使陛下親覽萬機威加四海
臣死之日猶生之年但恐除臣之後姦回得逞其

欲非唯不利陛下亦恐社稷危亡臣所以勤勤懇
懇干觸天威者但不負太祖之顧託保安國家之
鼎祚耳不意陛下不照愚臣款誠忽生疑阻且
臣既爲天子兄復爲國家宰輔知更何求而懷
異望伏願陛下有以明臣無惑讒人之口因泣涕久
之乃止帝猶猜之鳳等益懼密謀滋甚遂克日將
召羣公入讌執護誅之光洛具以其前後謀告護
護乃召柱國賀蘭祥小司馬尉遲綱等以鳳謀
告之祥等並勸護廢帝時綱惣領禁兵護乃遣

三百卅 周書傳三 四 朱文存

綱入宫召鳳等議事及出以次執送護第因罷散
宿衛兵遣祥逼帝幽於舊邸於是召諸公卿畢
集護流涕謂曰先王起自布衣躬親行陣勤勞
王業三十餘年寇賊未平奄棄萬國寡人地則
猶子親受顧命以略陽公既居正嫡與公等立而
奉之革魏興周爲四海主自即位以來荒淫無度
昵近羣小疎忌骨肉大臣重將咸欲誅夷若此
謀遂行社稷必致傾覆寡人若死將何面目以見
先王今日寧負略陽不負社稷爾寧都公年德

兼茂仁孝聖慈四海歸心萬方注意今欲廢昏
立明公等以爲如何羣臣咸曰此公之家事敢不
惟命是聽於是斬鳳等於門外并誅植恒等
尋亦弑帝迎世宗於岐州而立之二年拜太師賜
輅車冕服封子至爲崇業郡公初改雍州刺史
爲牧以護爲之并賜金石之樂武成元年護上
表歸政帝許之軍國大事尚委於護帝性聰睿
有識量護深憚之有李安者本以鼎俎得寵
於護稍被升擢位至膳部下大夫至是護乃密

三百卅 周書傳三 五 朱文存

令安因進食於帝加以毒藥帝遂寢疾而崩護立
高祖百官揔己以聽於護自太祖爲丞相立左右
十二軍揔屬相府太祖崩後皆受護處分凡所
徵發非護書不行護第屯兵禁衛盛於宫闕
事無巨細皆先斷後聞保定元年以護爲都督
中外諸軍事令五府揔於天官或有希護旨云
周公德重魯立文王之廟以護功比周公宜用此
禮於是詔於同州晋國第立德皇帝别廟使護
祭焉三年詔曰大冢宰晋國公智周萬物道濟

天下所以克成我帝業安養我蒼生況親則懿
昆任當元輔而可同班羣品齊位衆臣自今詔
誥及百司文書並不得稱名以彰殊禮護抗
表固讓初太祖創業即與突厥和親謀爲掎角
共圖高氏是年乃遣柱國楊忠與突厥東伐破
齊長城至并州而還期後年更舉南北相應齊
主大懼先是護母閻姬與皇第四姑及諸戚屬
並没在齊皆被幽縶護居宰相之後每遣間使
尋求莫知音息至是並許還朝且請和好四年

皇姑先至齊主以護既當權重乃留其母以爲
後圖仍令人爲閻作書報護曰天地隔塞子母
異所三十餘年存亡斷絶肝腸之痛不能自勝
想汝悲思之懷復何可處吾自念十九入汝家今
已八十矣既逢喪亂備嘗艱阻恒冀汝等長成
得見一日安樂何期罪釁深重存没分離吾凡
生汝輩三男三女今日目下不覩一人興言及此悲
纏肌骨賴皇齊恩卹差安衰暮又得汝楊氏姑
及汝叔母紇干汝嫂劉新婦等同居頗亦自適

但爲微有耳疾大語方聞行動飲食幸無多恙
今大齊聖德遠被特降鴻慈既許歸吾於汝
又聽先致音耗積稔長悲豁然獲展此乃仁侔
造化將何報德汝與吾别之時年尚幼小以前家
事或不委曲昔在武川鎮生汝兄弟大者屬鼠
次者屬兎汝身屬蛇鮮于修禮起日吾之闔家
大小先在博陵郡住相將欲向左人城行至唐
河之北被定州官軍打敗汝祖及二叔時俱戰
亡汝叔母賀拔及兒元寶汝叔母紇干及兒菩

提并吾與汝六人同被擒捉入定州城未幾間將吾
及汝送與元寶掌賀拔紇干各别分散寶掌見汝云
我識其祖翁形狀相似時寶掌營在唐城内經停
三日寶掌所掠得男夫婦女可六七十人悉送
向京吾時與汝同被送限至定州城南夜宿同
鄉人姬庫根家茹茹奴望見鮮于修禮營火語
吾云我今走向本軍既至營遂告吾輩在此明旦
日出汝叔將兵邀截吾及汝等還得向營汝時年
十二共吾並乘馬隨軍可不記此事緣由也於後

吾共汝在受陽住時元寶菩提及汝姑兒賀蘭
盛洛并汝身四人同學博士姓成爲人嚴惡汝
等四人謀欲加害吾汝共叔母等聞知各捉其
兒打之唯盛洛無母獨不被打其後尒朱天柱
亡歲賀拔阿斗泥在關西遣人迎家累時汝叔
亦遣奴來富迎汝及盛洛等汝時著緋綾袍銀
裝帶盛洛着紫織成纈通身袍黃綾裏並乘
騾同去盛洛小於汝汝等三人並呼吾作阿摩
敦如此之事當分明記之耳今又寄汝小時所着
錦袍表一領至宜檢看知吾含悲戚多歷年祀
屬千載之運逢大齊之德矜老開恩許得相見
一聞此言死猶不朽況如今者勢必聚集禽獸
草木母子相依吾有何罪與汝分離今復何
福還望見汝言此悲喜死而更蘇世間所有
求皆可得母子異國何處可求假汝貴極王公
富過山海有一老母八十之年飄然千里死亡
夕不得一朝暫見不得一日同處寒不得汝衣饑不
得汝食汝雖窮榮極盛光耀世間汝何用爲於吾

何益吾今日之前汝既不得侍由其供養事往何
論今日以後吾之殘命唯繫於汝爾戴天履地
中有鬼神勿云冥昧而可欺負汝楊氏姑今雖炎
暑猶能先發關河阻遠隔絕多年書依常體
慮汝致惑是以每存款質兼亦載吾姓名當識
此理不以爲怪護性至孝得書悲不自勝左右
莫能仰視報書曰區宇分崩遭遇災禍違離膝
下三十五年受形稟氣皆知母子誰同薩保如此
不孝宿殃積戾唯應賜鍾豈悟網羅上嬰慈母
但立身立行不負一物明神有識宜見哀憐而子
爲公侯母爲俘隸熱不見母熱寒不見母寒衣
不知有無食不知饑飽泯如天地之外無由暫聞
晝夜悲號繼之以血分懷冤酷終此一生死若有
知冀奉見於泉下爾不謂齊朝解網惠以德
音摩敦四姑並許矜放初聞此旨魂爽飛越號
天叩地不能自勝四姑即蒙禮送平安入境以今
月十八日於河東拜見遥奉顏色崩動肝膓但
離絕多年存亡阻隔相見之始口未忍言唯叙

齊朝寬弘毋存大德云與摩敦雖處宮禁常蒙優禮今者來鄴恩遇彌隆矜哀聽許摩敦垂敕曲盡悲酷備述家事伏讀未周五情屠割書中所道無事敢忘摩敦年尊又加憂苦常謂寢膳貶損或多遺漏伏奉論述次第分明一則以悲一則以喜當鄉里破敗之日薩保年已十餘歲鄰曲舊事猶自記憶況家門禍難親戚流離奉辭時節先後慈訓刻肌刻骨常纏心腑天長喪亂四海橫流太祖乘時齊朝撫運兩河三輔各值神機原其事跡非相負背太祖升遐未定天保薩保屬當猶子之長親受顧命雖身居重任職當憂責至於歲時稱慶子孫在庭顧視悲摧心情斷絕胡顏履戴負媿神明霈然之恩既以霑洽愛敬之至施及傍人草木有心禽魚感澤況在人倫而不銘戴有家有國信義爲本伏度來期已應有日一得奉見慈顏永畢生願生死肉骨豈過今恩負山戴岳未足勝荷二國分隔理無書信主上以彼朝不絕子母之恩亦賜許奉答不

期今日得通家問伏紙嗚咽言不宣心蒙寄薩保別時所留錦袍表年歲雖久宛然猶識抱此悲泣至于拜見事歸忍死知復何心齊朝不即發遣更令與護書要護重報往返再三而母竟不至朝議以其失信令有司移齊曰夫有義則存無信不立山岳猶輕兵食非重故言誓弗違重耳所以享國祝史無媿隨會所以爲盟未有司牧生民君臨有國可以忘義而多食言者也自數屬屯夷時鍾圮隔皇家親戚淪陷三紀仁姑世母望絕生還彼朝以去夏之初德音爰發已送仁姑許歸世母乃稱煩暑指尅來秋謂其信必由衷嘉言無爽今落木戒候冰霜行及方爲世母虛設詭詞未議言歸更徵酬答子女玉帛既非所須保境寧民又云匪報詳觀此意全乖本圖愛人以禮豈爲姑息要子責誠質親求報實傷和氣有悖天經我之周室太祖之天下也焉可捐國顧家殉名虧實不害所養斯曰仁人卧鼓潛鋒孰非深計若令迭爭尺寸兩競錐

刀瓦震長平則趙分為二兵出函谷則韓裂為三
安得猶全謂無損益大冢宰位隆將相情兼家
國銜悲茹血分畢寃魂豈意噬指可尋倚門應
至徒聞善始卒無令終百辟震驚三軍憤惋不
為孝子當作忠臣去歲北軍深入數俘城下雖
曰班師餘功未遂今茲馬首南向更期重入晉人
角之我之職矣聞諸道路早已戒嚴非直北拒
又將南略儻欲自送此之願也如或嬰城未能求
敵詰朝請見與君周旋為惠不終祗增深怨愛

親無慢垂訓尼父矜卹窮老貽則周文環玦之
義事不由此自應內省豈宜有閒移書未送而
母至舉朝慶悅大赦天下護與母睽隔多年一
旦聚集凡所資奉窮極華盛每四時伏臘高
祖率諸親戚行家人之禮稱觴上壽榮貴之極
振古未聞是年也突厥復率衆赴期護以齊
氏初送國親未欲即事征討復慮失信蕃夷更
生邊患不得已遂請東征九月詔曰神若軒皇
尚云三戰聖如姬武且曰一戎弧矢之威干戈之用

帝王大器誰能去兵太祖丕受天明造我周室
日月所照罔不率從高氏乘釁跋扈竊有并
冀世濟其惡腥穢彰聞皇天震怒假手突厥
驅略汾晉掃地無遺季孟勢窮伯珪日蹙坐
待滅亡鑒之愚智故突厥班師仍屯彼境更集
諸部傾國齊至星流電擊數道俱進期在仲
冬同會并鄴大冢宰晉公朕之懿昆任隆伊呂
平一宇宙惟公是屬朕當親執斧鉞廟廷祗受
有司宜勒衆軍量程赴集進止遲速委公處

分於是徵二十四軍及左右廂散隸及秦隴巴
蜀之兵諸蕃國之衆二十萬人十月帝於廟庭
授護斧鉞出軍至潼關乃遣柱國尉遲迥率
精兵十萬為前鋒大將軍權景宣率山南之兵
出豫州少師楊檦出軹關護連營漸進屯軍弘
農迥攻圍洛陽柱國公憲鄭國公達奚武等營
於邙山護性無戎略且此行也又非其本心故師
出雖久無所克獲護本令塹斷河陽之路遏
其救兵然後同攻洛陽使其內外隔絕諸將以

為齊兵必不敢出唯斥候而已值連日陰霧齊騎直前圍洛之軍一時潰散唯尉遲迥率數十騎扞敵齊公憲又督邙山諸將拒之乃得全軍而返權景宣攻克豫州尋以洛陽圍解亦引軍退楊檦於軹關戰沒護於是班師以無功與諸將稽首請罪帝弗之責也天和二年護母薨尋有詔起令視事四年護巡歷北邊城鎮至靈州而還五年又詔曰光宅曲阜魯用郊天之樂地處參墟晉有大蒐之禮所以言時計功昭德

紀行使持節太師都督中外諸軍事柱國大將軍大冢宰晉國公體道居貞含和誕德地居戚右才表棟隆國步艱難寄深夷險皇綱締構事均休戚故以迹冥殆庶理契如仁令文軌尚隔方隅猶阻典策未備聲明多闕宜賜軒懸之樂六佾之舞護性甚寬和然暗於大體自恃建立之功久當權軸凡所委任皆非其人兼諸子貪殘僚屬縱逸恃護威勢莫不蠹政害民上下相蒙曾無疑慮高祖以其暴慢密與衛王直圖之七

年三月十八日護自同州還帝御文安殿見護訖引護入含仁殿朝皇太后先是帝於禁中見護常行家人之禮護謁太后太后必賜之坐帝立侍焉至是護將入帝謂之曰太后春秋既尊頗好飲酒不親朝謁或廢引進喜怒之間時有乖爽比雖犯顏屢諫未蒙垂納兄今既朝拜願更啓請因出懷中酒誥以授護曰以此諫太后護既入如帝所戒讀示太后未訖帝以玉珽自後擊之護踣於地又令宦者何泉以御刀斫之泉惶懼斫

不能傷時衛王直先匿於戶內乃出斬之初帝欲圖護王軌宇文神舉宇文孝伯頗豫其謀是日軌等並在外更無知者殺護訖乃召宮伯長孫覽等告之即令收護子柱國譚國公會大將軍莒國公至崇業公靜正平公乾嘉及乾基乾光乾蔚乾祖乾威等并柱國侯伏侯龍恩龍恩弟大將軍萬壽大將軍劉勇中外府司錄尹公正袁傑膳部下大夫李安等於殿中殺之齊王憲白帝曰李安出自皂隸所典唯庖廚而已既不預時政

未足加戮高祖曰公不知耳世宗之崩安所爲也
十九日詔曰君親無將將而必誅太師大冢宰晉
公護地寔宗親義兼家國爰初草創同濟艱難
遂任總朝權寄深國命不能竭其誠効罄以心
力盡事君之節申送往之情朕兄故略陽公英
風秀遠神機穎悟地居聖㣧禮歸當璧遺訓
在耳忍害先加永尋摧割貫切骨髓世宗明皇
帝聰明神武（缺二字）藏智護内懷凶悖外託尊崇
凡厥臣民誰亡怨憤朕纂承洪基十有三載委

三百二十六 周書傳三 十六

政師輔責成宰司護志在無君義違臣節懷
茲蠆毒逞彼狼心任情誅暴肆行威福朋黨
相扇賄貨公行所好加羽毛所惡生瘡痏朕約
已菲躬情存庶政每思施寬惠下輒抑而不行
遂使戶口凋殘征賦勞劇家無日給民不聊生且
三方未定邊隅尚阻疆埸待戎旗之備武夫資
扞城之力侯伏龍恩萬壽劉勇等未効庸勳
先居上將高門峻宇甲第彫墻寔繁有徒同惡
相濟民不見德唯利是瞬百姓嗷嗷道路以目

含生業業相顧鉗口常恐七百之基忽焉顛墜
億兆之命亘阽危上累祖宗之靈下負蒼生之
責今肅正典刑護已即罪其餘凶黨咸亦伏誅
氛霧既清遐邇同慶朝政惟新兆民更始可
大赦天下改天和七年爲建德元年護世子訓
爲蒲州刺史其夜遣柱國越國公盛乘傳徃蒲
州徵訓赴京師至同州賜死護長史代郡叱羅
協司錄弘農馮遷及所親任者皆除名護子昌
城公深使突厥遣開府宇文德齎璽書就殺之

周書列傳三 十七

三年詔復護及諸子先封謚護曰蕩並改葬之
叱羅協本名與高祖諱同後改焉少寒微嘗爲
州小吏以恭謹見知恒州刺史楊鈞擢爲從事及
魏末六鎮搔擾客於冀州冀州爲葛榮所圍刺
史以協爲統軍委以守禦俄而城陷協沒於榮榮
敗事汾州刺史尒朱兆頗被親遇補録事參軍
兆爲天柱大將軍轉司馬兆與齊神武初戰不利
還上黨令協在建州督軍糧後使協至洛陽與
其諸叔計事謀討齊神武兆等軍敗還并州令

協治肆州刺史兆死遂事竇泰泰甚禮之泰
爲御史中尉以協爲治書侍御史泰向潼關協
爲監軍泰死協亦見獲太祖以其在闕歲久授
大丞相府東閤祭酒撫軍將軍銀青光祿大夫
轉録事參軍遷主簿加通直散騎常侍攝大
行臺郎中累遷相府屬從事中郎協歷仕二京
詳練故事又深自克勵太祖頗委任之然猶以其
家屬在東疑其有戀本之望及河橋戰不利協
隨軍而還太祖知協不貳封冠軍縣男邑二百戶

三百三十六 周書傳三 十八

尋加車騎將軍左光祿大夫九年除直閤將軍恒
州大中正加都督進爵爲伯增邑八百戶尋遷大
都督儀同三司初太祖欲經略漢中令協行南岐
州刺史并節度東益州戎馬事魏廢帝元年即授
南岐州刺史時東益州刺史楊辟邪據州反二年
協率所部兵討之軍次涪水會有氐賊一千人斷
道破橋協遣儀同仇買等行前擊之賊開路
協乃領所部漸進又有氐賊一千人邀協協乃將
兵四百人守硤道與賊短兵接戰賊乃退避辟邪

棄城走協追斬之群氐皆伏以功授開府仍爲大
將軍尉遲迥長史率兵伐蜀既入劒閣迥令協行
潼州事時有五城郡氐酋趙雄傑等扇動新潼
始三州民反叛聚結二萬餘人在州南三里隔涪水
據槐林山置柵拒守梓潼郡民鄧朏王令公等招
誘鄉邑萬餘人復在州東十里涪水北置柵以
應之同逼州城城中糧少軍人乏食協撫安內外
咸無異心遣儀同伊婁訓大都督司馬裔等將
步騎千餘人夜渡涪水擊雄傑一戰破之令公以

三百三十八 周書傳三 十九

雄傑敗亦棄柵走還本郡復與鄧朏等更率萬
餘人於郡東南隔水置柵斷絕驛路協遣儀同
楊長樂與司馬裔等率師討之復遣大都督裴
孟嘗領百姓繼進爲其聲勢孟嘗既至梓潼
值水漲不得即渡而王令公鄧朏見孟嘗騎少乃
將三千餘人圍之數重孟嘗以衆寡不敵各棄馬
短兵接戰從辰至午於陣斬令公及朏等賊徒既
失渠帥遂即散走其徒黨仍據舊柵而孟嘗
方得渡水與長樂合即勒兵攻柵經三日賊乃請

降此後數有反叛協輒遣兵討平之魏恭帝三
年太祖徵協入朝論蜀中事乃賜姓宇文氏增
邑通前一千五百戶晉公護既殺孫恒李植等
欲委腹心於司會柳慶司憲令狐整等慶整並
辭不堪俱薦協語在慶整傳護遂徵協入朝
既至護引與同宿深寄託之協欣然承奉誓以
軀命自効護大悅以為得協之晚即授軍司馬
委以兵事尋轉治御正又授護府長史進爵
為公增邑一千戶常在護側陳說時事多被納

三百三十一　周書傳三　二十　王成

用世宗知其材識庸淺每折之數謂之曰汝何
知也猶以護所親任難即屏黜每含容之及世
宗崩便授協司會中大夫中外府長史協形貌
瘦小舉措褊急既以得志每自矜高朝士有來
請事者輒云汝不解吾今教汝及其所言多乖
事衷當時莫不笑之保定二年追論平蜀功別
封一子縣侯又於蜀中食邑一千戶入其租賦之半
晉公護以協竭忠於己每提獎之頻考上中賞以
粟帛遷少保轉少傅進位大將軍爵南陽郡公

兼營作副監宮室既成以功賜爵洛邑縣公回
授一子協既受護重委冀得婚連帝室乃求
復舊姓叱羅氏護為奏請高祖許之又進位
柱國護以協年老許其致仕而協貪榮未肯告
退護誅協除名建德三年高祖以協宿齒授儀
同三司賜爵南陽郡公時與論說舊事是歲
卒年七十六子金嗣
馮遷字羽化父漳州從事及遷官達追贈儀
同三司陝州刺史遷少修謹有幹能州辟從事

三百十　周書傳三　二十一

魏神龜中刺史楊鈞引為中兵參軍事轉定
襄令尋為幷州水曹參軍所歷之職咸以勤恪
著稱及魏孝武西遷乃棄官與直閤將軍馮
靈豫入關即從魏孝武復潼關定回洛除給事
中後從太祖擒竇泰復弘農戰沙苑皆有功
授都督龍驤將軍羽林監封獨顯縣伯邑六百
戶及洛陽之戰遷先登陷陣遂中重瘡僅得
不死以功加輔國將軍軍師都督進爵為侯久
之出為廣漢郡守時巴蜀土初平人情擾動遷政

存簡恕夷俗頗安之魏恭帝二年就加車騎將軍大都督通直散騎常侍鎮樊城尋拜漢東郡守孝閔帝踐祚入爲晉公護府掾加車騎大將軍儀同三司進爵臨高縣公尋遷護府司録進授驃騎大將軍開府儀同三司遷性質直小心畏慎雖居樞要不以勢位加人兼明練時事善於斷決每校閱文簿孜孜不倦從辰逮夕未嘗休止以此甚爲護所委任後以其朝之舊齒欲以衣錦榮之乃授陜州刺史進爵隆山郡公

增邑并前二千戶遷本寒微不爲時輩所重一旦刺舉本州唯以謙恭接待鄉邑人無怨者復入爲司録轉工部中大夫歷軍司馬遷小司空自天和已後遷以年老委任稍衰及護誅猶除名建德末卒於家時年七十八子恕位至儀同三司伏夷鎮將平寇縣伯護所委信者又有朔方邊平位至大將軍軍司馬護府司馬護敗亦除名

史臣曰仲尼有言可與適道未可與權夫道者率禮之謂也權者反經之謂也君子禮由乎正理易以成佐世之功反經繫乎非常難以定匡時之業故得其人則治伊尹放太甲周旦相孺子是也不得其人則亂新都遷漢鼎晉氏傾魏族是也是以先王明上下之序聖人重君臣之分委質同於股肱受爵均其休戚當其親受顧託位居宰衡雖復承利劍臨沸鼎不足以讋其慮據帝圖君海內不足以回其心若斯人者固以功與山嶽爭其高名與穹壤齊其久矣有周受命之始宇文護寔預艱難及太祖崩殂諸子冲幼羣

公懷等夷之志天下有去就之心卒能變魏爲周俾危獲乂者護之力也向使加之以禮讓繼之以忠貞桐宮有悔過之期未央終天年之數則前史所載焉足以道哉然護寡於學術昵近羣小威福在己征伐自出有人臣無君之心爲人主不堪之事忠孝大節也違之而不疑廢弒至逆也行之而無悔終於身首橫分妻孥爲戮不亦宜乎

列傳第三　周書十一

列傳第四　周書十二

令狐德棻等撰

齊煬王憲

齊煬王憲字毗賀突太祖第五子也性通敏有度量雖在童齔而神彩嶷然初封涪城縣公少與高祖俱受詩傳咸綜機要得其指歸太祖嘗賜諸子良馬惟其所擇憲獨取駁馬太祖問之對曰此馬色類既殊或多駿逸若從軍征伐牧圉易分太祖喜曰此兒智識不凡當成重器後

從獵隴上經官馬牧太祖每見駁馬輒曰此我兒馬也命左右取以賜之魏恭帝元年進封安城郡公孝閔帝踐祚拜驃騎大將軍開府儀同三司世宗即位授大將軍武成初除益州總管益寧巴瀘等二十四州諸軍事益州刺史進封齊國公邑萬戶初平蜀之後太祖以其形勝之地不欲使宿將居之諸子之中欲有推擇徧問高祖已下誰能此行並未及對而憲先請太祖曰刺史當撫衆治民非爾所及以年授者當歸爾兄憲曰才用有殊不關大小試而無効甘受面欺太祖大悅以憲年尚幼未之遣也世宗追遵先旨故有此授憲時年十六善於撫綏留心政術辭訟輻湊聽受不疲蜀人懷之共立碑頌德尋進位柱國保定中徵還京拜雍州牧及晉公護東伐以尉遲迥為先鋒圍洛陽憲與達奚武王雄等軍於邙山自餘諸軍各分守險要齊兵數萬奄出軍後諸軍恇駭並各退散唯憲與王雄達奚武率衆拒之而雄為齊人所斃三

軍震懼憲親自督勵衆心乃安時晉公護執政雅相親委賞罰之際皆得預焉天和三年以憲為大司馬治小冢宰雍州牧如故四年齊將獨孤永業來寇盜殺孔城防主能奔達以城應之詔憲與柱國李穆將兵出宜陽築崇德等五城絕其糧道齊將斛律明月率衆四萬築壘洛南五年憲涉洛邀之明月遁走憲追之及于安業屢戰而還是歲明月又率大衆於汾北築城西至龍門晉公護謂憲曰寇賊充斥戎馬交

馳遂使疆場之間生民委弊豈得坐觀屠滅而不思救之汝謂計將安出曰如憲所見兄宜暫出同州以爲威勢憲請以精兵居前隨機攻取非惟邊境清寧亦當別有克獲護然之六年乃遣憲率衆二萬出自龍門齊將新蔡王王康德以憲兵至潛軍宵遁憲乃西歸仍掘移汾水南堡壁復入於齊齊人謂略不及遠遂弛邊備憲乃渡河攻其伏龍等四城二日盡拔又進攻張壁克之獲其軍實夷其城壘

三百六十二　周書傳四　三　子成

斛律明月時在華谷弗能救也北攻姚襄城陷之時汾州又見圍日久糧援路絕憲遣柱國宇文盛運粟以饋之憲自入兩乳谷襲克齊柏社城進軍姚襄齊人嬰城固守憲使柱國譚公會築石殿城以爲汾州之援齊平原王段孝先蘭陵王高長恭引兵大至憲命將士陣而待之大將軍韓歡爲齊人所乘遂以奔退憲身自督戰齊衆稍卻會日暮乃各收軍及晉公護誅高祖召憲入憲免冠拜謝帝謂之曰天下者太祖之天下吾嗣守鴻基常恐失墜冢宰無君凌上將圖不軌吾所以誅之以安社稷汝親則同氣休戚共之事不相涉何煩致謝乃詔憲往護第收兵符及諸簿書等尋以憲爲大冢宰時高祖既誅宰臣親覽朝政方欲導之以政齊之以刑爰及親親亦爲刻薄憲既爲護所委任自天和之後威勢漸隆護欲有所陳多令憲聞奏其間或有可不憲慮主相嫌隙每曲而暢之高祖亦悉其心故得無患然猶以威名過重終不能平雖

周書列傳第四　四

遥授冢宰寔奪其權也開府裴文舉憲之侍讀高祖常御內殿引見之謂曰晉公不臣之迹朝野所知朕所以泣而誅者安國家利百姓耳昔魏末不綱太祖匡輔元氏有周受命晉公復執威權積習生常便謂法應須爾豈有三十歲天子而可爲人所制乎且近代以來又有一弊暫經隸屬便即禮若君臣此乃亂代之權宜非經國之治術詩云夙夜匪解以事一人一人者止據天子爾雖陪侍齊公不得即同臣主且

太祖十兒寧可悉爲天子御宜規以正道勸以
義方輯睦我君臣協和我骨肉無令兄弟自致
嫌疑文舉拜謝而出歸以白憲憲指心撫几曰
吾之夙心公寧不悉但當盡忠竭節耳知復何
言建德三年進爵爲王憲友劉休徵獻王箴一
首憲美之休徵後又以此箴上高祖高祖方翦
削諸弟甚悅其文憲常以兵書繁廣難求指
要乃自刊定爲要略五篇至是表陳之高祖覽
而稱善其秋高祖幸雲陽宮遂寢疾衛王直於

周書列傳四　五

京師舉兵反高祖召憲謂曰衛王構逆汝知之
乎憲曰臣初不知今始奉詔直若逆天犯順此
則自取滅亡高祖曰汝即爲前軍吾亦續發直
尋敗走高祖至京師憲與趙王招俱入拜謝
高祖曰管蔡爲戮周公作輔人心不同有如其面
但愧兄弟親尋干戈於我爲不足耳初直內深
忌憲憲隱而容之且以帝之母弟每加友敬晉
公護之誅也直固請及憲高祖曰齊公心迹吾
自悉之不得更有所疑也及文宣皇后崩直又

密啓云憲飲酒食肉與平日不異高祖曰吾與
齊王異生俱非正嫡特爲吾意今袒括是同汝
當愧之何論得失汝親太后之子偏荷慈愛今
但須自勗無假說人直乃止四年高祖將欲東
討獨與內史王誼謀之餘人莫得知也後以諸弟
才略無出於憲右遂告之憲即贊成其事及大
軍將出憲表上私財以助軍曰臣聞撫機適運
理藉時來兼弱攻昧事資權道伏惟陛下纘明作
聖闡業弘風思順天心用恢武略方使長虵外翦

三百十三　周書列傳四　六

宇宙大同軍民內向車書混一竊以龍旗雷動
天綱雲布芻粟糧餼或須周給昔邊隅未靜
卜式願上家財江湖不澄衛玆請獻私粟臣雖
不敏敢忘景行謹上金寶等一十六件少助軍
資詔不納而以憲表示公卿曰人臣當如此朕貴
其心耳寧須物乎乃詔憲率衆二萬爲前軍
趣黎陽高祖親圍河陰未克憲攻拔武濟進圍
洛口收其東西二城以高祖疾班師是歲初置
上柱國官以憲爲之五年大舉東討憲率精騎

二萬復爲前鋒守雀鼠谷高祖親圍晉州憲
進兵克洪同永安二城更圖進取齊人焚橋守
險軍不得進遂屯於永安齊主聞晉州見圍乃
將兵十萬自來援之時柱國陳王純頓軍千里
徑大將軍永昌公椿屯雞棲原大將軍宇文盛
守汾水關並受憲節度憲密謂椿曰兵者詭道
去留不定見機而作不得遵常汝今爲營不須
張幕可伐栢爲菴示有形勢令兵去之後賊猶
致疑也時齊主分軍萬人向千里徑又令其衆

出汾水關自率大兵與椿對陣宇文盛馳騎告
急憲自以千騎救之齊人望谷中塵起相率遽
退盛與柱國侯莫陳芮涉汾逐之多有斬獲俄
而椿告齊衆稍逼憲又回軍赴之會椿被勑
追還率兵夜返齊人果謂栢菴爲帳幕也不疑
軍退翌日始悟時高祖已去晉州留憲爲後拒
齊主自率衆來追至於高梁橋憲以精騎二千
阻水爲陣齊領軍叚暢直進至橋憲隔水招暢
與語語畢憲問暢曰若何姓名暢曰領軍叚暢

也公復爲誰憲曰我虞候大都督耳暢曰觀公
言語不是凡人今日相見何用隱其名位陳王
純梁公侯莫陳芮內史王誼等並在憲側暢固
問不已憲乃曰我天子太弟齊王也指陳王已
下並以名位告之暢鞭馬而去憲即命旋軍而
齊人遽追之戈甲甚銳憲與開府宇文忻各統
精卒百騎爲殿以拒之斬其驍將賀蘭豹子山
褥瓌等百餘人齊衆乃退憲渡汾而及高祖於
玉壁高祖又令憲率兵六萬還援晉州憲遂進

軍營于涑水齊主攻圍晉州晝夜不息間諜還
者或云已陷憲乃遣柱國越王盛大將軍尉遲
迥開府宇文神舉等輕騎一萬夜至晉州憲進
軍據蒙坑爲其後援知城未陷乃歸涑川尋而
高祖東轅次于高顯憲率所部先向晉州明日諸
軍揔集稍逼城下齊人亦大出兵陣於營南高
祖召憲馳往觀之憲返命曰是易與耳請破之而
後食帝悅曰如汝所言吾無憂矣憲退內史柳
䖍私謂憲曰賊亦不少王安得輕之憲曰憲受委

前鋒情兼家國掃此逋冦事等摧枯商周之事
公所知也賊兵雖衆其如我何既而諸軍俱進應時
大潰其夜齊王遁走憲輕騎追之既及永安高
祖續至齊人收其餘衆復據高壁及洛女砦高
祖命憲攻洛女破之明日與大軍會於介休時齊
主已走鄴留其從兄安德王延宗據并州延宗
因僭僞號出兵拒戰高祖進圍其城憲攻其西
面克之延宗遁走追而獲之以功進封第二子安
城公質爲河間王拜第三子賓爲大將軍仍詔

周書列傳四　九

憲先驅趣鄴明年進克鄴城齊任城王湝廣寧
王孝珩等據守信都有衆數萬高祖復詔憲討
之仍令齊主手書與湝曰朝廷遇緯甚厚諸王
無恙叔若釋甲則無不優待湝不納乃大開賞
募多出金帛沙門求爲戰士者亦數千人憲
軍過趙州湝令間諜二人覘窺形勢候騎執以
白憲憲乃集齊之舊將遍示之又謂之曰吾所
爭者大不在汝等今放汝還可即充我使乃與
湝書曰山川有間每深勞佇仲春戒節納履惟

宜承始届兩河仍圖三位二者交戰想無虧德
昔魏曆云季海内横流我太祖撫運乘時大庇
黔首皇上嗣膺下武式隆景業興稽山之會摠
盟津之師雷駭唐郊則野無横陣雲騰晉水則
地靡嚴城龍袞僞之酋既奔竄於草澤竊號之
長亦委命於旌門德義振於無垠威風被於有
截彼朝宿將舊臣良家戚里俱升榮寵皆縻
好爵是使臨漳之下効死爭驅營丘之前奮身
畢命此豈唯人事抑亦天時宜訪之道路無俟

周書列傳四　十

傍説吾以不武任揔元戎受命安邊路指幽冀
列邑名藩莫不屈膝宣風道禮皆荷來蘇足下
高氏令王英風夙著古今成敗備諸懷抱豈不
知一木不維大厦三諫可以逃身哉且殷微去
商侯服周代項伯背楚賜姓漢朝去此弗圖苟
徇亡轍家破身殞爲天下笑又足下諜者爲候
騎所拘軍中情實具諸執事知以弱卒瑣甲欲
抗堂堂之師縈帶汚城冀保區區之命戰非上
計無待卜疑守乃下策或未相許已勤諸軍分

道並進相望非遠憲軾有期兵交命使古今通典不俟終日所望知幾也憲至信都湝陳於城南憲登張耳冢以望之俄而湝所署領軍尉相願僞出略陣遂以衆降相願湝心腹也衆甚駭懼湝大怒殺其妻子明日復戰遂破之俘斬三萬人擒湝及孝珩等憲謂湝曰任城王何苦至此湝曰下官神武帝子兄弟十五人幸而獨存逢宗社顛覆今日得死無愧墳陵憲壯之命歸其妻子厚加資給又問孝珩孝珩布陳國難辭淚

俱下俯仰有節憲亦爲之改容憲賦多謀多算略尤長於撫御達於任使摧鋒陷陣爲士卒先群下感悅咸爲之用齊人夙聞威聲無不憚其勇略及并州之捷長驅敵境芻牧不擾軍無私焉先是稽胡劉没鐸自稱皇帝又詔憲督趙王招等討平之語在稽胡傳憲自以威名日重潛思屏退及高祖欲親征北蕃乃辭以疾高祖變色曰汝若憚行誰爲吾使憲懼曰臣陪奉鑾輿誠爲本願但身嬰疢疾不堪領兵帝許之尋而高祖崩

宣帝嗣位以憲屬尊望重深忌憚之時高祖未葬諸王在内治服司衛長孫覽總兵輔政而諸王有異志奏令開府于智察其動靜及高祖山陵還諸王歸第帝又命智就宅候憲因是告憲有謀帝乃遣小冢宰宇文孝伯謂憲曰三公之位宜屬親賢今欲以叔爲太師九叔爲太傅十一叔爲太保叔以爲何如憲曰臣才輕位重滿盈是懼三師之任非所敢當且太祖勳臣宜膺此舉若專用臣兄弟恐乖物議孝伯反命尋而

復來曰詔王晚共諸王俱至殿門憲獨被引進帝先伏壯士於別室至即執之憲辭色不撓固自陳說帝使于智對憲憲目光如炬與智相質或謂憲曰以王今日事勢何用多言憲曰我位重屬尊一旦至此死生有命寧復圖存但以老母在堂恐留玆恨耳因擲笏於地乃縊之時年三十五年以于智爲柱國封齊國公又殺上大將軍安邑公王興上開府獨孤熊開府豆盧紹等皆以昵於憲也帝既誅憲無以爲辭故託興等與

憲結謀遂加其戮時人知其寃酷咸云伴憲死
也憲所生達步干氏茹茹人也建德三年册爲
齊國太妃憲有至性事毋以孝聞太妃舊患
風熱屢經發動憲衣不解帶扶侍左右憲或東
西從役每心驚其母必有疾乃馳使參問果如
所慮憲六子貴質賨貢乾禧乾洽
貴字乾福少聰敏涉獵經史尤便騎射始讀孝經
便謂人曰讀此一經足爲立身之本天和四年始十歲
封安定郡公邑一千五百戶太祖之初爲丞相也

周書列傳四　十三

始封此郡未嘗假人至是封貴焉年十一從憲
獵於鹽州一圍之中手射野馬及鹿十有五頭
建德二年册拜齊國世子四年授車騎大將軍
儀同三司尋出爲豳州刺史貴雖出自深宮而
留心庶政性聰敏過目輒記嘗道逢二人謂其
左右曰此人是縣黨何因輒行左右不識貴便
說其姓名莫不嗟伏白獸烽經爲商人所燒烽
帥納貨不言其罪他日此帥隨例來參貴乃問
云商人燒烽何因私放烽帥愕然遂即首服其

明察如此五年四月卒時年十七高祖甚痛惜之
質字乾祐初封安城公後以憲勳進封河間
郡王賨字乾禮大將軍中垻公貢出後莒莊公
乾禧安城公乾洽龍涸公並與憲俱被誅
史臣曰自兩漢逮乎魏晉其帝弟帝子衆矣
唯楚元河間東平陳思之徒以文儒播美任城
琅邪以武功馳譽何則體自尊極長於宮闈佚
樂侈其心驕貴蕩其志故使奇才高行終鮮於
天下之士焉齊王奇姿傑出獨牢籠於前載以

周書列傳四　十四

介弟之地居上將之重智勇冠世攻戰如神敵
國繫以存亡鼎命由其輕重比之異姓則方召
韓白何以加茲挾震主之威屬道消之日斯人
而嬰斯戮君子是以知周祚之不永也昔張耳
陳餘賓客厮役所居皆取卿相而齊之文武僚
吏其後亦多至台牧異世同符可謂賢矣

列傳第四　　周書十二

列傳第五　　周書十三

令狐　德棻　等撰

文閔明武宣諸子

文帝十三子姚夫人生世宗後宮生宋獻公震
文元皇后生孝閔皇帝文宣皇后叱奴氏生高
祖衛剌王直達步干妃生齊王憲王姬生趙僭
王招後宮生譙孝王儉陳惑王純越野王盛代
奰王達冀康公通滕聞王逌齊煬王別有傳
宋獻公震字彌俄突幼而敏達年十歲誦孝經論
語毛詩後與世宗俱受禮記尚書於盧誕大統
十六年封武邑公邑二千戶尚魏文帝女其年薨
保定元年追贈使持節柱國大將軍少師大司
馬大都督青徐等十州諸軍事青州刺史進
封宋國公增邑并前一萬戶無子以世宗第三
子寔爲嗣寔字乾辯建德三年進爵爲王大象
中爲大前疑尋爲隋文帝所害國除
衛剌王直字豆羅突魏恭帝三年封秦郡公邑
一千戶武成初出鎮蒲州拜大將軍進衛國公

邑萬戶保定初爲雍州牧尋進位柱國轉大司
空出爲梁州總管天和中陳湘州刺史華皎舉
州來附詔直督綏德公陸通大將軍田弘權景
宣元定等兵赴援與陳將淳于量吳明徹等戰
於沌口直軍不利元定遂投江南直坐免官直高
祖母弟性浮詭貪狠無賴以晉公護執政遂貳
於帝而昵護及沌口還慍於免黜又請帝除之
冀得其位帝夙有誅護之意遂與直謀之及護
誅帝乃以齊王憲爲大冢宰直既乖本望又請
爲大司馬意欲總知戎馬得擅威權帝揣知其
意謂之曰汝兄弟長幼有序寧可反居下列也
乃以直爲大司徒建德三年進爵爲王初高祖
以直第爲東宮更使直自擇所居直歷觀府
署無稱意者至廢陟岵佛寺欲居之齊王憲謂
直曰弟兒女成長理須寬博此寺褊小詎是所宜
直曰一身尚不自容何論兒女憲怪而疑之直嘗
從帝校獵而亂行帝怒對衆撻之自是憤怨滋
甚及帝幸雲陽宮直在京師舉兵反攻肅章

門司武尉運閉門拒守直不得入語在運傳直遂
遁走追至荆州獲之免爲庶人囚於別宮尋而
更有異志遂誅之及其子賀賁塞響貫䄂津
乾理乾操乾悰等十人國除
趙僭王招字豆盧突幼聰穎博涉群書好屬文
學庾信體詞多輕艷魏恭帝三年封正平郡公
邑一千戶武成初進封趙國公邑萬戶保定中
拜爲柱國出爲益州揔管建德元年授大司空
轉大司馬三年進爵爲王除雍州牧四年大軍

三十七　周書列傳第五　三　沈

東討招爲後三軍揔管五年又從高祖東伐率
步騎一萬出華谷攻齊汾州及并州平進位上柱
國東夏底定又爲行軍揔管與齊王討稽胡
招擒賊帥劉沒鐸斬之胡寇平宣政中拜大師
大象元年五月詔以洺州襄國郡邑萬戶爲趙
招出就國二年宣帝不豫徵招及陳越代滕五
王赴闕比招等至而帝已崩隋文帝輔政加招
等殊禮入朝不趨劍履上殿隋文帝將遷周鼎
招密欲圖之以匡社稷乃邀隋文帝至第飲於

寢室招子員貫及妃弟魯封所親人史胄皆先
在左右佩刀而立又藏兵刃於帷席之間後院
亦伏壯士隋文帝從者多在閤外唯楊弘元胄
胄弟威及陶徹坐於戶側招屢以佩刀割瓜啖
隋文帝隋文帝未之疑也元胄覺變扣刀而
入招乃以大觴親飲胄酒又命胄向廚中取漿
胄不爲之動滕王逌後至隋文帝降階迎之元
胄因得耳語曰形勢大異公宜速出隋文帝共
逌等就坐須臾辭出後事覺陷以謀反其年

周書列傳第五　四

秋誅招及其子德廣公員永康公貫越㩦公
乾銑弟乾鈴乾鏗等國除招所著文集十卷
行於世
譙孝王儉字侯幼突武成初封譙國公邑萬戶
天和中拜大將軍尋遷柱國出爲益州揔管建
德三年進爵爲王五年東伐以本官爲左一軍
揔管攻永固城拔之進平并鄴拜大冢宰是歲
稽胡反詔儉爲行軍揔管與齊王憲討之有胡
帥自號天柱者據守河東儉攻破之斬首三千

級宣政元年二月薨子乾惲嗣大定中爲隋文
帝所害國除
陳惑王純字堙智突武成初封陳國公邑萬戶
保定中除岐州刺史加開府儀同三司使於突厥
迎皇后拜大將軍尋進位柱國出爲秦州摠
管轉陝州摠管督鴈門公田弘拔齊宜陽等
九城建德三年進爵爲王四年大軍東伐純
爲前一軍摠管以帝寢疾班師五年大軍復東
討詔純爲前一軍率步軍二萬守千里徑幷州平

進位上柱國即拜幷州摠管宣政中除雍州牧
遷太傅大象元年五月以濟南郡邑萬戶爲
陳純出就國二年朝京師時隋文帝專政翦
落宗枝遂害純幷世子謙及弟巵公讓讓弟
議等國除
越野王盛字立久突武成初封越國公邑萬戶
天和中進爵爲王四年大軍伐齊盛爲後一軍
摠管五年大軍又東討盛率所領拔齊高顯等
數城幷州平進位上柱國從平鄴拜相州摠管

宣政元年入爲大冢宰汾州稽胡帥劉受邏千
反詔盛率諸軍討平之大象元年遷大前疑
轉太保其年詔以豐州武當安富二郡邑萬戶
爲越盛出就國二年朝京師其秋爲隋文帝所
害幷其子忱悰恢懫忻等五人國除
代奰王達字度斤突性果決善騎射武成初封
代國公邑萬戶天和元年拜大將軍右宮伯拜
左宗衛建德初進位柱國出爲荊淮等十四州
十防諸軍事荊州刺史在州有政績高祖手勑

褒美之所管灃州刺史蔡澤黷貨被訟贓狀分
明以其世著勳庸不可加戮若曲法貰之又非奉
上之體乃令所司精加按劾密表奏之事竟得釋
終亦不言其處事周慎如此達雅好節儉食無
兼膳侍姬不過數人皆衣綈衣又不營貲産國
無儲積左右嘗以爲言達從容應之曰君子憂
道不憂貧何煩於此三年進爵爲王出爲益州
摠管高祖東伐以爲右一軍摠管齊淑妃馮氏尤
爲齊後主所幸齊平見獲帝以達不邇聲色特

以馮氏賜之宣帝即位進位上柱國大象元年拜
大右弼其年詔以潞州上黨郡邑萬戶爲代王達
出就國二年朝京師其年冬爲隋文帝所害及其六
世子執弟蕃國公轉等國除
冀康公通字屈率突武成初封冀國公邑萬
戶天和六年十月薨子絢嗣建德三年進爵爲
王大象中爲隋文帝所害國除
滕聞王逌字爾固突少好經史解屬文武成初
封滕國公邑萬戶天和末拜大將軍建德初進
位柱國三年進爵爲王六年爲行軍總管與齊
王憲征稽胡逌破其渠帥穆支等斬首八千級
還除河陽總管宣政元年進位上柱國其年伐陳
詔逌爲元帥節度諸軍事大象元年五月詔以
荊州新野郡邑萬戶爲滕國逌出就國二年朝京師其
年冬爲隋文帝所害并子懷德公祐祐弟莒
國公裕弟禮禧等國除逌所著文章頗行於世
孝閔帝一男陸夫人生紀厲王康
紀厲王康字乾定保定初封紀國公邑萬戶建

德三年進爵爲王仍出爲總管利始等五州大
小劒二防諸軍事利州刺史康驕矜無軌度信
任僚佐盧奕等遂繕脩戎器陰有異謀司錄
裴融諫止之康不聽乃殺融五年詔賜康死子
湜嗣大定中爲隋文帝所害國除
明帝三男徐妃生畢刺王賢後宮生酆王貞宋
王寔　寔傳闕
畢刺王賢字乾陽保定四年封畢國公建德三
年進爵爲王出爲華州刺史遷荊州總管進
位柱國宣政中入爲大司空大象初進位上柱國
雍州牧太師明年宣帝崩賢性強濟有威略
慮隋文帝傾覆宗社言頗泄漏尋爲所害并
其子弘義恭道樹孃等國除
酆王貞字乾雅初封酆國公建德三年進爵爲
王大象初爲大冢宰後爲隋文帝所害并子濟
陰郡公德文國除
武帝生七男李皇后生宣帝漢王贊庫汗姬生
秦王贄曹王允馮姬生道王充薛世婦生蔡王

兊鄭姬生荆王元
漢王贊字乾依初封漢國公建德三年進爵爲王仍柱國大象末隋文帝輔政欲順物情乃進上柱國右大丞相外示尊崇寔無綜理及諸方略定又轉太師尋爲隋文帝所害并其子淮陽公道德弟道智道義等除國
秦王贄字乾信初封秦國公建德三年進爵爲王上柱國大冢宰大右弼尋爲隋文帝所害并其子忠誠公靖智弟靖仁等國除

曹王允字乾仕初封曹國公建德三年進爵爲王
道王充字乾仁建德六年封王
蔡王兊字乾俊建德六年封王
荆王元字乾儀宣政元年封王元及兊充允等並爲隋文帝所害國除
宣帝三子朱皇后生靜皇帝王姬生鄴王衍皇甫姬生郢王術
鄴王衍大象二年封王
郢王術大象二年封王與衍並爲隋文帝所害國除

史臣曰昔賢之議者咸云以周建五等歷載八百秦立郡縣二世而亡雖得失之迹可尋是非之理互起而因循莫變復古未聞良由著論者溺於貴達司契者難於易業詳求適變之道未窮於至當也嘗試論之夫皇王迭興爲國之道匪一賢聖間出立德之指殊塗斯豈故爲相反哉亦云治而已矣何則五等之制行於商周之前郡縣之設始於秦漢之後論時則澆淳理隔易

地則用捨或殊譬猶干戈日用難以成垓下之業稷嗣所述不可施成周之朝是知因時制宜者爲政之上務也觀民立教者經國之長策也且夫列封疆建侯伯擇賢能置牧守循名雖曰異軌責實抑亦同歸盛則與之共安衰則與之共患共安繫乎善惡非禮義無以敦風共患寄以存亡非甲兵不能靖亂是以齊晉帥禮鼎業傾而復振温陶釋位王綱弛而更張然則周之列國非一姓也晉之群臣非一族也豈齊晉強於列國

温陶賢於群臣者哉蓋勢重者易以立功權輕
者難以盡節故也由此言之建侯置守乃古今
之異術兵權勢位蓋安危之所階乎太祖之定
關右日不暇給既以人臣禮終未遑藩屏之事
晉蕩輔政爰樹其黨宗室長幼竝據勢位握
兵權雖海内謝隆平之風而國家有盤石之固
矣高祖克翦芒刺思弘政術懲專朝之爲患
忘維城之遠圖外崇寵位内結猜阻自是配天
之基潛有朽壤之墟矣宣皇嗣位凶暴是聞芟
刈先其本枝削黜遍於公族雖復地惟叔父親
則同生文能附衆武能威敵莫不謝卿士於當
年從侯服於下國號爲千乘勢侔匹夫是以權
臣乘其機謀士因其隙遷龜鼎速於俯拾殲王
侯烈於燎原悠悠邃古未聞斯酷豈非摧枯振
朽易爲力乎向使宣皇采姬劉之制覽聖哲之術
分命賢戚布於内外料其輕重間以親踈首尾
相持遠近爲用使其勢位也足以扶危其權力也
不能爲亂事業既定僥倖自息雖使卧赤子

朝委裘社稷固以久安億兆可以無患矣何后
族之地而勢能窺其神器哉

列傳第五　周書十三

列傳第六　周書十四　令狐德棻等撰

賀拔勝 弟岳 兄允

念賢

賀拔勝字破胡神武尖山人也其先與魏氏同出陰山有如回者魏初爲大莫弗祖爾頭驍勇絶倫以良家子鎮武川因家焉獻文時茹茹數爲寇北邉患之爾頭將遊騎深入覘候前後以八十數悉知虜之倚伏後雖有寇至不能爲害以功賜爵龍城侯父度拔性果毅爲武川軍主魏正光末沃野鎮人破六汗拔陵反南侵城邑懷朔鎮將楊鈞聞度拔名召補統軍配以一族其賊偽署王衛可孤徒黨尤盛既圍武川又攻懷朔勝少有志操善騎射北邉莫不推其膽略時亦爲軍主從度拔鎮守既圍經年而外援不至勝乃慷慨白楊鈞曰城圍廹急事等倒懸請告急於大軍乞師爲援鈞許之乃募勇敢少年十餘騎夜伺隙潰圍而出賊追及之勝曰我賀拔破胡也賊

不敢逼至朔州白臨淮王元彧曰懷朔被圍旦夕淪陷士女延首企望官軍大王帝室藩維與國休戚受任征討理宜唯敵是求今乃頓兵不進猶豫不決懷朔若陷則武川隨亦危矣逆賊因兹鋭氣百倍雖有韓白之勇良平之謀亦不能爲大王用也彧以勝辭義懇至許以出師還令報命勝復突圍而入賊追之射殺數人至城下大呼曰賀拔破胡與官軍至矣城中乃開門納之鈞復遣勝出覘武川而武川已陷勝乃馳還懷朔亦潰勝父子遂爲賊所虜後隨度拔與德皇帝合謀率州里豪傑輿珍念賢乙弗庫根尉遲真檀等招集義勇襲殺可孤朝廷嘉之未及封賞會度拔與鐵勒戰没孝昌中追贈安遠將軍肆州刺史初度拔殺可孤之後令勝馳告朔州未反而度拔已卒刺史費穆奇勝才略厚禮留之遂委其事常爲遊騎于時廣陽王元深在五原爲破六汗賊所圍晝夜攻戰召勝爲軍主勝乃率募二百人開東城門出戰斬首百餘級賊遂退軍數十

里廣陽以賊稍却因拔軍向朔州勝常爲殿以功拜統軍加伏波將軍又隸僕射元纂鎮恒州時有鮮于阿胡擁朔州流民南下爲寇恒州城中人乃潛與謀以城應之勝與兄允弟岳相失南投肆州允岳投尒朱榮榮與肆州刺史尉慶賓搆隙引兵攻肆州肆州陷榮得勝大悦曰吾得卿兄弟天下不足平也勝委質事榮時杜洛周阻兵幽定葛榮據有冀瀛榮謂勝曰井陘險要我之東門意欲屈君鎮之未知君意如何勝曰少逢兵亂險阻備

周書列傳六　三　林

嘗每思効力以報己知今蒙驅使寔所願也榮乃表勝爲鎮遠將軍別將領步騎五千鎮井陘孝昌末從榮入洛以定策立孝莊帝功封易陽縣伯邑四百戶累遷直閤將軍通直散騎常侍平南將軍光祿大夫撫軍將軍從太宰元穆北征葛榮爲前鋒大都督戰於滏口大破之虜獲數千人時洛周餘燼韓婁在薊城結聚爲遠近之害復以勝爲大都督鎮中山婁素聞勝威名竟不敢南寇元顥入洛陽孝莊帝出居河内榮徵勝爲前

軍大都督領千騎與尒朱兆自硤石度大破顥軍擒其子領軍將軍冠受又梁將陳思保等遂前驅入洛拜武衛將軍金紫光祿大夫增邑六百戶進爵眞定縣公遷武衛將軍加散騎常侍及榮被誅事起倉卒勝復隨世隆至于河橋勝以爲臣無讎君之義遂勒所部還都謁帝大悦以本官假驃騎大將軍東征都督率騎一千會鄭先護討尒朱仲遠爲先護所疑置之營外令馬未得休息俄而仲遠兵至與戰不利乃

周書列傳六　四　林

降之復與尒朱氏同謀立節閔帝以功拜右衛將軍進車騎大將軍儀同三司左光祿大夫齊神武懷貳尒朱氏將討之度律自洛陽引兵兆起并州仲遠從滑臺三帥會於鄴東時勝從度律度律與兆不平勝以臨敵搆嫌取敗之道乃與斛斯椿詣兆營和解之反爲兆所執度律大懼遂引軍還兆將斬勝數之曰爾殺可孤罪一也天柱薨後復不與世隆等俱來而東征仲遠罪二也我欲殺爾久矣今復何言勝曰可孤作逆爲國巨患勝

父子誅之其功不小反以為罪天下未聞天柱被戮以君誅臣勝寧負朝廷今日之事生死在王但去賊密邇骨肉構隙自古迄今未有不破亡者勝密懼死恐王失策兆乃捨之勝既得免行百餘里方追及度律軍齊神武既克相州兵威漸盛於是尒朱兆及天光仲遠度律等衆十餘萬陣於韓陵兆率鐵騎陷陣出齊神武之後將乘其背而擊之度律惡兆之驕悍懼其陵己勒兵不肯進勝以其携貳遂率麾下降于齊神武度律

周書列傳六　五　朱

軍以此先退遂大敗太昌初以勝為領軍將軍尋除侍中孝武帝將圖齊神武以勝弟岳擁衆關西欲廣其勢援乃拜勝為都督三荊二郢南襄南雍七州諸軍事進位驃騎大將軍開府儀同三司荊州刺史加授南道大行臺尚書左僕射勝攻梁下溠戍擒其戍主尹道珍等又使人誘動蠻王文道期率其種落歸款梁雍州刺史蕭續擊道期不利漢南大駭勝遣大都督獨孤信軍司史寧歐陽酇城南雍州刺史長孫亮南荊州刺史

李魔憐大都督王元軌取冬山白泊都督拔略昶史仵龍取義城均口擒梁將莊思延獲甲卒數千人攻馮翊安定馮陽並平之勝軍於樊鄧之間梁武勑續曰賀拔勝北間驍將爾宜慎之續遂嬰城守不敢出尋進位中書令增邑二千戶進爵琅邪郡公續遣柳仲禮守穀城勝攻之未拔屬齊神武與帝有隙詔勝引兵赴洛至廣州猶豫未進而帝已西遷勝還軍南陽遣右丞陽休之奉表入關又令府長史元穎行州事勝自率所部將西

周書列傳六　六　朱

赴關中進至淅陽詔封勝太保錄尚書事時齊神武已陷潼關屯軍華陰勝乃還荊州州民鄧誕執元穎北引侯景勝至景逆擊之勝軍不利率麾下數百騎南奔梁在江表三年梁武帝遇之甚厚勝常乞師北討齊神武既不果乃求還梁武帝許之親餞於南苑勝自是之後每行執弓矢見鳥獸南向者皆不射之以申懷德之志也既至長安詣闕謝罪朝廷嘉其還乃授太師後從太祖擒竇泰於小關加授中軍大都督又從太祖攻弘

農勝自陝津先渡河東魏將高干遁勝追獲囚
之下河北擒郡守孫晏崔乂從破東魏軍於沙
苑追奔至河上仍與李弼別攻河東略定汾絳增
邑并前五千戶河橋之役勝大破東魏軍太祖
命勝收其降卒而還及齊神武悉衆攻玉壁勝
以前軍大都督從太祖追之於汾北又從戰邙山
時太祖見齊神武旗鼓識之乃募敢勇三千人
配勝以犯其軍勝適與齊神武相遇因告之曰
賀六渾賀拔破胡必殺汝也時募士皆用短兵

接戰勝持矟追齊神武數里刃垂及之會勝馬
爲流矢所中死比副騎至齊神武已逸去勝歎
曰今日之事吾不執弓矢者天也是歲勝諸子在
東者皆爲齊神武所害勝憤恨因動氣疾大
統十年薨于位臨終手書與太祖曰勝萬里杖策
歸身闕庭冀望與公掃除逋寇不幸殞斃微志
不申願公內先協和順時而動若死而有知猶望魂
飛賊庭以報恩遇耳太祖覽書流涕久之勝長於
喪亂之中尤工武藝走馬射飛鳥十中其五六大

祖每云諸將對敵神色皆動唯賀拔公臨陣如
平常真大勇也自居重位始愛墳籍乃招引文
儒討論義理性又通率重義輕財身死之日唯
有隨身兵仗及書千餘卷而已初勝至關中自以
年位素重見太祖不拜尋而自悔太祖亦有望焉
後從太祖宴于昆明池時有雙鳧游於池上太祖
乃授弓矢於勝曰不見公射久矣請以爲歡勝射
之一發俱中因拜太祖曰使勝得奉神武以討不庭
皆如此也太祖大悅自是恩禮日重勝亦盡誠推

奉焉贈定冀等十州諸軍事定州刺史太宰錄
尚書事謚曰貞獻明帝二年以勝配享太祖廟庭
勝無子以弟岳子仲華嗣大統三年賜爵樊城公
魏廢帝時爲通直郎散騎常侍遷黃門郎加車
騎大將軍儀同三司驃騎大將軍開府儀同三司
六官建拜守廟下大夫孝閔帝踐祚襲爵琅邪公
除利州刺史大象末位至江陵總管勝兄弟三人
並以豪俠知名兄允字阿泥魏孝武時位至太尉
封燕郡王爲神武所害

岳字阿斗泥少有大志愛施好士初爲太學生及長能左右馳射驍果絶人不讀兵書而暗與之合識者咸異之與父兄誅衛可孤之後廣陽王元深以岳爲帳内軍主又表爲彊弩將軍後與兄勝俱鎮恒州州陷投尒朱榮榮待之甚厚以爲别將尋爲都督每居帳下與計事多與榮意合益重之榮士馬旣衆遂與元天穆謀入匡朝廷謂岳曰今女主臨朝政歸近習盜賊蜂起海内沸騰王師屢出覆亡相繼吾累世受恩義

同休慼今欲親率士馬電赴京師内除君側外清逆亂取勝之道計將安出岳對曰夫立非常之事必俟非常之人將軍士馬精彊位任隆重若首舉義旗伐叛匡主何往而不尅何向而不摧古人云朝謀不及夕言發不俟駕此之謂矣榮與天穆相顧良久曰卿此言真丈夫之志也未幾而魏孝明帝暴崩榮疑有故乃舉兵赴洛配岳甲卒二千爲先驅至河陰榮旣殺害朝士時齊神武爲榮軍都督勸榮稱帝左右多欲同之榮

疑未决岳乃從容進而言曰將軍首舉義兵共除姦逆功勤未立逆有此謀可謂速禍未見其福榮尋亦自悟乃尊立孝莊岳又勸榮誅齊神武以謝天下左右咸言高歡雖復庸踈言不思難今四方尚梗事藉武臣請捨之收其後効榮乃止以定策功授前將軍太中大夫賜爵樊城郡男復爲榮前軍都督破葛榮於滏口遷東將軍金紫光禄大夫坐事免詔尋復之從平元顥轉左光禄大夫武衛將軍時万俟醜奴僭稱大號關中擾動朝廷深以爲憂榮將遣岳討

之岳私謂其兄勝曰醜奴擁秦隴之兵足爲勍敵若岳往而無功罪責立至假令尅定恐讒愬生焉勝曰汝欲何計自安岳曰請尒朱氏一人爲元帥岳副貳之則可矣勝然之乃請於榮榮大悦乃以天光爲使持節督二雍二岐諸軍事驃騎大將軍雍州刺史以岳爲持節假衛將軍左大都督又以征西將軍代郡侯莫陳悅爲右都督並爲天光之副以討之時赤水蜀賊阻兵斷路天光之衆不

滿二千 及軍次潼關天光有難色岳曰醜奴賊草
竊而已公尚遲疑若遇大敵將何以戰天光曰今
日之事一以相委公宜爲吾制之於是進軍賊拒
戰於渭北破之獲馬二千疋軍威大振天光與岳
進至雍州榮又續遣兵至時醜奴自率大衆圍岐
州遣其大行臺尉遲菩薩僕射万俟仵向武
功南渡渭水援菩薩攻柵已剋還岐州岳以輕
騎八百北渡渭擒其縣令二人獲甲首四百殺掠
其民以挑菩薩菩薩率步騎二萬至渭北岳以輕騎數

周書列傳第六 十一

十與菩薩隔水交言岳稱揚國威菩薩自言彊
盛往復數反菩薩乃自驕踞令省事傳語岳岳
怒曰我與菩薩言卿是何人與我對語省事恃隔水
應答不遜岳舉弓射之應弦而倒時已逼暮於
是各還岳密於渭南傍水分精騎數十爲一處隨
地形便置之明日自將百餘騎隔水與賊相見岳
漸前進示所置騎隨岳而進騎既漸增賊不復
測其多少行二十里許至水淺可濟之處岳便馳
馬東出以示奔遁賊謂岳走乃棄步兵南渡渭

水輕騎追岳岳東行十餘里依橫岡設伏兵以待
之賊以路險不得齊進前後繼至半度岡東岳乃
回與賊戰身先士卒急擊之賊便退走岳號令所部
賊下馬者皆不聽殺賊顧見之便悉投馬俄而虜
獲三千人馬亦無遺遂擒菩薩仍渡渭北降步卒
萬餘并收其輜重醜奴尋棄岐州北走安定置柵
於平亭天光方自雍至岐與岳合勢軍至汧渭之
間宣言遠近曰今氣候漸熱非征討之時待秋涼
更圖進取醜奴聞之遂以爲實分遣諸軍散營農

周書列傳第六 十二

於岐州之北百里細川使其大尉侯元進領兵五千
據險立柵其千人以下爲柵者有數處岳且戰且守
岳知其勢分乃密與天光嚴備晡時潛遣輕騎
先行路於後諸軍盡發昧旦攻圍元進柵拔之
即擒元進諸所俘執皆放之自餘諸柵悉降岳
星言徑趣涇州其刺史侯幾長貴亦 城降醜
奴乃棄平亭而走欲向高平岳輕騎急追明日
及醜奴於平涼之長坑一戰擒之高平城中又執
蕭寶夤以降賊行臺万俟道洛率衆六千退

保華屯山岳攻之道洛敗率千騎而走追之
不及遂得入隴拔略陽賊帥王慶雲慶雲以道
洛驍果絶倫得之甚喜以為大將軍天光又與岳
度隴至慶雲所居水洛城慶雲道洛頻出城拒戰
並擒之餘衆皆降悉坑之死者萬七千人三秦河渭
瓜涼鄯州咸來歸款賊帥夏州人宿勤明達降於平
涼後復叛岳又討擒之天光雖為元帥而岳功効居
多加車騎將軍進爵為伯邑二千户尋授都督
涇北豳二夏四州諸軍事涇州刺史進爵為公

天光入洛使岳行雍州刺史建明中拜驃騎大將
軍增邑五百户普泰初除都督二岐東秦三
州諸軍事儀同三司岐州刺史進封清水郡
公增邑通前三千户尋加侍中給後部鼓吹進
位開府儀同三司兼尚書左僕射隴右行臺
仍停高平二年加都督三雍三秦二岐二華
諸軍事雍州刺史天光將率衆拒齊神
武遣問計於岳岳報曰王家跨據三方士馬
殷盛高歡烏合之衆豈能為敵然師克在和但願

同心戮力耳若骨肉離隔自相猜貳則圖存不暇
安能制人如下官所見莫若且鎮關中以固根本
分遣鋭師與衆軍合勢進可以克敵退可以克
全天光不從果敗岳率軍下隴赴雍擒天光弟
顯壽以應齊神武魏孝武即位加關中大神臺
增邑千户永熙二年孝武密令岳圖齊神武遂
刺心血持以寄岳詔岳都督二雍二華二岐豳四
梁三益巴二夏蔚寧涇二十州諸軍事大都督
齊神武既忌岳兄弟功名岳懼乃與太祖協契

語在太祖本紀岳自詣北境安置邊防率衆趣
平涼西界布營數十里託以牧馬於原州為自安
之計先是費也頭萬俟受洛干鐵勒斛律沙門
解拔彌俄突紇豆陵伊利等並擁衆自守至是
皆款附秦南秦河渭四州刺史又會平涼受岳節
度唯靈州刺史曹泥不應召乃通使於齊神武
三年岳召侯莫陳悅於高平將討之令悅為前
驅而悅受齊神武密旨圖岳岳弗之知也而先又
輕悅悅乃誘岳入營共論兵事令其壻元洪景

斬岳於幕中朝野莫不痛惜之贈侍中大傅錄
尚書都督關中三十州諸軍事大將軍雍州刺
史謚曰武壯葬以王禮子緯嗣拜開府儀同三
司保定中録岳舊德進緯爵霍國公尚太祖女
侯莫陳悅少隨父爲駝牛都尉長於西好田獵便
騎射會牧子作亂遂歸尒朱榮榮引爲府長
流參軍稍遷大都督魏孝莊帝初除征西將軍
金紫光祿大夫封柏人縣侯邑五百戶尒朱天光西
討榮以悅爲天光右都督本官如故西伐克獲功

周書列傳第六　十五

亞於賀拔岳以本將軍除鄯州刺史建明中拜
車騎大將軍渭州刺史進爵白水郡公增邑五
百戶普泰中除驃騎大將軍儀同三司秦州刺
史及天光赴洛悅與岳俱下隴趣雍州擒天光
弟顯壽魏孝武初加開府儀同三司都督隴右
諸軍事仍加秦州刺史及悅殺岳岳衆莫不服
從悅猶豫不即撫納乃遷隴右太祖勒衆討之悅
遂亡敗語在太祖本紀悅子弟及同謀殺岳者八
九人並伏誅唯中兵參軍豆盧光走至靈州後

奔晉陽悅自殺岳後神情恍忽不復如常恒言
我纔睡即夢見岳云兄欲何處去隨逐我不相
置因此彌不自安而致破滅
念賢字蓋盧美容質頗涉書史爲兒童時在
學中讀書有善相者過學諸生競詣之賢獨不
往笑謂諸生曰男兒死生富貴在天也何遽相乎
少遭父憂居喪有孝稱後以破衛可孤功除別將
尋招慰雲州高車鮮卑等皆降下之除假節平
東將軍封屯留縣伯邑五百戶建義初爲大都督

三百三十三　周書傳六　十六

鎮井陘加撫軍將軍黎陽郡守尒朱榮入洛拜車
騎將軍右光祿大夫太僕卿兼尚書右僕射東行
臺進爵平恩縣公增邑五百戶普泰初除使持
節瀛州諸軍事驃騎將軍瀛州刺史永熙中拜
第一領民酋長加散騎常侍行南兖州事尋進號
驃騎大將軍入爲殿中尚書加儀同三司魏孝武
欲討齊神武以賢爲中軍北面大都督進爵安定
郡公增邑一千戶加侍中開府儀同三司大統初拜太
尉出爲秦州刺史加太傅給後部鼓吹三年轉太師

都督河涼瓜鄯渭洮沙七州諸軍事大將軍河
州刺史乂之還朝兼録尚書事河橋之役賢不
力戰乃先還自是名譽頗減五年除都督秦渭
原涇四州諸軍事秦州刺史薨於州謚曰昭定
賢於諸公皆爲父黨自太祖以下咸拜敬之子
華性和厚有長者風官至開府儀同三司合州
刺史

史臣曰勝岳昆季以勇略之姿當馳競之際並
邀時投隙展効立功始則委質尒朱中乃結

款高氏太昌之後即帝圖高祭其所由固非守
節之士及勝垂翅江左憂魏室之危亡奮翼關
西感梁朝之顧遇有長者之風矣終能保其榮
寵良有以焉岳以二千之羸兵抗三秦之勍敵
奮其智勇克翦凶渠雜種畏威遐方慕義斯亦
一時之盛也卒以勳高速禍無備嬰戮惜哉陳
涉首事不終有漢因而創業賀拔元功夙殞太
祖藉以開基不有所廢君何以興信乎其然矣

列傳第六　周書十四

列傳第七

令狐　德棻　等撰

寇洛

李弼 弟檦

于謹 子寔

冠洛上谷昌平人也累世爲將吏父延壽和平
中以良家子鎮武川因家焉洛性明辨不拘小
節正光末以北邊賊起遂率鄉親避地於并肆
因從爾朱榮征討及賀拔岳西征洛與之鄉里
乃募從入關破赤水蜀以功拜中堅將軍屯騎

校尉別將封臨邑縣男邑二百戶又從岳獲賊
帥尉遲菩薩於渭水破侯伏侯元進於百里細
川擒萬俟醜奴於長坑洛每力戰並有功加龍
驤將軍都督進爵安鄉縣子累遷征北將軍衛
將軍於平涼以洛爲右都督侯莫陳悅旣害岳
欲并其衆時初喪元帥軍中惶擾洛於諸將之
中最爲舊齒素爲衆所信乃收集將士志在復
讐共相糾合遂全衆而反旣至原州衆咸推

洛爲盟主統岳之衆洛復自以非才乃固辭與
趙貴等議迎太祖魏帝以洛有全師之功除武
衛將軍太祖至平凉以洛爲右大都督從討侯莫
陳悅平之拜涇州刺史魏孝武西遷進爵臨邑
縣伯邑五百戸尋進位驃騎大將軍儀同三司進
爵爲公增邑五百戸大統初魏文帝詔曰往者侯
莫陳悅遠同逆賊潛害故清水公岳志在兼并
當時造次物情驚駭使持節驃騎大將軍儀
同三司前涇州刺史大都督臨邑縣開國公

寇洛忠款自心勳誠早立遂能糾合義軍以待
大丞相見危授命推賢而奉此而不賞何以勸勵
將來可加開府進爵京兆郡公封洛母宋氏爲
襄城郡君又轉領軍將軍三年出爲華州刺
史加侍中與獨孤信復洛陽移鎮弘農四年從
太祖與東魏戰於河橋軍還洛率所部鎮東
雍五年卒於鎮時年五十三贈使持節侍中都
督雍華豳涇原三秦二岐十州諸軍事太尉尚
書令驃騎大將軍雍州刺史謚曰武子和嗣世

宗二年録勳舊以洛配享太祖廟庭賜和姓若
口引氏改封松陽郡公後至開府儀同三司賓
部中大夫洛弟紹位至上柱國北平郡公
李弼字景和遼東襄平人也六世祖根慕容垂
黄門侍郎祖貴醜平州刺史父永太中大夫贈
涼州刺史弼少有大志膂力過人屬魏室喪亂
語所親曰丈夫生世會須履鋒刃平寇難安社
稷以取功名安能碌碌依階資以求榮位乎魏
永安元年爾朱天光辟爲別將從天光西討破

赤水蜀以功拜征虜將軍封石門縣伯邑五百
戸又與賀拔岳討万俟醜奴万俟道洛王慶雲
皆破之弼恒先鋒陷陣所向披靡賊咸畏之曰
莫當李將軍前也天光赴洛弼因隸侯莫陳悅
爲大都督加通直散騎常侍大昌初受清水
郡守恒州大中正尋除南秦州刺史隨悅征討
屢有剋捷及悅害賀拔岳軍停隴上太祖自平涼
進軍討悅弼諫悅曰岳既無罪而公害之又不能
撫納其衆使無所歸宇文夏州收而用之得其

死力咸云爲主將報讐其意固不小也今宜解
兵謝之不然恐必受禍悅惶惑計無所出弼知
悅必敗乃謂所親曰宇文夏州才畧冠世德義
可宗侯莫陳公智小謀大豈能自保吾等若不
爲計恐與之同至族滅會太祖軍至悅乃棄秦
州南出據險以自固翌日弼密通使太祖許背
悅來降夜弼乃勒所部云侯莫陳公欲還秦州
汝等何不束裝弼妻悅之姨也特爲悅所親委
衆咸信之人情驚擾不可復定皆散走爭趣秦

州弼乃先馳據城門以慰輯之遂擁衆以歸太
祖悅由此遂敗太祖謂弼曰公與吾同心天下
不足平也破悅得金寶奴婢悉以好者賜之仍
令弼以本官鎮原州尋拜秦州刺史太祖率兵
東下徵弼爲大都督領右軍攻潼關及廻洛城
剋之大統初進位儀同三司雍州刺史尋又進
位驃騎大將軍開府儀同三司從平竇泰先鋒
陷敵斬獲居多太祖以所乘騅馬及竇泰所著
甲賜弼又從平弘農與齊神武戰於沙苑弼率

軍居右而左軍爲敵所乘弼呼其麾下六十騎
身先士卒橫截之賊遂爲三因大破以功拜特
進爵趙郡公增邑一千戸又與賀拔勝攻剋河
東略定汾絳四年從太祖東討洛陽弼爲前驅
東魏將莫多婁貸文率衆數千乘至穀城弼倍
道而前遣軍士鼓噪曳柴揚塵貸文以爲大軍
至遂遁走弼追躡之虜其衆斬貸文傳首大軍
所翌日又從太祖與齊神武戰於河橋每入深
陷陣身被七創遂爲所獲圍守數重弼佯若創

重殞絕於地守者稍懈弼睨其傍有馬因躍上
西馳得免五年遷司空六年侯景據荆州弼與
獨孤信禦之景乃退走九年從戰邙山轉太尉
十三年侯景率河南六州來附東魏遣其將韓
軌圍景於潁川太祖遣弼率軍援景諸將咸受
弼節度弼至軌退王思政又進據潁川弼乃引
還十四年北稽胡反弼討平之遷太保加柱國
大將軍魏廢帝元年賜姓徒何氏太祖西巡令
弼居守後事皆諮稟焉六官建拜太傅大司

徒屬茹茹爲突厥所逼舉國請降弼率前軍迎
之給前後部羽葆鼓吹賜雜綵六千段及晉公
護執政朝之大事皆與于謹及弼等參議孝閔
帝踐祚除太師進封趙國公邑萬戶前後賞賜
累巨萬弼每率兵征討朝受令夕便引路不問
私事亦未嘗宿於家其憂國忘身類皆如此兼
復性沉雄有深識故能以功名終元年十月薨
於位年六十四世宗即日舉哀比葬三臨其喪
發卒穿冢給大輅龍旂陳軍至于墓所謚曰武

周書列傳七　六

尋追封魏國公配食太祖廟庭子輝次子耀尚太
祖女義安長公主遂以爲嗣輝大統中起家員外
散騎侍郎賜爵義城郡公歷撫軍將軍大都督
鎮南將軍散騎常侍輝常卧疾朞年太祖憂之
日賜錢一千供其藥石之費及魏廢帝有異謀太
祖乃授輝武衛將軍摠宿衛事尋而帝廢除車
騎大將軍儀同三司魏恭帝二年加驃騎大將
軍儀同三司出爲岐州刺史從太祖西巡率公
卿子弟別爲一軍孝閔帝踐阼除荊州刺史尋

襲爵趙國公改魏國公保定中年加將軍天
和六年進位柱國建德元年出爲摠管梁洋
等十州諸軍事梁州刺史時渠蓬二州生獠
積年侵暴輝至州綏撫並來歸附詔書勞之
輝既不得爲嗣朝廷以弼功重乃封輝邢國
公位至開府子寬大象末上大將軍蒲山國
公輝弟衍大象末大將軍眞鄉郡公衍弟綸
最知名有文武才用以功臣子少居顯職歷
吏部內史下大夫並獲當官之譽位至司會

周書列傳七　七

中大夫開府儀同三司封河陽郡公爲聘齊
使主早卒子長雅嗣綸弟晏建德中開府儀
同三司大將軍趙郡公從高祖平齊歿於并州
子憬以晏死王事即襲其爵弼弟標標字靈
傑長不盈五尺性果決有膽氣少事爾朱榮
魏永安元年以兼別將從榮破元顥拜討逆
將軍及榮被害元標從爾朱世隆奉榮妻奔
河北又隨爾朱兆入洛賜爵淝城郡男遷都督
普泰元年標自梁入據譙城標從行臺樊子

擊破之遷右將軍魏孝武西遷櫆從大都督元斌之與齊神武戰於成臯兵敗遂與斌之奔梁梁主待以賓禮後得逃歸大統元年授撫軍將軍進封晉陽縣子邑四百戶尋爲太祖帳內都督從復弘農破沙苑櫆跨馬運矛衝鋒陷陣隱身鞍甲之中敵人見之皆曰避此小兒不知櫆之形貌正自如是太祖初亦聞櫆驍悍未見其能至是方嗟嘆之謂櫆曰但使膽決如此何必須要八尺之軀也以功進爵爲公增邑四百戶尋從

宇文貴與東魏將任祥堯雄等戰於潁川皆破之徵爲太子中庶子九年從戰邙山遷持節大都督十三年拜車騎大將軍儀同三司又從弼討稽胡櫆功居多除幽州刺史增邑三百戶十五年拜驃騎大將軍開府儀同三司魏廢帝初從趙貴征茹茹論功爲最改封封山縣公增邑并前二千一百戶孝閔帝踐阼進位大將軍武成初又從豆盧寧征稽胡大獲而還進爵汝南郡公出爲總管延綏丹三州諸軍事延州刺史四年卒於鎮恒朔等五州刺史櫆無子以弼子椿嗣先以櫆勳功封魏平縣子大象末開府儀同三司大將軍右宮伯改封河東郡公

于謹字思敬河南洛陽人也小名巨彌曾祖婆魏懷荒鎮將祖安定平涼郡守高平郡將父提隴西郡守荏平縣伯保定二年以謹著勳追贈使持節柱國大將軍太保建平郡公謹性沉深有識量略窺經史尤好孫子兵書平居閭里未有仕進之志或有勸之者謹曰州郡之職昔人所鄙台鼎之位須待時來吾所以優遊郡邑聊以

卒歲耳太宰元穆見之歎曰王佐材也及破六汗拔陵首亂北境引茹茹爲援大行臺僕射元纂率衆討之宿聞謹名辟爲鎧曹參軍事從軍北伐茹茹聞大軍之逼遂逃出塞纂令謹率二千騎追之至郁對原前後十七戰盡降其衆後率輕騎出塞覘賊屬鐵勒數千騎奄至謹以衆寡不敵退必不免乃散其衆騎使匿叢薄之間又遣人升山指麾若分部軍衆者賊望見

雖疑有伏兵，既恃其衆，不以爲慮，乃進軍逼謹。謹以常乘駿馬一紫一騧，賊先所識，乃使二人各乘一馬突陣而出。賊以爲謹也，皆爭逐之。謹乃率餘軍擊之，其追騎遂奔走，因得入塞。正光四年，行臺廣陽王元深治兵北伐，引謹爲長流參軍，特相禮接，所有謀議，皆與謹參之。乃使其子佛陁拜焉。其見待如此。遂與廣陽王破賊主斛律野穀祿等。時魏末亂，羣盜蜂起，謹乃從容謂廣陽王曰：「自正光以後，海內沸騰，郡國荒殘，農商廢

業。今殿下奉義行誅，遠臨關塞，然醜類蟻聚，其徒寔繁，若極武窮兵，恐非計之上者。謹願禀大王之威略，馳往喻之，必不勞兵甲，可致清蕩。」廣陽王然之。謹兼解諸國語，乃單騎入賊，示以恩信。於是西部鐵勒酋長乜列河等領三萬餘戶並款附，相率南遷。廣陽王欲與謹至折敷嶺迎接之。謹曰：「破六汗拔陵兵衆不少，聞乜列河等歸附，必來要擊。彼若先據險要，則難與爭鋒。今以乜列河等餌之，當競來抄掠，然後設伏而待，

必指掌破之。」廣陽然其計。拔陵果來要擊，破乜列河於嶺上，部衆皆没。謹伏兵發，賊遂大敗，悉收得乜列河之衆。魏帝嘉之，除積射將軍。孝昌元年，又隨廣陽王征鮮于脩禮。軍次白牛邏，會章武王爲脩禮所害，遂停軍中山。侍中元晏宣言於靈太后曰：「廣陽王以宗室之重，受律專征，今乃盤桓不進，坐圖非望。又有于謹者，智略過人，爲其謀主。風塵之際，恐非陛下之純臣矣。」靈太后深納之，詔於尚書省門外立牓，募能獲謹

者，許重賞。謹聞之，乃謂廣陽曰：「今女主臨朝，取信讒佞，脫不明白殿下素心，便恐禍至無日。謹請束身詣闕，歸罪有司，披露腹心，自免殃禍。」廣陽許之。謹遂到牓下曰：「吾知此人。」衆人共詰之。謹曰：「我即是也。」有司以聞。靈太后引見之，大怒。謹備論廣陽忠款，兼陳停軍之狀。靈后意稍解，遂捨之。尋加別將。二年，梁將曹義宗據守穰城，數爲邊患，乃令謹與行臺尚書辛纂率兵討之。相持累年，經數十戰。進拜都督、宣威將軍、冗從僕

射孝莊帝即位除鎮遠將軍尋轉直寢又隨太宰元天穆討葛榮平邢杲拜征虜將軍從爾朱天光破万俟醜奴封石城縣伯邑五百戶普泰元年除征北大將軍金紫光祿大夫散騎常侍又隨天光平宿勤明達別討夏州賊賀遂有伐等平之授大都督從天光與齊神武戰於韓陵山天光既敗謹遂入關賀拔岳表謹留鎮除衛將軍咸陽郡守太祖臨夏州以謹為防城大都督兼夏州長史及岳被害太祖赴平涼謹乃言

於太祖曰魏祚陵遲權臣擅命羣盜蜂起黔首嗷然明公杖超世之姿懷濟時之略四方遠近咸所歸心願早建良圖以副衆望太祖曰何以言之謹對曰關右秦漢舊都古稱天府將士驍勇厥壤膏腴西有巴蜀之饒北有羊馬之利今若據其要害招集英雄養卒勸農足觀時變且天子在洛逼迫羣兇若陳明公之懇誠算時事之利害請都關右帝必嘉而西遷然後挾天子而令諸侯奉王命以討暴亂桓文之業千載一時也

太祖大悅會有勅追謹為閤內大都督謹因進都關中之策魏帝納之尋而齊神武逼洛陽謹從魏帝西遷仍從太祖征潼關破迴洛城授使持節車騎大將軍儀同三司北雍州刺史進爵藍田縣公邑一千戶大統元年拜驃騎大將軍開府儀同三司其年夏陽人王遊浪聚據楊氏壁謀逆謹討擒之是歲大軍東伐謹為前鋒至盤豆東魏將高叔禮守險不下攻破之拔虜其卒一人因此拔弘農擒東魏陝州刺史李徽伯齊神武

至沙苑謹從太祖與諸將力戰破之進爵常山郡公增邑一千戶又從戰河橋拜大丞相府長史兼大行臺尚書稽胡帥夏州刺史劉平叛謹率衆討平之除大都督恒并燕肆雲五州諸軍事大將軍恒州刺史入為太子太師九年復從太祖東征別攻柏谷塢拔之邙山之戰大軍不利謹率其麾下偽降立於路左齊神武軍乘勝逐北不以為虞追騎過盡謹乃自後擊之敵人大駭獨孤信又集兵士於後奮擊齊神武軍遂亂

以此大軍得全十二年拜尚書左僕射領司農卿及侯景款附請兵爲援太祖命李弼率兵應之謹諫曰侯景少習兵權情實難測且宜厚其禮秩以觀其變即欲遣兵良用未可太祖不聽尋復兼大行臺尚書丞相府長史率兵鎮潼關加授華州刺史賜秬鬯一卣圭瓚副焉俄拜司空增邑四百戶十五年進位柱國大將軍齊氏稱帝太祖征之以謹爲後軍大都督別封一子鹽亭縣侯邑一千戶魏恭帝元年除雍州刺史初梁元

帝平侯景之後於江陵嗣位密與齊氏通使將謀侵軼其兄子岳陽王詧時爲雍州刺史以梁元帝殺兄譽遂結讎隙據襄陽來附仍請王師乃令謹率衆出討太祖餞於青泥谷長孫儉問謹曰爲蕭繹之計將欲如何謹曰耀兵漢沔席卷渡江直據丹陽是其上策移郭內居民退保子城峻其陴堞以待援至是其中策若難於移動據守羅郭是其下策儉曰揣繹定出何策謹曰必用下策儉曰彼棄上而用下何也對

曰蕭氏保據江南綿歷數紀屬中原多故未遑外略又以我有齊氏之患必謂力不能分且繹懦而無謀多疑少斷愚民難與慮始皆戀邑居既惡遷移當保羅郭所以用下策也謹乃令中山公護及大將軍楊忠等率精騎先據江津斷其走路梁人豎木柵於外城廣輪六十里尋而謹至悉衆圍之梁主屢遣兵於城南出戰輒爲謹所破旬有六日外城遂陷梁主退保子城翌日率其太子以下面縛出降尋殺之虜其男女十餘萬人收其府庫珍寶得宋渾天儀梁日晷銅表

魏相風烏銅蟠螭趺大玉徑四尺圍七尺及諸轝輦法物以獻軍無私焉立蕭詧爲梁主振旅而旋太祖親至其第宴語極歡賞謹奴婢一千口及梁之寶物并金石絲竹樂一部別封新野郡公邑二千戶謹固辭太祖不許又令司樂作常山公平梁歌十首使工人歌之謹自以久當權勢位望隆重功名既立願保優閑乃上先所乘駿馬及所著鎧甲等太祖識其意乃曰今巨猾未平

公豈得便爾獨善遂不受六官建拜大司徒及太祖崩孝閔帝尚幼中山公護雖受顧命而名位素下羣公各圖執政莫相率服護深憂之密訪於謹謹曰夙蒙丞相殊睠情深骨肉今日之事必以死爭之若對衆定策公必不得辭讓明日羣公會議謹曰昔帝室傾危人圖問鼎丞相志在匡救投袂荷戈故得國祚中興羣生遂性今日天降禍奄棄庶寮嗣子雖幼而中山公親則猶子兼受顧託軍國之事理須歸之辭色抗

厲衆皆悚動護曰此是家事素雖庸昧何敢有辭謹既太祖等夷護每申禮敬至是謹乃趨而言曰公若統理軍國謹等便有所依遂再拜羣公迫於謹亦再拜因是衆議始定孝閔帝踐阼進封燕國公邑萬戶遷太傅大宗伯與李弼侯莫陳崇等參議朝政及賀蘭祥討吐谷渾也謹遥統其軍授以方略保定二年謹以年老上表乞骸骨詔報曰昔師尚父年踰九十召公奭幾將百歲皆勤王家自彊不息今元惡未除九

州不一將以公爲舟檝弘濟於艱難豈容忘二公之雅操而有斯請朕用恧焉公若更執謙沖有司宜斷啓三年四月詔曰樹以元首主乎教化率民孝悌置之仁壽是以古先明后咸若斯典立三老五更躬自袒割朕以眇身處茲南面何敢遺此黃髮不加尊敬太傅燕國公謹執德淳固爲國元老饋以乞言朝野所屬可爲三老有司具禮擇日以聞謹上表固辭詔荅不許又賜延年杖高祖幸太學以食之三老入門皇帝迎拜

門屏之閒三老荅拜有司設三老席於中楹南向太師晉國公護升階設几於席三老升席南面憑几而坐以師道自居大司馬楚國公寧升階正舄皇帝升階立於斧扆之前西面有司進饌皇帝跪設醬豆親自袒割三老食訖皇帝又親跪授爵以酳有司撤訖皇帝北面立而訪道三老乃起立於席後皇帝曰猥當天下重任自惟不才不知政治之要公其誨之三老荅曰木受繩則正后從諫則聖自古明王聖主皆虛心納

諫以知得失天下乃安唯陛下念之又曰爲國之
本在乎忠信是以古人云去食去兵信不可失國
家興廢莫不由之願陛下守而勿失又曰治國之
道必須有法法者國之綱紀綱紀不可不正所正
在於賞罰若有功必賞有罪必罰則有善者日
益爲惡者日止若有功不賞有罪不罰則天下
善惡不分下民無所措其手足矣又曰言行者立
身之基言出行隨誠宜相顧願陛下三思而言九
慮而行若不思不慮必有過失天子之過事無

大小如日月之蝕莫不知者願陛下慎之三老言
畢皇帝再拜受之三老荅拜焉禮成而出及晉公
護東伐謹時老病護以其宿將舊臣猶請與同
行詢訪戎略軍還賜鍾磬一部天和二年又賜安
車一乘尋授雍州牧三年薨于位年七十六高祖
親臨詔譙王儉監護喪事賜繒綵千段粟麥五
千斛贈本官加使持節太師雍恒等二十州諸
軍事雍州刺史謚曰文及葬王公已下咸送出郊
外配享於太祖廟庭謹有智謀善於事上名位

雖重愈存謙挹每朝參往來不過從兩三騎而已
朝廷凡有軍國之務多與謹決之謹亦竭其智
能弼諧帝室故功臣之中特見委信始終若一人
無間言每教訓諸子務存靜退加以年齒遐長
禮遇隆重子孫繁衍皆至顯達當時莫與爲比
焉子寔嗣

寔字賓實少和厚年未弱冠入太祖幕府從征
潼關及迴洛城大統三年又從復弘農戰沙苑
以前後功封萬年縣子邑五百戶授主衣都統

河橋之役先鋒陷陣軍還寔又爲內殿除通直
散騎常侍轉太子右衛率加都督又從太祖戰
於邙山十一年詔寔侍講東宮侯景來附遣寔
與諸軍援之平九曲城進大都督遷儀同三司
加散騎常侍十四年除尚書是歲太祖與魏太
子西巡寔時從太祖刻石於隴山之上錄功臣位以
次鐫勒預以寔爲開府儀同三司至十五年方
授之尋除滑州刺史特給鼓吹一部進爵爲公
增邑二百戶魏恭帝二年羌東念如率部落反

結連吐谷渾每爲邊患遣大將軍豆盧寧討之
踰時不克又令寔往遂破之太祖手書勞問賜
奴婢一百口馬一百疋孝閔帝踐阼授民部中大
夫進爵延壽郡公邑二千戶又進位大將軍除勳
州刺史入爲小司寇天和二年延州蒲川賊郝三
郎等反攻逼丹州遣寔率衆討平之斬三郎首
獲雜畜萬餘頭乃除延州刺史五年襲爵燕
國公進位柱國以罪免尋復本官除涼州總管
大象二年加上柱國拜大左輔隋開皇元年薨

贈司空謚曰安子頵大象末上開府吳州總管
新野郡公頵弟仲文大將軍延壽郡公仲文弟
象賢儀同三司尚高祖女寔弟翼自有傳翼弟
義上柱國潼州總管建平郡公義弟禮上大將
軍趙州刺史安平郡公禮弟智初爲開府以受
宣帝旨告齊王憲反遂封齊國公尋拜柱國涼
州總管大司空智初弟紹上開府綏州刺史華
陽郡公紹弟𢢞上儀同平恩縣公𢢞弟蘭上儀
同襄陽縣公蘭弟曠上儀同贈恒州刺史

史臣曰賀拔岳屬起倉卒保莫陳悅意在兼并
于時將有離心士無固志洛撫緝散亂抗禦仇讎
全師而還敵人絕覬覦之望度德而處霸王建
匡合之謀此功故不細也李弼于謹懷佐時之略
逢啓聖之運綢繆顧遇締搆艱難帷幄盡其謨
猷方面宣其庸績擬巨川之舟楫爲大厦之棟
梁非惟攀附成名抑亦抒謀自取及謹以耆年
碩德譽重望高禮備上庠功歌司樂常以滿盈
爲戒覆折是憂不有君子何以能國

列傳第七 周書十五

列傳第八　　周書十六

令狐德棻　等撰

趙貴

獨孤信

侯莫陳崇

趙貴字元貴天水南安人也曾祖達魏庫部尚書臨晉子祖仁以良家子鎮武川因家焉貴少頴悟有節槩魏孝昌中天下兵起貴率鄉里避難南遷屬葛榮陷中山遂被拘逼榮敗爾朱榮以貴為別將從討元顥有功賜爵燕樂縣子授伏波將軍武賁中郎將從賀拔岳平關中賜爵魏平縣伯邑五百戶累遷鎮北將軍光祿大夫都督及岳為侯莫陳悅所害將吏奔散莫有守者貴謂其黨曰吾聞仁義豈有常哉行之則為君子違之則為小人朱伯厚王叔治感意氣微恩尚能蹈履名節況吾等荷賀拔公國士之遇寧可自同衆人乎涕泣歔欷於是從之者五十人乃詣悅詐降悅信之因請收葬岳言辭慷

慨悅壯而許之貴乃收岳屍還與寇洛等糾合之衆奔平涼共圖拒悅貴首議迎太祖語在太祖紀太祖至以貴為大都督領府司馬悅平以本將軍持節行秦州事當州大都督為政清靜民吏懷之齊神武舉兵向洛使其都督韓軌進據蒲坂太祖以貴為行臺與梁禦等討之未濟河而魏孝武已西入關拜車騎大將軍儀同三司兼右衛將軍時曹泥據靈州拒守以貴為大都督與李弼等率衆討之進爵為侯增邑五百戶又以預立魏文帝勳進爵為公增邑通前一千五百戶尋授岐州刺史時以軍國多務藉貴力用遂不部仍領大丞相府左長史加散騎常侍梁企定稱亂河右以貴為隴西行臺率衆討破之從太祖復弘農戰沙苑拜侍中驃騎大將軍開府儀同三司進爵中山郡公除雍州刺史從戰河橋貴與怡峯為左軍戰不利先還又從援王壁齊神武遁去高仲密以北豫州降太祖率師迎之與東魏人戰於邙山貴為左軍失律諸軍

因此並即坐免官以驃騎大都督領本軍尋復官爵拜御史中尉加大將軍東魏將高敖曹慕容紹宗等圍王思政於潁川貴率軍援之東南諸州兵亦受貴節度東魏人遏洧水灌城軍不得至思政遂沒貴乃班師尋拜柱國將軍賜姓乙弗氏茹茹寇廣武貴擊破之斬首數千級收其輜重振旅而還六官建以貴爲太保大宗伯改封南陽郡公孝閔帝踐祚遷太傅大冢宰進封楚國公邑萬戶初貴與獨孤信等皆與太祖等夷及孝閔帝即位晉公護攝政貴自以元勳佐命每懷怏怏有不平之色乃與信謀殺護及期貴欲發信止之尋爲開府宇文盛所告被誅

獨孤信雲中人也本名如願魏氏之初有三十六部其先伏留屯者爲部落大人與魏俱起祖俟尼和平中以良家子自雲中鎮武川因家焉父庫者爲領民酋長少雄豪有節義北州咸敬服之信美容儀善騎射正光末與賀拔度

等同斬衛可孤由是知名以北邊喪亂避地中山爲葛榮所獲信既少年好自修飾服章有殊於衆軍中號爲獨孤郎及爾朱氏破葛榮以信爲別將從征韓婁信匹馬挑戰擒賊漁陽王袁肆周以功拜員外散騎侍郎尋轉驍騎將軍因鎮滏口元顥入洛榮以信爲前驅與顥黨戰於河北破之拜安南將軍賜爵爰德縣侯建明初出爲荊州新野鎮將帶新野郡守尋遷荊州防城大都督帶南鄉守頻典二部皆有聲績賀拔勝出鎮荊州乃表信爲大都督從勝攻下梁溠戍破之遷武衛將軍及勝弟岳爲侯莫陳悅所害勝乃令信入關撫岳餘衆屬太祖已統岳兵信與太祖鄉里少相友善相見甚歡因令信入洛請事至雍州大使元毗又遣信還荊州尋徵信入朝魏孝武雅相委任及孝武西遷事起倉卒信單騎及之於瀍澗孝武歎曰武衛遂能辭父母捐妻子遠來從我世亂識貞良豈虛言哉即賜信御馬一疋進爵浮陽郡公邑一千戶時荊州雖陷東魏民心猶戀本朝乃以信爲衛大將軍

都督三荆州諸軍事兼尚書右僕射東南道行臺
大都督荆州刺史以招懷之信至武陶東魏遣其弘
農郡守田八能率蠻左之衆拒信於淅陽又遣其都
督張齊民以步騎三千出信之後信謂其衆曰今我
士卒不滿千人而首尾受敵若却擊齊民則敵人
謂爲退走必來要截未若先破八能遂奮擊八能敗
而齊民亦潰信乘勝襲荆州東魏刺史辛纂勒
兵出戰士庶既懷信遺惠信臨陣喻之莫不解體
因而縱兵擊之纂大敗奔城趨門未及闔信都督

周書列傳八　五

楊忠等前驅斬纂語在忠傳於是三荆遂定就拜
車騎大將軍儀同三司東魏又遣其將高敖曹侯景
等率衆奄至信以衆寡不敵遂率麾下奔梁居
三載梁武帝方始許信還北信父母既在山東梁武
帝問信所往信荅以事君無二梁武帝深義之禮
送甚厚大統三年秋至長安自以虧損國威上書
謝罪魏文帝付尚書議之七兵尚書陳郡王言
等議以爲邊將董戎龔行天罰喪師敗績國
刑無捨荆州刺史獨孤如願任當推轂遠襲襄宛

斬賊帥辛纂傳首京師論功語効寔合褒賞但
庸績不終旋致淪没責成之義朝寄有違然孤軍
數千後援未接賊衆我寡難以自固既經恩降理
絕刑書昔秦宥孟明漢捨廣利卒能改過立功垂
芳竹帛以今方古抑有成規臣等參議請赦罪
復其舊職魏文帝詔曰如願荆襄之役寔展功
効既屬強寇力屈道窮歸賊不可還朝路絕適
事求宜未足稱過違難勾吴誠貫夷險義全終
始良可嘉歎復情存謙退款心謝責寧容議

周書列傳第八　六

及恩降止云免咎斯則事失權宜理乖通變可
轉驃騎大將軍加侍中開府其使持節儀同三司
浮陽郡公悉如故尋拜領軍仍從太祖復弘農
破沙苑改封河内郡公增邑二千户時俘虜中有
信親屬始得父凶問乃發喪行服尋起爲大都
督率衆與馮翊王元季海入洛陽潁豫襄廣陳
留之地竝相繼款附四年東魏將侯景等率衆
圍洛陽信據金墉城隨方拒守旬有餘日及太
祖至瀍東景等退走信與李遠爲右軍戰不利

東魏遂有洛陽六年侯景寇荆州太祖令信與李
弼出武關景退以信爲大使慰撫三荆尋除隴右
十州大都督秦州刺史先是守宰闇弱政令乖
方民有冤訟歷年不能斷決及信在州事無擁
滯示以禮教勸以耕桑數年之中公私富實流民
願附者數萬家太祖以其信著遐邇故賜名爲信
七年岷州刺史赤水蕃王梁企定舉兵反詔信討
之企定尋爲其部下所殺而企定子弟仍收其餘
衆信乃勒兵向萬年頓三交口賊併力拒守信因

周書傳八　七

詭道趣稠松嶺賊不虞信兵之至望風奔潰乘
勝逐北徑至城下賊並出降加授太子太保邙山之
戰大軍不利信與于謹收散卒自後擊之齊神
武追騎驚擾諸軍因此得全十二年涼州刺史
宇文仲和據州不受代太祖令信率開府怡峯
討之仲和嬰城固守信夜令諸將以衝梯攻其
東北信親帥壯士襲其西南值明尅之擒仲和
虜其民六千戸送于長安拜大司馬十三年大軍
東討時以茹茹爲寇令信移鎮河陽十四年進

位柱國大將軍録尅下溠守洛陽破岷州平涼州
等功增封聽回授諸子於是第二子善封魏寧
縣公第三子穆文侯縣侯第四子藏義寧縣侯
邑各一千戸第五子順項城縣伯第六子陁建忠縣
伯邑各五百戸信在隴右歲久啓求還朝太祖
不許或有自東魏來者又告其母凶問信發喪
行服屬魏太子與世祖巡北邊因至河陽弔信
信陳哀苦請終禮制又不許於是追贈信父庫
者司空公追封信母費連氏常山郡君十六年

周書列傳八　八

大軍東討信率隴右數萬人從軍至崤坂而還
遷尚書令六官建拜大司馬孝閔帝踐祚遷太
保大宗伯進封衛國公邑萬戸趙貴誅後信以同
謀坐免居無幾晉公護又欲殺之以其名望素重
不欲顯其罪逼令自盡於家時年五十五信風
度弘雅有奇謀大略太祖初啓霸業唯有關
中之地以隴右形勝故委信鎮之既爲百姓所懷
聲振隣國東魏將侯景之南奔梁也魏收爲
檄梁文矯稱信據隴右不從宇文氏仍云無關

西之憂欲以威梁人也又信在秦州嘗因獵日暮
馳馬入城其帽微側詰旦而吏民有戴帽者咸慕
信而側帽焉其爲隣境及士庶所重如此子羅先
在東魏乃以次子善爲嗣及齊平羅至善卒又
以羅爲嗣羅字羅仁大象元年除楚安郡守授
儀同大將軍善子伏陁幼聰慧善騎射以父勳
封魏寧縣公魏廢帝元年又以父勳授驃騎大
將軍開府儀同三司加侍中進爵長安郡公孝
閔帝踐祚除河州刺史以父負釁久廢於家保

周書列傳八　九

定三年乃授龍州刺史天和六年襲爵河內郡
公邑二千戶從高祖東討以功授上開府尋除兗
州刺史政存簡惠百姓安之卒於位年三十八
贈使持節柱國定趙恒滄瀛五州諸軍事定
州刺史信長女周明敬后第四女元貞皇后第
七女隋文獻后周 隋及皇家三代皆爲外戚自
古以來未之有也隋文帝踐極乃下詔曰褒德
累行往代通規追遠愼終前王盛典故使持節
柱國河內郡開國公信風宇高曠獨秀生人睿

哲居宗淸猷映世宏謨長策道著於彌諧緯
義經仁事深於拯濟方當宣風廊廟亮采台階
而世屬艱危功高弗賞眷言令範事切于心今
景運初開椒闈肅建載懷塗山之義無忘褒
紀之典可贈太師上柱國冀定相滄瀛趙恒洺貝
十州諸軍事冀州刺史封趙國公邑一萬戶諡曰
景追贈信父庫者使持節太尉上柱國定恒滄
瀛平燕六州諸軍事定州刺史封趙國公邑一
萬戶諡曰恭信母費連氏贈太尉恭公夫人

三又七　周書傳八　十

侯莫陳崇字尚樂代郡武川人其先魏之別部
居庫斛眞水五世祖曰太骨都侯其後世爲渠帥
祖允以良家子鎭武川因家焉父興殿中將軍
羽林監崇少驍勇善馳射謹慤少言年十五隨
賀拔岳與爾朱榮征葛榮又從元天穆討邢
杲平之以功除建威將軍別從岳破元顥於洛
陽遷直寢後從岳入關破赤水蜀時万俟醜奴
圍岐州遣其將尉遲菩薩將兵向武功崇從
岳力戰破之乘勝逐北解岐州圍又赴百里細川

破賊帥侯伏侯元進柵醜奴率其餘衆奔高平崇與輕騎逐北至涇州長坑及之賊未成列崇單騎入賊中於馬上生擒醜奴於是大呼衆悉披靡莫敢當之後騎益集賊徒因悉逃散遂大破之岳以醜奴所乘馬及寶劒金帶賞崇除安北將軍大中大夫都督封臨涇縣侯邑八百戶及岳為侯莫陳悅所害崇與諸將同謀迎太祖太祖至軍原州刺史史歸猶為悅守太祖遣崇襲歸崇潛軍夜往輕將七騎直到城下餘衆皆

伏於近路歸見騎少遂不設備崇即入據城門時李遠兄弟在城内先知崇來於是中外鼓噪伏兵悉起遂擒歸斬之以崇行原州事仍從平悅轉征西將軍又遣崇慰撫秦州別封廣武縣伯邑七百戶大統元年除涇州刺史加散騎常侍大都督進爵為公累遷車騎大將軍儀同三司驃騎大將軍開府儀同三司改封彭城郡公邑三千戶三年從擒竇泰復弘農破沙苑增邑二千戶四年從戰河橋崇功居多七年稽胡反崇率衆

討平之尋除雍州刺史兼太子詹事十五年進位柱國大將軍轉少傅魏恭帝元年出為寧州刺史遷尚書令六官建拜大司空孝閔帝踐祚進封梁國公邑萬戶加太保歷大宗伯大司徒保定三年崇從高祖幸原州高祖夜還京師竊怪其故崇謂所親人常昇曰吾昔聞卜筮者言晉公今年不利車駕今忽夜還不過是晉公死耳於是衆皆傳之或有發其事者高祖召諸公卿於大德殿責崇崇惶恐謝罪其夜護遣使將

兵就崇宅逼令自殺禮葬如常儀謚曰躁護誅後改謚曰莊閔子芮嗣拜大將軍進位柱國從高祖東伐率衆守太行道并州平授上柱國仍從平鄴拜大司馬崇弟瓊字世樂年八歲喪父養母至孝善事諸兄内外莫不敬之以軍功封靈丘縣男邑三百戶從魏孝武入關為太祖直盪都督大統二年遷尚樂典御三年拜太子右衛率進爵為侯從獨孤信征梁企定累遷北秦州刺史十四年拜車騎大將軍儀

同三司五年閔帝踐祚進爵武安縣公增邑并前二千户出爲郢州刺史武成二年遷金州揔管六州諸軍事金州刺史保定元年拜大將軍天和四年轉荆州揔管十四州八防諸軍事荆州刺史尋進位柱國進爵同昌郡公建德二年拜大宗伯出爲秦州揔管四年從高祖東伐爲後二軍揔管尋改封武威郡公大象二年加上柱國瓊弟

凱字敬樂性剛正頗好經史隨兄崇以軍功賜爵下蔡縣男大統元年爲東宮侍書從太祖

擒竇泰破沙苑陣以功拜寧遠將軍累遷羽林監東宮洗馬太子庶子進受都督十四年兄崇以平原州功賜爵靈武縣侯詔聽轉授凱累遷東宮武衛率尚書右丞轉左丞進位車騎大將軍儀同三司六官建授司門下大夫孝閔帝踐祚拜工部中大夫進位開府儀同三司轉司憲中大夫進爵爲公復除工部中大夫世宗初出爲宜州刺史武成二年入爲禮部中大夫保定中復爲陵州刺史轉丹州刺史所在頗有政績天和中入爲司會中大夫建德二年卒

聘齊使主

史臣曰蕭何文吏自愛懼秦法誅戮乃推奉漢高李通家傳讖術知劉氏當興遂翊戴光武終而白水復禹中陽纂堯方策以爲美談功臣仰其徽烈趙貴志懷忠義首倡大謀爰啓聖明克復讎恥關中全百二之險周室定三分之業彼此一時足爲連類獨孤信威申南服化洽西州信著遐方光照隣國侯莫陳崇以勇悍之氣

當戰爭之利輕騎啓高平之扉疋馬得長提之後並以宏材遠略附鳳攀龍績著元勳位居上衮而識慚明哲咸以凶終惜哉信雖不免其身慶延于後三代外戚何其盛歟

初魏孝莊帝以爾朱榮有翊戴之功拜榮柱國大將軍位在丞相上榮敗後此官遂廢大統三年魏文帝復以太祖建中興之業始命爲之其後功參佐命望實俱重者亦居此職自太統十六年以前任者凡有八人太祖位揔百揆督中外軍

魏廣陵王欣元氏懿戚從容禁闈而已此外六人各督二大將軍分掌禁旅當爪牙禦侮之寄當時榮盛莫與爲比故今之稱門閥者咸推八柱國家云今并十二大將軍録之於左

使持節太尉柱國大將軍大都督尚書左僕射隴右行臺少師隴西郡開國公李諱

使持節太傅柱國大將軍大宗伯大司徒廣陵王元欣

使持節太保柱國大將軍大都督大宗伯趙郡開國公李弼

周書列傳八　十五

使持節柱國大將軍大都督大司馬河内郡開國公獨孤信

使持節柱國大將軍大都督大司寇南陽郡開國公趙貴

使持節柱國大將軍大都督大司空常山郡開國公于謹

使持節柱國大將軍大都督少傅彭城郡開國公侯莫陳崇

右與太祖爲八柱國後並改封此並太祖時爵

使持節大將軍大都督少保廣平王元贊

使持節大將軍大都督淮王元育

使持節大將軍大都督齊王元廓

使持節大將軍大都督秦七州諸軍事秦州刺史章武郡開國公宇文導

使持節大將軍大都督平原郡開國公侯莫陳順

使持節大將軍大都督雍七州諸軍事雍州刺史高陽郡開國公達奚武

周書列傳八　十六

使持節大將軍大都督陽平公李遠

使持節大將軍大都督范陽郡開國公豆盧寧

使持節大將軍大都督化政郡開國公宇文貴

使持節大將軍大都督荆州諸軍事荆州刺史博陵郡開國公賀蘭祥

使持節大將軍大都督陳留郡開國公楊忠

使持節大將軍大都督岐州諸軍事岐州刺史武威郡開國公王雄

右十二大將軍又各統開府二人每一開府

領一軍兵是爲二十四軍自大統十六年以前十二大將軍外念賢及王思政亦作大將軍然賢作牧隴右思政出鎮河南竝不在領兵之限此後功臣位至柱國及大將軍者衆矣咸是散秩無所統御六柱國十二大將軍之後有以位次嗣掌其事者而德望素在諸公之下不得預於此列

列傳第八　周書十六

列傳第九　周書十七

令狐德棻等撰

梁禦
若干惠
怡峯
劉亮
王德

梁禦字善通其先安定人也後因官北邊遂家於武川改姓爲紇豆陵氏高祖俟力提從魏太祖征討位至揚武將軍定陽侯禦少好學進趨詳雅及長更好弓馬爾朱天光西討知禦有志略引爲左右授宣威將軍都將共平關右除鎮西將軍東益州刺史第一領民酋長封白水縣伯邑三百戶轉征西將軍金紫光祿大夫後從賀拔岳鎮長安及岳被害禦與諸將同謀翊戴太祖從征侯莫陳悅遷武衛將軍太祖既平秦隴方欲引兵東下雍州刺史賈顯持兩端通使於齊神武太祖微知其意以禦爲大都督雍

州刺史領前軍先行旣與顥相見因說顥曰魏室陵遲天下鼎沸高歡志在凶逆梟夷非遠宇文夏州英姿不世算略無方方欲扶危定傾匡復京洛公不於此時建立功効乃懷猶豫恐禍不旋踵矣顥即出迎太祖禦遂入鎮雍州授車騎大將軍儀同三司大統元年轉右衛將軍進爵信都縣公邑一千戶尋授尚書右僕射從太祖復弘農破沙苑加侍中開府儀同三司進爵廣平郡公增邑一千五百戶出爲東雍州刺史爲政舉大綱而已民庶稱焉四年薨於州臨終唯以國步未康爲恨言不及家贈太尉尚書令雍州刺史謚曰武昭子睿襲爵天和中拜開府儀同三司以禦佐命有功進蔣國公大象末除益州摠管加授柱國睿將之任而王謙舉兵拒不授代仍詔睿爲行軍元帥討謙破之進位上柱國

若干惠字惠保代郡武川人也其先與魏氏俱起以國爲姓父樹利周從魏廣陽王深征葛榮戰沒贈冀州刺史惠年弱冠從爾朱榮征伐定河北破元顥以功拜中堅將軍復以別將從賀拔岳西征解岐州圍擒万俟醜奴平水洛定隴右每力戰有功封北平縣男邑二百戶累遷鎮遠將軍都督直寢征西將軍金紫光祿大夫及岳爲侯莫陳悅所害惠與寇洛趙貴等同謀翊戴太祖仍從平悅拜直閤將軍魏孝武西遷除右衛將軍大都督進爵魏昌縣伯邑五百戶出爲北華州刺史加使持節驃騎將軍大統初拜儀同三司進爵爲公增邑五百戶從擒竇泰復弘農

破沙苑惠每先登陷陣加侍中開府進爵長樂郡公增邑通前二千二百戶四年魏文帝東巡洛陽與齊神武戰於河橋惠力戰破之大收降卒七年遷中領將軍及高仲密舉北豫州來附太祖帥師迎之軍至洛陽齊神武於邙山將以邀我太祖乃從輜重於瀍曲夜勒兵襲之及戰惠爲右軍與中軍大破之逐北數里虜其步卒齊神武兵乃萃於左軍軍將趙貴等與戰不利諸軍因之並退時會日暮齊神武兵屢來攻惠惠擊

之皆披靡至夜中齊神武騎復來追惠惠徐乃
下馬顧命廚人營食食訖謂左右曰長安死此
中死異乎乃建旗鳴角收諸敗軍而還齊神武
追騎憚惠疑有伏兵不敢逼至弘農見太祖陳
賊形勢恨其垂成之功覆於一簣於是歔欷不
能自勝太祖壯之尋拜秦州刺史未及之部遷
司空惠性剛質有勇力容貌魁岸善於撫御將
士莫不懷恩人思効節十二年東魏將侯景侵
襄州惠率兵擊走之明年景請內附朝議欲

收輯河南令惠以本官鎮魯陽以為聲援遇
疾薨於軍惠於諸將年最少早喪父事母以
孝聞太祖嘗造射堂新成與諸將宴射惠竊
歎曰親老矣何時辦此乎太祖聞之即日徙堂於
惠宅其見重如此及薨太祖為之流涕者久之惠
喪至又臨撫焉贈本官加秦州刺史謚曰武烈
子鳳嗣鳳字達摩少沉深有識度大統末襲
父爵長樂郡公尚太祖女魏廢帝二年授驃騎
大將軍開府儀同三司魏恭帝三年除左宮伯

尋出為洛州刺史徵拜大馭中大夫保定四年
追録佐命之功封鳳徐國公增邑并前五千
户建德二年拜柱國

怡峯字景阜遼西人也本姓默台因避難改
焉高祖寬燕遼西郡守魏道武時率户歸朝
拜羽眞賜爵長蠡公曾祖文冀州刺史峯少從
征役以驍勇聞永安中假龍驤將軍為都將
從賀拔岳討万俟醜奴以功授給事中明威將
軍轉征虜將軍都督賜爵蒲陰縣男及岳

被害峯與趙貴等同謀翊戴太祖進爵為伯
時原州刺史史歸猶為侯莫陳悅守太祖令峯與
侯莫陳崇討擒之及齊神武與魏孝武帝構隙
帝頻勑太祖簡銳卒入衛京邑太祖乃令峯與都
督趙貴等率輕騎赴洛陽至潼關值魏孝武
西遷峯即從太祖拔回洛復潼關拜安東將軍華
州刺史尋轉大都督討曹泥有功進爵華陽縣公
邑一千户大統二年從太祖破竇泰於小關還拜散
騎常侍車騎大將軍儀同三司又從復弘農破沙

苑進爵樂陵郡公仍與元季海獨孤信復洛陽峯率奇兵至成皋入其郛收其戶口而還東魏遣行臺任祥率步騎万餘攻潁川峯復以輕騎五百邀擊之自是威名轉盛加授開府儀同三司東魏圍洛陽峯與李海守金墉太祖至圍解即與東魏戰於河橋時峯爲左軍不利與李遠先還太祖因此班師詔原其罪拜東西北三夏州諸軍事夏州刺史後與于謹討劉平伏從解玉壁圍平柏谷塢並有功涼州刺史宇文仲和反峯與于謹討之十五年東魏圍潁川峯與趙貴赴援至南陽遇疾卒時年五十峯沉毅有膽略得士卒心當時號爲驍將太祖嗟悼者久之贈華州刺史謚曰襄威子昂嗣官至開府儀同三司朝廷追録峯功封昂鄭國公昂弟光少以峯勳賜爵安平縣侯起家員外散騎常侍累遷司土中大夫左武伯出爲汾涇豳三州刺史加開府儀同三司進爵龍河縣公光弟春少知名歷官吏部下大夫儀同三司

劉亮中山人也本名道德祖祐連魏蔚州刺史父持眞鎮遠將軍領民酋長魏大統中以亮著勳追贈車騎大將軍儀同三司恒州刺史亮少倜儻有從横計略姿貌魁傑見者憚之普泰初以都督從賀拔岳西征解岐州圍擊侯伏侯元進万俟道洛万俟醜奴宿勤明達及諸賊亮常先鋒陷陣以功拜大都督封廣興縣子邑五百戶侯莫陳悅害岳亮與諸將謀迎太祖悅平悅之黨豳州刺史孫定兒仍據州不下涇秦靈等諸州悉與定兒相應衆至數万推定兒爲主以拒義師太祖令亮襲之定兒以義兵猶遠未爲之備亮乃將二十騎先豎纛於近城高嶺即馳入城中定兒方置酒高會卒見亮至衆皆駭愕莫知所爲亮乃麾兵斬定兒縣首號令賊黨仍遥指城外纛命二騎曰出追大軍賊黨恂懼一時降服於是諸州群賊皆即歸款及太祖置十二軍簡諸將以將之亮領一軍每征討常與怡峯俱爲騎將魏孝武西遷以迎駕功除使持節右光禄大夫左大

都督南秦州刺史大統元年以復潼關功進位車騎大將軍儀同三司改封饒陽縣伯邑五百戶尋加侍中從擒竇泰復弘農及沙苑之役亮並力戰有功遷開府儀同三司大都督進爵長廣郡公邑通前二千戶以母憂去職居喪毀瘠太祖嗟其至性每愛惜之俄起復本官亮以勇敢見知爲時名將兼屢陳謀策多合機宜太祖乃謂之曰卿文武兼資即孤之孔明也乃賜名亮并賜姓侯莫陳氏十年出爲東雍州刺史爲政清淨百

周書列傳第九 八

姓安之在職三歲卒於州時年四十喪還京師太祖親臨之泣而謂人曰股肱喪矣腹心何寄令鴻臚卿監護喪事追贈太尉謚曰襄配享太祖廟庭子昶尚太祖女西河長公主大象中位至柱國秦靈二州揔管以亮功封彭國公邑五千戶昶弟善天水郡守善弟恭開府儀同三司饒陽縣伯恭弟幹上儀同三司襄中侯

王德字天恩代郡武川人也少善騎射雖不經師訓而以孝悌見稱魏永安二年從爾朱榮討元顥攻河內應募先登以功除討夷將軍進爵內官縣子又從賀拔岳討万俟醜奴平之別封深澤縣男邑三百戶加龍驤將軍中散大夫及侯莫陳悅害岳德與寇洛等定議翊戴太祖加征西將軍金紫光祿大夫平涼郡守德雖不知書至於斷決處分良吏無以過也涇州所部五郡而德常爲最及魏孝武西遷以奉迎功進封下博縣伯邑五百戶行東雍州事在州未幾百姓懷之賜姓烏丸氏大統元年拜衞將軍右

周書列傳九 九

光祿大夫進爵爲公增邑一千戶加車騎大將軍儀同三司北雍州刺史其後常從太祖征伐累有戰功又從破齊神武於沙苑加開府侍中進爵河間郡公增邑通前二千七百戶先是河渭間種羌屢叛以德有威名爲夷民所附除河州刺史德綏撫有方群羌率服十三年授大都督原靈顯三州五原蒲川二鎮諸軍事十四年除涇州刺史卒於州謚曰獻德性厚重廉慎言行無擇毋年幾百歲後德終子慶小名

公奴性謹厚官至開府儀同三司初德喪父家貧無以葬乃賣公奴并一女以營葬事因遭兵亂不復相知及德在平涼始得之遂名曰慶

史臣曰梁御等乃負將率之材蘊驍銳之氣遭逢喪亂馳鶩干戈艱難險阻備嘗而功名未立及殷憂啓聖豫奉與王參謀締構之初宣力經綸之始遂得連衡灌酈方駕張徐可謂遇其時也並中年即世志未申惜哉惠德本以果毅知名而能率由孝道難矣圖史所歎

何以加焉勇者不必有仁斯不然矣

列傳第九　周書十七

列傳第十　周書十八

令狐　德棻　等撰

王羆 子慶遠 孫述

王思政

王羆字熊羆京兆霸城人漢河南尹王遵之後世爲州郡著姓羆剛直木彊處物平當州郡敬憚之魏太和中除殿中將軍先是南岐東益氐羌反叛王師戰不利乃令羆領羽林五千鎮梁州許平諸賊還授右將軍西河內史辭不拜時人謂

之曰西河大邦俸祿殷厚何爲致辭羆曰京洛材木盡出西河朝貴營第宅者皆有求假如其私辦即力所不堪若科發民間又違法憲以此辭耳梁將曹義宗圍荊州勑羆與別將裴衍率兵赴救遂與梁人戰大破之于時諸方鼎沸所在凋殘荊州新經寇難尤藉慰撫以羆爲荊州刺史進號撫軍將軍梁人復遣曹義宗衆數萬圍荊州堰水灌城不沒者數板時既內外多虞未遑救援乃遺羆鐵券云城全當授本州刺

史城中糧盡羆煮粥與將士均分而食之每出
戰嘗不擐甲冑大呼曰荆州城孝文皇帝所置
天若不祐國家使賊箭中王羆不爾王羆須破
賊屢經戰陣亦不被傷彌歷三年義宗方退進
封霸城縣公尋遷車騎大將軍涇州刺史未及
之部屬太祖徵兵爲勤王之舉請前驅效命遂
爲大都督鎮華州魏孝武西遷拜驃騎大將軍
加侍中開府嘗修州城未畢梯在外齊神武遣
韓軌司馬子如從河東宵濟襲羆羆不之覺

比曉軌衆已乘梯入城羆尚臥未起聞閤外洶
洶有聲便袒身露髻徒跣持一白挺大呼而出
敵見之驚逐至東門左右稍集合戰破之軌衆
遂投城遁走時關中大饑徵稅民間穀食以供軍
費或隱匿者令遞相告多被篣棰以是人有逃
散唯羆信著於人莫有隱者得粟不少諸州而
無怨讟沙苑之役齊神武士馬甚盛太祖以華
州衝要遣使勞羆令加守備羆語使人曰老羆當
道臥貉子安得過太祖聞而壯之及齊神武至

城下謂羆曰何不早降羆乃大呼曰此城是王羆
冢生死在此欲死者來齊神武遂不敢攻時茹
茹渡河南寇候騎已至豳州朝廷慮其深入乃
徵發士馬屯守京城塹諸街巷以備侵軼左僕
射周惠達召羆議之羆不應命謂其使曰若茹
茹至渭北者王羆率鄉里自破之不煩國家兵馬
何爲天子城中遂作如此驚動由周家小兒恇
怯致此羆輕侮權勢守正不回皆此類也未幾
還鎮河東羆性儉率不事邊幅嘗有臺使羆

爲其設食使乃裂其薄餅緣羆曰耕種收穫其
功已深舂爨造成用力不少乃爾選擇當是未
饑命左右撤去之使者愕然大慙又有客與羆
食瓜客削瓜侵膚稍厚羆意嫌之及瓜皮落
地乃引手就地取而食之客甚有愧色性又嚴
急嘗有吏挾私陳事者羆不暇命捶扑乃手自
取韡履持以擊之每至享會親自秤量酒肉
分給將士時人尚其均平嗤其鄙碎大統七年卒
於鎮贈太尉

子慶遠弱冠以功臣子拜直閤將軍先羆卒孫
述嗣
述字長述少聰敏有識度年八歲太祖見而奇之
曰王公有此孫足爲不朽即以爲鎮遠將軍拜太
子舍人以祖憂去職述幼喪父爲羆所鞠養及
居喪深合禮度于時東西交爭金革方始羣官
遭喪者卒哭之後皆起令視事述請終禮制辭
理懇切太祖命中使就視知其哀毀乃特許之
喪畢襲爵扶風郡公累遷上大將軍

王思政字思政太原祁人容貌魁偉有籌策魏
正光中解褐員外散騎侍郎屬万俟醜奴宿勤
明達等擾亂關右北海王顥率兵討之啓思政
隨軍軍事所有謀議並與之參詳時魏孝武在
藩素聞其名顥軍還乃引爲賓客遇之甚厚及
登大位委以心膂遷安東將軍預定策功封祁
縣侯俄而齊神武潛有異圖帝以思政可任大
事拜中軍大將軍大都督摠宿衛兵思政乃言
於帝曰高歡之心行路所共知矣洛陽四面受
敵非用武之地關中有崤函之固一人可禦萬夫
且士馬精彊糧儲委積進可以討除逆命退可以
保據關河宇文夏州糾合同盟願立功効若聞車
馬西幸必當奔走奉迎藉天府之資因已成之
業一二年間習戰陣勸耕桑修舊京何慮不克
帝深然之及齊神武兵至河北帝乃西遷進爵
太原郡公大統之後思政雖被任委自以非相
府之舊每不自安太祖曾在同州與羣公宴集
出錦罽及雜綾絹數段命諸將樗蒱取之物既
盡太祖又解所服金帶令諸人遍擲曰先得盧
者即與之羣公將遍莫有得者次至思政乃斂
容跪坐而自誓曰王思政羇旅歸朝蒙宰相國
士之遇方願盡心効命上報知己若此誠有實令
宰相賜知者願擲即爲盧若內懷不盡神靈亦
當明之使不作也便當殺身以謝所奉辭氣慷
慨一坐盡驚即拔所佩刀橫於膝上攬樗蒱拊
髀擲之比太祖止之已擲爲盧矣徐乃拜而受自
此之後太祖期更深轉驃騎將軍令募精兵

從獨孤信取洛陽仍共信鎮之及河橋之戰思政下馬用長矟左右橫擊一擊踣數人時陷害既深從者死盡思政被重創悶絶會日暮敵將收軍思政久經軍旅每戰唯著破弊甲敵人疑非將帥故免有帳下督雷五安於戰處哭求思政會其已蘇遂相得乃割衣裹創扶思政上馬夜久方得還仍鎮弘農思政以玉壁地在險要請築城即自營度移鎮之遷并州刺史仍鎮玉壁八年東魏來寇思政守禦有備敵人晝夜攻

周書列傳十　六

圍卒不能克乃收軍還以全城功受驃騎大將軍復命思政鎮弘農於是修城郭起樓櫓營田農積芻秣凡可以守禦者皆具焉弘農之有備自思政始也十二年加特進荊州刺史州境卑濕城壍多壞思政方命都督藺小歡督工匠繕治之掘得黃金三十斤夜中密送之至旦思政召佐吏以金示之曰人臣不宜有私悉封金送上太祖嘉之賜錢二十萬思政之去玉壁也太祖命舉代己者思政乃進所部都督韋孝寬其後東

魏來寇孝寬卒能全城時論稱其知人十三年侯景叛東魏擁兵梁鄭爲東魏所攻景乃請援乞師當時未即應接思政以爲若不因機進取後悔無及即率荊州步騎萬餘從魯關向陽翟思政入守潁川景引兵向豫州外稱略地乃密遣送款於梁思政分布諸軍據景七州十二鎮太祖乃以所授景使持節太傅大將軍兼中書令河南大行臺河南諸軍事回授思政思政並讓不受頻使敦喻唯受河南諸軍事東魏太尉高嶽行臺

周書列傳十　七

慕容紹宗儀同劉豐生等率步騎十萬來攻潁川城內卧鼓偃旗若無人者嶽恃其衆謂一戰可屠乃四面鼓譟而上思政選城中驍勇開門出入嶽衆不敢當引軍亂退嶽知不可卒攻乃多修營壘又隨地勢高處築土山以臨城中飛梯火車晝夜攻之思政亦作火攢因迅風便投之土山又以火箭射之燒其攻具仍募勇士縋而出戰嶽衆披靡其守土山人亦棄山而走齊文襄更益嶽兵堰洧水以灌城城中水泉涌溢不

可防止縣釜而炊糧力俱竭慕容紹宗劉豐生及其將慕容永珍共乘樓船以望城內令善射者俯射城中俄而大風暴起船乃飄至城下城上人以長鉤牽船弓弩亂發紹宗窮急透水而死豐生浮向土山復中矢而斃生擒永珍思政謂之曰僕之破亡在於晷漏誠知殺卿無益然人臣之節守之以死乃流涕斬之并收紹宗等尸以禮埋瘞齊文襄聞之乃率步騎十一萬來攻自至堰下督勵士卒水壯城北面遂崩水便滿溢

無措足之地思政知事不濟率左右據土山謂之曰吾受國重任本望平難立功精誠無感遂辱王命今力屈道窮計無所出唯當効死以謝朝恩因仰天大哭左右皆號慟思政西向再拜便欲自刎先是齊文襄告城中人曰有能生致王大將軍者封侯重賞若大將軍身有損傷親近左右皆從大戮都督駱訓謂思政曰公常語訓等但將我頭降非但得富貴亦是活一城人今高相既有此言公豈不哀城中士卒也固共止之不得引決齊文襄遣其常侍趙彥深就土山執手申意引見文襄辭氣慷慨無撓屈之容文襄以其忠於所事禮遇甚厚思政初入潁川士卒八千人城既無外援亦無叛者思政常以勤王為務不營資產嘗被賜園地思政出征後家人種桑果及還見而怒曰匈奴未滅去病辭家況大賊未平何事產業命左右拔而棄之故身陷之後家無蓄積及齊受禪以為都官尚書子秉

史臣曰王羆剛峭有餘弘雅未足情安儉率志

在公平既而奮節危城抗辭勍敵梁人為之退舍高氏不敢加兵以此見稱信非虛述不隕門風亦足稱也王思政驅馳有事之秋慷慨功名之際及乎策名霸府作鎮潁川設縈帶之險修守禦之術以一城之衆抗傾國之師率疲乏之兵當勁勇之卒猶能亟摧大敵屢建奇功忠節冠於本朝義聲動於隣聽雖運窮事蹙城陷身囚壯志高風亦足奮於百世矣

列傳第十　周書十八

列傳第十一　周書十九

令狐德棻等撰

達奚武 子震

侯莫陳順

豆盧寧

宇文貴

楊忠

王雄

達奚武字成興代人也祖眷魏懷荒鎮將父長，沔城鎮將武少倜儻好馳射爲賀拔岳所知岳征關右引爲别將武遂委心事之以戰功拜羽林監子都督及岳爲侯莫陳悅所害武與趙貴收岳屍歸平涼同翊戴太祖從平悅除中散大夫都督封須昌縣伯邑三百戸魏孝武入關授直寢轉大丞相府中兵參軍大統初出爲東秦州刺史加散騎常侍進爵爲公齊神武與竇泰高敖曹三道來侵太祖欲并兵擊竇泰諸將多異議唯武及蘇綽與太祖意同遂擒之

齊神武乃退太祖進圍弘農遣武從兩騎覘候動靜武與其候騎遇即便交戰斬六級獲三人而反齊神武趣沙苑太祖復遣武追之武從三騎皆衣敵人衣服至日暮去營百步下馬潛聽得其軍號因上馬歷營若警夜者有不如法者往往撻之具知敵之情狀以告太祖太祖深嘉焉遂從破之除大都督進爵高陽郡公拜車騎大將軍儀同三司四年太祖援洛陽武率騎一千爲前鋒至穀城與李弼破莫多婁貸文進至河橋武又力戰斬其司徒高敖曹遷侍中驃騎大將軍開府儀同三司出爲北雍州刺史復戰邙山時大軍不利齊神武乘勝進至陝武率兵禦之乃退久之進位大將軍十七年詔武率兵三萬經略漢川梁將楊賢以武興降梁深以白馬降武分兵守其城梁梁州刺史宜豐侯蕭循固守南鄭武圍之數旬循乃請服武爲解圍會梁武陵王蕭紀遣其將楊乾運等將兵萬餘人救循循於是更據城不出恐援軍之至表裏受敵乃簡精騎三千逆擊乾運於白

馬大破之乾運退走武乃陳蜀軍俘級於城下循知撥軍被破乃降韮所部男女三萬口入朝自劍以北悉平明年武振旅還京師朝議初欲以武爲柱國武謂人曰我作柱國不應在元子孝前固辭不受以大將軍出鎮玉壁武乃量地形勝立樂昌胡營新城三防齊將高苟子以千騎攻新城武邀擊之悉虜其衆孝閔帝踐祚拜柱國大司寇齊北豫州刺史司馬消難舉州來附詔武與楊忠迎消難以歸武成初轉太宗伯

進封鄭國公邑萬戶齊將斛律敦侵汾絳武以萬騎禦之敦退武築柏壁城留開府權嚴薛羽生守之保定三年遷太保其年大軍東伐隋公楊忠引突厥自北道武以三萬騎自東道期會晉陽武至平陽後期不進而忠已還武尚未知齊將斛律明月遺武書曰鴻鶴已翔於寥廓羅者猶視於沮澤也武覽書乃班師出爲同州刺史明年從晉公護東伐時尉遲迥圍洛陽爲敵所敗武與齊王憲於邙山禦之至夜收軍憲

欲待明更戰武欲還固爭未決武曰洛陽軍散人情駭動若不因夜速還明日欲歸不得武在軍旅久矣備見形勢大王少年未經事豈可將數營士衆一旦棄之乎憲從之遂全軍而返天和三年轉太傅武賤時奢侈好華飾及居重位不持威儀行常單馬左右止一兩人而已外門不施戟恒晝掩一扉或謂武曰公位冠群后功名蓋世出入儀衛須稱具瞻何輕率若是武曰予之言非吾心也吾在布衣豈望富貴不可

頓忘疇昔且天下未平國恩未報安可過事威容乎言者慚而退武之在同州也時屬天旱高祖勑武祀華岳岳廟舊在山下常所禱祈武謂僚屬曰吾備位三公不能燮理陰陽遂使盛農之月久絕甘雨天子勞心百姓惶懼忝寄既重憂責實深不可同於衆人在常祀之所必須登峯展誠尋其靈奥岳既高峻千仞壁立巖路嶮絶人跡罕通武年踰六十唯將數人攀藤援枝然後得上於是稽首祈請陳百姓懇誠晚

不得還即於岳上藉草而宿夢見一白衣人來執武手曰快辛苦甚相嘉尚武遂驚覺益用祗肅至旦雲霧四起俄而澍雨遠近霑洽高祖聞之璽書勞武曰公年尊德重弼諧朕躬比以陰陽愆序時雨不降命公求祈止言廟所不謂公不憚危險遂乃遠陟高峯但神道聰明無幽不燭感公至誠甘澤斯應聞之嘉賞無忘于懷今賜公雜綵百疋公其善思嘉猷匡朕不逮念坐而論道之義勿復更煩筋力也武性貪悋其

爲大司寇也在庫有萬釘金帶當時寶之武因入庫乃取以歸主者白晉公護以武勳不彰其過因而賜之時論深鄙焉五年十月薨年六十七贈太傅十五州諸軍事同州刺史謚曰桓子震嗣

震字猛略少驍勇便騎射走及奔馬膂力過人大統初起家員外散騎常侍太祖嘗於渭北校獵時有兎過太祖前震與諸將競射之馬倒而墜震足不傾躓因步走射之一發中兎顧馬纔起遂回身騰上太祖喜曰非此父不生此子賜武雜綵一百段十六年封昌邑縣公一千戶累遷撫軍將軍銀青光祿大夫通直散騎常侍車騎大將軍儀同三司散騎常侍世宗初拜儀同右中大夫加驃騎大將軍開府儀同三司改封普寧縣公武平初進爵廣平郡公除華州刺史震雖生自膏腴少習武藝然導民訓俗頗有治方秩滿還朝爲百姓所戀保定四年大軍東討諸將皆奔退震與敵交戰軍遂獨全天和元年進位大將軍率衆征稽胡破之六年拜柱國建

德初襲爵鄭國公出爲金州總管十州九防諸軍事金州刺史四年從高祖東伐爲前三軍總管五年又從東伐率步騎一万守統軍川攻克義寧烏蘇二鎮鄰并州進位上柱國仍從平鄴賜妾二人女樂一部及珍玩等拜大宗伯震父嘗爲此職時論榮之宣政中出爲原州總管三州二鎮諸軍事原州刺史尋□能歸隋開皇初薨於家震弟甚車騎將軍渭南縣子大象末爲益州刺史與王謙據蜀起兵尋敗被誅

侯莫陳順太保梁國公崇之兄也少豪俠有志
度初事爾朱榮爲統軍從賀拔勝鎮井陘武
泰初討葛榮平邢杲征韓婁皆有功拜輕車將
軍羽林監又從破元顥進寧朔將軍越騎校尉
普泰元年除持節征西將軍封木門縣子邑三
百戶尋加散騎常侍千牛備身衛將軍閤內大
都督從魏孝武入關順與太祖同里閈素相友善
且其弟崇先在關中太祖見之甚歡乃進爵彭
城郡公邑一千戶大統元年拜衛尉卿授儀同

三司及梁企定圍逼河州以順爲大都督與趙
貴討破之即行河州事後從太祖破沙苑以功
增邑千戶四年魏文帝東討與太尉王盟僕射
周惠達等留鎮長安時趙青雀反盟及惠達奉
魏太子出次渭北順於渭橋與賊戰頻破之賊
不敢出魏文帝還親執順手曰渭橋之戰卿有
殊力便解所服金鏤玉梁帶賜之南岐州氐苻
安壽自號太白王攻破武都州郡騷動復以順
爲大都督往討之而賊屯兵要險軍不得進順

乃設反間離其腹心立信賞誘其徒屬安壽知
勢窮迫遂率部落一千家赴軍款附時順弟崇
又封彭城郡公封順河間郡公明年加驃騎大將
軍開府儀同三司行西夏州事安平郡公十六
年拜大將軍出爲荊州揔管山南道五十二州
諸軍事荊州刺史孝閔帝踐祚拜少師進位柱
國其年薨

豆盧寧字永安昌黎徒何人其先本姓慕容氏
前燕之支庶也高祖勝以燕皇始初歸魏授長

樂郡守賜姓豆盧氏或云避難改焉父長柔玄
鎮將有威重見稱於時武成初以寧著勳追贈柱
國大將軍少保涪陵郡公寧少驍果有志氣身
長八尺美容儀善騎射永安中以別將隨爾朱
天光入關加授都督又以破万俟醜奴功賜爵靈
壽縣男嘗與梁企定遇於平涼川相與肆射乃
於百步懸莎草以射之七發五中定服其能贈
遺甚厚天光敗後侯莫陳悅反太祖討悅寧與
李弼率衆歸太祖魏孝武西遷以奉迎勳封河

陽縣伯邑五百戶大統元年除前將軍進爵
爲侯增邑三百戶遷顯州刺史顯州大中正尋拜
撫軍將軍銀青光祿大夫進爵爲公增邑五百
戶授鎮東將軍金紫光祿大夫從太祖擒竇
泰復弘農破沙苑除武衛大將軍兼大都督
尋進車騎大將軍儀同三司增邑八百戶拜
北華州刺史在州未幾以廉平著稱加散騎常
侍七年從于謹破稽胡帥劉平伏於上郡及梁
企定反以寧爲軍司監隴右諸軍事賊平進

位侍中使持節驃騎大將軍開府儀同三司
九年從太祖迎高仲密與東魏戰於邙山遷左
衛將軍進爵范陽郡公增邑四百戶十六年拜
大將軍羌師傍乞鐵忽及鄭五醜等反叛寧率
衆討平之魏恭帝二年改封武陽郡公遷尚書
右僕射梁將王琳遣其將侯方兒潘純陁寇江
陵寧與蔡祐鄭永等討之方兒等遁走三年
武興氐及固沓氐魏大王等相應反叛寧復討
平之孝閔帝踐祚授柱國大將軍武成初出爲

同州刺史復督諸軍討稽胡郝阿保劉桑德等
破之軍還遷大司寇進封楚國公邑萬戶別食
鹽亭縣一千戶收其租賦保定四年授岐州刺
史屬大兵東討寧與疾從軍五年薨於同州時
年六十六贈太保同鄜等十州諸軍事同州刺
史謚曰昭初寧未有子養弟永恩子勤及生子
讚親屬皆請讚爲嗣寧曰兄弟之子猶子也吾
何擇焉遂以勤爲世子世以此稱之及寧薨勤
襲爵少歷顯位大象末上柱國利州揔管讚以

寧勳建德初賜爵華陽縣侯累遷開府儀同
大將軍進爵武陽郡公永恩少有識度爲時輩
所稱初隨寧事侯莫陳悅後與寧俱歸太祖授
殄寇將軍以迎魏孝武功封新興縣伯邑五百
戶屢從征討皆有功拜龍驤將軍中散大夫大
統八年除直寢右親信都督尋轉都督加通直
散騎常侍十六年拜使持節車騎大將軍儀同
三司魏廢帝元年進位驃騎大將軍開府儀同
三司二年出爲成州刺史魏恭帝元年進爵龍

來縣侯三年大將軍安政公史寧隨突厥可汗
入吐谷渾令永恩率騎五千鎮河鄯二州以爲
邊防孝閔帝踐祚授鄯州刺史改封沃野縣公
增邑一千戸尋轉隴右揔管府長史武成元年
遷都督利沙文三州諸軍事利州刺史時文州
蠻叛永恩率兵擊破之保定元年入爲司會中
大夫二年復出爲隴右揔管府長史寧以佐命
元勲封楚國公請以先封武陽郡三千戸益沃
野之封詔許焉又增邑并前四千五百戸尋卒

官年四十八贈少保幽冀等五州諸軍事幽州
刺史謚曰敬子通嗣

宇文貴字永貴其先昌黎大棘人也徙居夏州
父莫豆干保定中以貴著勲追贈柱國大將軍
少傅夏州刺史安平郡公貴母初孕貴夢有老
人抱一兒授之曰賜爾是子俾壽且貴及生形
類所夢故以永貴字之貴少從師受學嘗輟書
歎曰男兒當提劒汗馬以取公侯何能如先生
爲博士也正光末破六汗拔陵圍夏州刺史

源子雍嬰城固守以貴爲統軍救之前後數十
戰軍中咸服其勇後送子雍還賊帥叱干麒麟
薛崇禮等處處屯聚出兵邀截貴每奮擊輒
破之除武騎常侍又從子雍討葛榮軍敗奔鄴
爲榮所圍賊屢來攻貴每縋而出戰賊莫敢當
其鋒然兇徒寔繁圍久不解貴乃於地道潛出
北見爾朱榮陳賊兵勢榮深納之因從榮擒葛
榮於滏口加別將又從元天穆平邢杲轉都督元
顥入洛貴率鄉兵從爾朱榮焚河橋力戰有功

加征虜將軍封革融縣侯邑一千戸除郢州刺
史入爲武衛將軍閤內大都督從魏孝武西遷
進爵化政郡公大統初遷右衛將軍貴善騎
射有將率才太祖又以宗室甚親委之三年進
車騎大將軍儀同三司與獨孤信入洛陽東魏
潁州刺史賀若統據潁川來降東魏遣其將
堯雄趙育是云寶率衆二萬攻潁貴自洛陽
率步騎二千救之軍次陽翟雄等已度馬橋
去潁川三十里東魏行臺任祥又率衆四萬餘

與雄合諸將咸以彼衆我寡不可爭鋒貴曰兵機倚伏固不可以常理論古人能以寡制衆者皆由預覩成敗決必然之策耳吾雖闇於成事然謂進與賀若合勢爲計之上者請爲諸軍說之堯雄等必以爲潁川孤危勢非其敵又謂吾寡弱獨進若悉力以攻潁必指掌可破既陷潁川便與任祥軍合同惡相濟爲害更甚吾今也兵陽翟便是入其數內若賀若一陷吾輩坐此何爲進據潁川有城可守雄見吾入城出其

不意進則孤疑退則不可然後與諸軍盡力擊之何往不克願勿疑也遂入潁川雄等稍前貴率千人背城爲陳與雄合戰貴馬中流矢乃短兵步鬪士衆用命雄大敗輕走趙育於陳降獲其輜重俘萬餘人盡放令還任祥聞雄敗遂不敢進尋而儀同怡峯率騎五百赴貴貴乘勝逼祥祥退保宛陵追及之會日暝結陳相持明旦合戰俘斬甚多祥軍既敗是云寶亦降師還魏文帝在天遊園以金巵置侯上命公卿射中者即以賜

之貴一發而中帝咲曰由基之妙正當爾耳進侍中驃騎大將軍開府儀同三司歷夏岐二州刺史十六年遷中外府左長史進位大將軍宕昌王梁彌定爲宗人獠甘所逐來奔又有羌酋傍乞鐵忽因梁企定反後據有渠株川擁種類數千家與渭州民鄭五醜扇惑諸羌同反憑險置柵者十餘所太祖令貴與豆盧寧史寧討之貴等擒斬鐵忽及五醜史寧又別擊獠甘破之乃納彌定并於渠株川置岷州朝廷美其功遂於

粟坂立碑以紀其績魏廢帝初出爲岐州刺史二年授大都督興西益等六州諸軍事興州刺史先是興州氐反自貴至州人情稍定貴表請於梁州置屯田數州豐足三年詔貴代尉遲迥鎮蜀時隆州人開府李光賜反於鹽亭與其黨帛玉成寇食堂譙淹蒲皓馬術等攻圍隆州州人李祏亦聚衆反開府張遁舉兵應之貴乃命開府叱奴興救隆州又令開府成亞擊祏及遁勢蹙遂降執送京師除都督益潼等八州諸軍事

益州刺史就加小司徒先是蜀人多劫盜貴乃召
任俠傑健者署爲遊軍二十四部令其督捕由
是頗息孝閔帝踐祚進位柱國拜御正中大夫
武成初與賀蘭祥討吐谷渾軍還進封許國公
邑萬戶舊爵迴封一子遷大司空治小冢宰歷
大司徒遷太保貴好音樂耽弈棊留連不倦然
好施愛士時人頗以此稱之天保之末使突厥迎
皇后天和二年還至張掖薨贈太傅謚曰穆子
善嗣歷位開府儀同三司大將軍柱國洛州刺

周書列傳十一　十五

史以罪免尋復本官除大宗伯大象末進位上
柱國善弟忻少以父軍功賜爵化政郡公驍勇
絶倫有將帥才略大象末位至上柱國進封英國
公忻弟愷少好學頗解屬文雜藝多通尤精
巧思亦以父軍功賜爵雙泉縣伯尋襲祖爵安
平郡公起家右侍上士稍遷御正中大夫保定中
位至上開府是云寶趙貴既至初並拜車騎大
將軍儀同三司寶後累遷至大將軍都督涼甘
瓜州諸軍涼州刺史賜爵洞城郡公世宗時吐

谷渾侵逼涼州寶與戰不利遂歿於陣
楊忠弘農華陰人也小名奴奴高祖元壽魏初
爲武川鎮司馬因家於神武樹頹焉祖烈龍驤
將軍太原郡守父禎以軍功除建遠將軍屬魏
末喪亂避地中山結義徒以討鮮于脩禮遂死
之保定中以忠勳追贈柱國大將軍少保興城
郡公忠美髭髯身長七尺八寸狀貌瓌偉武藝
絶倫識量沉深有將帥之略年十八客遊泰山
會梁兵攻郡陷之遂被執至江左在梁五年從

周書列傳十一　十六

北海王顥入洛除直閤將軍顥敗爾朱度律召
爲帳下統軍及爾朱兆以輕騎自并州入洛陽
忠時預焉賜爵昌縣伯拜都督又別封小黃縣伯
從獨孤信破梁下溠戍平南陽並有功及齊神
武舉兵內侮忠時隨信在洛遂從魏孝武西遷
進爵爲侯仍從平潼關破回洛城除安西將軍
銀青光祿大夫東魏荊州刺史辛纂據穰城忠
從獨孤信討之纂戰敗退走忠信令忠與都督康
洛兒元長生爲前驅馳至其城叱門者曰今大

軍已至城中有應爾等求活何不避走門者盡
散忠與洛兒長生乘城而入彎弓大呼纂兵衛
百餘人莫之敢禦斬纂以徇城中懾服居半歲
以東魏之逼與信奔梁梁武帝深奇之以爲大
德主帥關外侯大統三年與信俱歸闕太祖召
居帳下嘗從太祖狩於龍門忠獨當一猛獸左
挾其腰右拔其舌太祖壯之北臺謂猛獸爲揜
于因以字之從擒竇泰破沙苑遷征西將軍金
紫光祿大夫進爵襄城縣公河橋之役忠與壯

士五人力戰守橋敵人遂不敢進以功除左光祿大
夫雲州刺史兼大都督又與李遠破黑水稽胡
并與怡峯解玉壁圍轉洛州刺史邙山之戰先
登陷陳除大都督進車騎大將軍儀同三司散
騎常侍追封母蓋氏爲北海郡君尋除都督朔
燕顯蔚四州諸軍事朔州刺史加侍中驃騎大
將軍開府儀同三司及東魏圍潁川蠻帥田杜
清據險爲亂忠率兵討平之時侯景渡江梁武
喪敗其西義陽郡守馬伯符以下溠城降朝廷

因之將經略漢沔乃授忠都督三荊二襄二廣
南雍平信隨江二郢淅十五州諸軍事鎮穰城
以伯符爲鄉導攻梁齊興郡及昌州皆克之梁
雍州刺史岳陽王蕭詧雖稱藩附而尚有貳心
忠自樊城觀兵於漢濱易旗遞進實騎二千詧
登樓望之以爲三万也懼而服焉梁司州刺史
柳仲禮留其長史馬岫守安陸自率兵騎一万
寇襄陽初梁竟陵郡守孫暠以其郡來附太
祖命大都督符貴往鎮之及仲禮至暠乃執貴

以降仲禮又遣其將王叔孫與暠同守太祖
怒乃令忠帥衆南伐攻梁隨郡克之獲其守將
桓和所過城戍望風請服忠乃進圍安陸仲禮
聞隨郡陷恐安陸不守遂馳歸赴援諸將恐仲
禮至則安陸難下請急攻之忠曰攻守勢殊未
可卒拔若引日勞師表裏受敵非計也南人
多習水軍不閑野戰仲禮回師在近路吾出其
不意以奇兵襲之彼怠我奮一舉必克則安陸
不攻自拔諸城可傳檄而定也於是選騎二千

銜枚夜進遇仲禮於淙頭忠親自陷陳擒仲
禮悉俘其衆馬岫以安陸降王叔孫斬孫暠以竟
陵降皆如忠所策梁元帝遣使送子方略爲質
并送載書請魏以石城爲限梁以安陸爲界
乃旋師進爵陳留郡公十七年梁元帝逼其兄
邵陵王綸綸北度與其前西陵郡守羊思達要
隨陸土豪段珍寶夏侯珍洽合謀送質於齊欲
來寇掠汝南城主李素綸故吏也開門納焉梁元
帝密報太祖太祖乃遣忠督衆討之詰旦陵城

日昃而尅擒蕭綸數其罪而殺之并獲其安樂侯
昉亦殺之初忠之擒柳仲禮遇之甚厚仲禮至京
師乃譖忠於太祖言其在軍大取金寶珍玩等太
祖欲覆按之惜其功高乃出忠忠忿恚悔不殺仲
禮故至此獲綸等並加戮焉忠間歲再舉盡定漢
東之地寬以御衆甚得新附之心魏恭帝初賜姓
普六如氏行同州事及于謹伐江陵忠爲前軍
屯江津遏其走路梁人束刃於象鼻以戰忠射
之二象反走及江陵平朝廷立蕭詧爲梁王令

忠鎮穰城以爲犄角之勢別討沔曲諸蠻皆克之
孝閔帝踐祚入爲小宗伯齊人寇東境忠出鎮
蒲坂及司馬消難請降忠與柱國達奚武援之
於是共率騎士五千人兼馬一疋從間道馳入
齊境五百里前後遣三使報消難而皆不反命
去豫州三十里武疑有變欲還忠曰有進死無
退生獨以千騎夜趨城下四面峭絶徒聞擊柝
之聲武親來麾數百騎以西忠勒餘騎不動候
門開而入乃馳遣召武時齊鎮城伏敬遠勒甲

士二千人據東陴舉烽嚴警武憚之不欲保城
乃多取財帛以消難及其屬先歸忠以三千騎
爲殿到洛南皆解鞍而臥齊衆來追至於洛北
忠謂將士曰但飽食今在死地賊必不敢渡水
當吾鋒齊兵陽若渡水忠馳將擊之齊兵不敢
逼遂徐引而還武歎曰達奚武自是天下健兒
今日服矣進位柱國大將軍武成元年進封隨
國公邑萬戶別食竟陵縣一千戶收其租賦尋
治御正中大夫保定二年遷大司空時朝議將

與突厥伐齊公卿咸曰齊氏地半天下國富兵
強　北入并州極為險阻且大將斛律明
月未易可當今欲探其巢窟非十萬不可忠獨
曰師克在和不在眾萬騎足矣明月豎子亦何能
為三年乃以忠為元帥大將軍楊纂李穆王傑
爾朱敏及開府元壽田弘慕容延等十餘人皆
隸焉又令達奚武帥步騎三萬自南道而進期會
晉陽忠乃留敏據什賁遊兵河上忠出武川過
故宅祭先人饗將士席卷二十餘鎮齊人守陘

嶺之隘忠縱奇兵奮擊大破之又留楊纂屯靈
丘為後拒突厥木汗可汗控地頭可汗步離可
汗等以十萬騎來會四年正月朔攻晉陽是時
大雪數旬風寒慘烈齊人乃悉其精銳鼓譟而
出突厥震駭引上西山不肯戰眾皆失色忠令
其眾曰事勢在天無以眾寡為意乃率七百人
步戰死者十四五以武後期不至乃班師齊人
亦不敢逼突厥於是縱兵大掠自晉陽至樂城
七百餘里人畜無孑遺俘斬甚眾高祖遣使迎

勞忠於夏州及至京師厚加宴賜高祖將以忠
為太傅晉公護以其不附己難之乃拜總管涇
豳靈雲鹽顯六州諸軍事涇州刺史是歲大軍
又東伐晉公護出洛陽令忠出沃野以應接突
厥時軍糧既少諸將憂之而計無所出忠曰當
權以濟事耳乃招誘稽胡諸首領咸令在坐使
王傑盛軍容鳴鼓而至忠陽怪而問之傑曰大冢
宰已平洛陽天子聞銀夏之間生胡擾動故使
傑就公討之又令突厥使者馳至而告曰可汗更

入并州留兵馬十餘萬在長城下故遣問公若有
稽胡不服欲來共公破之坐者皆懼忠慰喻而遣
之於是諸胡相率歸命饋輸填積屬晉公護先
退忠亦罷兵還鎮又以政績可稱詔賜錢三十
萬布五百疋穀二千斛天和三年以疾還京高
祖及晉公護屢臨視焉尋薨年六十二贈太保
同朔等十三州諸軍事同州刺史本官如故諡
曰桓子堅嗣弟整建德中開府陳留郡公從高
祖平齊歿於并州以整死王事詔其子智積襲

其官爵整弟惠大象末大宗伯竟陵縣公惠弟嵩以忠勳賜爵興城郡公早卒嵩弟達亦以忠勳爵周郡公

王雄字胡布頭太原人也父崙以雄傑著勳追贈柱國大將軍少傅安康郡公雄儀貌魁梧少有謀略永安末從賀拔岳入關除征西將軍金紫光祿大夫魏孝武西遷授都督封臨貞縣伯邑五百戶大統初進爵爲公增邑二百戶拜武衛將軍加驃騎將軍增邑八百戶進大都督尋

拜儀同三司增邑三百戶遷開府儀同三司加侍中出爲岐州刺史進爵武威郡公進位大將軍行同州事十七年雄率軍出子午谷圍梁上津魏興明年克之以其地爲東梁州尋而復叛又令雄討之魏恭帝元年賜姓可頻氏孝閔帝踐祚授少傅增邑二千戶進位柱國大將軍武成初進封庸國公邑萬戶尋出爲涇州總管諸軍事涇州刺史保定四年從晉公護東征雄在途遇病乃自力而進至邙山與齊將斛律明月接戰雄馳馬衝之殺三人明月退走雄追之明月左右皆散矢又盡惟餘一奴一矢在焉雄按矟不及明月者丈餘曰惜爾不殺得但任爾見天子明月乃射雄中額抱馬退走至營而薨時年五十八贈使持節太保同華等二十州諸軍事同州刺史謚曰忠子謙嗣自有傳

史臣曰太祖接喪亂之際乘戰爭之餘發迹平涼撫征關右于時外虞孔熾內難方殷羽檄交馳戎軒屢駕終能蕩清逋孽克固鴻基雖

稟筭於廟謨實責成於將帥達奚武等並兼資勇略咸會風雲或効績中權或立功方面均分休慼同濟艱難可謂國之爪牙朝之御侮者也而武協規太祖得儁小間周瑜赤壁之謀賈詡烏巢之策何能以尚一言興邦斯近之矣

列傳第十一　周書十九

列傳第十二　周書二十

令狐　德棻　等撰

王盟

賀蘭祥

尉遲綱

叱列伏龜

閻慶

王盟字子仵明德皇后之兄也其先樂浪人六世祖波前燕太宰祖珍魏黃門侍郎贈并州刺史樂浪公父羆伏波將軍以良家子鎮武川因家焉魏正光中破六汗拔陵攻陷諸鎮盟亦爲其所擁拔陵破後流寓中山孝昌初除積射將軍從蕭寶夤西征寶夤僭逆盟遂逃匿民間以觀其變及爾朱天光入關盟出從之隨賀拔岳爲前鋒擒万俟醜奴平秦隴常先登力戰拜征西將軍平秦郡守太祖將討侯莫陳悅徵盟赴原州以爲留後大都督鎮高平悅平除原州刺史魏孝武至長安封魏昌縣公邑一千戶大統初

復加車騎大將軍儀同三司三年徵拜司空尋轉司徒迎魏文帝悼后於茹茹加侍中遷太尉魏文帝東征以留後大都督行雍州事節度關中諸軍趙青雀之亂盟與開府李諱輔魏太子出頓渭北事平進爵長樂郡公增邑并前二千戶賜姓拓王氏東魏侵汾川圍玉壁盟以左軍大都督守蒲坂軍還遷太保九年進位太傅加開府儀同三司盟姿度弘雅仁而汎愛雖位居師傅禮冠羣后而謙恭自處未嘗以勢位驕人魏文帝甚尊重之及有疾數幸其第親問所欲其見禮如此大統十一年薨贈本官謚曰孝定子勱字醜興性忠果有才幹年十七從太祖入關及太祖平秦隴定關中勱常侍從太祖嘗謂之曰爲將坐見成敗者上也被堅執銳者次也勱曰意欲兼之太祖大笑尋拜平東將軍散騎常侍賜爵梁甫縣公大統初爲千牛備身直長領左右出入卧內小心謹肅魏文帝嘗曰王勱可謂不二心之臣也沙苑之役勱以都督領

禁兵從太祖勵居左翼與帳下數十人用短兵接戰當其前者死傷甚衆勵亦被傷重遂卒於行間時年二十六太祖深悼焉贈使持節太尉領尚書令十州諸軍事雍州刺史追封咸陽郡公諡曰忠武子弼襲爵尚魏安樂公主官至撫軍將軍大都督通直散騎常侍勵弟懋字小興盟之西征以懋尚幼留在山東永安中始入關與盟相見遂從征伐大統初賜爵安平縣子授揚烈將軍從盟迎魏悼后還拜城門校尉魏文

帝東征以撫軍將軍兼太子左率留守俄轉右率歷嘗食典御領左右武衛將軍録前後功進爵爲公增邑千戸遷右衛將軍于時疆埸交兵未申喪紀服齊斬者並墨縗從事及盟薨懋上表辭位乞終喪制魏文帝不許累遷大都督散騎常侍使持節車騎大將軍儀同三司驃騎大將軍開府儀同三司侍中左衛將軍領軍將軍懋性温和小心敬慎宿衛宮禁十有餘年勤恪當官未嘗有過魏文帝甚嘉之廢帝

二年除南岐州刺史進爵安寧郡公增邑并前二千戸魏恭帝二年遷大將軍大都督後拜小司寇卒于官子悦嗣官至大將軍同州刺史改封濟南郡公盟兄子顯幼而敏悟沉靜少言初爲太祖帳内都督累遷奉車都尉寧朔將軍車騎大將軍儀同三司燕朔顯蔚四州諸軍事燕州刺史驃騎大將軍開府儀同三司光禄卿鳳州刺史賜爵洛邑縣公進位大將軍卒子誼嗣誼倜儻有大志深爲高祖所親委少歷顯職見重於時位至柱國平陽郡公宣帝即位進封揚國公拜大司空大象末襄州總管上柱國

賀蘭祥字盛樂其先與魏俱起有紇伏者爲賀蘭莫何弗因以爲氏其後有以良家子鎮武川者遂家焉父初眞少知名爲鄉閭所重尚太祖姊建安長公主保定二年追贈太傅柱國常山郡公祥年十一而孤居喪合禮長於舅氏特爲太祖所愛雖在戎旅常博延儒士教以書

傳太祖初入關祥與晉公護俱在晉陽後乃遣使迎致之語在護傳年十七解褐奉朝請加威烈將軍祥少有膽氣志在立功尋擢補都督恒在帳下從平侯莫陳悅又迎魏孝武以前後功封撫夷縣伯邑五百戶仍從擊潼關獲東魏將薛長孺又攻回洛城拔之還拜左右直長進爵爲公增邑并前一千三百戶大統三年從儀同于謹攻楊氏壁祥先登克之遷右衛將軍加持節征虜將軍沙苑之役詔祥留衛京師後以留

守功增邑八百戶尋除鎮西將軍四年魏文帝東伐祥領軍從戰河橋以功加使持節大都督八年遷車騎大將軍儀同三司散騎常侍九年從太祖與東魏戰於邙山進位驃騎大將軍開府儀同三司加侍中十四年除都督三荊南襄南雍平信江隨二郢淅十二州諸軍事荊州刺史進爵博陵郡公先是祥嘗行荊州事雖未朞月頗有惠政至是重往百姓安之由是漢南流民襁負而至者日有千數遠近蠻夷莫不款

附祥隨機撫納咸得其歡心時盛夏亢陽祥乃親巡境內觀政得失見有發掘古冢暴露骸骨者乃謂守令曰此豈仁者之爲政耶於是命所在收葬之即日澍雨是歲大有年州境先多古墓其俗好行發掘至是遂息祥雖太祖密戚性甚清素州境南接襄陽西通岷蜀物產所出多諸珍異時既與梁通好行李往來公私贈遺一無所受梁雍州刺史岳陽王蕭詧欽其節儉乃以竹屏風絺綌之屬及以經史贈之祥難違其

意取而付諸所司太祖後聞之並以賜祥尋被徵還十六年拜大將軍太祖以涇渭溉灌之處渠堰廢毀乃命祥修造富平堰開渠引水東注於洛功用既畢民獲其利魏廢帝二年行華州事後改華州爲同州仍以祥爲刺史尋拜尚書左僕射六官建授小司馬孝閔帝踐祚進位柱國遷大司馬時晉公護執政祥與護中表少相親愛軍國之事護皆與祥參謀及誅趙貴廢孝閔帝祥有力焉武成初吐谷渾侵涼州

詔祥與宇文貴總兵討之。祥乃遣其軍司檄吐谷渾曰：夫二氣既分，三才定位，樹之以君，本爲黔首，豈使悖義違道，肆於民上。昔魏氏不綱，羣方幅裂，豺狼橫噬，黿鼉玉已毀，喁喁黔黎，咸墜塗炭。我先皇神武應期，匡天下，東戡南剪，無思不服。天鑑有周，世篤英聖，遂廓洪基，奄荒萬寓。固則神皋西嶽，險則百二猶在。卿士師師，羣后率職，故知三靈之所睠集，四隩之所來蘇也。彼國世在西垂，作藩於魏，值中原政亂，遂

阻皇風，首鼠兩端，伺我邊隙。先皇含垢藏疾，仍存聘享，欲睦之以隣好，申之以婚姻。彼國苞藏禍心，屢違盟約，外結仇讎，自貽近患，是故往年致突厥之師也。自爾迄今，蜂蠆彌毒，入我姑臧，俘我河縣，芟夷我菽麥，虔劉我蒼生。我皇武以止戈，文以懷遠，德覃四海，化溢八荒。以彼惡稔禍盈，故命龔行九伐。武臣猛將，天張雷動，皆六郡良家，三秦精銳，揮戈擐甲，同萃龍沙。柱國博陵公祥，貴戚重望，乃文乃武，受脹廟堂，

元戎啓路。大傅燕國公于世謹，英猷不世，應變無窮，杖旄指麾，爲其謀主。柱國化政公貴，卓播威聲，奇正兼設，直取龍涸，濟自南河。突厥與國睦親，同恥反道，驅引弓之民，總穹廬之衆，解鞍成山，雲蒸霧合。往歲王師西伐，成都不守；桴鼓南臨，江陵底定。數盈萬里，闢地千都，荒服畏威，膜拜覆成敗之機，較然可見。若能轉禍爲福，深識事宜，君臣相率，輿櫬稽顙，則罪等顯除，永蕃西服。如其徘徊危邦，覬延時漏，覆宇湮祀，良助

寒心。幸思嘉謀，以圖去就。遂與吐渾廣定王、鍾留王等戰，破之，同拔其洮陽、洪和二城，以其地爲洮州，撫安西土，振旅而還。進封涼國公，邑萬戶。保定四年薨，年四十八。贈使持節、太師、同岐等十二州諸軍事、同州刺史，謚曰景。有七子，敬、讓、璨、師、寬知名。敬少歷顯職，封化隆縣侯，後襲爵涼國公，位至柱國大將軍、華州刺史。讓大將軍、鄜州刺史、河東郡公。璨開府儀同三司、宣陽縣公，建德五年從高祖於并州戰歿，贈上大將軍、

追封清都郡公師尚世宗女位至上儀同大將軍
幽州刺史博陵郡公寬開府儀同大將軍武始郡
公祥弟隆大將軍襄樂縣公隋文帝與祥有舊開
皇初追贈上柱國

尉遲綱字婆羅蜀國公迥之弟也少孤與兄迥
依託舅氏太祖西討關隴迥綱與母昌樂大長
公主留于晉陽後方入關從 太祖征伐常陪侍
帷幄出入卧内後以迎魏 孝武功拜殿中將軍
大統元年授帳内都督 從儀同李諱討曹泥破
之又從破竇泰以功封廣宗縣伯邑五百戶仍

從復弘農克河北郡戰沙苑皆有功綱驍果有
膂力善騎射太祖甚寵之委以心膂河橋之戰
太祖馬中流矢因而驚奔綱與李穆等左右力
戰衆皆披靡太祖方得乘馬以前後功增邑八
百戶進爵爲公仍拜平遠將軍步兵校尉八年
加通直散騎常侍太子武衛率前將軍轉帥都
督東魏圍玉壁綱從太祖救之九年春太祖復
與東魏戰於邙山大軍不利人心離解綱勵將

士盡心翊衛遷大都督十四年拜車騎大將軍
儀同三司加散騎常侍增邑三百戶俄遷驃騎
大將軍開府儀同三司加侍中進爵昌平郡公
十七年出爲華州刺史魏廢帝二年拜大將軍
兼領軍將軍及帝有異謀言頗漏泄太祖以綱
職典禁旅使密爲之備俄而帝廢立齊王仍以
綱爲中領軍摠宿衛綱兄迥率衆伐蜀綱從太
祖送之於城西見一走兎太祖命綱射之誓曰若
獲此兎必當破蜀俄而綱獲兎而反太祖喜曰
事平之日當賞汝佳口及克蜀賜綱侍婢二人又

常從太祖北狩雲陽值五鹿俱起綱獲其三每
從遊宴太祖以珍異之物令諸功臣射而取之
綱所獲輒多孝閔帝踐祚綱以親戚掌禁兵
除小司馬又與晉公護廢帝語在護傳世宗即
位進位柱國大將軍武成元年進封吴國公邑
萬戶除涇州摠管五州十一防諸軍事涇州刺史
是歲大長公主薨于京師綱去職尋起復本官
保定元年拜少傅俄而授大司空二年出爲陝州

摠管七州十三防諸軍事陝州刺史四年晉公護東討乃配綱甲士留鎮京師綱以天子在宮必無內慮乃請出外頓於咸陽大軍還綱復歸鎮天和二年以綱政績可稱賜帛千段穀六千斛錢二十萬增邑四百戶陳公純等以皇后阿史那氏自突厥將入塞詔徵綱與大將軍王傑率衆迎衛於境首三年追論河橋之功封一子縣公邑一千戶四年五月薨于京師時年五十三贈太保十二州諸軍事同州刺史謚曰武第三子安以嫡嗣大象末

位至桂國安兄運別有傳運弟勤少歷顯位大象末青州摠管起兵應伯父迥事在迥傳安弟敬尚世宗女河南公主位至儀同三司

叱列伏龜字摩頭陁代郡西部人也世爲部落大人魏初入附遂世爲第一領民酋長至龜容貌瓌偉腰帶十圍進止詳雅兼有武藝嗣父業復爲領民酋長魏正光五年廣陽王深北征請龜爲寧朔將軍委以帳內兵事尋除善無郡守孝昌三年又除別將從長孫稚西征以戰功累遷征西將軍金紫光祿大夫後還洛授都督遂爲齊神武所寵任加授大都督沙苑之敗隨例來降太祖以其豪門解縛禮之仍以邵惠公女妻之大統四年封長樂縣公邑一千戶自此常從太祖征討亟有戰功八年出爲北雍州刺史加大都督尋進位車騎大將軍儀同三司散騎常侍十四年徵拜侍中加驃騎大將軍開府儀同三司除恒州刺史增邑通前一千四百戶十七年卒子椿嗣椿字千年世宗時拜車騎大將軍

儀同三司尋遷驃騎大將軍開府儀同三司改封永世縣公邑一千二百戶保定二年授幽州刺史天和初除左宮伯進位大將軍

閻慶字仁慶河南河陰人也曾祖善仕魏歷龍驤將軍雲州鎮將因家于雲州之盛樂郡祖提使持節車騎大將軍燉煌鎮都大將父進有謀略勇冠當時正光中拜龍驤將軍屬衛可孤作亂攻圍盛樂進率衆拒守緜歷三載晝夜交戰未嘗休息以少擊衆城竟獲全以功拜

盛樂郡守慶幼聰敏重然諾風儀端肅望之儼然及衛可孤侵逼盛樂慶隨父固守頗有力焉拜別將稍遷輕車將軍加給事中後以軍功拜步兵校尉中堅將軍既而齊神武舉兵入洛魏孝武西遷慶謂所親曰高歡跋扈將有篡逆之謀豈可苟安目前受其控制也遂以大統三年自宜陽歸闕太祖謂慶曰高歡逆亂宇内分崩羣盜競興人皆徇已卿遂能盡忠貞之節重君臣之義背逆歸順捨危就安雖古人所稱何以

周書列傳十二　十三　沈仁舉

加也即拜中堅將軍奉車都尉河橋之役以功拜前將軍太中大夫遷後將軍封安次縣子邑四百戶及邙山之戰先登陷陳拜撫軍將軍大都督進爵為伯增邑五百戶慶善於綏撫士卒未休未嘗先捨故能盡其死力屢展勳勞累遷使持節車騎大將軍儀同三司散騎常侍驃騎大將軍開府儀同三司雲州大中正加侍中賜姓大野氏孝閔帝踐祚出為河州刺史進爵石保縣公增邑一千戶州居河外地接戎夷

前半葉第一二行下九字原版模糊明北監本補

慶留心撫納頗稱簡惠就拜大將軍進爵大安郡公邑戶如舊入為小司空除雲州刺史轉寧州刺史慶性寬和不苛察百姓悅之天和六年進位柱國晉公護母慶之姑也護雖擅朝而慶未嘗阿附及護誅高祖以此重之乃詔慶第十二子毗尚帝女清都公主慶雖位望隆重婚連帝室常以謙慎自守時人以此稱之建德二年抗表致仕優詔許焉慶既衰老恒嬰沉痼宣帝以其先朝耆舊特異常倫乃詔靜帝至第問疾賜布帛千段醫

周書列傳十二　十四

藥所須令有司供給大象二年拜上柱國隋文帝踐極又令皇太子就第問疾仍供醫藥之費開皇二年薨時年七十七贈司空荆譙淅湖澧廣蒙七州諸軍事荆州刺史謚曰成長子常先慶卒次子稚嗣大象末位至大將軍

史臣曰中陽御歷沛邑多封侯白水配天南陽皆貴戚是知階緣近屬以取寵榮其來尚矣王盟等始以親黨升朝然以才能進達勤宣運始位列周行實參迹於功臣蓋弗由於恩澤也

列傳第十二　周書二十

列傳第十三　周書二十一

令狐德棻等撰

尉遲迥

王謙

司馬消難

尉遲迥字薄居羅代人也其先魏之別種號尉遲部因而姓焉父俟兜性弘裕有鑒識尚太祖姊昌樂大長公主生迥及綱俟兜病且卒呼二子撫其首曰汝等並有貴相但恨吾不見爾各宜勉之迥少聰敏美容儀及長有大志好施愛士稍遷大丞相帳內都督尚魏文帝女金明公主拜駙馬都尉從太祖復弘農破沙苑皆有功累遷尚書左僕射兼領軍將軍迥通敏有幹能雖任兼文武頗允時望太祖以此深委仗焉後拜大將軍侯景之渡江梁元帝時鎮江陵既以內難方殷請修隣好其弟武陵王紀在蜀稱帝率衆東下將攻之梁元帝大懼乃移書請救又請伐蜀太祖曰蜀可圖矣取蜀制勝在茲一舉乃與

羣公會議諸將多有異同唯迥以爲紀既盡銳
東下蜀必空虛王師臨之必有征無戰太祖深以
爲然謂迥曰伐蜀之事一以委汝計將安出迥
曰蜀與中國隔絕百有餘年恃其山川險阻
不虞我師之至宜以精甲銳騎星夜襲之平路
則倍道兼行險途則緩兵漸進出其不意衝
其腹心蜀人既駭官軍之臨速必望風不守矣
於是乃令迥督開府元珍乙弗亞萬俟呂陵始
叱奴興綦連宇文昇等六軍甲士一萬二千騎

周書列傳十三　二

萬足伐蜀以魏廢帝二年春自散關由固道
出白馬趣晉壽開平林舊道前軍臨劒閣紀
安州刺史樂廣以州先降紀梁州刺史楊乾運
時鎮潼州又降六月迥至潼州大饗將士引之
而西紀益州刺史蕭撝不敢戰遂嬰城自守進
軍圍之初紀至巴郡聞迥來侵遣譙淹回師爲
撝外援迥分遣元珍乙弗亞等以輕騎破之遂
降撝前後戰數十合皆爲迥所破撝與紀子
宜都王肅及其文武官屬詣軍門請見迥以禮

接之其吏人等各令復業唯收僮隸及儲積以
賞將士號令嚴肅軍無私焉詔迥爲大都督益
潼等十八州諸軍事益州刺史以平蜀功封一子
爲公自劒閣以南得承制封拜及黜陟迥乃明
賞罰布恩威綏緝新邦經略未附夷夏懷而
歸之迥性至孝色養不怠身雖在外所得四時
甘脆必先薦奉然後致嘗大長公主年高多病
迥往在京師每退朝參候起居憂悴形於容色
大長公主每爲之和顏進食以寧迥心太祖知

周書列傳十三　三

其至性徵迥入朝以慰其母意遣大鴻臚郊勞
仍賜迥衮冕之服蜀人思之立碑頌德孝閔踐
祚進位柱國大將軍又以迥有平蜀之功同霍
去病冠軍之義封寧蜀公進蜀公爵邑萬戶
宣帝即位以迥爲大前疑出爲相州總管宣帝
崩隋文帝輔政以迥望位夙重懼爲異圖乃
令迥子魏安公惇齎詔書以會葬徵迥尋以
鄖公韋孝寬代之爲總管迥以隋文帝當權
將圖篡奪遂謀舉兵留惇而不受代隋文帝

又使候正破六汗裒詣迥諭旨密與總管府長史晉昶等書令爲之備迥聞之殺長史及裒乃集文武士庶登城北樓而令之曰楊堅以凡庸之才藉后父之勢挾幼主而令天下威福自己賞罰無章不臣之迹暴於行路吾居將相與國舅甥同休共戚義由一體先帝處吾於此本欲寄以安危今欲與卿等糾合義勇匡國庇人進可以享榮名退可以終臣節卿等以爲何如於是衆咸從命莫不感激乃自稱大總管承制署

置官司于時趙王招已入朝留少子在國迥又奉以號令迥弟子勤時爲青州總管亦從迥迥令管相衛黎毛洺貝趙冀瀛滄勤所統青膠光莒諸州皆從之衆數十萬滎州刺史邵公宇文冑申州刺史李惠東楚州刺史費也利進東潼州刺史曹孝遠各據州以應迥迥又北結高寶寧以通突厥南連陳人以割江淮之地隋文帝於是徵兵以討迥即以韋孝寬爲元帥惇率衆十萬入武德軍於沁東孝寬等諸軍隔

水相持不進隋文帝又遣高熲馳驛督戰惇布兵二十里麾軍小却欲待孝寬軍半度擊之孝寬因其小却鳴鼓齊進惇大敗孝寬乘勝進至鄴迥與子惇祐等又悉其卒十三萬陳於城南迥別統萬人皆綠巾錦襖號曰黃龍兵勤率衆五萬自青州赴迥以三千騎先到迥舊習軍旅雖老猶被甲臨陣其麾下千兵皆關中人爲之力戰孝寬等軍失利而却鄴中士女觀者如堵高熲與李詢整陣先犯觀者因其擾

而乘之迥大敗遂入鄴迥走保北城孝寬縱兵圍之李詢賀樓子幹以其屬先登迥上樓射殺數人乃自殺勤惇等東走并追獲之餘衆月餘皆斬之迥末年衰老惑於後妻王氏而諸子多不睦以開府小御正崔達拏爲長史餘委任亦多用齊人達拏文士無籌略舉措多失綱紀不能有所匡救迥自起兵至敗六十八日武德中迥從孫庫部員外郎耆福上表請改葬朝議以迥忠於周室有詔許之

王謙字勑萬太保雄之子也性恭謹無他才能
以父功累遷驃騎大將軍開府孝閔踐祚治右
小武伯雄從晉公護東討爲齊人所斃朝議以謙
父殞身行陣特加殊寵乃授謙柱國大將軍以
情禮未終固辭不拜高祖手詔奪情襲爵庸
公邑萬戶從皇太子討吐谷渾力戰有功是時
高祖東征謙又力戰進上柱國益州總管時謙
令司録賀若昂奉表詣闕昂還具陳京師事
勢謙以世受國恩將圖匡復遂舉兵署官司所

管益潼新始龍邛青瀘戎寧汶陵遂合楚資
眉普十八州及嘉渝臨渠蓬隆通興武庸十州
之人多從之總管長史乙弗虔益州刺史達奚
惎勸謙據險觀變隆州刺史阿史那瓌爲謙
畫三策曰公親率精銳直至散關蜀人知公有勤
王之節必當各思效命此上策也出兵梁漢以顧
天下此中策也坐守劍南發兵自衞此下策也
謙參用舉中下之策梁睿未至大劍謙遣兵
鎮始州隋文即以睿爲行軍元帥便發利鳳文

秦成諸州兵討之達奚惎乙弗虔等衆十萬攻
利州聞睿至衆潰睿乘其弊縱兵深入惎虔
密使詣睿請爲內應以贖罪謙不知之並令守
成都謙先無籌略承藉父勳遂居重任初謀
舉兵咸以地有江山之險進可以立功退可以
自守且任用多非其才及聞睿兵奄至惶懼乃
自率衆逆戰又以惎虔之子爲左右軍行數十
里軍皆叛謙以二十騎奔新都縣令王寶斬之
傳首京師惎虔以成都降隋文以其首謀斬

之阿史那瓌亦誅

司馬消難字道融河內溫人父子如爲齊神武
佐命位至尚書令消難幼聰惠微涉經史好
自矯飾以求名譽起家著作郎子如既當朝
貴消難亦愛賓客邢子才王元景魏收陸卬
崔瞻等皆遊其門尋拜駙馬都尉光禄卿
出爲北豫州刺史齊文宣末年昏虐滋甚消
難既懼禍及常有自全之謀曲意撫納頗爲
百姓所附屬文宣在并驛召其弟上黨王渙

渙懼於屠害遂斬使者東奔數日間捜捕鄴中鄴中大擾後竟獲於濟州渙之初走朝士私相謂曰今上黨亡叛似赴成臯若與司馬北豫州連謀必爲國患此言遂達於文宣文宣頗疑之消難懼密令所親裴操間行入關請舉州來附晉公護遣達奚武楊忠迎之消難遂與武俱入朝授大將軍滎陽公從高祖東伐還大後丞納女爲靜帝后尋出爲交州摠管隋文帝輔政消難既聞蜀公迥不受代遂欲與迥合

勢亦舉兵應之以開府田廣等爲腹心殺摠管長史侯莫陳杲郧州刺史蔡澤等四十餘人所管郧隨温應士順沔環岳九州魯山甑山沌陽應城平靖武陽上明溳水八鎮並從之使其子冰質於陳以求援隋文帝命襄州摠管王誼爲元帥發荆襄兵以討之八月消難聞誼軍將至夜率其麾下歸於陳陳宣帝以爲都督安趙九州八鎮車騎將軍司空隨公初楊忠之迎消難結爲兄弟情好甚篤隋文每以叔禮事之

及陳平消難至京特免死配爲樂戶經二旬放免猶被舊恩特蒙引見尋卒于家性貪淫輕於去就故世之言反覆者皆引消難云其妻高氏齊神武之女在鄴敬重之後入關便相弃薄消難之赴邛州留高及三子在京高言於隋文曰滎陽公性多變詐今以新寵自隨必不顧妻子願防慮之消難入陳而高母子因此獲免

史臣曰尉遲迥地則舅甥職惟台袞沐恩累葉荷睠一時居形勝之地受藩維之託顛而不扶

憂責斯在及主威云謝鼎業將遷九服移心三靈改卜遂能志存赴蹈投袂稱兵忠君之勤未宣違天之禍便及校其心罹義葛誕之儔歟

列傳第十三　周書二十一

列傳第十四　周書二十二

令狐　德棻　等撰

周惠達 馮景

楊寬 兄穆 儉

柳慶 子機

周惠達字懷文章武文安人也父信少仕州郡歷樂鄉平舒平成三縣令皆以廉能稱惠達幼有志操好讀書美容貌進退可觀見者莫不重之魏齊王蕭寶夤爲瀛州刺史召惠達及河間馮景同在閤中甚禮之及寶夤還朝惠達隨入洛陽領軍元乂勢傾海內惠達嘗因寶夤與乂言論乂歎重之於座遺惠達衣物孝昌初魏臨淮王彧北討以惠達爲府長流參軍及万俟醜奴等構亂蕭寶夤西征惠達復隨入關寶夤後與賊戰不利退還仍除雍州刺史令惠達使洛陽未還而寶夤反謀聞於京師有司以惠達是其行人將執之乃私馳還至潼關遇大使楊侃侃謂惠達曰蕭氏逆謀已成何爲故入獸

口惠達曰蕭王爲左右所誤今往庶其改圖及至寶夤反形已露不可彌縫遂用惠達爲光祿勳中書舍人寶夤既敗人悉逃散唯惠達等數人從之寶夤語惠達曰人生富貴左右咸言盡節及遭厄難乃知歲寒也賀拔岳獲寶夤送洛留惠達爲府祭酒給其衣馬即與參議岳爲關中大行臺以惠達爲從事中郎嘗使至洛魏孝武與惠達語及世難惠達陳天下事勢述岳有誠節唯以憂國定亂爲事言辭激切帝甚嘉之及還具以白岳岳曰人生於天受命於君豈有利人榮祿而不憂其禍難卿之所奏實獲吾心自是更被親禮岳每征討恒命惠達居守又轉岳府屬岳爲侯莫陳悅所害悅得惠達欲官之惠達辭以疾不見許乃遁入漢陽之麥積崖悅平惠達歸於太祖即用秦州司馬安輯隴右及太祖爲大都督總管兵起雍復以惠達爲府司馬便委任焉魏孝武詔太祖尚馮翊長公主以惠達爲長史赴洛陽奉迎至潼關遇孝武已西即

令惠達先太祖謂惠達曰昔周之東遷晉鄭是依今乘輿播越降臨關右吾雖猥當其任而才愧昔人卿宜勠力共成功業以取富貴也對曰惠達宦遊有年屬明公一匡之運富貴之事非所敢望但願明公威德加於天下惠達得効其尺寸則志願畢矣太祖爲大將軍大行臺以惠達爲行臺尚書大將軍府司馬封文安縣子邑三百戶太祖出鎮華州留惠達知後事于時既承喪亂庶事多闕惠達營造戎仗儲積食糧

簡閱士馬以濟軍國之務時甚賴焉爲安東將軍拜太子少傅進爵爲伯增邑三百戶尋除中書令進爵爲公增邑通前九百戶加衞大將軍左光祿大夫四年兼尚書右僕射其年太祖與魏文帝東征惠達輔魏太子居守總留臺事惠達前後辭讓帝手詔荅曰西顧無憂唯公是屬蕭寇之重深所寄懷及邙山失律人情駭動趙青雀率東人據長安子城及惠達奉太子出渭橋北以禦之軍還青雀等伏誅拜吏部尚書久

之復爲右僕射自關右草創禮樂缺然惠達與禮官損益舊章至是儀軌稍備魏文帝因朝奏樂顧謂惠達曰此卿之功也尋拜儀同三司惠達雖居顯職性謙退善下人盡心勤公進拔良士以此人皆欽而附之十年薨子題嗣隋開皇初以惠達著績前代追封蕭國公

馮景字長明少與惠達同志相友延景中梁人寇抄徐揚景謂蕭寶夤曰今梁寇憑凌朝廷思靖邊之將王若能先驅効命非唯雪家國之恥亦是保身之長策也寶夤深然之及寶夤爲

大都督以景爲功曹參軍後爲右僕射引景入省領尚書都令史正光中寶夤爲關西大行臺又假景陵江將軍領大行臺都令史從寶夤征討寶夤將舉兵反景固諫不從寶夤敗後景還洛朝廷先聞景有諫言故免之除奉車都尉汝陽王元叔昭爲隴右大行臺啓景爲行臺郎中賀拔岳爲大都督又以景爲從事中郎太祖平侯莫陳悅除景洛陽郡守尋兼行臺左丞留守

原州魏孝武西遷封高陽縣伯邑三百戶遷散騎常侍行臺尚書加瀛州刺史大統初行涇州事後以疾卒

揚寬字景仁弘農華陰人也祖恩魏鎮遠將軍河間内史父鈞博學彊識舉秀才拜大理平轉廷尉正累遷歷洛陽令左中郎將軍華州大中正河南尹廷尉卿安北將軍七兵尚書北道大行臺恒州刺史懷朔鎮將軍卒於鎮贈侍中司空公追封臨貞縣伯謚曰恭寬少有大志每與諸

兒童遊處必擇高大之物而坐之見者咸異焉及長頗解屬文尤尚武藝弱冠除奉朝請屬鈞出鎮恒州請從展效乃改授將軍高闕戍主時茹茹既亂其主阿那瓌來奔魏帝遣使納之詔鈞率兵衛送寬亦從以功拜行臺郎中時北邊賊攻圍鎮城鈞卒城民等推寬守禦尋而城陷寬乃北走茹茹後討鎮賊破之寬始得還朝魏廣陽王深與寬素相委昵深犯法得罪寬被逮捕魏孝莊時爲侍中與寬有舊藏之於宅遇赦得

免除宗正丞北海王顥少相器重時爲大行臺北征葛榮欲啓寬爲左右丞與參謀議寬辭以孝莊厚恩未報義不見利而動顥未之許顥妹婿李神軌謂顥曰揚寬義士也匹夫猶不可奪志況義士乎王今彊之以行亦恐不爲人用顥乃止孝莊踐阼拜通直散騎侍郎領河南尹丞行洛陽令邢杲反寬以都督從太宰上黨王元天穆討平之就拜通直散騎常侍師未還屬元顥自梁入洛孝莊出居河内天穆懼討無所出集諸

將謀之寬曰吳人輕跳非王之敵況懸軍深入師老兵疲彊弩之末何能爲也願徑取成皋會兵伊洛戮帶定襄於是乎在此事易同摧朽王何疑焉天穆然之乃引軍趣成皋令寬與尒朱能爲後拒尋以衆議不可乃回赴石濟寬夜行失道後期諸將咸言寬少與北海周旋今不來矣天穆荅曰揚寬非輕於去就者也其所逗留必有他故吾當爲諸君保明之語訖候騎白寬至天穆撫髀而笑曰吾固知其必來遽出帳迎之

握其手曰是所望也即給牛三十頭車五乘綿絹一十五車羊五十口與天穆俱謁孝莊於太行拜散騎常侍安東將軍仍爲都督從平河内進圍北中時梁將陳慶之爲顥兵守北門天穆駐馬圍外遣寬至城下說慶之寬先自稱姓名然後與語備陳利害勸令早降慶之不荅久之乃曰賢兄撫軍在此頗欲相見寬荅曰僕兄既力屈王威迹淪逆黨人臣之理何煩相見向所以先申姓名者豈不知兄在彼乎直以信不見疑忠爲令德耳僕之昆季幸不待言但當議良圖自求多福天穆聞之謂左右曰楊寬大異人何至不惜形便如此自是彌敬重之孝莊反正拜中軍將軍太府卿華州大中正封澄城縣伯邑三百戶尒朱榮被誅其從弟世隆等擁部曲燒城門出據河橋還逼京師進寬鎮北將軍使持節大都督隨機扞禦世隆謂寬曰豈忘太宰相知之深也寬荅曰太宰見愛以禮人臣之交耳今日之事事君常節世隆北走寬追至河內俄而尒朱兆

陷洛陽囚執孝莊帝寬還洛不可遂自成皐奔梁至建業聞孝莊帝弒崩寬發哀盡禮梁武義之待之甚厚而尋禮送還朝至下邳尒朱仲遠啓復寬官爵留爲大行臺吏部尚書孝武初攺授散騎常侍驃騎將軍給事黃門侍郎監內典書事時夏州戍兵數千人據兖州反詔寬兼侍中節度諸軍討平之中尉綦儁與寬有宿憾誣以他罪劾之孝武謂侍臣等曰楊寬清直朕極知其無罪但不能枉法官之奏耳事下廷尉尋得申釋又除黃門侍郎兼武衛將軍孝武與齊神武有隙遂召募驍勇廣增宿衛以寬爲閤內大都督專摠禁旅從孝武入關兼吏部尚書錄從駕勲進爵華山郡公邑一千二百戶大統初還車騎大將軍太子太傅儀同三司三年使茹茹迎魏文悼后還拜侍中都督涇州諸軍事涇州刺史五年除驃騎大將軍開府儀同三司都督東雍州諸軍事東雍州刺史即本州也十年轉河州刺史十六年兼大丞相府司馬朝議

欲經略漢川而梁宜豐侯蕭循固守南鄭十七
年寬從大將軍達奚武討之梁武陵王蕭紀遣
將楊乾運率兵萬餘人救循武令寬督開府王
傑賀蘭願德等邀擊之軍至白馬與乾運合戰
破之俘斬數千人軍還除南幽州刺史魏廢帝
初入為尚書左僕射將作大監坐事免魏恭帝
二年除廷尉卿世宗初拜大將軍增邑一千二百
戶從賀蘭祥討吐谷渾破之別封宜陽縣公邑
一千戶除小冢宰轉御正中大夫武成二年詔寬

與麟趾學士參定經籍寬性通敏有器識頗
牧數州號稱清簡歷居臺閣有當官之譽然
與柳慶不協欲按成其罪時論頗以此譏之保
定元年除總管梁興等十九州諸軍事梁州
刺史其年薨於州贈華陝虞上潞五州刺史謚
曰元子紀嗣大象末官至上儀同大將軍虞部
下大夫寬二兄穆儉穆字紹叔魏永安中除華
州別駕孝武末寬請以澄城縣伯讓穆詔許之
仍拜中軍將軍金紫光祿大夫除車騎將軍都

督并州諸軍事并州刺史卒於家贈驃騎大將
軍開府儀同三司華州刺史儉字景則偉容儀
有才行魏正始中起家侍御史加奉朝請遷員
外散騎侍郎孝昌中除鎮遠將軍頓丘太守未
及述職元顥啓請隨軍建義初兼給事黃門
侍郎左將軍太府少卿元顥入洛授撫軍將軍
孝莊反正廢於家尋拜散騎常侍都督潁州
諸軍事潁州刺史建明中加征南將軍金紫光
祿大夫孝武初除衞將軍北雍州刺史政尚寬

惠夷夏安之孝武西遷除侍中驃騎將軍大統
初以本官行東秦州事加使持節當州大都督
從破齊神武於沙苑封夏陽縣侯邑八百戶七
年領大丞相府諮議參軍出為都督東雍華二
州諸軍事驃騎大將軍開府儀同三司華州刺
史八年卒於家贈本官謚曰靜

柳慶字更興解人也五世祖恭仕後趙為河東
郡守後以秦趙喪亂乃率民南徙居於汝潁之
間故世仕江表祖縉守同州別駕宋安郡守父

僧習齊奉朝請魏景明中從豫州刺史裴叔業據州歸魏歷北地潁川二郡守揚州大中正慶幼聰敏有器量博涉羣書不治章句好飲酒閑於占對年十三因曝書僧習謂慶曰汝雖聰敏吾未經特試乃令慶於雜賦集中取賦一篇千有餘言慶立讀三徧便即誦之無所遺漏時僧習爲潁川郡地接都畿民多豪右將選鄉官皆依倚貴勢競來請託選用未定僧習謂諸子曰權貴請託吾並不用其後欲還皆須有

荅汝等各以意爲吾作書也慶乃具書草云下官受委大邦選吏之日有能者進不肖者退此乃朝廷恒典僧習讀書歎曰此兒有意氣丈夫理當如是即依慶所草以報起家奉朝請慶出後第四叔及遭父憂議者不許爲服重慶泣而言曰禮者蓋緣人情若於出後之家更有苴斬之服可奪此從彼今四叔薨背已久情事不追豈容奪禮乖違天性時論不能抑遂以苦凶終喪既葬乃與諸兄負土成墳服闋除中堅將軍

魏孝武將西遷除慶散騎侍郎馳傳入關慶至高平見太祖共論時事太祖即請奉迎輿駕仍命慶先還復命時賀拔勝在荊州帝屏左右謂慶曰高歡已屯河北關中兵既未至朕欲往荊州卿意何如慶對曰關中金城千里天下之彊國也宇文諱忠誠奮發朝廷之良臣也以陛下之聖明仗宇文諱之力用進可以東向而制羣雄退可以閉關而固天府此萬全之計也荊州地非要害衆又寡弱外迫梁寇內拒歡黨斯乃危

亡是懼寧足以固鴻基以臣斷之未見其可帝深納之及帝西遷慶以母老不從獨孤信之鎮洛陽乃得入關除相府東閤祭酒領記室轉戶曹參軍八年遷大行臺郎中領北華州長史十年除尚書都兵郎中如故并領記室時北雍州獻白鹿羣臣欲草表陳賀尚書蘇綽謂慶曰近代已來文章華靡逮于江左彌復輕薄洛陽後進祖述不已相公柄民軌物君職典文房宜製此表以革前弊慶操筆立成辭兼文質

綽讀而笑曰枳橘猶自可移況才子也尋以本
官兼雍州別駕廣陵王元欣魏之懿親其甥孟
氏屢爲凶横或有告其盜牛慶捕推得實趣令
就禁孟氏殊無懼容乃謂慶曰今若加以桎梏
後復何以脫之欣亦遣使辨其無罪孟氏由此
益驕慶於是大集僚吏盛言孟氏倚權戚侵
虐之狀言畢便令笞殺之此後貴戚斂手不敢
侵暴有賈人持金二十斤詣京師交易寄人停
止每欲出行常自執管鑰無何緘閉不異而失

之謂是人所竊郡縣訊問主人遂自誣服慶聞
而歎之乃召問賈人曰卿鑰恒置何處對曰恒自
帶之慶曰頗與人同宿乎曰無與人同飲乎曰日
者曾與一沙門再度酣宴醉而晝寢慶曰主人
特以痛自誣非盜也彼沙門乃真盜耳即遣吏
逮捕沙門乃懷金逃匿後捕得盡獲所失之金
十二年改三十六曹爲十二部詔以慶爲計部郎
中別駕如故有胡家被刼郡縣按察莫知賊所
隣近被囚繫者甚多慶以賊徒既衆似是烏合

既非舊交必相疑阻可以詐求之乃作匿名書
多牓官門曰我等共刼胡家徒侶混雜終恐泄
露今欲首懼不免誅若聽先首免罪便欲來告
慶乃復施免罪之牓居二日廣陽王欣家奴面
縛自告牓下因此推窮盡獲黨與慶之守正
明察皆此類也每歎曰昔于公斷獄無私闔高
門可以待封儻斯言有驗吾其庶幾乎十三年
封清河縣男邑二百戶兼尚書右丞攝計部十
四年正右丞太祖嘗怒安定國臣王茂將殺之

而非其罪朝臣咸知而莫敢諫慶乃進曰王茂
無罪奈何殺之太祖愈怒聲色甚厲謂慶曰王
茂當死卿若明其無罪亦須坐之乃執慶於前
慶辭氣不撓抗聲曰竊聞君有不達者爲不
明臣有不爭者爲不忠慶謹竭愚誠實不敢
愛死但懼公爲不明之君耳願深察之太祖乃
悟而赦茂已不及矣太祖默然明日謂慶曰吾
不用卿言遂令王茂寃死可賜茂家錢帛以旌
吾過尋進爵爲子增邑三百戶十五年加平南

將軍十六年太祖東討以慶爲大行臺右丞加
撫軍將軍還轉尚書右丞加通直散騎常侍魏
廢帝初除民部尚書慶威儀端肅樞機明辯太
祖每發號令常使慶宣之天性抗直無所回避
太祖亦以此深委仗焉二年授車騎大將軍儀同
三司魏恭帝初進位驃騎大將軍開府儀同三
司尚書右僕射轉左僕射領著作六官建拜司
會中大夫孝閔帝踐阼賜姓宇文氏進爵平齊
縣公增邑通前一千五百戶晉公護初攝政欲

引爲腹心慶辭之頗忤旨又與楊寬有隙及寬
參知政事慶遂見疎忌出爲萬州刺史世宗尋悟
留爲雍州別駕領京兆尹武成二年除宜州刺
史慶自爲郎迄于司會府庫倉儲並其職也及
在宜州寬爲小冢宰乃囚慶故吏求其罪失按
驗積六十餘日吏或有死於獄者終無所言唯
得乘錦數匹時人服其廉慎保定三年又入爲
司會先是慶兄檜爲魏興郡守爲賊黃寶所
害檜子三人皆幼弱慶撫養甚篤後寶率衆

歸朝朝廷待以優禮居數年檜次子雄亮白日
手刃寶於長安城中晉公護聞而大怒執慶及
諸子姪皆囚之讓慶曰國家憲綱皆君等所爲
雖有私怨寧得擅殺人也對曰慶聞父母之讎
不同天昆弟之讎不同國明公以孝治天下何
乃責於此乎護愈怒慶辭色無所屈卒以此
免天和元年十二月薨時年五十贈鄜綏丹三
州刺史謚曰景子機嗣
機字臣時少有令譽風儀辭令爲當世所推

歷小納言開府儀同三司司宗中大夫大象中
御正上大夫華州刺史機弟弘字匡道少聰穎
亦善草隸博涉羣書辭彩雅贍與弘農楊素
爲莫逆之交解巾中外府記室參軍建德初除
内史上士歷小宮尹御正上士陳遣王偃民來
聘高祖令弘勞之偃民謂弘曰來日至於藍田
正逢滋水暴長所齎國信溺而從流今所進
者假之從吏請勒下流人見爲追尋此物也弘
曰昔淳于之獻空籠前史稱以爲美足下假物

而進詎是陳君之命乎僱民慙不能對高祖聞
而嘉之盡以僱民所進之物賜弘仍令報聘占
對詳敏見稱於時使還拜内史都上士遷御正
下大夫尋卒於官時年三十一高祖甚惜之贈
晉州刺史揚素誄之曰山陽王弼風流長逝潁
川荀粲零落無時脩竹夾池永絶梁園之賦長
楊映沼無復洛川之文其為士友所痛惜如此
有文集行於世慶三兄鷟虯檜虯檜並自有傳
鷟好學善屬文魏臨淮王記室參軍事早卒子

周書列傳十四　十七

帶韋字孝孫深沉有度量少好學身長八尺三
寸美風儀善占對韓賢素為洛州刺史召為主
簿後與諸父歸朝太祖辟為參軍時侯景作亂
江右太祖令帶韋使江郢二州與梁邵陵南平
二王通好行至安州值假寶等反帶韋乃矯為
太祖書以撫安之並即降附既至郢見邵陵具
申太祖意邵陵即使隨帶韋報命以奉使稱旨
授轉輔國將軍中散大夫十七年太祖遣大將軍
達奚武經略漢川以帶韋為治行臺左丞從軍

南討時梁宜豐侯蕭循守南鄭武攻之未拔乃令
帶韋入城說循曰足下所固者險所恃者援所
守者民今王師深入棧道長驅漢川此則所憑之
險不足固也武興陷没於前白馬破亡於後自餘
川谷酋豪路阻而不敢進此則所望之援不可恃
也夫顧親戚懼誅夷貪榮慕利此生人常也今
大兵總至長圍四合戮逃亡以勸安居賞先降以
招後服人人懷轉禍之計家家圖安堵之謀此
則所部之民不可守也且足下本朝喪亂社稷

周書列傳十四　十八

無主盡忠將何所託死節不足成名竊為足下
不取也僕聞賢者相時而動智者因變立功當
今為足下計者莫若肉袒軍門歸命下吏免生
民於塗炭全髮膚於孝道必當紆青拖紫裂土
分珪名重當時業光後嗣豈若進退無據身名俱
滅者哉循然之後乃降魏廢帝元年出為解縣
令二年加授驃騎將軍左光禄大夫明年轉汾
陰令發摘姧伏百姓畏而懷之世宗初入為地
官上士武成元年授帥都督治御伯下大夫遷

武藏下大夫保定三年授大都督四年加儀同三司中外府掾天和六年封康城縣男邑五百戶轉職方中大夫三年授兵部中大夫雖頻徙職仍領武藏尋丁母憂起爲職方中大夫五年轉武藏中大夫俄遷驃騎大將軍開府儀同三司凡居劇職十有餘年處斷無滯官曹清肅時譙王儉爲益州總管漢王贊爲益州刺史高祖乃以帶韋爲益州總管府長史領益州別駕輔弼二王總知軍民事建德中大軍東討徵帶韋爲前軍總管齊王憲府長史齊平以功授上開府儀同大將軍進爵爲公增邑一千戶陳王純出幷州以帶韋爲幷州司會幷州總管府長史六年卒於位時年五十五謚曰愷子祚嗣少有名譽大象末宜納上士

史臣曰周惠達見禮於寶夤揚寬荷恩於晋泰旣而蕭氏獲罪莊帝出居遂能契闊寇戎不以興亡革慮崎嶇危難不以夷險易心斯固篤終之士柳慶束帶立朝懷匪躬之節莅官從政著清白之美並遭逢興運各展志能譽重搢紳望隆端揆非虛云也然慶畏避權寵違忤宰臣雖取詘於一時實獲申於千載矣

列傳第十四　　周書二十二

令狐　德棻　等撰

蘇綽

蘇綽字令綽武功人魏侍中則之九世孫也累世二千石父協武功郡守綽少好學博覽羣書尤善筭術從兄讓爲汾州刺史太祖餞于東都門外臨別謂讓曰卿家子弟之中誰可任用者讓因薦綽太祖乃召爲行臺郎中在官歲餘太祖未深知之然諸曹疑事皆詢於綽而後定所行公文綽又爲之條式臺中咸稱其能後太祖與僕射周惠達論事惠達不能對請出外議之乃召綽告以其事綽即爲量定惠達入呈太祖稱善謂惠達曰誰與卿爲此議者惠達以綽對因稱其有王佐之才太祖曰吾亦聞之久矣尋除著作佐郎屬太祖與公卿往昆明池觀漁行至城西漢故倉地顧問左右莫有知者或曰蘇綽博物多通請問之太祖乃召綽具以狀對太祖大悅因問天地造化之始歷代興亡之迹綽既有口辯

應對如流太祖益喜乃與綽並馬徐行至池竟不設網罟而還遂留綽至夜問以治道太祖臥而聽之綽於是指陳帝王之道兼述申韓之要太祖乃起整衣危坐不覺膝之前席語遂達曙不厭詰朝謂周惠達曰蘇綽眞奇士也吾方任之以政即拜大行臺左丞參典機密自是寵遇日隆綽始制文案程式朱出墨入及計帳戶籍之法大統三年齊神武三道入寇諸將咸欲分兵禦之獨綽意與太祖同遂併力拒竇泰擒之於潼關四年加衞將軍右光禄大夫封美陽縣子邑三百戶加通直散騎常侍進爵爲伯增邑二百戶十年授大行臺度支尚書領著作兼司農卿太祖方欲革易時政務弘彊國富民之道故綽得盡其智能贊成其事減官員置二長幷置屯田以資軍國又爲六條詔書奏施行之其一先治心曰凡今之方伯守令皆受命天朝出臨下國論其尊貴並古之諸侯也是以前世帝王每稱共治天下者唯良宰守耳明知百僚卿尹雖各有所司然其治民

之本莫若宰守之最重也凡治民之體先當治心心者一身之主百行之本心不清淨則思慮妄生思慮妄生則見理不明見理不明則是非謬亂是非謬亂則一身不能自治安能治民也是以治民之要在清心而已夫所謂清心者非不貪貨財之謂也乃欲使心氣清和志意端靜心和志靜則邪僻之慮無因而作邪僻不作則凡所思念無不皆得至公之理率至公之理以臨其民則彼下民孰不從化是以稱治民之本先在治心其次又在治身凡人君之身者乃百姓之表一國之的也表不正不可求直影的不明不可責射中今君身不能自治而望治百姓是猶曲表而求直影也君行不能自修而欲百姓修行者是猶無的而責射中也故為人君者必心如清水形如白玉躬行仁義躬行孝悌躬行忠信躬行禮讓躬行廉平躬行儉約然後繼之以無倦加之以明察行此八者以訓其民是以其人畏而愛之則而象之不待家教日見而自興行矣其二敦教化曰

天地之性唯人為貴明其有中和之心仁恕之行異於木石不同禽獸故貴之耳然性無常守隨化而遷化於敦朴者則質直化於澆偽者則浮薄浮薄者則衰弊之風質直者則淳和之俗衰弊則禍亂交興淳和則天下自治治亂興亡無不皆由所化也然世道彫喪已數百年大亂滋甚且二十歲民不見德唯兵革是聞上無教化惟刑罰是用而中興始爾大難未平加之以師旅因之以饑饉凡百草創率多權宜致使禮讓弗興風俗未改比年稍登稔徭賦差輕衣食不切則教化可修矣凡諸牧守令長宜洗心革意上承朝旨下宣教化矣夫化者貴能扇之以淳風浸之以太和被之以道德示之以朴素使百姓亹亹中遷於善邪偽之心嗜慾之性潛以消化而不知其所以然此之謂化也然後教之以孝悌使民慈愛教之以仁順使民和睦教之以禮義使民敬讓慈愛則不遺其親和睦則無怨於人敬讓則不競於物三者既備則王道成矣此之謂

教也先王之所以移風易俗還淳反素垂拱而治天下以至太平者莫不由此此之謂要道也其三盡地利曰人生天地之間以衣食為命食不足則饑衣不足則寒饑寒切體而欲使民興行禮讓者此猶逆坂走丸勢不可得也是以古之聖王知其若此故先足其衣食然後教化隨之夫衣食所以足者在於地利盡地利所以盡者由於勸課有方主此教者在乎牧守令長而已民者冥也智不自周必待勸教然後盡其力諸州

郡縣每至歲首必戒敕部民無問少長但能操持農器者皆令就田墾發以時勿失其所及布種既訖嘉苗須理麥秋在野蠶停於室若此之時皆宜少長悉力男女并功若援溺救火寇盜之將至然後可使農夫不廢其業蠶婦得就其功若有遊手怠惰早歸晚出好逸惡勞不勤事業者則正長牒名郡縣守令隨事加罰罪一勸百此則明宰之教也夫百畝之田必春耕之夏種之秋收之然後冬食之此三時者農之要也

若失其一時則穀不可得而食故先王之戒曰一夫不耕天下必有受其饑者一婦不織天下必有受其寒者若此三時不務省事而令民廢農者是則絕民之命驅以就死然單劣之戶及無牛之家勸令有無相通使得兼濟三農之隙及陰雨之暇又當教民種桑植果藝其菜蔬修其園圃畜育雞豚以備生生之資以供養老之具夫為政不欲過碎碎則民煩勸課亦不容太簡簡則民怠善為政者必消息時宜而適煩簡之

中故詩曰不剛不柔布政優優百祿是求如不能爾則必陷於刑辟矣其四擢賢良曰天生蒸民不能自治故必立君以治之人君不能獨治故必置臣以佐之上至帝王下及郡國置臣得賢則治失賢則亂此乃自然之理百王不能易也今刺史守令悉有僚吏皆佐治之人也刺史府官則命於天朝其州吏以下並牧守自置自昔以來州郡大吏但取門資多不擇賢良末曹小吏唯試刀筆並不問志行夫門資者乃先世之

爵祿無效子孫之愚瞽刀筆者乃身外之末材
不廢性行之澆僞若門資之中而得賢良是則
策騏驥而取千里也若門資之中而得愚瞽是
則土牛木馬形似而用非不可以涉道也若刀
筆之中而得志行是則金相玉質內外俱美實
爲人寶也若刀筆之中而得澆僞是則飾畫朽
木悅目一時不可以充榱椽之用也今之選舉
者當不限資蔭唯在得人苟得其人自可起厮
養而爲卿相伊尹傅說是也而況州郡之職乎

苟非其人則丹朱商均雖帝王之胤不能守百
里之封而況於公卿之冑乎由此而言觀人之
道可見矣凡所求材藝者爲其可以治民若有
材藝而以正直爲本者必以其材而爲治也若
有材藝而以姦僞爲本者將由其官而爲亂也
何治之可得乎是故將求材藝必先擇志行其
志行善者則舉之其志行不善者則去之而今
擇人者多云邦國無賢莫知所舉此乃未之思
也非適理之論所以然者古人有言明主聿興

不降佐於昊天大人基命不擢才於后土常引一
世之人治一世之務故殷周不待稷契之臣魏晉
無假蕭曹之佐仲尼曰十室之邑必有忠信如
丘者焉豈有萬家之都而云無士但求之不勤
擇之不審或用之不得其所任之不盡其材故
云無耳古人云千人之秀曰英萬人之英曰儁今之
智效一官行聞一邦者豈非近英儁之士也但能
勤而審察去虛取實各得州郡之最而用之則
民無多少皆足治矣孰云無賢夫良玉未剖與

瓦石相類名驥未馳與駑馬相雜及其剖而瑩
之馳而試之玉石駑驥然後始分彼賢士之未
用也混於凡品竟何以異要任之以事業責之以
成務方與彼庸流較然不同昔呂望之屠釣
百里奚之飯牛甯生之扣角管夷吾之三敗當
此之時悠悠之徒豈謂其賢及升王朝登霸國
積數十年功成事立始識其奇士也於是後世
稱之不容於口彼瓌偉之材不世之傑尚不能
以未遇之時自異於凡品況降此者哉若必待

太公而後用是千載無太公必待夷吾而後任是百世無夷吾所以然者士必從微而至著功必積小以至大豈有未任而已成不用而先達也若識此理則賢可求士可擇得賢而任之得士而使之則天下之治何向而不可成也然善官人者必先省其官官省則善人易充善人易充則事無不理官煩則必雜不善之人雜不善之人則政必有得失故語曰官省則事省事省則民清官煩則事煩事煩則民濁清濁之由在於

周書列傳十五　九

官之煩省案今吏員其數不少昔民殷事廣尚能克濟況今戶口減耗依員而置猶以為少如聞在下州郡尚有兼假擾亂細民甚為無理諸如此輩悉宜罷黜無得習常非直州郡之官宜須善人爰至黨族閭里正長之職皆當審擇各得一鄉之選以相監統夫正長者治民之基基不傾者上必安凡求賢之路自非一途然所以得之審者必由任而試之考而察之起於居家至於鄉黨訪其所以觀其所由則人道明矣賢

與不肖別矣率此以求則庶無愆悔矣其五卹獄訟曰人受陰陽之氣以生有情有性性則為善情則為惡善惡既分而賞罰隨焉賞罰得中則惡止而善勸賞罰不中則民無所措手足民無所措手足則怨叛之心生是以先王重之特加戒慎夫戒慎者欲使治獄之官精心悉意推究事源先之以五聽參之以證驗妙覩情狀窮鑿隱伏使姦無所容罪人必得然後隨事加刑輕重皆當赦過矜愚得情勿喜又能消息情理

周書列傳十五　十

斟酌禮律無不曲盡人心遠明大教使獲罪者如歸此則善之上也然宰守非一不可人人皆有通識推理求情時或難盡唯當率至公之心去阿枉之志務求曲直念盡平當聽察之理必窮所見然後栲訊以法不苛不暴有疑則從輕未審不妄罰隨事斷理獄無停滯此亦其次若乃不仁恕而肆其殘暴同民木石專任捶楚巧詐者雖事彰而獲免辭弱者乃無罪而被罰有如此者斯則下矣非共治所寄今之宰守當勤

於中科而慕其上善如在下條則刑所不赦又當深思遠大念存德教先王之制曰與殺無辜寧赦有罪與其害善寧其利淫明必不得中寧濫捨有罪不謬害善人也今之從政者則不然深文巧劾寧致善人於法不免有罪於刑所以然者皆非好殺人也但云爲吏寧酷可免後患此則情存自便不念至公奉法如此皆姦人也夫人者天地之貴物一死不可復生然楚毒之下以痛自誣不被申理遂陷刑戮者將恐往往而有

是以自古以來設五聽三宥之法著明慎庶獄之典此皆愛民甚也凡伐木殺草田獵不順上違時令而虧帝道況刑罰不中濫害善人寧不傷天心犯和氣也天心傷和氣損而欲陰陽調適四時順序萬物阜安蒼生悅樂者不可得也故語曰一夫吁嗟王道爲之傾覆正謂此也凡百宰守可無慎乎若有深姦巨猾傷化敗俗悖亂人倫不忠不孝故爲背道者殺一礪百以清王化重刑可也識此二途則刑政盡矣其六均賦

役曰聖人之大寶曰位何以守位曰仁何以聚人曰財明先王必以財聚人以仁守位國而無財位不可守是故五三以來皆有征稅之法雖輕重不同而濟用一也今逆寇未平軍用資廣雖未遑減省以卹民瘼然令平均使下無匱夫平均者不捨豪彊而徵貧弱不縱姦巧而困愚拙此之謂均也故聖人曰蓋均無貧然財貨之生其功不易織紝紡績起於有漸非旬日之間所可造次必須勸課使預營理絹鄉先事織紝麻土早修

紡績先時而備至時而輸故王賦獲供下民無困如其不預勸戒臨時迫切復恐稽緩以爲己過捶扑交至取辦目前富商大賈緣茲射利有者從之貴買無者舉之與息輸稅之民於是弊矣租稅之時雖有大式至於斟酌貧富差次先後皆事起於正長而繫之於守令若斟酌得所則政和而民悅若檢理無方則吏姦而民怨又差發徭役多不存意致令貧弱者或重徭而遠戍富彊者或輕使而近防守令用懷如此不存

卹民之心皆王政之罪人也太祖甚重之常置
諸座右又令百司習誦之其牧守令長非通六
條及計帳者不得居官自有晉之季文章競爲
浮華遂成風俗太祖欲革其弊因魏帝祭廟群
臣畢至乃命綽爲大誥奏行之其詞曰惟中興十
有一年仲夏庶邦百辟咸會於王庭柱國諱泊
群公列將罔不來朝時廼大稽百憲敷于庶邦
用綏我王度皇帝曰昔堯命羲和允釐百工舜
命九官庶績咸熙武丁命説克號高宗時惟休

哉朕其欽若格爾有位胥曁我太祖之庭朕將
丕命女以厥官六月丁巳皇帝朝格於太廟凡
厥具僚罔不在位皇帝若曰咨我元輔群公列
將百辟卿士庶尹御事朕惟寅敷祖宗之靈命
稽于先王之典訓以大誥于爾在位昔我太祖
神皇肇膺明命以創我皇基烈祖景宗廓開四
表底定武功曁乎文祖誕敷文德龔惟武考不
賈其舊自時厥後陵夷之弊用興大難于彼
東丘則我黎人咸墜塗炭惟台一人纘戎下武

夙夜祗畏若涉大川罔識攸濟是用稽於帝典
揆於王廷拯我民瘼惟彼哲王示我通訓曰天
生蒸民罔克自乂上帝降鑒叡聖植元后以乂
之惟時元后弗克獨乂博求明德命百辟群吏
以佐之肆天之命辟辟之命官惟以卹民弗惟
逸念辟惟元首庶黎惟趾股肱惟弼上下一體
各勤攸司茲用克臻於皇極故其彝訓曰后克
艱厥后臣克艱厥臣政廼乂今台一人膺天之
嘏既陟元后股肱百辟又服我國家之命罔不

咸守厥職嗟夫后弗艱厥后臣弗艱厥臣於政
何弗斁嗚呼艱哉凡爾在位其敬聽命皇帝若
曰柱國唯四海之不造載繇二紀天未絶我太
祖列祖之命用錫我以元輔國家將墜公惟棟
梁皇之弗極公作相百揆諐度公惟大録公其
允文允武克明克乂迪七德敷九功龕暴除亂
下綏我蒼生旁施於九土若伊之在商周之有呂
説之相丁用保我無疆之祚皇帝若曰群公太
宰太尉司徒司空惟公作朕鼎足以弼乎朕躬

宰惟天官克諧六職尉惟司武武在止戈徒惟
司衆敬敷五教空惟司土利用厚生惟時三事
若三階之在天惟兹四輔若四時之成歲天工
人其代諸皇帝若曰列將汝惟鷹揚作朕爪牙
寇賊姦宄蠻夷猾夏汝徂征綏之以惠董之以
威刑期於無刑萬邦咸寧俾八表之内莫違朕
命時汝功皇帝若曰庶邦列辟汝惟守土作民
父母民惟不勝其饑故先王重農不勝其寒故
先王貴女功民之不率於孝慈則骨肉之恩薄

弟悖於禮讓則爭奪之萌生惟兹六物寔爲教
本嗚呼爲上在寛寛則民怠齊之以禮不剛不
柔稽極於道皇帝若曰卿士庶尹凡百御事王
省惟歲卿士惟月庶尹惟日御事惟時歲月日
時罔易其度百憲咸貞庶績其凝嗚呼惟若王
官闔均萬國若天之有斗斟元氣酌陰陽弗失
其和蒼生永賴悖其序萬物以傷時惟艱哉皇
帝若曰惟天地之道一陰一陽禮俗之變一文
一質爰自三五以迄於兹匪惟相革惟其救弊

匪惟相襲惟其可乂惟我有魏承乎周之末流
接秦漢遺弊襲魏晉之華誕五代澆風因而未
革將以穆俗興化庸可暨乎嗟我公輔庶僚列
侯朕惟否德其一心力祗慎厥艱克遵前王之
丕顯休烈弗敢怠荒咨爾在位亦協乎朕心惇
德允元惟厥難是務克捐厥華即厥實背厥僞
崇厥誠勿信勿忘一乎三代之彝典歸於道德
仁義用保我祖宗之丕命荷天之休克綏我萬
方永康我黎庶戒之哉戒之哉朕言不再柱國

謹洎庶僚百辟拜手稽首曰亶聰明作元后元
后作民父母惟三五之王率繇此道用臻於刑
措自時厥後歷千載而未聞惟帝念功將反叔
世逖致於雍熙庸錫降丕命于我羣臣博哉王
言非言之難行之實難罔不有初鮮克有終
商書曰終始惟一德迺日新惟帝敬厥始慎
厥終以濟日新之德明我羣臣敢不夙夜對
揚休哉惟兹大誼未光於四表以邁種德俾
九域幽遐咸昭奉元后之明訓率遷於道永

胥無疆之休帝曰欽哉自是之後文筆皆依此體綽性儉素不治產業家無餘財以海内未平常以天下爲己任博求賢俊共弘治道凡所薦達皆至大官太祖亦推心委任而無閒言太祖或出遊常預署空紙以授綽若須有處分則隨事施行及還啓之而已綽嘗謂治國之道當愛民如慈父訓民如嚴師每與公卿議論自晝達夜事無巨細若指諸掌積思勞倦遂成氣疾十二年卒於位時年四十九太祖痛惜之哀

動左右及將葬乃詔公卿等曰蘇尚書平生謙退敦尚儉約吾欲全其素志便恐悠悠之徒有所未達如其厚加贈謚又乖宿昔相知之道進退惟谷孤有疑焉尚書令史麻瑤越次而進曰昔晏子齊之賢大夫一狐裘三十年及其死也遣車一乘齊侯不奪其志綽既操履清白謙挹自居愚謂宜從儉約以彰其美太祖稱善因薦瑤於朝廷及綽歸葬武功唯載以布車一乘太祖與羣公皆步送出同州郭門外太祖親於車後酹酒而言曰尚書平生爲事妻子兄弟不知者吾皆知之惟爾知吾心吾知爾意方欲共定天下不幸遂捨我去奈何因舉聲慟哭不覺失卮於手至葬日又遣使祭以太牢太祖自爲其文綽又著佛性論七經論並行於世明帝二年以綽配享太祖廟庭子威嗣威少有父風襲爵美陽伯娶晉公護女新興公主拜車騎大將軍儀同三司進爵懷道縣公建德初稍遷御伯下大夫大象末開府儀同大將軍隋開皇初以

綽著名前代乃下詔曰昔漢高欽無忌之義魏武挹子幹之風前代名賢後王斯重魏故度支尚書美陽伯蘇綽文雅政事遺跡可稱展力前王垂聲著績宜開土宇用旌善人於是追封邳國公邑三千戶

綽弟椿字令欽性廉慎沉勇有決斷正光中關右賊亂椿應募討之授盪寇將軍累功封遷奉朝請厲威將軍中散大夫賜封美陽子加都督持節平西將軍太中大夫大統初拜鎮

東將軍金紫光祿大夫賜姓賀蘭氏四年出爲
武都郡守改授西夏州長史除帥都督行弘農
郡事椿當官彊濟特爲太祖所知十四年置兗州
鄉師自非鄉望允當衆心不得預焉乃令驛追
椿領鄉兵其年破槃頭氏有功除散騎常侍加
大都督十六年征隨郡軍還除武功郡守旣爲
本邑以清儉自居小大之政必盡忠恕尋授使
持節車騎大將軍儀同三司進爵爲侯武成二
年進位驃騎大將軍開府儀同三司大都督保

定三年卒子植嗣
史臣曰書云惟后非賢弗乂惟賢非后罔食是
以知人則哲有國之所先用之則行爲下之常
道若乃庖廚胥靡種德微管之臣罕聞於世
黜魯逐荆抱關執戟之士無乏於時斯固典謩
所以昭則風雅所以興刺也誠能監前事之得
喪勞虛已於吐握其知賢也必用其授爵也勿
疑則舜禹湯武之德可連衡矣稷契伊呂之流
可比肩矣太祖提劒而起百度草創施約法之
制於競逐之辰修治定之禮於鼎峙之日終能
斲彫爲朴變奢從儉風化旣被而下肅上尊
疆埸屢擾而内親外附斯蓋蘇令綽之力也
名冠當時慶流後嗣宜哉

列傳第十五　　周書二十三

列傳第十六　周書二十四

令狐　德棻　等撰

盧辯

盧辯字景宣范陽涿人累世儒學父靖太常丞辯少好學博通經籍舉秀才爲太學博士以大戴禮未有解詁辯乃注之其兄景裕爲當時碩儒謂辯曰昔侍中注小戴今爾注大戴庶纂前修矣及帝入關事起倉卒辯不及至家單馬而從或問辯曰得辭家不辯曰門外之治以義斷恩復何辭也孝武至長安授給事黃門侍郎領著作太祖以辯有儒術甚禮之朝廷大議常召顧問趙青雀之亂魏太子出居渭北辯時隨從亦不告家人其執志敢決皆此類也尋除太常卿太子少傅魏太子及諸王等皆行束脩之禮受業於辯進爵范陽公轉少師自魏末離亂孝武西遷朝章禮度湮墜咸盡辯因時制宜皆合軌度性強記默契能斷大事凡所創制處之不疑累遷尚書右僕射世宗即位進位大將軍

帝嘗與諸公幸其第儒者榮之出爲宜州刺史薨配食太祖廟庭子慎初太祖欲行周官命蘇綽專掌其事未幾而綽卒乃令辯成之於是依周禮建六官置公卿大夫士并撰次朝儀車服器用多依古禮革漢魏之法事並施行今錄辯所述六官著之於篇天官府（管冢宰等衆職）地官府（領司徒等衆職）春官府（領宗伯等衆職）夏官府（領司馬等衆職）秋官府（領司寇等衆職）冬官府（領司空等衆職）史雖具載文多不錄辯所述六官太祖以魏恭帝三年始命行之自茲厥後世有損益宣帝嗣位事不師古官員班品隨意變革至如初置四輔官及六府諸司復置中大夫并御正內史增置上大夫等則載於外史餘則朝出夕改莫能詳錄于時雖行周禮其內外衆職又兼用秦漢等官今略舉其名號及命數附之於左其紀傳內更有餘官而於此不載者亦史闕文也

柱國大將軍大將軍（右正九命）

驃騎車騎等大將軍開府儀同三司雍州牧（右正九命）

驃騎車騎等將軍左右光祿大夫戶萬以上

州刺史右正八命
征東征西征南征北中軍鎮軍撫軍等將軍左右
金紫光祿大夫大都督戶二萬以上刺史京兆尹右八命
平東平西平南平北前後將軍左右將軍左右
銀青光祿大夫帥都督戶一萬以上刺史柱國大
將軍府長史司馬司錄右正七命
冠軍輔國等將軍太中中散等大夫都督戶五
千以上刺史戶一萬五千以上郡守右七命
鎮遠建中等將軍諫議誠議等大夫別將開

府長史司馬司錄戶一萬以上郡守大呼藥右正六命
中堅寧朔等將軍左右中郎將儀同府正八命
州長史司馬司錄戶五千以上郡守小呼藥右六命
寧遠揚烈伏波等將軍左右員外常侍統軍驃
騎車騎府八命州長史司馬司錄柱國大將軍府
中郎掾戶一千以上郡守長安萬年縣令右正五命
輕車將軍奉車奉騎等都尉四征中鎮撫軍府正
七命州長史司馬司錄開府府中郎掾屬戶不滿
千以下郡守戶七千以上縣令正八命州呼藥右五命

宣威明威等將軍武賁冗從等給事儀同府中
郎掾屬柱國大將軍府列曹參軍四平前後左
右將軍府七命州長史司馬司錄正八命州別
駕戶四千以上縣令八命州呼藥右正四命
襄威厲威將軍給事中奉朝請軍主開府府列
曹參軍冠軍輔國府正六命州長史司馬司錄
正七命州別駕正八命州治中七命郡丞戶二
千以上縣令正七命州呼藥右四命
威烈討寇將軍左右員外侍郎幢主儀同府正

八命州列曹參軍柱國府參軍鎮遠建忠中堅
寧朔府長史司錄正六命州別駕正七命州治中
正六命郡丞戶五百以上縣令七命州呼藥右正三命
蕩寇蕩難將軍武騎常侍侍郎開府府參軍驃
騎車騎府八命州列曹參軍寧遠揚烈伏波輕
車府長史正六命州治中六命郡丞戶不滿百
以下縣令戍主正六命州呼藥右三命
殄寇殄難將軍強弩司馬四征中鎮撫府正七
命州列曹參軍正五命郡丞右正二命

掃寇掃難將軍武威司馬四平前後左右府七
命州列曹參軍戍副五命郡丞右二命
曠野橫野將軍殿中員外二司馬冠軍輔國府
正六命州列曹參軍右正一命
武威武牙將軍淮海山林二都尉鎮遠建忠中
堅寧朔寧遠揚烈伏波輕車府列曹參軍右一命
周制封郡縣五等爵者皆加開國授柱國大將
軍開府儀同者並加使持節大都督其開府又
加車騎大將軍散騎常侍其授摠管刺史則加

使持節諸軍事以此爲常大象元年詔摠管刺
史及行兵者加持節餘悉罷之建德四年增置
上柱國大將軍改儀同三司爲儀同大將軍

列傳第十六 周書二十四

列傳第十七 周書二十五

令狐德棻 等撰

李賢 弟遠

李賢字賢和其先隴西成紀人也曾祖富魏
太武時以子都督討兩山屠各歿於陣贈寧西
將軍隴西郡守祖斌襲領父兵鎮於高平因家
焉父文保早卒魏大統末以賢兄弟著勳追贈
涇原東秦三州刺史司空賢幼有志節不妄舉
動嘗出遊遇一老人鬚眉皓白謂之曰我年八

十觀士多矣未有如卿者必爲台牧卿其勉之
九歲從師受業略觀大旨而已不尋章句或謂
之曰學不精勤不如不學賢曰夫人各有志賢
豈能強學待問領徒授業邪唯當粗聞教義補
己不足至如忠孝之道實銘之於心問者慙服年十
四遭父喪撫訓諸弟友愛甚篤魏永安中万俟
醜奴據岐涇等諸州反叛魏孝莊遣爾朱天光率
兵擊破之其黨万俟道洛費連少渾猶據原州
未知醜奴已敗天光遣使造賢令密圖道洛天

光率兵續進會賊黨萬俟阿寶戰敗逃還私告賢曰醜奴已敗王師行至此阿寶以性命相投願能存濟賢因令阿寶僞爲醜奴使紿道洛等曰令已破臺軍須與公計事令阿寶權守原州公宜速往道洛等信之是日便發既出而天光至遂克原州道洛乃將麾下六千人奔于牽屯山天光見賢曰道洛之出子之力也賢又率鄉人出馬千匹以助軍天光大悅時原州亢旱天光以乏水草乃退舍城東五十里牧馬息兵令都

督長孫邪利行原州事以賢爲主簿道洛復乘虛忽至時賊黨千餘人在城中密爲內應引道洛入城遂殺邪利賢復率鄉人殊死拒戰道洛乃退走又有賊帥達符顯圍逼州城晝夜攻戰屢被摧衂賢間道赴雍州詣天光請援天光許之賢乃返而賊營壘四合無因入城候日向夕乃僞負薪與賊樵采者俱得至城下城中垂布引之賊衆方覺乃弓弩亂發射之不中遂得入城告以大軍將至賊聞之便即散走累遷威

烈將軍殿中將軍高平令賀拔岳爲侯莫陳悅所害太祖西征賢與其弟遠穆等密應侯莫陳崇以功授都督仍守原州及大將軍至秦州悅棄城走太祖令兄子導勒兵追之以賢爲前驅轉戰四百餘里至牽屯山及之悅自剄於陣賢亦被重瘡馬中流矢太祖嘉之賞奴婢布帛及雜畜等授持節撫軍大將軍都督魏孝武西遷太祖令賢率騎兵迎衛時山東之衆多欲逃歸帝乃令賢以精騎三百爲殿衆皆憚之莫敢

亡叛封下邽縣公邑一千戶俄授左都督安東將軍還鎮原州大統二年州民豆盧狼害都督大野樹兒等據州城反賢乃招集豪傑與之謀曰賊起倉卒便誅二將其勢雖盛其志已驕然其政令莫施唯以殘剥爲業夫以羈旅之賊而馭烏合之衆勢自離解今若從中擊之賊必喪膽如吾計者指日取之衆皆從焉賢乃率敢死士三百人分爲兩道乘夜鼓噪而出羣賊大驚一戰而敗狼乃斬關遁走賢輕與三騎追斬

之還原州長史尋行原州事四年莫折後熾連
結賊黨所在寇掠賢率鄉兵與行涇州事史寧
討之後熾列陣以待賢謂寧曰賊聚結歲久徒
衆甚多數州之人皆爲其用我若總一陣併大
擊之彼既同惡相濟理必總萃於我其勢不分
衆寡莫敵我便救尾無以制之今若令諸軍分
爲數隊多設旗鼓掎角而前以脅諸栅公别統
精兵直指後熾按甲而待莫與交鋒後熾欲前
則憚公之鋭諸栅欲出則懼我疑兵令其進不

得戰退不得走以俟其懈擊之必破後熾一敗
則衆栅不攻自拔矣寧不從屢戰頻北賢乃率
數百騎徑掩後熾營收其妻子僮隷五百餘人
并輜重等屬後熾與寧戰勝方欲追奔忽聞
賢至乃棄寧與賢接戰賢手斬十餘級生獲
六人賊遂大敗後熾單騎遁走師還以功賞奴
婢四十口雜畜數百頭八年授原州刺史賢雖
少從戎旅而頗閑政事撫導鄉里甚得民和十二
年隨獨孤信征涼州平之又撫慰張掖等五郡

而還俄而茹茹圍逼州城剽掠居民驅擁畜牧
賢欲出戰大都督王德猶豫未決賢固請德乃
從之賢勤兵將出賊密知之乃引軍退賢因率
騎士追擊斬二百餘級捕虜百餘人獲駝馬牛
羊二萬頭財物不可勝計所掠之人還得安堵
加授使持節車騎大將軍儀同三司十六年遷
驃騎大將軍開府儀同三司太祖之奉魏太子
西巡也至原州遂幸賢第讓齒而坐行鄉飲
酒禮焉其後太祖又至原州令賢乘輅備儀服

以諸侯會遇禮相見然後幸賢第歡宴終日
凡是親族頒賜有差魏恭帝元年進爵河西
郡公增邑通前二千戶後以弟子植被誅賢
坐除名俄授使持節車騎大將軍儀同三司時
荆州羣蠻反開府潘招討之令賢與賀若敦率
騎士七千别道邀截擊蠻帥文子榮大破之
遂於平州北築汶陽城以鎮之尋治郢州刺史
時以巴湘初附詔賢揔監諸軍略定乃還江夏
民二千餘戶以實安州并築甑山城而還保定

三年詔復賢官爵仍授瓜州刺史高祖及齊王憲之在襁褓也以避忌不利居宮中太祖令於賢家處之六載乃還宮因賜賢妻吳姓宇文氏養爲姪女賜與甚厚及高祖西巡幸賢第詔曰朕昔沖幼爰寓此州使持節驃騎大將軍開府儀同三司大都督瓜州諸軍事瓜州刺史賢斯土良家勳德兼著受委居朕輔導積年念其規弼功勞甚茂食彼桑椹尚懷好音矧茲惠矣其庸可忘今巡撫居此不殊代邑舉目依然

益增舊想雖無屬籍朕處之若親凡厥昆季乃至子姪等可並豫宴賜於是令中侍上士尉遲愷往瓜州降璽書勞賢賜衣一襲及被褥并御所服十三環金帶一要中廄馬一匹金裝鞍勒雜綵五百段銀錢一萬賜賢弟申國公穆亦如之子姪男女中外諸孫三十四人各賜衣一襲又拜賢甥厙狄樂爲儀同賢門生昔經侍奉者二人授大都督四人授帥都督六人別將奴已免賤者五人授軍主未免賤者十二人酬替放之四年王師東討朝議以西道空虛慮羌渾侵擾乃授賢使持節河州總管三州七防諸軍事河州刺史河州舊非總管至是創置焉賢乃大營屯田以省運漕多設斥候以備寇戎於是羌渾斂迹不敢向東五年宕昌寇邊百姓失業乃於洮州置總管府以鎮遏之遂廢河州總管改授賢洮州總管七防諸軍事洮州刺史屬羌寇石門戍撤破橋道以絶援軍賢率千騎禦之前後斬獲數百人賊乃退走羌復引吐谷渾數

千騎將入西疆賢密知之又遣兵伏其隘路復大敗之虜遂震懾不敢犯塞俄廢洮州總管還於河州置總管府復以賢爲之高祖思賢舊恩徵拜大將軍天和四年三月卒於京師時年六十八高祖親臨哀慟左右贈使持節柱國大將軍大都督涇原秦等十州諸軍事原州刺史謚曰桓子端嗣

端字永貴歷位開府儀同三司司會中大夫中州刺史從高祖平齊於鄴城戰歿贈上大將軍

追封襄陽公謚曰果端弟吉儀同三司吉弟崇位至大府中大夫上柱國廣宗郡公崇弟孝軌開府儀同大將軍升遷縣伯孝軌弟詢少歷顯位大象末上柱國隴西郡公

賢弟遠字萬歲幼有器局志度恢然嘗與羣兒爲戰鬬之戲指麾部分便有軍陣之法郡守見而異之召使更戲羣兒懼而散走遠持杖叱之復爲向勢意氣雄壯殆甚於前郡守曰此小兒必爲將軍非常人也及長涉獵書傳略知指趣

而已魏正光末天下鼎沸勑勒賊胡琮侵逼原州其徒甚盛遠昆季率勵鄉人欲圖拒守而衆情猜懼頗有異同遠乃按劒而言曰頃年以來皇家多難匈黨乘機肆其毒螫王略未振綏其梟夷正是忠臣立節之秋義士建功之日丈夫豈可臨難苟免當在死中求生耳諸人竝世載忠貞沐浴教義今若棄同即異去順効逆雖五尺童子猶或非之將復何顏以見天下之士有異議者請以劒斬之於是衆皆股慄莫不聽命

乃相與盟歃遂深壁自守而外無救援城遂陷其徒多被殺害唯遠兄弟竝爲人所匿得免遠乃言於賢曰今逆賊孔熾屠戮忠良遠欲間行入朝請兵救援兄晦迹和光可以免禍內伺釁隙因變立功若王師西指得復表裏相應既殉國家之急且全私室之危豈若窘迫凶威坐見夷滅賢曰是吾心也遂定東行之策遠乃崎嶇寇境得達京師魏朝嘉之授武騎常侍俄轉別將賜帛千匹并弓刀衣馬等及爾朱天光西伐

乃配遠精兵使爲鄉導天光欽遠才望特相引接除伏波將軍長城郡守原州大中正後以應侯莫陳崇功遷高平郡守太祖見遠與語悅之令居麾下甚見親遇及魏孝武西遷授假節銀青光祿大夫主衣都統封安定縣伯邑五百戶魏文帝嗣位之始思享遐年以遠字可嘉令扶帝升殿遷使持節征東大將軍進爵爲公增邑千戶仍領左右從征竇泰復弘農並有殊勳授都督原州刺史太祖謂遠曰孤之有卿若身

體之有手臂之用豈可暫輟於身本州之榮乃私事耳卿若述職則孤無所寄懷於是遂令遠兄賢代行州事沙苑之役遠功居最除車騎大將軍儀同三司進爵陽平郡公邑三千戶尋從獨孤信東略遂入洛陽爲東魏將侯景等所圍太祖至乃解及河橋之戰遠與獨孤信爲右軍不利而退除大丞相府司馬軍國機務遠皆參之長避權勢若不在巳時河東初復民情未安太祖謂遠曰河東國之要鎮非卿無以撫之乃

授河東郡守遠敦獎風俗勸課農桑肅遏姦非兼脩守禦之備曾未朞月百姓懷之太祖嘉焉降書勞問徵爲侍中驃騎大將軍開府儀同三司魏建東宮授太子少傅尋轉少師東魏北豫州刺史高仲密請舉州來附時齊神武屯兵河陽太祖以仲密所據遼遠難爲應接諸將皆憚此行遠曰北豫遠在賊境高歡又屯兵河陽常理而論實難救援但兵務神速事貴合機古人有言不入獸穴不得獸子若以奇兵出

其不意事或可濟脫有利鈍故是兵家之常如其顧望不行便無克定之日太祖喜曰李萬歲所言差强人意乃授行臺尚書前驅東出太祖率大軍繼進遠乃潛師而往拔仲密以歸仍從太祖戰於邙山時大軍不利遠獨整所部爲殿尋授都督義州弘農等二十一防諸軍事遠善綏撫有幹略守戰之備無不精銳每厚撫外之人使爲間諜敵中動靜必先知之至有事泄被誅戮者亦不以爲悔其得人心如此嘗校獵於

莎柵見石於叢蒲中以爲伏兎射之而中鏃入寸餘就而視之乃石也太祖聞而異之賜書曰昔李將軍廣親有此事公今復爾可謂世載其德雖熊渠之名不能獨擅其美東魏將段孝先率步騎二萬趨宜陽以送糧爲名然實有窺窬之意遠密知其計遣兵襲破之獲其輜重器械孝先遁走太祖乃賜所乘馬及金帶牀帳衣被等并雜綵二千四拜大將軍頃之除尚書左僕射遠白太祖曰遠秦隴匹夫才藝俱爾平生

念望不過一郡守耳遭逢際會得奉聖明主貴臣遷以至於此今位居上列爵邁通侯受委方面生殺在手非直榮寵一時亦足光華身世但尚書僕射任居端揆今以賜授適所以重其罪責明公若欲全之乞寢此授太祖曰公勳德兼美朝廷欽屬選衆而舉何足爲辭且孤之於公義等骨肉豈容於官位之間便致退讓深乖所望也遠不得已方拜職太祖又以第十一子達令遠子之即代王也其見親待如此時太祖嫡

周書列傳十七　十二

嗣未建明帝居長已有成德孝閔處嫡年尚幼冲乃召群公謂之曰孤欲立子以嫡恐大司馬有疑大司馬即獨孤信明帝敬后父也衆皆默未有言者遠曰夫立子以嫡不以長禮經明義略陽公爲世子公何所疑若以信爲嫌請即斬信便拔刀而起太祖亦起曰何事至此信又自陳說遠乃止於是群公竝從遠議出外拜謝信曰臨大事不得不爾信亦謝遠曰今日賴公決此大議六官建授小司寇孝閔帝踐阼進位柱

國大將軍邑千戶復鎮弘農遠子植在太祖時已爲相府司録參軍掌朝政及晉公護執權恐不被任用乃密欲誅護語在孝閔帝紀謀頗漏泄護知之乃出植爲梁州刺史尋而廢帝召還及植還朝遠恐有變沉吟久之乃曰大丈夫寧爲忠鬼安能作叛臣乎遂就徵既至京師護以遠功名素重猶欲全宥之乃引與相見謂之曰公兒遂有異謀非止屠戮護身乃是傾危宗社叛臣賊子理宜同疾公可早爲之所乃以植付

周書列傳十七　十三

遠遠素鍾愛於植植又口辯乃云初無此謀遠謂爲信然詰朝將植謁護護謂植已死乃曰陽平公何意乃自來也左右云植亦在門外護大怒曰陽平公不信我矣乃召入仍命遠同坐令帝與植相質於遠前植辭窮謂帝曰本爲此謀欲安社稷利至尊耳今日至此何事云云遠聞之自投於牀曰若爾誠合萬死於是護乃害植并逼遠令自殺時年五十一植弟叔諧叔謙叔讓亦死餘竝以年幼得免建德元年晉公護

誅乃詔曰故使持節柱國大將軍大都督陽平郡開國公遠早蒙驅任夙著勳績內參帷幄外屬藩維竭誠王室乃罹横禍言念貞良追增傷悼宜加榮寵用彰忠節贈本官加陜熊等十五州諸軍事陜州刺史謚曰忠隋開皇初追贈上柱國黎國公邑三千戸改謚曰懷植及諸弟並加贈謚

植弟基字仲和幼有聲譽美容儀善談論涉獵羣書尤工騎射太祖召見奇之乃令尚義歸

公主大統十年釋褐員外散騎常侍後以父勳封建安縣公邑一千戸累遷撫軍將軍銀青光祿大夫通直散騎常侍領大丞相親信俄轉大都督進爵清河郡公太祖扶危定傾威權震主及魏廢帝即位之後猜隙彌深時太祖諸子年皆幼沖章武公導中山公護復東西作鎮唯託意諸壻以爲心膂基與義城公李暉常山公于翼等俱爲武衛將軍分掌禁旅帝深憚之故密謀遂泄魏恭帝即位遷使持節車騎大將軍儀同三司加散騎常侍進爵燉煌郡公尋加侍中驃騎大將軍開府儀同三司拜陽平國世子六官建授御正中大夫孝閔帝踐阼出爲海州刺史尋以兄植被收例合坐死既以主壻又爲季父穆所請得免武成二年除江州刺史既被譴謫常憂懼不得志保定元年卒於位年三十一申公穆尤所鍾愛每哭輒悲慟謂其所親曰好兒捨我去門戸豈是欲興宣政元年追贈使持節上開府儀同三司大將軍

曹徐譙三州刺史燉煌郡公謚曰孝子威嗣

威字安民起家右侍上士累遷至開府儀同三司又改襲遠爵陽平郡公從高祖平齊以功授上開府拜軍司馬宣帝即位進授大將軍出爲熊州刺史大象末位至柱國

史臣曰李賢和兄弟屬亂離之際居戎馬之間志略縱横忠勇奮發亟摧勍敵屢涉艱危而功未書於王府仕不過於州郡及逢時值主策名委質或使煩莫府或契闊戎行荷生成

之恩蒙國士之遇俱縻好爵各著勳庸遂得任兼文武聲彰內外位高望重光國榮家跗萼連暉椒聊繁衍冠冕之盛當時莫比焉自周迄隋鬱爲西京盛族雖金張在漢不之尚也然而太祖初崩嗣君沖幼內則功臣放命外則強寇臨邊晉公以猶子之親膺負圖之託遂能撫寧家國開翦異端華魏與周遠安邇悅功勤已著過惡未彰李植受遇先朝宿參機務恐威權之已去懼將來之不容生此厲階成茲貝錦乃以

小謀大由疎間親主無昭帝之明臣有上官之詐嫌隙既兆釁故因之啓冢宰無君之心成閔皇廢弒之禍植之由也李遠既闕義方之訓又無先見之明以是誅夷非爲不幸

列傳第十七　周書二十五

列傳第十八　周書二十六

令狐　德棻　等撰

長孫儉

長孫紹遠 弟澄 兄子兕

斛斯徵

長孫儉河南洛陽人也本名慶明其先魏之枝族姓托拔氏孝文遷洛改爲長孫五世祖嵩魏太尉北平王儉少方正有操行狀貌魁梧神彩嚴肅雖在私室終日儼然性不妄交非其同志雖貴遊造門亦不與相見孝昌中起家員外散

騎侍郎從爾朱天光破隴右太祖臨夏州以儉爲録事深敬器之賀拔岳被害太祖赴平涼凡有經綸謀策儉皆參預從平侯莫陳悅留儉爲秦州長史時西夏州仍未內屬而東魏遣許和爲刺史儉以信義招之和乃舉州歸附即以儉爲西夏州刺史摠統三夏州時荆襄初附太祖表儉功績尤美宜委東南之任授荆州刺史東南道行臺僕射所部鄭縣令泉璨爲民所訟推治

獲實儉即大集僚屬而謂之曰此由刺史教誨不
明信不被物是我之愆非泉璨之罪遂於廳事前
肉袒自罰捨璨不問於是屬城肅勵莫敢犯法
魏文帝璽書勞之太祖又與儉書曰近行路傳
公以部内縣令有罪遂自杖三十用肅羣下吾
昔聞王臣謇謇匪躬之故蓋謂憂公忘私知無
不爲而已未有如公刻身罰己以訓羣僚者也
聞之嘉歎荊蠻舊俗少不敬長儉殷勤勸導
風俗大革務廣耕桑兼習武事故得邊境無

周書列傳十八　二

虞民安其業吏民表請爲儉構清德樓樹碑
刻頌朝議許焉在州遂歷一載徵授大行臺尚
書兼相府司馬嘗與羣公侍坐於太祖及退太
祖謂左右曰此公閑雅孤每與語嘗肅然畏敬
恐有所失佗日太祖謂儉曰名實理須相稱尚
書既志安貧素可改名儉以彰雅操又除行臺
僕射荊州刺史時梁嶽陽王蕭詧内附初遣
使入朝至荊州儉於廳事列軍儀具戎服與使
人以賓主禮相見儉容貌魁偉音聲如鍾大

爲鮮卑語遣人傳譯以問客客惶恐不敢仰視
日晚儉乃著裙襦紗帽引客宴於別齋因序
梁國喪亂朝廷招攜之意發言可觀使人大悦
出曰吾所不能測也及梁元帝嗣位於江陵外
敦鄰睦内懷異計儉密啓太祖陳攻取之謀於
是徵儉入朝問其經略儉對曰今江陵既在江
北去我不遠湘東即位已涉三年觀其形勢不
欲東下骨肉相殘民厭其毒荊州軍資器械
儲積已久若大軍西討必無匱乏之慮且兼弱

三ㄋ三十一　周書列傳十八　三　丘

攻昧武之善經國家既有蜀土若更平江漢撫
而安之收其貢賦以供軍國天下不足定也太
祖深然之乃謂儉曰如公之言吾取之晚矣令
儉還州密爲之備尋令柱國燕公于謹摠戎衆
伐江陵平以儉元謀賞奴婢三百口太祖與儉
書曰本圖江陵由公畫計今果如所言智者見
未萌何其妙也但吴民離散事藉招懷南服
重鎮非公莫可遂令儉鎮江陵進爵昌寧公
遷大將軍移鎮荊州摠管五十二州儉舊嘗

詣闕奏事時值大雪遂立於雪中待報自旦達
暮竟無惰容其奉公勤至皆此類也三年以疾
還京爲夏州摠管薨遺啓世宗請葬於太祖陵
側并以官所賜之宅還官詔皆從之追封鄶公
荊民儀同趙超等七百人感儉遺愛詣闕請爲
儉立廟樹碑詔許之詔曰昔叔敖辭沃壤之地
蕭何就窮僻之鄉以古方今無慙曩哲言尋
嘉尚弗忘于懷而有司未達大體遽以其第
即便給外今還其妻子子隆

長孫紹遠字師河南洛陽人少名仁父稚魏太
師録尚書上黨王紹遠性寬容有大度望之儼
然朋儕莫敢褻押雅好墳籍聰慧過人時稚
作牧壽春紹遠幼年甫十三稚管記王碩聞紹
遠強記心以爲不然遂白稚曰伏承世子聰慧
之姿發於天性目所一見誦之於口此既歷世
罕有竊願驗之於是命紹遠試焉讀月令數紙
纔一徧誦之若流自是碩乃歎服魏孝武初累
遷司徒右長史及齊神武稱兵而帝西遷紹遠

隨稚奔赴又累遷殿中尚書録尚書事太祖每
謂羣公曰長孫公任使之處令人無反顧憂漢
之蕭寇何足多也然其容止堂堂足爲當今模
楷六官建拜大司樂孝閔踐阼封上黨公初紹
遠爲太常廣召工人創造樂器土木絲竹各得
其宜唯黃鐘不調紹遠每以爲意嘗因退朝經
韓使君佛寺前過浮圖三層之上有鳴鐸焉忽
聞其音雅合宮調取而配奏方始克諧紹遠乃
啓世宗行之紹遠所奏樂以八爲數故梁黃門

侍郎裴正上書以爲昔者大舜欲聞七始下洎
周武爰創七音持林鐘作黃鐘以爲正調之首
詔與紹遠詳議往復於是遂定以八爲數焉授
小司空高祖讀史書見武王克殷而作七始又
欲廢八而懸七并除黃鐘之正宮用林鐘爲調
首紹遠奏云天子懸八肆自先民百王共軌萬
古不易下逮周武甫修七始之音詳諸經義又
無廢八之典且黃鐘爲君天子正位今欲廢之
未見其可後高祖竟廢七音屬紹遠遘疾未獲

面陳慮有司遽損樂器乃書與樂部齊樹之訣
後疾甚乃上遺表又陳之而卒帝省表涕零以
痛惜之
澄字士亮年十歲司徒李琰之見而奇之遂以
女妻焉十四從征討有策謀勇冠諸將及長容
貌魁岸風儀温雅魏孝武初除征東將軍渭州
刺史魏文帝嘗與太祖及羣公宴從容言曰孝
經一卷人行之本諸公宜各引要言澄應聲曰
夙夜匪懈以事一人座中有人次曰匡救其惡

既而出閤太祖深歎澄之合機而譏其次答者
後從太祖援玉壁又從戰邙山進位驃騎大將
軍開府孝閔踐阼拜大將軍封義門公爲玉壁
總管卒自衰杪至及葬世宗三臨之典祀中大
夫宇文容諫曰君臨臣喪自有節制今乘輿屢降
恐乖禮典世宗不從澄操履清約家無餘財太
祖嘗謂曰我於公閒志無所惜公有所須宜即
具道澄曰澄自頂至足皆是明公恩造即如今
者實無所須雅對賓客接引忘疲雖不飲酒而

好觀人酣興常恐座客請歸每勸中厨别進異
饌留之止
兇字若汗性機辯強記博聞雅重賓遊尤善談
論從魏孝武西遷天和初累遷驃騎大將軍開
府遷絳州刺史
斛斯徵字士亮河南洛陽人父椿太傅尚書令徵
幼聰穎五歲誦孝經周易識者異之及長博涉
羣書尤精三禮兼解音律有至性居父喪朝夕
共一溢米以父勳累遷太常卿自魏孝武西遷

雅樂廢缺徵博採遺逸稽諸典故創新改舊方
始備焉又樂有錞于者近代絶無此器或有
自蜀得之皆莫之識徵見之曰此錞于也衆弗
之信徵遂依于寶周禮注以芒筒捋之其聲極
振衆乃歎服徵乃取以合樂焉六官建拜司樂
中大夫進位驃騎大將軍開府後高祖以徵治
經有師法詔令教授皇太子宣帝時爲魯公與
諸皇子等咸服青衿行束脩之禮受業於徵仍
竝呼徵爲夫子儒者榮之宣帝嗣位遷上大將

軍大宗伯時高祖初崩梓宫在殯帝意欲速葬令朝臣議之徵與内史宇文孝伯等固請依禮七月帝竟不許帝之爲太子也宫尹鄭譯坐不能以正道調護被謫除名而帝雅親愛譯至是拜譯内史中大夫甚委任之譯乃獻新樂十二月各一笙每一笙用十六管帝令與徵議之徵駁而奏帝頗納焉及高祖山陵還帝欲作樂復令議其可不徵曰孝經云聞樂不樂聞尚不樂其況作乎鄭譯曰既云聞樂明即非無止可不

樂何容不奏帝遂依譯議譯因此銜之帝後肆行非度昬虐日甚徵以荷高祖重恩嘗備位師傅若生不能諫死何以見高祖乃上疏極諫指陳帝失帝不納譯因譖之遂下徵獄獄卒張元哀之乃以佩刀穿獄墻遂出之元卒被栲而終無所言徵遇赦得免隋文踐極倒復官除太子太傅詔修撰樂書開皇初薨子諺徵所撰樂典十卷

列傳第十八　周書二十一

列傳第十九　周書二十七

令狐德棻等撰

赫連達　韓果　蔡祐　常善　辛威　厙狄昌　田弘　梁椿　梁臺　宇文測 弟深

赫連達字朔周盛樂人勃勃之後也曾祖庫多汗因避難改姓杜氏達性剛鯁有膽力少從賀拔嶽征討有功拜都將賜爵長廣鄉男遷都督及嶽爲侯莫陳悅所害軍中大擾趙貴建議迎太祖諸將猶豫未決達曰宇文夏州昔爲左丞明略過人一時之傑今日之事非此公

不濟趙將軍議是也達請輕騎告哀仍迎之
諸將或欲南追賀拔勝或云東告朝廷達又曰
此皆遠水不救近火何足道哉貴於是謀遂定
令達馳往太祖見達慟哭問故達以實對太祖
遂以數百騎南赴平涼引軍向高平令達率騎
據彈箏峽時百姓惶懼奔散者多有數村民
方扶老弱驅畜牧欲入山避難軍士爭欲掠之達
曰遠近民黎多受制於賊今若值便掠縛何謂
伐罪弔民不如因而撫之以示義師之德乃撫以

恩信民皆悅附於是迭相曉語咸復舊業太
祖聞而嘉之悅平加平東將軍太祖謂諸將曰
當清水公遇禍之時君等性命懸於賊手雖欲
來告其路無從杜朔周冒萬死之難遠來見
及遂得共盡忠節同雪讎恥雖籍衆人之力實
賴杜子之功勞而不酬何以勸善乃賜馬二百匹
達固讓太祖弗許魏孝武入關褒叙勳義以達
首迎元帥匡復秦隴進爵魏昌縣伯邑五百戶
從儀同李虎破曹泥除鎮南將軍金紫光祿

大夫加通直散騎常侍增邑幷前一千戶從復
弘農戰沙苑皆有功又增邑八百戶除泉郡
守轉帥都督加持節除濟州刺史詔復姓赫
連氏以達勳望兼隆乃除雲州刺史即本州
也進爵爲公拜大都督尋授儀同三司從大
將軍達奚武攻漢中梁宜豐侯蕭循拒
守積時後乃送款武問諸將進止之宜開府
賀蘭願德等以其食盡欲急攻取之達曰
不戰而獲城策之上者無容利其子女貪其

財帛窮兵極武仁者不爲且觀其士馬猶強城
池尚固攻之縱克必將彼此俱損如其困獸猶鬬
則成敗未可知況行師之道以全軍爲上武曰公
言是也乃命將帥各申所見於是開府楊寬
等並同達議武遂受循降師還遷驃騎大將
軍開府儀同三司加侍中進爵藍田縣公六官
初建授左遂伯出爲隴州刺史保定初遷大將
軍夏州總管三州五防諸軍事達雖非文吏
然性質直遵奉法度輕於鞭撻而重慎死罪

性又廉儉邊境胡民或饋達以羊者達欲招納異類報以繒帛主司請用官物達曰羊入我厨物出官庫是欺上也命取私帛與之識者嘉其仁恕焉尋進爵樂川郡公建德二年進位柱國薨子遷嗣大象中位至大將軍蒲州刺史

韓果字阿六拔代武川人也少驍雄善騎射賀拔嶽西征引爲帳内擊萬俟醜奴及其枝黨轉戰數十合竝破之膂力絶倫被甲荷戈升陟峯嶺猶涉平路雖數十百日不以爲勞以功

授宣威將軍子都督從太祖討平侯莫陳悦遷都督賜爵邯鄲縣男魏孝武入關進封石縣伯邑五百戶大統初進爵爲公增邑通前千戶加通直散騎常侍果性強記兼有權略所行之處山川形勢備能記憶兼善伺敵虛實揣知情狀有潛匿溪谷欲爲間偵者果登高望之所疑處往必有獲太祖由是以果爲虞候都督每從征行常領候騎晝夜巡察略不眠寢從襲竇泰於潼關太祖依其規畫軍以勝返賞以

珠金帶一要帛二百匹授征虜將軍又從復弘農攻拔河南城獲郡守一人論功爲最破沙苑戰河橋竝有功授撫軍將軍銀青光禄大夫增邑九百戶遷朔州刺史轉安州刺史加帥都督九年從戰邙山軍還除河東郡守又從大軍破稽胡於北山胡地險阻人迹罕至果進兵窮討散其種落稽胡憚果勁健號爲著翅人太祖聞之笑曰著翅之名寧減飛將累遷大都督車騎大將軍儀同三司驃騎大將軍開府

儀同三司出爲宜州刺史録前後功進爵褒中郡公魏恭帝元年授大將軍從賀蘭祥討吐谷渾以功別封一子縣公武成二年又率軍破稽胡大獲生口賜奴婢一百口除寧州刺史保定三年拜少師進位柱國四年從尉遲迥圍洛陽軍退果所部獨全天和初授華州刺史爲政寬簡吏民稱之建德初薨子明嗣大象末位至上大將軍黎州刺史與尉遲迥同謀被誅

蔡祐字承先其先陳留圉人也曾祖紹爲夏

州鎮將徙居高平因家焉祖護魏景明初爲陳留郡守父龍襲名著西州正光中萬俟醜奴寇亂關中龍乃背賊棄妻子歸洛陽拜齊安郡守及魏孝武西遷仍在關東後始拔難西歸賜爵平舒縣伯除岐夏二州刺史卒贈原州刺史祐性聰敏有行檢龍之背賊東歸也祐年十四事母以孝聞及長有膂力便騎射太祖在原州召爲帳下親信太祖遷夏州以祐爲都督及侯莫陳悅害賀拔嶽諸將遣使

迎太祖將赴夏州首望彌姐元進等陰有異計太祖微知之先與祐議執元進祐曰狼子野心會當反噬今若執縛不如殺之太祖曰汝大決也於是召元進等入計事太祖曰隴賊逆亂與諸人勠力討之觀諸人輩似有不同者太祖微以此言動之因目祐祐即出外衣甲持刀直入瞋目叱諸人曰與人朝謀夕異豈是人也蔡祐今日必斬姦人之頭因按劍臨之舉坐皆叩頭曰願有簡擇祐乃叱元進而斬之并其黨竝伏誅一坐皆戰慄莫敢以

視於是與諸將結盟同心誅悅太祖以此知重之乃謂祐曰吾今以爾爲子爾其父事我後從討悅破之又從迎魏孝武於潼關以前後功封萇鄉縣伯邑五百戶大統初加寧朔將軍羽林監尋持節員外散騎常侍進爵爲侯增邑一千一百戶從太祖擒竇泰復弘農戰沙苑皆有功授平東將軍太中大夫又從太祖戰於河橋祐乃下馬步鬬手殺數人左右勸乘馬以備急卒祐怒曰丞相養我如子今日豈以性命爲念

遂率左右十餘人齊聲大呼殺傷甚多敵以其無繼遂圍之十餘重謂祐曰觀君似是勇士但弛甲來降豈慮無富貴耶祐罵之曰死卒吾今取頭自當封公何假賊之官號也乃彎弓持滿四面拒之東魏人弗敢逼乃募厚甲長刀者直進取祐去祐可三十步左右勸射之祐曰吾曹性命在一矢耳豈虛發哉敵人漸進可十步祐乃射之正中其面應弦而倒便以矟刺殺之因此戰數合唯失一人敵乃稍卻祐徐引退是戰也我軍不

利太祖已還祐至弘農夜中與太祖相會太祖
見祐至字之曰承先爾來吾無憂矣太祖心驚
不得寢枕祐股上乃安以功進爵爲公增邑三
百戶授京兆郡守九年東魏豫州刺史高仲
密擧州來附太祖率軍援之與齊神武遇戰
於邙山祐時著明光鐵鎧所向無前敵人咸曰
此是鐵猛獸也皆遽避之俄授青州刺史轉原
州刺史加帥都督尋除大都督十三年遭父
憂請終喪紀弗許遷車騎大將軍儀同三司

加驃騎大將軍開府儀同三司侍中賜姓大利
稽氏進爵懷寧郡公魏恭帝二年中領軍六
官建授兵部中大夫江陵初附諸蠻騷動詔
祐與大將軍豆盧寧討平之三年拜大將軍
給後部鼓吹以前後功增邑并前四千戶別封
一子縣伯太祖不豫祐與晉公護賀蘭祥等
侍疾及太祖崩祐悲慕不已遂得氣疾孝
閔帝踐阼拜少保祐與尉遲綱俱掌禁兵遞
直殿省時帝信任司會李植等謀害晉公

護祐每泣諫帝不聽尋而帝廢世宗即位拜
小司馬少保如故帝之爲公子也與祐特相友昵
至是禮遇彌隆御膳每有異味輒輟以賜祐
羣臣朝宴每被別留或至昏夜列炬鳴笳送
祐還宅祐以過蒙禮遇常辭疾避之至於婚
姻尤不願交於勢要尋以本官獲鎭原州頃
之授宜州刺史未之部因先氣疾動卒於原州
時年五十四祐少有大志與鄉人李穆布衣齊
名嘗相謂曰大丈夫當建立功名以取富貴安

能久處貧賤邪言訖各大笑穆即申公也後
皆如其言及從征伐常潰圍陷陣爲士卒先
軍還之日諸將爭功祐終無所競太祖每歎之
嘗謂諸將曰承先口不言勳孤當代其論叙
其見知如此性節儉所得祿皆散與宗族身
死之日家無餘財贈使持節柱國大將軍大
都督五州諸軍事原州刺史謚曰莊子正嗣
官至使持節車騎大將軍儀同三司祐弟澤頗
好學有幹能起家魏廣平王參軍丞相府兼

記室加宣威將軍給事中從尉遲迥平蜀授帥
都督賜爵安彌縣男稍遷司輅下大夫車騎
大將軍儀同三司禮州刺史在州受賂揔管代
王達以其功臣子弟密奏貰之後爲邵州刺
史不從司馬消難被害

常善高陽人也世爲豪族父安成魏正光末
茹茹寇邊以統軍從鎮將慕容勝與戰大
破之時破六汗拔陵作亂欲逼安成不從乃
率所部討陵以功授伏波將軍給鼓節後與
拔陵連戰卒於陣善魏孝昌中從爾朱榮入

洛授威烈將軍都督加龍驤將軍中散大夫直
寢封房城縣男邑三百戶後從太祖平侯莫陳
悅除天水郡守魏孝武西遷授武衛將軍進爵
武始縣伯增邑二百戶大統初加平東將軍進
爵爲侯擒竇泰復弘農破沙苑累有戰功
除使持節衛將軍假驃騎大將軍秦州刺史
四年從戰河橋加大都督進爵爲公除涇州刺
史屬茹茹入寇抄掠北邊善率所部破之盡

獲所掠拜車騎大將軍儀同三司遷驃騎大將
軍開府儀同三司西安州刺史轉蔚州刺史頻
莅三蕃頗有政績魏恭帝二年進爵永陽郡
公增邑二千戶孝閔帝踐阼拜大將軍寧州揔
管保定二年入爲小司徒四年突厥出師與隨公
楊忠東伐令善應接之五年夏卒時年六十四
贈使持節柱國大將軍大都督延夏鹽恒燕
五州諸軍事延州刺史子鼎和嗣先以善勳
拜儀同三司

辛威隴西人也祖大汗魏渭州刺史父生河州四
面大都督及威著勳追贈大將軍涼甘等五州
刺史威少慷慨有志略初從賀拔嶽征討有功
假輔國將軍都督及太祖統嶽之衆見威奇
之引爲帳內尋授羽林監封白土縣伯邑五百
戶從迎魏孝武因攻回洛城功居最大統元年拜
寧遠將軍增邑二百戶累遷通直散騎常侍
進爵爲侯增邑三百戶從擒竇泰復弘農戰
沙苑並先鋒陷敵勇冠時以前後功授撫軍

將軍銀青光祿大夫從于謹破襄城又從獨孤
信入洛陽經河橋陣加持節進爵為公增邑八
百戶五年授揚州刺史加大都督十三年遷車
騎大將軍儀同三司驃騎大將軍開府儀同三
司賜姓普毛氏出為鄜州刺史威時望既重朝
廷以桑梓榮之遷河州刺史本州大中正頻領
二鎮頗得民和閔帝踐祚拜大將軍進爵枹罕
郡公增邑五千戶及司馬消難來附威與達奚
武帥衆援接保定初復率兵討丹州叛胡破之

三年與達奚武攻陽關拔之明年從尉遲迥圍
洛陽還拜小司馬天和初進位柱國復為行軍
摠管討綏銀等諸州叛胡並平之六年從齊王
憲東伐拔伏龍等五城建德初拜大司寇三年
遷少傅出為寧州摠管宣政元年進位上柱國
大象二年進封宿國公增邑并前五千戶復為
少傅其年冬薨時年六十九威性持重有威嚴
歷官數十年未嘗有過故得以身名終兼其家
門友義五世同居世以此稱之子永達嗣大象

末以威勳拜儀同大將軍
厙狄昌字恃德神武人也少便騎射有膂力及
長進止閑雅膽氣壯烈每以將帥自許年十八
爾朱天光引為幢主加討夷將軍從天光定
關中以功拜寧遠將軍奉車都尉統軍天光
敗又從賀拔嶽授征西將軍金紫光祿大夫及
嶽被害昌與諸將議翊戴太祖從平侯莫陳
悅賜爵陰盤縣子加衛將軍右光祿大夫後從
太祖迎魏孝武復潼關改封長子縣子邑八百

戶大統初進爵為公增邑一千戶從破竇泰授
車騎將軍左光祿大夫又從復弘農戰沙苑昌
皆先登陷陣太祖嘉之授帥都督四年從戰河
橋除冀州刺史後與于謹破胡賊劉平伏於上
郡授馮翊郡守久之轉河北郡守十三年錄前後
功授大都督通直散騎常侍又從隋公楊忠
破蠻賊田杜清以功為最增邑三百戶拜儀同
三司尋遷開府儀同三司十六年出為東夏州
刺史魏廢帝元年進爵方城郡公增邑并前

四千一百户六官建授稍伯中大夫孝閔帝踐阼
拜大將軍後疾卒
田弘字廣略高平人也少慷慨志立功名膂力
過人敢勇有謀略魏永安中陷於万俟醜奴
爾朱天光入關弘自原州歸順授都督及太祖
初統衆弘求謁見乃論世事深被引納即處
以爪牙之任又以迎魏孝武功封鶉陰縣子邑五
百户太祖嘗以所著鐵甲賜弘云天下若定還
將此甲示孤也大統三年轉帥都督進爵爲公

從太祖復弘農戰沙苑解洛陽圍破河橋陣
弘功居多累蒙殊賞賜姓紇干氏尋授原州
刺史以弘勳望兼至故以衣錦榮之太祖在同
州文武並集乃謂之曰人人如弘盡心天下豈不早
定即授車騎大將軍儀同三司魏廢帝元年加
驃騎大將軍開府儀同三司平蜀之後梁信州
刺史蕭韶等各據所部未從朝化詔弘討平
之又討西平叛羌及鳳州叛氐等並破之弘每臨
軍鋒推直前身被一百餘箭破骨者九馬被

十稍朝廷壯之信州羣蠻反叛又詔弘與賀若敦
等平之孝閔帝踐阼進爵鴈門郡公邑通前
二千七百户保定元年出爲岷州刺史弘雖武
將而動遵法式百姓頗安之三年從隋公楊忠
伐齊拜大將軍明年又從忠東伐師還乃旋
所鎮吐谷渾寇西邊宕昌羌潛相應接詔弘
討之獲其二十五王拔其七十六柵遂破平之天
和二年陳湘州刺史華皎來附弘從衞公直赴
援與陳人戰不利仍以弘爲江陵總管及陳將

吴明徹來寇弘與梁主蕭巋退保紀南令副
總管高琳拒守明徹退乃還江陵尋以弘爲
仁壽城主以逼宜陽齊將段孝先斛律明月
出軍定隴以爲宜陽援弘與陳公純破之遂
拔宜陽等九城以功增邑五百户進位柱國大
將軍建德二年拜大司空遷少保三年出爲總
管襄郢昌豐唐蔡六州諸軍事襄州刺史
薨于州子恭嗣恭少有名譽早歷顯位大象
末位至柱國小司馬朝廷又追錄弘勳進恭

爵觀國公
梁椿字千年代人也祖屈朱魏昌平鎮將父
提內正郎椿初以統軍從爾朱榮入洛復從
榮破葛榮於滏口以軍功進授都將後從
賀拔嶽討平萬俟醜奴蕭寶夤等遷中
堅將軍屯騎校尉子都督普泰初拜征西
將軍金紫光祿大夫二年除高平郡守封盧奴
縣男邑一百戶太昌元年進授都督從太祖
平侯莫陳悅拜衛將軍右光祿大夫大統初

進爵欒城縣伯增邑五百戶出爲隴東郡
守尋進爵爲公增邑五百戶遷梁州刺史從
復弘農戰沙苑與獨孤信入洛陽從宇文貴
破東魏將堯雄等累有戰功授車騎大將
軍儀同三司大都督從戰河橋進爵東平郡
公增邑一千戶俄遷侍中驃騎大將軍開府儀
同三司七年從于謹討稽胡劉平伏椿擒其別
帥劉持塞又從獨孤信討岷州羌梁企定破之
除渭州刺史在州雖無他政績而夷夏安之十

三年從李弼赴潁川援侯景別攻閻韓鎮斬其
鎮城徐衛城主卜貴洛率軍士千人降以功增
邑四百戶孝閔帝踐阼除華州刺史改封清陵
郡公增邑通前三千七百戶二年入爲少保轉少
傅保定元年拜大將軍卒於位贈恒鄜延丹寧五
州諸軍事行恒州刺史謚曰烈椿性果毅善於
撫納所獲賞物分賜麾下故每踐敵場咸得其
死力雅好儉素不營貲產時論以此稱焉子明
魏恭帝二年以椿功襲爵豐陽縣公尋授大都

督遷車騎大將軍儀同三司散騎常侍治小吏
部歷小御伯御正下大夫保定五年詔襲椿爵
舊封回授弟朗大和中改封樂陵郡公除上州
刺史增邑并前四千三百戶
梁臺字洛都長池人也父去斤魏獻文時爲隴
西郡守臺少果敢有志操孝昌中從爾朱天光
一平關隴一歲之中大小二十餘戰以功授子
都督賜爵隴城鄉男普泰初進授都督後隸侯
莫陳悅討南秦州群盗平之悅表臺爲假

節衛將軍左光祿大夫進封隴城縣男邑二百
戶尋行天水郡事轉行趙平郡事頗治郡頗有
聲績未幾天光追臺還引入帳內及天光敗於
寒陵賀拔嶽又引爲心膂嶽爲侯莫陳悅所害
臺與諸將議翊戴太祖從討悅破之又拜天水郡
守大統初復除趙平郡守又與大僕石猛破兩山
屠者各增邑一百戶轉平涼郡守時莫折後熾
結聚輕剽寇掠居民州刺史史寧討之歷時
不克臺陳賊形勢兼論攻取之策寧善而

從之遂破賊徒復與于謹破劉平伏錄前後勳
授賴州刺史賜姓賀蘭氏從援玉壁戰邙山授
帥都督大統十五年拜南夏州刺史加通直散
騎常侍本州大中正增邑二百戶魏廢帝二年
遷使持節車騎大將軍儀同三司進驃騎大將
軍開府儀同三司加侍中孝閔帝踐阼進爵中
部縣公增邑通前一千戶武成中從賀蘭祥征
洮陽先登有功別封綏安縣侯邑一千戶詔聽
轉授其子元慶保定四年拜大將軍時大軍圍洛

陽久而不拔齊騎奄至齊公憲率兵禦之乃
有數人爲敵所執已去陣二百餘步臺望見之
憤怒單馬突入射殺兩人敵皆披靡執者遂
得還齊公憲每歎曰梁臺果毅膽決不可及
也五年拜鄜州刺史臺性疎通恕已待物至於
莅民處政尤以仁愛爲心不過識千餘字口占
書啓辭意可觀年過六十猶能被甲跨馬足
不躡蹬馳射弋獵矢不虛發後以疾卒
宇文測字澄鏡太祖之族子也高祖中山曾祖

豆頹祖騏驎父永仕魏位並顯達測性沉密少
篤學每旬月不窺戶牖起家奉朝請殿中侍
御史累遷司徒右長史安東將軍尚宣武女
陽平公主拜駙馬都尉及魏孝武疑齊神武有
異圖詔測詣太祖言令密爲之備太祖見之甚
歡使還封廣川縣伯邑五百戶尋從孝武西
遷進爵爲公太祖爲丞相以測爲右長史軍國政
事多委任之又令測詳定宗室昭穆遠近附於
屬籍除通直散騎常侍黃門侍郎大統四年

拜侍中長史六年坐事免尋除使持節驃騎大將軍開府儀同三司大都督行汾州事測政存簡惠頗得民和地接東魏數相鈔竊或有獲其爲寇者多縛送之測皆命解縛置之賓館然後引與相見如客禮焉仍設酒餚宴勞放還其國并給糧餼衛送出境自是東魏人大慙乃不爲寇汾晉之間各安其業兩界之民遂通慶弔不復爲仇讎矣時論稱之方於羊叔子或有告測與外境交通懷貳心者太祖

怒曰測爲我安邊吾知其無貳志何爲間我骨肉生此貝錦乃命斬之仍許測以便宜從事八年加金紫光祿大夫轉行綏州事每歲河冰合後突厥即來寇掠先是常預遣居民入城堡以避之測至皆令安堵如舊乃於要路數百處並多積柴仍遠斥候知其動靜是年十二月突厥從連谷入寇去界數十里測命積柴之處一時縱火突厥謂有大軍至懼而遁走自相蹂踐委棄雜畜及輜重不可勝數測徐率

所部收之分給百姓自是突厥不敢復至測因請置戍兵以備之十年徵拜太子少保十二年十月卒於位時年五十八太祖傷悼親臨慟焉仍令水池公護監護喪事贈本官謚曰靖測性仁恕好施與衣食之外家無蓄積在洛陽之日曾被竊盜所失物即其妻陽平公主之衣服也州縣擒盜并物俱獲測恐此盜坐之以死乃不認焉遂遇赦得免盜既感恩因請爲測左右及測從魏孝武西遷事極狼狽此人亦從測入關竟無

異志子該嗣歷官內外位至上開府儀同三司臨淄縣公測弟深

深字奴干性鯁正有器局年數歲便累石爲營伍并折草作旌旗布置行列皆有軍陣之勢父永遇見之乃大喜曰汝自然知此於後必爲名將至永安初起家祕書郎時羣盜蜂起深屢言時事爾朱榮雅知重之拜厲武將軍尋除車騎府主簿三年授子都督領宿衛兵卒及齊神武舉兵入洛孝武西遷既事起倉卒

人多逃散深撫循所部並得入關以功賜爵長樂
縣伯太祖以深有謀略欲引致左右圖議政事大
統元年乃啓爲丞相府主簿加朱衣直閤尋轉
尚書直事郎中及齊神武屯蒲坂分遣其將
竇泰趣潼關高敖曹圍洛州太祖將襲泰諸
將咸難之太祖乃隱其事陽若未有謀者而獨
問策於深對曰竇氏歡之驍將也頑凶而勇戰
亟勝而輕敵歡每仗之以爲禦侮今者大軍若
就蒲坂則高歡拒守竇泰必援之內外受敵

取敗之道也不如選輕銳之卒潛出小關竇性躁
急必來決戰高歡持重未即救之則竇可擒
也既虜竇氏歡勢自沮回師禦之可以制勝
太祖喜曰是吾心也軍遂行果獲泰而齊神武
亦退深又說太祖進取弘農復克之太祖大悅
謂深曰君即吾家之陳平也是冬齊神武又
率大衆度河涉洛至於沙苑諸將皆有懼色唯
深獨賀太祖詰之曰賊來充斥何賀之有對曰
高歡之撫河北甚得衆心雖乏智謀人皆用命

以此自守未易可圖今懸師度河非衆所欲唯
歡恥失竇氏愎諫而來所謂忿兵一戰可以擒
也此事昭然可見不賀何爲請假深一節發王
羆之兵邀其走路使無遺類矣太祖然之尋而
大破齊神武軍如深所策四年從戰河橋六年
別監李弼軍討白額稽胡並有戰功俄進爵爲
侯歷通直散騎常侍東雍州別駕使持節大
都督東雍州刺史深爲政嚴明示民以信抑挫
豪右吏民懷之十七年入爲雍州別駕魏恭帝

二年進車騎大將軍儀同三司散騎常侍六官
建拜小吏部下大夫孝閔帝受禪進位驃騎大
將軍開府儀同三司遷吏部中大夫武成元年
除幽州刺史改封安化縣公二年徵拜宗師大夫
轉軍司馬保定初除京兆尹入爲司會中大夫
深少喪父事兄甚謹性多奇譎好讀兵書既在
近侍每進籌策及在選曹頗獲時譽性仁
愛情隆宗黨從弟神擧神慶幼孤深撫訓
之義均同氣世亦以此稱焉天和三年卒於位贈

使持節少師恒雲蔚三州刺史謚曰成康子孝伯自有傳

史臣曰太祖屬禍亂之辰以征伐定海内大則連兵百萬繫以存亡小則轉戰邊亭不闋旬月是以人無少長士無賢愚莫不投筆要功橫戈請奮若夫數將者並攀翼雲漢底績屯夷雖運移年世而名成終始美矣哉以赫連達之先識而加之以仁恕蔡祐之敢勇而終之以不伐斯豈企及所致乎抑亦天性也宇文測

昆季政績謀猷咸有可述其當時之良臣歟

列傳第十九　周書二十七

列傳第二十　周書二十八

令狐德棻等撰

史寧
陸騰
賀若敦
權景宣

史寧字永和建康表氏人也曾祖豫仕沮渠氏為臨松令魏平涼州祖灌隨例遷於撫寧鎮因家焉父遵初為征虜府鎧曹參軍屬杜洛周

構逆六鎮自相屠陷遵遂率鄉里二千家奔恒州其後恒州為賊所敗遵復歸洛陽拜樓煩郡守及寧著勲追贈散騎常侍征西大將軍涼州刺史謚曰貞寧少以軍功拜別將遷直閤將軍都督宿衛禁中尋加持節征東將軍金紫光祿大夫賀拔勝為荊州刺史寧以本官為勝軍司率步騎一千隨勝之部值荊蠻騷動一鵶路絕寧先驅平之因撫慰心蠻左翕然降附遂稅得馬一千五百匹供軍尋除南郢州刺史及勝為

大行臺表寧爲大都督率步騎一萬攻梁下溠戍破之封武平縣伯邑五百戸又攻拔梁齊興鎭等九城獲戸二萬而還未及論功屬魏孝武西遷東魏遣侯景率衆寇荆州寧隨勝奔梁梁武帝引寧至香蹬前謂之曰觀卿風表終至富貴我當使卿衣錦還鄉寧答曰臣世荷魏恩位爲列將天長喪亂本朝傾覆不能北面逆賊幸得息肩有道儻如明詔欣幸實多因涕泣橫流梁武爲之動容在梁二年勝乃與寧密圖歸計

寧曰朱异既爲梁主所信任請往見之勝然其言寧乃見异申以投分之言微託思歸之意辭氣雅至异亦嗟挹謂寧曰桑梓之思其可忘懷當爲奏聞必望遂所請耳未幾梁主果許勝等歸大統二年寧自梁歸闕進爵爲侯增邑三百戸久之遷車騎將軍行涇州事時賊帥莫折後熾寇掠居民寧率州兵與行原州事李賢討破之轉通直散騎常侍東義州刺史東魏亦以故胡梨苟爲東義州刺史寧僅得入州梨苟

亦至寧迎擊破之斬其洛安郡守馮善道州旣鄰接疆場百姓流移寧留心撫慰咸來復業十二年轉涼州刺史寧未至而前刺史宇文仲和據州作亂詔遣獨孤信率兵與寧討之寧先至涼州爲陳禍福城中吏民皆相率降附仲和仍據城不下尋亦克之加車騎大將軍儀同三司大都督涼西涼二州諸軍事散騎常侍涼州刺史十五年遷驃騎大將軍開府儀同三司加侍中進爵爲公十六年宕昌叛羌獠甘作亂逐其

王彌定而自立并連結傍乞鐵怱及鄭五醜等詔寧率軍與宇文貴豆盧寧等討之寧別擊獠甘而山路險阻纔通單騎獠甘已分其黨立柵守險寧進兵攻之遂破其柵獠甘率三萬人逆戰寧復大破之追奔至宕昌獠甘將百騎走投生羌鞏廉王彌定遂得復位寧以未獲獠甘密欲圖之乃揚聲欲還獠甘聞之復招引叛羌依山起柵欲攻彌定寧謂諸將曰此羌入吾術中當進兵擒之耳諸將思歸咸曰生羌聚散無常

依據山谷今若追討恐引日無成且彌定還得
守蕃將軍功已立矣獠甘勢弱彌定足能制之
以此還師策之上者寧曰一日縱敵數世之患豈
可捨將滅之寇更煩再舉人臣之禮知無不爲
以此諸君不足與計事也如更沮衆寧豈不能
斬諸君邪遂進軍獠甘衆亦至與戰大破之生
獲獠甘徇而斬之幷執輩廉王送闕所得軍實
悉分賞將士寧無私焉師還詔寧率所部鎮河
陽寧先在涼州戎夷服其威惠遷鎮之後邊民

並思慕之魏廢帝元年復除涼甘瓜三州諸軍
事涼州刺史初茹茹與魏和親後更離叛尋爲
突厥所破殺其主阿那瓌部落逃逸者仍奉瓌
之子孫抄掠河右寧率兵邀擊獲瓌子孫二人
幷其種落酋長自是每戰破之前後獲數萬人
進爵安政郡公二年吐谷渾通使於齊寧擊獲
之就拜大將軍寧後遣使詣太祖請事太祖即
以所服冠履衣被及弓箭甲矟等賜寧謂其使
人曰爲我謝涼州孤解衣以衣公推心以委公公

其善始令終無損功名也時突厥木汗可汗假
道涼州將襲吐渾太祖令寧率騎隨之軍至番
禾吐渾已覺奔於南山木汗將分兵追之令俱
會於青海寧謂木汗曰樹敦賀眞二城是吐渾
巢穴今若拔其本根餘種自然離散此上策也
木汗從之即分爲兩軍木汗從北道向賀眞寧
趣樹敦渾娑周國王率衆逆戰寧擊斬之踰山
履險遂至樹敦敦是渾之舊都多諸珍藏而渾
主先已奔賀眞留其征南王及數千人固守寧

進兵攻之退渾人果開門逐之因回兵奮擊門未
及闔寧兵遂得入生獲其征南王俘虜男女財
寶盡歸諸突厥渾賀羅拔王依險爲柵周回
五十餘里欲塞寧路寧攻其柵破之俘斬萬計
獲雜畜數萬頭木汗亦破賀眞虜渾主妻子
大獲珍物寧還軍於青海與木汗會木汗握寧
手歎其勇決幷遺所乘良馬令寧於帳前乘之
木汗親自步送突厥以寧所圖必破皆畏憚之
咸曰此中國神智人也及將班師木汗又遺寧

奴婢一百口馬五百匹羊一萬口寧乃還州尋被
徵入朝屬太祖崩寧悲慟不已乃請赴陵所盡
哀并告行師克捷孝閔帝踐阼拜小司徒出爲
荆襄淅郢等五十二州及江陵鎮防諸軍事荆
州刺史寧有識畫識兵權臨敵指撝皆如其策
甚得當時之譽及在荆州頗自奢縱貪濁不修
法度嘗出有人訴州佐曲法寧還付被訟者治之
自是有事者不復敢言聲名大損於西州保定
三年卒於州謚曰烈子雄嗣雄字世武少勇敢

膂力過人便弓馬有筭略年十四從寧於牽屯
山奉迎太祖仍從校獵弓無虛發太祖歎異之
尋尚太祖女永富公主除使持節驃騎大將軍
開府儀同三司累遷駕部中大夫大馭中大夫
從柱國枹罕公辛威鎮金城遂卒於軍時年二
十四雄弟祥以父勳賜爵武遂縣公祥弟雲亦
以父勳賜爵武平縣公歷位司織下大夫儀同
大將軍雲弟威亦以父勳賜爵武當縣公

陸騰字顯聖代人也高祖俟魏征西大將軍東
平主祖彌夏州刺史父旭性雅澹好老易緯候
之學撰五星要訣及兩儀眞圖頗得其指要太
和中徵拜中書博士稍遷散騎常侍知天下將
亂遂隱於太行山孝莊即位屢徵不起後贈并
汾恒肆四州刺史騰少慷慨有大節解巾自外
散騎侍郎司徒府中兵參軍尒朱榮入洛以騰
爲通直散騎侍郎帳內都督從平葛榮以功賜
爵清河縣伯普泰初遷朱衣直閤尚安平主郎
東萊王貴平女也魏孝武幸貴平第見騰與語

悦之謂貴平曰阿翁眞得好壻即擢爲通直散
騎常侍及孝武西遷騰時使青州遂没於鄴東
魏興和初徵拜征西將軍領陽城郡守大統九
年大軍東討以騰所據衝要遂先攻之時兵威
甚盛長史麻休勸騰降不許拒守經月餘城陷
被執太祖釋而禮之問其東閒消息騰盛陳東
州人物又叙述時事辭理抑揚太祖笑曰卿眞
不背本也即拜帳內大都督未幾除太子庶子
遷武衛將軍既爲太祖所知頗立功効不求內

職太祖嘉之十三年拜車騎大將軍儀同三司魏廢帝元年安康賊黃衆寶等作亂連結漢中衆數人攻圍東梁州城中糧盡詔騰率軍自子午谷以援之騰乃星言就道至便與戰大破之軍還拜龍州刺史太祖謂騰曰今欲通江由路直出南秦卿宜善思經略騰曰必望臨機制變未敢預陳太祖曰此是卿取柱國之日卿其勉之即解所服金帶賜之州民李廣嗣李武等憑據巖險以爲堡壁招集不逞之徒攻刼郡縣歷政

不能治騰密令多造飛梯身率麾下夜往掩襲未明四面俱上遂破之執廣嗣等於鼓下其黨有任公忻者更聚徒衆圍逼州城乃語騰曰但免廣嗣及武即散兵請罪騰謂將士曰吾若不殺廣嗣等可謂隨軍實而長寇讎事之不可者也公忻豎子乃敢要人即斬廣嗣及武以首示之賊徒沮氣於是出兵奮擊盡獲之魏恭帝三年拜驃騎大將軍開府儀同三司轉江州刺史爵上庸縣公邑二千戶陵州木籠獠恃險

麤獷每行抄刼詔騰討之獠既因山爲城攻之未可拔騰遂於城下多設聲樂及諸雜伎示無戰心諸賊果棄其兵仗或攜妻子臨城觀樂騰知其無備密令衆軍俱上諸賊惶懼不知所爲遂縱兵討擊盡破之斬首一萬級俘獲五千人世宗初陵眉戎江資邛新遂八州夷夏及合州民張瑜兄弟并反衆數萬人攻破郡縣騰率兵討之轉潼州刺史武成元年詔徵騰入朝世宗面勑之曰益州險遠非親勿居故令齊公作鎮卿之武

略已著遐邇兵馬鎮防皆當委卿統攝於是徙隆州刺史隨憲入蜀及趙公招代憲復請留之保定元年遷隆州揔管領刺史二年資州槃石民反殺郡守據險自守州軍不能制騰率軍討擊盡破斬之而蠻獠兵及所在蜂起山路險阻難得掩襲騰遂量山川形勢隨便開道蠻獠畏威承風請服所開之路多得古銘並是諸葛亮桓溫舊道是年鐵山獠抄斷內江路使驛不通騰乃進軍討之欲至鐵山乃僞還師賊不

以爲虞遂不守備騰出其不意擊之應時奔潰
一日下其三城斬其魁帥俘獲三千人招納降附
者三萬戶帝以騰母在齊未令東討適有其
親屬自東還朝者晉公護奏令僞告騰云齊爲
無道已誅公家母兄並從塗炭蓋欲發其怒也
騰乃發哀泣血志在復讎四年齊公憲與晉公
護東征請騰爲副趙公招時在蜀復留之晉公
護與招書曰今朝廷令齊公掃蕩河洛欲與此
人同行汝彼無事且宜借吾也於是命騰馳傳

入朝副憲東討五年拜司憲中大夫天和初信州
蠻蜑據江硤反叛連結二千餘里自稱王侯殺
刺史守令等又詔騰率軍討之騰乃先趣益州
進驍勇之士兼具樓船沿外江而下軍至湯口分
道奮擊所向摧破乃築京觀以旌武功語在
蠻傳涪陵郡守蘭休祖又據楚向臨容開信
等州地方二千餘里阻兵爲亂復詔騰討之初
與大戰斬首三千級俘獲千餘人當時雖摧
其鋒而賊衆既多自夏及秋無日不戰師老糧

盡遂停軍集市更思方略賊見騰不出四面競
前騰乃激勵其衆士皆爭奮復攻拔其魚令城大
獲糧儲以充軍實又破銅鑑等七栅前後斬獲
四千人并船艦等又築臨州集市二城以鎮遏
之騰自在龍州至是前後破平諸賊凡賞得奴
婢八百口馬牛稱是於是巴蜀悉定詔令樹碑紀
績焉四年遷江陵摠管陳遣其將章昭達率衆
五萬船艦二千圍江陵衞王直聞有陳寇遣大
將軍趙誾李遷哲等率步騎赴之並受騰節

度時遷哲等守外城陳將程文季雷道勤夜來
掩襲遷哲等驚亂不能抗禦騰夜遣開門出
甲士奮擊大破之陳人奔潰道勤中流矢而斃
虜獲二百餘人陳人又決龍川寧邦堤引水灌
江陵城騰親率將士戰於西堤破之斬首數千
級陳人乃遁六年進位柱國進爵上庸郡公增
邑通前三千五百戶建德二年徵拜大司空尋
出爲涇州摠管宣政元年冬薨於京師贈本官
加并汾等五州刺史重贈大後丞謚曰定子玄

嗣玄字士鑒騰入開府時年始七歲仕齊爲奉朝
請歷成平縣令齊平高祖見玄特加勞勉即拜
地官府都上士大象末爲隋文相府内兵參軍
玄弟融字士傾最知名少歷顯職大象中位至
大將軍定陵縣公
賀若敦代人也父統爲東魏潁州長史大統二
年執刺史田迅以州降至長安魏文帝謂統曰
卿自潁川從我何日能忘即拜右衞將軍散騎
常侍兖州刺史賜爵當亭縣公尋除北雍州刺

三ㄇ二十　周書列傳二十　十二

史卒贈侍中燕朔恒三州刺史司空公謚曰哀敦
少有氣幹善騎射統之謀執迅也慮事不果又
以累弱既多難以自拔沉吟者久之敦時年十
七乃進策曰大人往事葛榮已爲將帥後入尒
朱禮遇尤重韓陵之後屈節高歡既非故人又
無功效今日委任無異於前者正以天下未定方
藉英雄之力一旦清平豈有相容之理以敦愚計
恐將來有危亡之憂願思全身遠害不得有所
顧念也統乃流涕從之遂定謀歸太祖時羣盜

蜂起各據山谷大𠞊山賊張世顯潛來襲統敦
挺身赴戰手斬七八人賊乃退走統大悦謂左右
僚屬曰我少從軍旅戰陣非一如此兒年時膽略
者未見其人非唯成我門戶亦當爲國名將明
年從河内獨孤信於洛陽被圍敦彎弓三石箭
不虛發信大奇之乃言於太祖太祖異之引置麾
下授都督封安陵縣伯邑四百戶嘗從太祖校
獵於甘泉宫時圍人不齊獸多逃逸太祖大怒
人皆股戰圍内唯有一鹿俄亦突圍而走敦躍馬

三百六四　周書列傳二十　十三　舜

馳之鹿上東山敦棄馬步逐至山半便掣之而
下太祖大悦諸將因得免責累遷太子庶子撫
軍將軍通直散騎常侍大都督車騎大將軍散
騎常侍儀同三司進爵廣鄉縣侯敦既有武藝
太祖恒欲以將帥任之魏廢帝二年拜右衞將軍
俄加驃騎大將軍開府儀同三司進爵爲公時
岷蜀初開民情尚梗巴西人譙淹據南梁州與
梁西江州刺史王開業共爲表裏扇動羣蠻太祖
令敦率軍討之山路艱險人迹罕至敦身先將

士攀木緣崖倍道兼行乘其不意又遣儀同扶猛破其別帥向鎮侯於白帝淹乃與開業并其黨泉王成侯造等率衆七千口累三萬自墊江而下就梁王琳敦邀擊破之淹復依山立柵南引蠻帥向白彪爲援敦設反間離其黨與因其懈怠復破之斬淹盡俘其衆進爵武都公增邑通前一千七百戶拜典祀中大夫尋出爲金州都督七州諸軍事金州刺史向白彪又與蠻帥向五子等聚衆爲寇圍逼信州詔敦與開府田

弘赴救未至而城已陷進與白彪等戰破之俘斬二千人仍進軍追討遂平信州是歲荊州蠻帥文子榮自號仁州刺史擁逼土人據沮漳爲逆復令敦與開府潘詔討之擒子榮并虜其衆武成元年入爲軍司馬自江陵平後巴湘之地並內屬每遣梁人守之至是陳將侯瑱侯安都等圍逼湘州遏絕糧援乃令敦率步騎六千度江赴救瑱等以敦孤軍深入規欲取之敦每設奇伏連戰破瑱乘勝徑進遂次湘州因此輕敵不

以爲虞俄而霖雨不已秋水汎溢陳人濟師江路遂斷糧援既絕人懷危懼敦於是分兵抄掠以充資費恐瑱等知其糧少乃於營內多爲土聚覆之以米集諸營軍士人各持囊遣官司部分若欲給糧者因召側近村民陽有所訪問令於營外遥見隨即遣之瑱等聞之良以爲實乃據守要險欲曠日以老敦師敦又增修營壘造廬舍示以持久湘羅之間遂廢農業瑱等無如之何初土人亟乘輕船載米粟及籠雞鴨以餉

瑱軍敦患之乃僞爲土人裝船伏甲士於中瑱兵人望見謂餉船之至逆來爭取敦甲士出而擒之敦軍數有叛人乘馬投瑱者輒納之敦又別取一馬牽以趣船令船中逆以鞭鞭之如是者再三馬便畏船不上後伏兵於江岸遣人以招瑱軍詐稱投附瑱便遣兵迎接競來牽馬馬既畏船不上敦發伏掩之盡殪此後實有饋餉及亡命奔瑱者猶謂敦之設詐逆遣扞擊並不敢受相持歲餘瑱等不能制求借船送敦度江敦慮

其或詐拒而弗許瑱復遣使謂敦曰驃騎在此既久今欲給船相送何爲不去敦報云湘州是我國家之地爲爾侵逼敦來之日欲相平殄既未得一決所以不去瑱後日復遣使來敦謂使者云必須我還可舍我百里當爲汝去瑱等留船於江將兵去津路百里敦覘知非詐徐理舟檝勒衆而還在軍病死者十五六晉公護以敦失地無功除名爲民保定二年拜工部中大夫尋出爲金州總管七州諸軍事金州刺史三年從

柱國楊忠引突厥破齊長城至并州而還以敦爲殿別封一子順義縣公邑一千戶五年除中州刺史鎮函谷敦恃功負氣顧其流輩皆爲大將軍敦獨未得兼以湘州之役全軍而反不蒙旌賞翻被除名每懷怨怒屬有臺使至乃出怨言晉公護怒遂徵敦還逼令自殺時年四十九建德初追贈大將軍謚曰烈子弼有文武材略大象末位至開府儀同大將軍揚州刺史襄邑縣公敦弟誼亦知名官至柱國海陵縣公

權景宣字暉遠天水顯親人也父曇騰魏隴西郡守贈秦州刺史景宣少聰悟有氣俠宗黨皆歎異之年十七魏行臺蕭寶夤見而奇之表爲輕車將軍及寶夤敗景宣歸鄉里太祖平隴右擢爲行臺郎中魏孝武西遷授鎮遠將軍步兵校尉加平西將軍秦州大中正大統初轉祠部郎中景宣曉兵權有智略從太祖拔弘農破沙苑皆先登陷陣轉外兵郎中從開府于謹援洛陽景宣督課糧儲軍以周濟時初復洛陽將修

繕宮室景宣率徒三千先出採運會東魏兵至司州牧元季海等以衆少拔還屬城悉叛道路擁塞景宣將二十騎且戰且走從騎略盡景宣輕馬突圍手斬數級馳而獲免因投民家自匿景宣以久藏非計乃僞作太祖書招募得五百餘人保據宜陽聲言大軍續至東魏將段琛等率衆至九曲憚景宣不敢進景宣恐琛審其虛實乃將腹心自隨詐云迎軍同得西道與儀同李延孫相會攻孔城洛陽以南尋亦來附太

祖即留景宣守張白塢節度東南義軍東魏將
王元凱入洛景宣與延孫等擊走之以功授大行
臺右丞進屯宜陽攻襄城拔之獲郡守王洪顯
俘斬五百餘人太祖嘉之徵入朝録前後功封
顯親縣男邑三百戸除南陽郡守郡鄰敵境舊
制發民守防三十五處多廢農桑而姦宄猶作
景宣至並除之唯修起城樓多備器械寇盜斂
迹民得肆業百姓稱之立碑頌德太祖特賞粟
帛以旌其能遷廣州刺史侯景舉河南來附景

宣從僕射王思政經略應接既而侯景南叛恐
東魏復有其地以景宣爲大都督豫州刺史鎮
樂口東魏亦遣張伯德爲刺史伯德令其將劉
貴平率其戍卒及山蠻屢來攻逼景宣兵不滿
千人隨機奮擊前後擒斬三千餘級貴平乃
退走進授使持節車騎大將軍儀同三司潁川
陷後太祖以樂口等諸城道路阻絶悉令拔還
襄州刺史杞秀以狼狽得罪景宣號令嚴明戎
旅整肅所部全濟獨被優賞仍留鎮荆州委以

鵶南之事初梁嶽陽王蕭詧將以襄陽歸朝仍
勒兵攻梁元帝於江陵詧叛將杜岸乘虚襲之
景宣乃率騎三千助詧破岸詧因是乃送其妻
王氏及子寮入質景宣又與開府楊忠取梁將
柳仲禮拔安陸隨郡久之隨州城民吳士英等
殺刺史黄道玉因聚爲寇景宣以英等小賊可
以計取之若聲其罪恐同惡者衆迺與英書僞
稱道玉凶暴歸功英等英果信之遂相率而至
景宣執而戮之散其黨與進攻應城拔之獲夏

侯珍洽於是應禮安隨並平朝議以景宣威行
南服迺授并安肆郢新應六州諸軍事并州刺
史尋進驃騎大將軍開府儀同三司加侍中兼
督江北司二州諸軍事進爵爲伯邑五百戸唐
州蠻田魯嘉自號豫州伯引致齊兵大爲民患
景宣又破之獲魯嘉以其地爲郡轉安州刺史
梁定州刺史李洪遠初款後叛景宣惡其懷貳
密襲破之虜其家口及部衆洪遠脱身走免自
是晋帥懾服無敢叛者燕公于謹征江陵景宣

別破梁司空陸法和司馬羊亮於湞水又遣別
帥攻拔魯山多造舟艦益張旗幟臨江欲度以
懼梁人梁將王琳在湘州景宣遺之書諭以禍
福琳遂遣長史席豁因景宣請舉州款附孝閔
帝踐阼徵爲司憲中大夫尋除基鄀硤平四
州五防諸軍事江陵防主加大將軍保定四年
晉公護東討景宣別討河南齊豫州刺史王士
良永州刺史蕭世怡並以城降景宣以開府謝
徹守永州開府郭彥守豫州以士良世怡及降

周書列傳二十　二十

卒一千人歸諸京師尋而洛陽不守乃棄二州
拔其將士而還至昌州而羅陽蠻反景宣回軍
破之斬首千級獲生口二千雜畜千頭送闕還
次灞上晉公護親迎勞之天和初授荆州摠管
十七州諸軍事荆州刺史進爵千金郡公陳湘
州刺史華皎舉州款附表請援兵勑景宣統水
軍與皎俱下景宣到夏口陳人已至而景宣以
任遇隆重遂驕傲恣縱多自矜伐兼納賄貨指
麾節度朝出夕改將士憤怒莫肯用命及水軍

始交一時奔北船艦器仗略無孑遺時衛公直
摠督諸軍以景宣負敗欲繩以軍法朝廷不忍
加罪遣使就軍赦之尋遇疾卒贈河渭鄯三州
刺史謚曰恭子如璋嗣位至開府膠州刺史如
璋弟如玹儀同大將軍廣川縣侯景宣之去樂
口南荆州刺史郭賢據魯陽以拒東魏
賢字道因趙興陽州人也父雲涼州司馬賢性
彊記學涉經史魏正光末賊帥宿勤明達圍逼
豳州刺史畢暉補賢統軍與之拒守後爲州主簿

三百三十　周書列傳二十　二十一　吴

行北地郡事以征討有功授都督大統二年齊
神武襲陷夏州太祖慮其南下與朝臣議之賢
進曰高歡兵士雖衆智勇已竭策其舉措必不
敢遠來昔賀拔公初薨關中振駭而歡不能因
利乘便進取雍州是其無智及鑾駕西遷六軍
寡弱毛鴻賓喪敗關門不守又不能乘此危機
以要一戰是其無勇今上下同心士民勠力歡志沮
喪寧敢送死且豳夏荒阻千里無煙縱欲南侵
資糧莫繼以此而言不來必矣齊神武後果退

如賢所策尋加伏波將軍從王思政鎮弘農授
使持節行義州事當州都督轉行弘農郡事
賢質直有筭略思政甚重之禦邊之謀多與賢
參決十二年除輔國將軍南州刺史及侯景來
附思政遣賢先出三鵶鎮於魯陽加大都督封
安武縣子邑四百戶尋進車騎大將軍儀同三司
加散騎常侍及潁川被圍東魏遣蠻酋魯和扇
動羣蠻規斷鵶路和乃遣其從弟與和爲漢
廣郡守率其部曲侵擾州境賢密簡士馬輕

三百二十五　周書列傳二十　二十二　吳

往掩襲大破之遂擒魯和既而潁川陷權景宣
等並拔軍西還自魯陽以東皆附東魏將彭樂
因之遂來攻逼賢撫循將士咸爲盡其力用樂
不能克乃引軍退而東魏又以土民韋默兒爲
義州刺史鎮父城以逼賢賢又率軍攻默兒擒
之轉廣州刺史後從尉遲迥伐蜀行安州事魏
恭帝元年行寧蜀郡事兼益州長史以平蜀
勳進爵爲伯增邑五百戶轉行始州事孝閔帝
踐阼進位驃騎大將軍開府儀同三司進爵爲

侯增邑通前一千四百戶世宗初除迎師中大夫
尋出爲勳州刺史鎮玉壁武成二年遷安應等
十二州諸軍事安州刺史進爵樂昌縣公賢在
官雖無明察之譽以廉平待物去後頗亦見思
保定三年轉陝州刺史天和元年卒於位贈少
保寧蔚朔三州刺史謚曰節賢衣服飲食雖以
儉約自處而居家豐麗室有餘貲時論譏其
詐云子正嗣
史臣曰昔耿恭抗勁虜於疏勒馬敦拒羣兵於

周書列傳二十　二十三

汧城雖以生易死終賴王師之助其嘉聲峻節
亦見稱於良史焉賀若敦志略慷慨深入敵境
勍敵絕其糧道長江阻其歸塗勢危而策出無
方事迫而雄心彌厲故能使士卒感其義敵人
畏其威利涉死地全師而返非夫忘生以徇國
者其孰能若此者乎俯窺元定之傳曾冀士之
不若也誠宜裂地以賞之分職以授之而茂勳
莫紀嚴刑已及嗟乎政之紕繆一至於此天下是
以知宇文護不能終其位焉史寧權景宣並以

將帥之才受內外之寵揔戎薄伐著剋敵之功布政莅民垂稱職之譽若此者豈非有國之良翰歟然而史在末年貨財虧其雅志權亦晚節矜驕喪其威聲傳曰終之實難其斯之謂矣陸騰志氣懍然雅杖名節及授戎律建藩麾席卷巴梁則功著銘典雲撤汪漢則聲流帝籍身名俱劭其最優乎

列傳第二十　周書二十八

列傳第二十一　周書二十九

令狐　德棻　等撰

王傑

王勇

宇文虬

宇文盛　弟丘

耿豪

高琳

李和

伊婁穆

楊紹

王雅

達奚寔

劉雄

侯植

王傑金城直城人也本名文達高祖萬國魏伏波將軍燕州刺史父巢龍驤將軍榆中鎮將傑少有壯志每以功名自許善騎射有旅力魏

孝武初起家子都督後從西遷賜爵都昌縣
子太祖奇其才擢授揚烈將軍羽林監尋加都
督太祖嘗謂諸將曰王文達萬人敵也但恐勇
決太過耳復潼關破沙苑爭河橋戰邙山皆以
勇敢聞親待日隆賞賜加於倫等於是賜姓宇
文氏除岐州刺史加撫軍將軍銀青光祿大夫
進爵爲公邑八百户累遷大都督車騎大將軍
儀同三司侍中驃騎大將軍開府儀同三司魏
恭帝元年從于謹圍江陵時柵内有人善用長

矟戰士將登者多爲所斃謹令傑射之應弦而
倒登者乃得入餘衆繼進遂拔之謹喜曰濟我
大事者在公此箭也孝閔帝踐阼進爵張掖郡
公增邑一千户出爲河州刺史朝廷以傑勲望俱
重故授以本州保定三年進位大將軍三年詔傑
與隨公楊忠自漢北伐齊至并州而還天和三年
除宜州刺史增邑通前三千六百户六年從齊公
憲東禦齊將斛律明月進位柱國建德初除涇
州揔管傑少從軍旅雖不習吏事所歷州府咸

以忠恕爲心以是頗爲百姓所慕宣帝即位拜
上柱國大象元年薨時年六十五贈河鄯鄧延
洮宕翼七州諸軍事河州刺史追封鄂國公謚
曰威子孝僊大象末位至開府儀同大將軍
王勇代武川人也本名胡仁少雄健有膽決便弓
馬旅力過人魏永安中万俟醜奴等寇亂關隴
勇占募隨軍討之以功授寧朔將軍奉車都
尉又數從侯莫陳悅賀拔岳征討功每居多拜
別將及太祖爲丞相引爲帳内直盪都督加後

將軍太中大夫封包信縣子邑三百户大統初
增邑四百户進爵爲侯從擒竇泰復弘農戰
沙苑氣蓋衆軍所當必破太祖歎其勇敢賞
賜特隆進爵爲公邑一千五百户拜鎮南將軍
授帥都督從討趙青雀平之論功居最除衛大
將軍殷州刺史加通直散騎常侍兼太子武衛
率邙山之戰勇率敢死之士三百人並執短兵大
呼直進出入衝擊殺傷甚多敵人無敢當者是
役也大軍不利唯勇及王文達耿令貴三人力

戰皆有殊功太祖於是賞帛二千疋令自分之軍還皆拜上州刺史以雍州岐州北雍州擬授勇等然州頗有優劣又令探籌取之勇遂得雍州文達得岐州令貴得北雍州仍賜勇名爲勇令貴名豪文達名傑以彰其功十三年授大都督遷使持節車騎大將軍儀同三司十五年進侍中驃騎大將軍開府儀同三司魏恭帝元年從柱國趙貴征茹茹破之勇追擊獲雜畜數千頭進爵新陽郡公增邑通前二千戶仍賜姓厙汗氏六官建拜稍伯中大夫又論討茹茹功別封永固縣伯邑五百戶時有別封者例聽回授次子勇獨請封兄子元興時人義之尋進位大將軍世宗初岷山羌豪輩廉俱和叛勇帥師討平之勇性雄猛爲當時驍將然矜功伐善好揚人之惡時論亦以此鄙之柱國侯莫陳崇勲高望重與諸將同謁晉公護聞勇數論人之短乃於衆中折辱之勇遂慙恚因疽發背而卒子昌嗣官至大將軍

宇文虬字樂仁代武川人也性驍悍有膽略少從軍征討累有戰功魏永安中除征虜將軍中散大夫加都督魏孝武初從獨孤信在荆州破梁人於下溠遂平歐陽鄖城虬俘獲甚多又攻南陽廣平二城擒郡守一人以功加安西將軍銀青光祿大夫員外直閤將軍閤內都督封南安縣侯邑九百戶及孝武西遷以獨孤信爲行臺信引虬爲帳內都督破田八能及擒東魏荆州刺史辛纂虬功居多尋隨信奔梁大統三年歸闕朝廷論前後功增邑四百戶進爵爲公擒竇泰復弘農及沙苑河橋之戰皆有功增邑八百戶進車騎將軍左光祿大夫七年除漢陽郡守又從獨孤信討梁企定破之十一年出爲南秦州刺史加車騎大將軍儀同三司進驃騎大將軍開府儀同三司追論斬辛纂功增邑一千戶十七年與大將軍王雄征上津魏興等並平之又於白馬與武陵王蕭紀將楊乾運戰破之虬每經行陣必身先卒伍故上下同心戰無不克尋而魏興復叛虬又與王

雄討平之俄除金州刺史進位大將軍後以疾卒

宇文盛字保興代人也曾祖伊與敦祖長壽父文孤並爲沃野鎮軍主盛志力驍雄初爲太祖帳内從破侯莫陳悅授威烈將軍封漁陽縣子邑三百戶大統三年兼都督從擒竇泰復弘農破沙苑授都督平遠將軍步兵校尉進爵爲公增邑八百戶除馮翊郡守加帥都督西安州大中正通直散騎常侍撫軍將軍增邑三百戶累遷大都督車騎大將軍儀同三司驃騎大將軍開府

儀同三司鹽州刺史及楚公趙貴謀爲亂盛密赴京告之貴誅授大將軍進爵忠城郡公除涇州都督賜甲一領奴婢二百口馬五百疋牛羊及莊田什物等稱是仍從賀蘭祥平洮陽洪和二城別封一子甘棠縣公轉延州摠管進位柱國天和五年入爲大宗伯六年與柱國王傑從齊公憲東討時汾州被圍日久憲遣盛運粟以給之仍赴姚襄城受憲節度齊將段孝先率兵大至盛力戰拒之孝先退乃築大寧城而還建德二年

授少師五年從高祖東伐率步騎一萬守汾水關宣帝即位拜上柱國增邑通前四千六百戶大象中薨子述嗣大象末上柱國濮陽公盛弟丘字胡奴起家襄威將軍奉朝請都督賜爵臨邑縣子稍遷輔國將軍大都督預告趙貴謀拜車騎大將軍儀同三司進爵安義縣侯邑一千戶加驃騎大將軍開府儀同三司進爵爲公除咸陽郡守遷汾州刺史入爲左宮伯進位大將軍出爲延綏丹三州三防諸軍事延州刺史轉涼甘

瓜三州諸軍事涼州刺史加柱國大將軍建德元年薨時年六十贈柱國宜鄜等州刺史子瓏嗣

耿豪鉅鹿人也本名令貴其先避劉石之亂居遼東因仕於燕曾祖超率衆歸魏遂家於神武川豪少麁獷有武藝好以氣凌人賀拔岳西征引爲帳内岳被害歸太祖以武勇見知豪亦自謂所事得主從討侯莫陳悅及迎魏孝武錄前後功封平原縣子邑三百戶除寧朔將軍奉車都尉遷征虜將軍加通直散騎常侍進爵爲侯增

邑七百戶從擒竇泰復弘農豪先鋒陷陣加
前將軍中散大夫沙苑之戰豪殺傷甚多血染
甲裳盡赤太祖見之歎曰令貴武猛所向無前
觀其甲裳足以爲驗不須更論級數也於是進
爵爲公增邑通前一千五百戶除鎮北將軍金紫
光祿大夫南郢州刺史九年從太祖戰於邙山豪
謂所部曰大丈夫見賊須右手拔刀左手把矟
直刺直斫慎莫皺眉畏死遂大呼獨入敵人鋒刃
亂下當時咸爲豪殁俄然奮刀而還戰數合當

周書列傳二十一　八

豪前者死傷相繼又謂左右曰吾豈樂殺人但壯
士除賊不得不爾若不能殺賊又不爲人所傷何
異逐坐人也太祖嘉之拜北雍州刺史十三年論
前後戰功進授車騎大將軍儀同三司增邑通
前一千八百戶十五年賜姓和稽氏進位侍中驃騎
大將軍開府儀同三司豪性凶悍言多不遜太祖惜
其驍勇每優容之豪亦自謂意氣冠群終無
所屈李穆蔡祐初與豪同時開府後並居豪之
右豪意不平謂太祖曰外聞物議謂豪勝李穆

蔡祐太祖曰何以言之豪曰世言李穆蔡祐丞
相臂膊耿豪王勇丞相咽項咽項在上故爲勝
也豪之麁猛皆此類十六年卒時四十五太祖痛
惜之贈以本官加朔州刺史子雄嗣位至大將軍
高琳字季珉其先高句麗人也六世祖欽爲質
於慕容廆遂仕於燕五世祖宗率衆歸魏拜第
一領民酋長賜姓羽眞氏祖明父遷仕魏咸亦
顯達琳母嘗祓禊泗濱遇見一石光彩朗潤遂
持以歸是夜夢見一人衣冠有若仙者謂其母

三百卒　周書列傳二十一　九

曰夫人向所將來之石是浮磬之精若能寶持
必生令子其母驚寤便舉身流汗俄而有娠及
生因名琳字季珉焉魏正光初起家衞府都督
從元天穆討邢杲破梁將沈慶之以功轉統軍
又從尒朱天光破万俟醜奴論功爲最除寧朔
將軍奉車都尉後隨天光敗於韓陵山琳因留洛
陽魏孝武西遷從入關至溱水爲齊神武所追
拒戰有功封鉅野縣子邑三百戶大統初進爵
爲侯增邑四百戶轉龍驤將軍頃之授直閤將軍

遷平西將軍加通直散騎常侍三年從太祖破齊神武於沙苑轉安西將軍進爵爲公增邑八百戶累遷衛將軍銀青光祿大夫右光祿大夫四年從擒莫多婁貸文仍戰河橋琳先驅奮擊勇冠諸軍太祖嘉之謂之曰公即我之韓白也拜太子左庶子尋以本官鎮王壁復從太祖戰邙山除正平郡中加大都督增邑三百戶齊將東方老來寇琳率衆禦之老恃其勇健直前趣琳短兵接琳擊之老中數瘡而退謂其左右曰吾經陣多矣未見如此健兒後乃密使人勸琳東歸琳斬其使以聞進使持節車騎大將軍儀同三司散騎常侍除鄜州刺史加驃騎大將軍開府儀同三司侍中孝閔帝踐祚進爵犍爲郡公邑一千戶武成初從賀蘭祥征吐谷渾以勳别封一子許昌縣公邑一千戶除延州刺史又從柱國豆盧寧討稽胡郝阿保劉桑德等破之三年文州氐酋反詔琳率兵討平之師還帝宴羣公卿士仍命賦詩言志琳詩末章云竒言實車騎爲謝霍將軍何以報天子沙漠靜妖氛帝大悅曰獯獫陸梁未時欵塞卿言有驗國之福也保定初授梁州總管十州諸軍事天和二年徙丹州刺史三年遷江陵總管時陳將吳明徹來寇總管田弘與梁主蕭巋出保紀南城唯琳與梁僕射王操固守江陵三城以抗之晝夜拒戰凡經十旬明徹退去巋表言其狀帝乃優詔追琳入朝親加勞問進授大將軍仍副衛公直鎮襄州六年進位柱國建德元年薨時年七十六贈本官加冀定齊滄州五州諸軍事冀州刺史謚曰襄子儒少以父勳賜爵許昌縣公拜左侍上士後襲爵犍爲郡公位至儀同大將軍

李和本名慶和其先隴西狄道人也後徙居朔方父僧養以累世雄豪善於統御爲夏州酋長和少敢勇有識度狀貌魁偉爲州里所推賀拔岳作鎮關中乃引和爲帳內都督以破諸賊功稍遷征北將軍金紫光祿大夫賜爵思陽公尋除漢陽郡守治存寬簡百姓稱之至大統初加車騎將

軍左光祿大夫都督累遷使持節車騎大將軍儀
同三司散騎常侍侍中驃騎大將軍開府儀同三
司夏州刺史賜姓宇文氏太祖嘗謂諸將曰宇文
慶和智略明贍立身恭謹累經委任每稱吾意
遂賜名意焉改封永豐縣公邑一千戶保定二年
除司憲中大夫進爵義城郡公尋又改封德廣
郡公出爲洛州刺史和前在夏州頗留遺惠及有
此授商洛父老莫不想望德音和至州以仁恕訓
物獄訟爲之簡靜天和三年進位大將軍拜延

三·三十四　周書列傳二十一　十二

綏丹三州武安伏夷安民三防諸軍事延州刺史
六年進柱國大將軍建德元年改授延綏銀三州
文安伏夷安民周昌梁和五防諸軍事以罪免尋
復柱國隋開皇元年遷上柱國和立身剛簡老
而逾勵諸子趨事若奉嚴君以意是太祖賜名
市朝已革慶和則父之所命義不可違至是遂
以和爲名二年薨贈本官加司徒公徐兗邳沂
海泗六州刺史謚曰肅子徹嗣
伊婁穆字奴干代人也父靈善騎射爲太祖所知

太祖嘗謂之曰昔伊尹阿衡於殷致主堯舜卿
旣姓伊庶卿不替前緒於是賜名尹焉歷金紫
光祿大夫衛將軍隆州刺史賜爵盧奴縣公穆
弱冠爲太祖內親信以機辯見知授奉朝請常
侍左右邙山之役力戰有功拜子都督丞相府參
軍事轉外兵參軍累遷帥都督平東將軍中
散大夫歷中書舍人尚書駕部郎中撫軍將軍大
都督通直散騎常侍嘗入白事太祖望見悅之
字之曰奴干作儀同面見我矣於是拜車騎大

三·三十三　周書列傳二十一　十三

將軍儀同三司賜封安陽縣伯邑五百戶轉大丞
相府掾遷從事中郎除給事黃門侍郎魏廢
帝二年穆使於蜀屬伍城郡人趙雄傑與梓潼
郡人王令公鄧朏等搆逆衆三萬餘人阻涪水立
柵進逼潼州穆遂與刺史叱羅協率兵破之增
邑五百戶孝閔帝踐祚拜兵部中大夫治御正
進爵爲侯增邑五百戶尋進位驃騎大將軍
開府儀同三司保定初授軍司馬進爵爲公四
年除金州總管八州諸軍事金州刺史天和二年

增邑二千一百戶又爲民部中大夫衛公直出鎮襄州以穆爲長史郢州城民玉道買反龍長據州城直遣穆率百餘騎馳往援之穆至城下頻破買衆會大將軍高琳率衆軍繼進買等乃降唐州山蠻恃險逆命穆率軍討之蠻酋等保據石窟一十四處穆分軍進討旬有四日並破之虜獲六千五百人六年進位大將軍建德初授荆州復以穆爲揔管府長史穆頻貳戚藩甚得匡贊之譽入爲小司馬從柱國李穆平軹關等城賞

布帛三百疋粟三百石田三十頃五年從皇太子討吐谷渾還穆殿爲渾人圍會劉雄救至乃得解後以疾卒

楊紹字子安弘農華陰人也祖興魏新平郡守父國中散大夫紹少慷慨有志略屢從征伐力戰有功魏永安中授廣武將軍屯騎校尉直盪別將普泰初封平鄉男邑二百戶加征西將軍金紫光祿大夫魏孝武初遷衛將軍右光祿大夫進爵冠軍縣伯邑百戶大統元年進爵爲公增

邑六百戶累遷車騎將軍通直散騎常侍驃騎將軍左光祿大夫四年出爲鄜城郡守紹性恕直兼有威恵百姓安之稽胡恃衆與險屢爲抄竊紹率郡兵從侯莫陳崇討之疋馬先登破之於黙泉之上加帥都督驃騎常侍朔州大中正十三年録前後功增邑通前二千二百戶除燕州刺史累遷大都督車騎大將軍儀同三司復從大將軍達奚武征漢中時梁宜豐侯蕭循固守梁州紹以爲懸軍敵境圍守堅城曠日持久糧饟不繼

城中若致死於我懼不能歸請爲計以誘之乃頻至城下挑戰設伏待之循初不肯出紹又遣人罵辱之循怒果出兵紹率衆偽退城降以功授輔國將軍中散大夫聽回授一子又從柱國燕國公于謹圍江陵紹闘於枇杷門流矢中股而力戰不衰事平賞奴婢一百口進驃騎大將軍開府儀同三司除衡州刺史賜姓叱利氏孝閔帝踐祚進位大將軍保定二年卒贈成文等八州刺史謚曰信子雄嗣大象末上柱國邽國公

王雅字度容闡熙新固人也少而沈毅木訥寡言有膽勇善騎射太祖聞其名召入軍累有戰功除都督賜爵居庸縣子東魏將竇泰入寇雅從太祖擒之於潼關沙苑之戰雅謂所部曰彼軍殆有百萬今我不滿萬人以常理論之實難與敵但相公神武命世股肱王室以順討逆豈計衆寡丈夫若不以此時破賊何用生爲乃擐甲步戰所向披靡太祖壯之又從戰邙山時大軍不利爲敵所乘諸將皆引退雅獨迴騎拒之敵人見其無繼步

騎競進雅左右奮擊頻斬九級敵衆稍却雅乃還軍太祖歎曰王雅舉身悉是膽也錄前後功進爵爲伯除帥都督鄜城郡守政尚簡易吏人安之遷大都督延州刺史轉夏州刺史加車騎大將軍儀同三司進驃騎大將軍開府儀同三司世宗初除汾州刺史勵精爲治人庶悅而附之自遠至者七百餘家保定初復爲夏州刺史卒於州子世積嗣少倜儻有文武幹略大象末上大將軍宜陽郡公

達奚寔字什伏代河南洛陽人也高祖涼州魏征西將軍山陽公父顯相武衛將軍寔少修立有幹局起家給事中加冠軍將軍魏孝武初授都督鎮弘農後從西遷封臨汾縣伯邑六百戶遷大行臺郎中仍與行臺郎神鎮潼關及潼關失守即與大都督陽山武戰於關東魏人甚憚之從太祖擒竇泰復弘農破沙苑皆力戰有功增邑三百戶加車騎將軍左光祿大夫十三年又授大行臺郎中相府掾轉從事中郎寔性嚴

重太祖深器之累遷大都督持節通直散騎常侍魏廢帝二年除中外府司馬大軍伐蜀以寔行南岐州事兼都軍糧先是山氏生獷不供賦役歷世羈縻莫能制御寔導之以政氏人感悅並從賦稅於是大軍糧餼咸取給焉尋徵還仍爲司馬六官建拜蕃部中大夫加驃騎大將軍開府儀同三司進爵平陽縣公武成二年授御正中大夫治民部兼晉公護司馬保定元年出爲文州刺史卒於州時年四十九贈文康二州刺史謚曰恭

子豐嗣
劉雄字猛雀臨洮子城人也少機辯慷慨有大
志大統中起家爲太祖親信尋授統軍宣威將軍
給事中除子城令加都督輔國將軍中散大夫兼
中書舍人賜姓宇文氏孝閔帝踐祚加大都督歷
司市下大夫齊右下大夫治小駕部進車騎大將
軍儀同三司保定四年治中外府屬從征洛陽天
和二年遷駕部中大夫四年兼齊公憲府掾從
憲出宜陽築安義等城五年齊相斛律明月率

衆築通關城以援宜陽先是國家與齊通好約
言各保境息民不相侵擾至是憲以齊人失信令
雄使於明月責其背約雄辭義辯直齊人憚焉
使還兼中府外掾尋加驃騎大將軍開府儀同三
司封周昌縣伯邑六百戶齊人又於姚襄築伏龍
等五城以處戍卒雄從齊公憲攻之五城皆拔憲
復遣雄與柱國宇文盛於齊長城已西連營防禦
齊將段孝先等率衆圍盛營外先有長塹大
將軍韓歡與孝先交戰不利雄身負排率所

部二十餘人據塹力戰孝先等乃止軍還遷軍
司馬進爵爲侯邑一千四百戶建德初授納言轉
軍正復爲納言二年轉內史中大夫除侯正高祖
嘗從容謂雄曰古人云富貴不歸故鄉猶衣錦
夜遊今以卿爲本州何如雄稽首拜謝於是詔
以雄爲河州刺史雄先已爲本縣令復有此授
鄉里榮之四年從柱國李穆出軹關攻邵州等
城拔之以功獲賞五千皇太子西征吐谷渾雄自
涼州從滕王逌率軍先入渾境去伏俟城二百餘

里逌遣雄先至城東舉火與大軍相應渾洮王
率七百餘騎逆戰雄時所部數百人先並分遣
斥候在左右者二十許人雄即率與交戰斬首
七十餘級雄亦亡其三騎自是從逌連戰之雄功
居多賞物甚厚止軍還伊婁穆殿爲賊所圍
皇太子命雄救之雄率騎一千解穆圍增邑三
百戶加上開府儀同三司其年大軍東討雄從
齊王憲拔洪洞下永安軍還仍與憲迴援晉
州未至齊後主已率大兵親自攻圍晉州垂陷

憲遣雄先往察其軍勢雄乃率步騎千人鳴鼓
角遥報城中尋而高祖兵至齊主遁走從平并
州拜上大將軍進爵趙郡公邑二千戶舊封迴
授一子明年從平鄴城進柱國其年從齊王憲
揔北討稽胡軍還出鎮幽州宣政元年四月突
厥寇幽州擁略居民雄出戰爲突厥所圍臨陣
戰殁贈亳州揔管七州諸軍事亳州刺史子昇
嗣以雄死王事大象末授儀同大將軍

侯植字仁幹上谷人也燕散騎常侍龕之八世
孫高祖恕魏北地郡守子孫因家于北地之三水
遂爲州郡冠族父欣泰州刺史奉義縣公植少
倜儻有大節容貌奇偉武藝絶倫正光中起家
奉朝請尋而天下喪亂群盜蜂起植乃散家
財率募勇敢討賊以功拜統軍遷清河郡守
後從賀拔岳討万俟醜奴等每有戰功除義州
刺史在州甚有政績爲吏夏所懷及齊神武
逼洛陽植從魏孝武西遷大統元年授驃騎將
軍都督賜姓侯伏侯氏從太祖破沙苑戰河橋

進大都督加左光禄大夫凉州刺史宇文仲和據
州作逆植從開府獨孤信討擒之拜車騎大將
軍儀同三司封肥城縣公邑一千戶又賜姓賀屯
魏恭帝元年從于謹平江陵進驃騎大將軍
開府儀同三司賜奴婢一百口别封一子汧源縣
伯六官建拜司倉下大夫孝閔帝踐祚進爵
郡公增邑通前二千戶時帝幼冲晉公護執政
植從兄龍恩爲護所親任及護誅趙貴而諸
宿將等多不自安植謂龍恩曰今主上春秋既
富安危繫於數公共爲脣齒尚憂不濟況以
纖介之間自相夷滅植恐天下之人因此解體兄
既受人任使安得知而不言龍恩竟不能用植
又承間言於護曰君臣之分情均父子理須同其
休戚期之始終明公以骨肉之親當社稷之寄與存
與亡在於茲日願公推誠王室擬迹伊周使國
有泰山之安家傳世禄之盛則率土之濱莫不
幸甚護曰我蒙太祖厚恩且屬當猶子誓將
以身報國賢兄應見此心卿今有是言豈謂吾

有他志邪又聞其先與龍恩言乃陰忌之植懼不免禍遂以憂卒贈大將軍正揚光三州諸軍事平州刺史謚曰節子定嗣及護伏誅龍恩與其弟大將軍武平公萬壽並預其禍高祖治護事知植忠於朝廷乃特免其子孫定後位至車騎大將軍儀同三司

史臣曰王傑王勇宇文虬之徒咸以果毅之姿效節於擾攘之際終能屠堅覆鋭立懋侮之功裂膏壤據勢位固其宜也仲尼稱無求備

周書列傳二十一　二十二

於一人信矣夫文士懷溫恭之操其弊也愞弱武夫稟剛烈之質其失也敢悍故有使酒不遜之禍拔劍爭功之尤大則莫全其生小則僅而獲免耿豪王勇不其然乎

列傳第二十一　周書二十九

列傳第二十二　周書三十

令狐德棻等撰

竇熾 兄子毅

于翼 李穆

竇熾字光成扶風平陵人也漢大鴻臚章十一世孫章子統靈帝時為鴈門太守避竇武之難亡奔匈奴遂為部落大人後魏南徙子孫因家於代賜姓紇豆陵氏累世仕魏皆至大官父略平遠將軍以熾著勳贈少保柱國大將軍建昌公熾性嚴明有謀略美鬚髯身長八尺二寸少

周書列傳第二十二　一

從范陽祁忻受毛詩左氏春秋略通大義善騎射膂力過人魏正光末北鎮擾亂熾乃隨略避地定州因沒於葛榮榮欲官略略不受榮疑其有異志遂留略於冀州將熾及熾兄善隨軍魏永安元年尒朱榮破葛榮熾乃將家隨榮於并州時葛榮別帥韓婁郝長衆數萬人據薊城不下以熾為都督從驃騎將軍侯深討之熾手斬婁以功拜揚烈將軍三年除員外散騎侍郎

還給事中建明元年加武厲將軍魏孝武即位茹茹等諸蕃並遣使朝貢帝臨軒宴之有鴟飛鳴於殿前帝素知熾善射因欲示遠人乃給熾御箭兩隻命射之鴟乃應弦而落諸蕃人咸歎異焉帝大悅賜帛五十疋尋率兵隨東南道行臺樊子鵠追尒朱仲遠仲遠奔梁時梁主又遣元樹入寇攻陷譙城遂據之子鵠令熾率騎兵擊破之封行唐縣子邑五百戶尋拜直閣將軍銀青光祿大夫領華騮令進爵上洛縣伯邑一

千戶時帝與齊神武搆隙以熾有威重堪處爪牙之任拜閤內大都督遷撫軍將軍朱衣直閤遂從帝西遷仍與其兄善重至城下與武衛將軍高金龍戰於千秋門敗之因入宮城取御馬四十疋幷鞍勒進之行所帝大悅賜熾及善駿馬各二疋駑馬十疋大統元年以從駕功別封眞定縣公除東豫州刺史加衛將軍從擒竇泰復弘農破沙苑皆有功增邑八百戶河橋之戰諸將退走熾時獨從兩騎爲敵人所追至邙山

熾乃下馬背山抗之俄而敵衆漸多三面攻圍矢下如雨熾騎士所執弓並爲敵人所射破熾乃總收其箭以射之所中人馬皆應弦而倒敵以殺傷既多乃相謂曰得此人未足爲功乃稍引退熾因其怠遂突圍得出又從太保李弼討白額稽胡破之除車騎將軍高仲密以北豫州來附熾率兵從太祖援之至洛陽會東魏人據邙山爲陣太祖命留輜重於瀍曲率輕騎奮擊中軍與右軍大破之悉虜其步卒熾獨追至石

濟而還遷車騎大將軍儀同三司散騎常侍增邑一千戶十三年進使持節驃騎大將軍開府儀同三司加侍中增邑通前三千六百戶出爲涇州刺史蒞職數年政號清靜改封安武縣公進授大將軍魏廢帝元年除大都督原州刺史熾抑挫豪右申理幽滯每親巡壟畝勸民耕桑在州十載甚有政績州城之北有泉水焉熾屢經遊踐嘗與僚吏宴於泉側因酌水自飲曰吾在此州唯當飲水而已及去職之後人吏感其

遺惠每至此泉者莫不懷之魏恭帝元年進
爵廣武郡公屬茹茹寇廣武熾率兵與柱國
趙貴分路討之茹茹聞軍至引退熾度河至
魏使川追及與戰大破之斬其酋帥郁久閭是
發獲生口數千及雜畜數萬頭孝閔帝踐阼增
邑二千戶武成二年拜柱國大將軍世宗以熾前
朝忠勳望兼重欲獨爲造第熾辭以天下未
平干戈未偃不宜輒發徒役世宗不許尋而
帝崩事方得寢保定元年進封鄧國公邑一萬

周書列傳二十二　四

戶別食資陽縣一千戶收其租賦四年授大宗伯
隨晉公護東征天和五年出爲宜州刺史先是
太祖田於渭北令熾與晉公護分射走兔熾一日
獲十七頭護獲十一頭護恥其不及因以爲嫌至
是熾又以高祖年長有勸護歸政之議護惡之
故左遷焉及護誅徵太傅熾既朝之元老名位
素隆至於軍國大謀常與參議嘗有疾高祖
至其第而問之因賜金石之藥其見禮如此
帝於大德殿將謀伐齊熾時年已衰老乃扼腕

曰臣雖朽邁請執干櫓首啓戎行得一覩誅翦
鯨鯢廓清寰宇省方觀俗登岳告成然後歸魂
泉壤無復餘恨高祖壯其志節遂以熾第二子
武當公恭爲左二軍摠管齊平之後帝乃召熾
歷觀相州宮殿熾拜賀曰陛下真不負先帝矣
帝大悅賜奴婢三十人及雜繒帛千疋進位上
柱國宣政元年兼雍州牧及宣帝營建東京以
熾爲京洛營作大監宮苑制度皆取決焉大象
初改食樂陵縣邑戶如舊隋文帝輔政停洛陽

周書列傳卷二十二　五

宮作熾請入朝屬尉遲迥舉兵熾乃移入金墉
城簡練關中軍士得數百人與洛州刺史平涼
公元亨同心固守仍權行洛州鎮事相州平熾
方入朝屬隋文帝初爲相國百官皆勸進熾自
以累代受恩遂不肯署牋時人高其節隋文帝
踐極拜太傅加殊禮贊拜不名開皇四年八月薨時
年七十八贈本官冀滄瀛趙衛貝魏洛八州諸軍事
冀州刺史謚曰恭熾事親孝奉諸兄以悌順聞及其
位望隆重而子孫皆處列位遂爲當時盛族子

茂嗣茂有弟十三人恭 威最知名恭位至大將軍
從高祖平齊封贊國公除西兖州揔管以罪賜死
熾兄善以中軍大都督南城公從魏孝武西遷後
仕至大僕衛尉卿汾北華瀛三州刺史驃騎大將
軍開府儀同三司卒富昌縣公謚曰忠子榮定嗣起
家魏文帝千牛備身稍遷平東將軍大都督進
驃騎大將軍儀同三司歷佽飛中大夫右司衛上
大夫大象中位至大將軍 熾兄子毅
毅字天武父岳早卒及毅著勳追贈大將軍冀

州刺史毅沉深有器度事親以孝聞魏孝武初起
家爲員外散騎侍郎時齊神武擅朝毅慨然有
殉主之志及孝武西遷遂從入關封奉高縣子邑
六百戶除符璽郎從擒竇泰復弘農戰沙苑皆
有功拜右將軍太中大夫進爵爲侯增邑一千戶
累遷持節撫軍將軍通直散騎常侍魏廢帝二
年授車騎大將軍儀同三司大都督進爵安武縣
公增邑一千四百戶魏恭帝元年進授驃騎大將軍
開府儀同三司大都督改封永安縣公出爲幽州刺

史孝閔帝踐阼進爵神武郡公增邑通前五千
戶保定三年徵還朝治左宮伯轉小宗伯尋拜
大將軍時與齊人爭衡戎車歲動並交結突厥以
爲外援在太祖之時突厥已許納女於我齊人亦
甘言重幣遣使求婚狄固貪婪便欲有悔朝廷
乃令楊荐等累使結之往反十餘方復前好至是
雖期往逆猶懼改圖以毅地兼勳戚素有威重乃
命爲使及毅之至齊使亦在焉突厥君臣猶有
貳志毅抗言正色以大義責之累旬乃定卒以

皇后歸朝議嘉之別封城都縣公邑二千戶進位
柱國出爲同州刺史遷蒲州揔管徙金州揔管加
授上柱國入爲大司馬隋開皇初拜定州揔管累
居藩鎮咸得民和二年薨於州年六十四贈襄
郢等六州刺史謚曰肅毅性溫和每以謹慎自守
又尚太祖第五女襄陽公主特爲朝廷所委信
雖任兼出納未嘗有矜惰之容時人以此稱焉子
賢嗣賢字託賢志業通敏少知名天和二年策
拜神武國世子宣政元年授使持節儀同大將

軍隋開皇中襲爵神武公除遷州刺史有二
女即唐太穆皇后武德元年詔贈司空穆揔
管荆郢硤夔復沔岳沅澧鄂十州諸軍事荆州
刺史封杞國公并追贈賢金遷房直均五州
諸軍事金州刺史襲杞國公又追贈賢子紹宣
秦州刺史并襲賢爵紹宣無子仍以紹宣
兄孝宣子德藏爲嗣
于翼字文若太師燕公謹之子美風儀有識
度年十一尚太祖女平原公主拜員外散騎常侍

封安平縣公邑一千戶大統十六年進爵郡公加
大都督領太祖帳下左右禁中宿衛遷鎮南
將軍金紫光祿大夫散騎常侍武衛將軍謹平
江陵所贈得軍實分給諸子翼一無所取唯簡
賞口内名望子弟有士風者别待遇之太祖聞
之特賜奴婢二百口翼固辭不受尋授車騎大將
軍儀同三司加侍中驃騎大將軍開府儀同三司六
官建除左宫伯孝閔帝踐祚出爲渭州刺史翼
兄寔先莅此州頗有惠政翼又推誠布信事存

寬簡夷夏感悅比之大小馮君焉時土谷渾入寇
河右涼鄯河三州咸被攻圍使來告急秦州都
督遣翼赴援不從寮屬咸以爲言翼曰攻取
之術非夷俗所長此寇之來不過鈔掠邊牧耳
安能頓兵城下久事攻圍掠而無獲勢將自走
勞師以往亦無所及翼揣之已了幸勿復言居
數日間至果如翼所策賀蘭祥討土谷渾翼率
州兵先鋒深入以功增邑一千二百戶尋徵拜右
宫伯世宗雅愛文史立麟趾學在朝有藝業

者不限貴賤皆預聽焉乃至蕭撝王褒等與
卑鄙之徒同爲學士翼言於帝曰蕭撝梁之宗
子王褒梁之公卿今與趨走同儕恐非尚賢貴
爵之義帝納之詔翼定其班次於是有等差矣
世宗崩翼與晉公護同受遺詔立高祖保定元
年徙軍司馬三年改封常山郡公邑二千九百戶
天和初遷司會中大夫增邑通前三千七百戶
三年皇后阿史那氏至自突厥高祖行親迎之禮
命翼揔司儀制狄人雖蹲踞無節然咸憚翼之

禮法莫敢違犯遭父憂去職居喪過禮爲時
輩所稱尋有詔起令視事高祖又以翼有人倫
之鑒皇太子及諸王等相傳以下並委翼選置
其所擢用皆民譽也時論僉謂得人遷大將軍
揔中外宿衛兵事晉公護以帝委翼腹心內懷
猜忌轉爲小司徒加拜柱國雖外示崇重實疎斥
之及誅護帝召翼遣往河東取護子中山公訓仍
代鎮蒲州詔翼曰冢宰無君陵上自取誅夷元惡既
除餘孽宜殄然皆陛下骨肉猶謂疎不間親陛
下不使諸王而使臣異姓非直物有橫議恐臣亦
所未安帝然之乃遣越王盛代翼先是與齊陳
二境各脩邊防雖通聘好而每歲交兵然一彼一
此不能有所克獲高祖既親萬機將圖東討詔
邊城鎮並益儲偫加戍卒二國聞之亦增脩守禦
翼諫曰宇文護專制之日興兵至洛不戰而敗所
喪實多數十年委積一朝麋散雖爲護無制勝
之策亦由敵人之有備故也且疆埸相侵互有勝
敗徒損兵儲非策之上者不若解邊嚴減戍防

繼好息民敬待來者彼必喜於通和懈而少備
然後出其不意一舉而山東可圖若猶習前蹤
恐非蕩定之計帝納之建德二年出爲安隨等
六州五防諸軍事安州揔管時屬大旱涢水絕流
舊俗每逢亢陽禱白兆山祈雨高祖先禁群祀
山廟已除翼遣主簿祭之即日澍雨霑洽歲遂
有年民庶感之聚會歌舞頌翼之德四年高
祖將東伐朝臣未有知者遣納言盧韞等前後
乘馹三詣翼問策焉翼贊成之及軍出詔翼率
荆楚兵二萬自宛葉趣襄城大將軍張光洛鄭恪
等並隸焉旬日下齊一十九城所部都督輙入民村即
斬以徇由是百姓欣悅赴者如歸屬高祖有疾班師
翼亦旋鎮五年轉陝能等七州十六防諸軍事宜
陽揔管翼以宜陽地非襟帶請移鎮於陝詔從之
仍除陝州刺史揔管如舊其年大軍復東討翼
自陝入九曲攻拔造澗等諸城徑到洛陽齊洛州
刺史獨孤永業開門出降河南九州三十鎮一時
俱下襄城民庶等喜復見翼並壺漿塞道尋即

除洛懷等九州諸軍事河陽摠管尋徙豫州摠管給兵五千人馬千疋以之鎮并配開府及儀同等二十人仍勑河陽襄州安州荆州泗州摠管内有武幹者任翼徵牒不限多少儀同以下官爵承制先授後聞陳將魯天念久圍光州聞翼到汝南望風退散霍州蠻首田元顯負險不賓於是送質請附陳將任蠻奴悉衆攻顯顯立柵拒戰莫有離心及翼還朝元顯便叛其得殊俗物情皆此類也大象初徵拜大司徒詔翼巡

長成立亭鄣西自鴈門東至碣石創新改舊咸得其要害云仍除幽定七州六鎮諸軍事幽州摠管先是突厥屢爲寇抄居民失業翼素有威武兼明斥候自是不敢犯塞百姓安之及尉遲廻據相州舉兵以書招翼翼執其使幷書送之于時隋文帝執政賜翼雜繒一千五百段粟麥一千五百石幷珍寶服玩等進位上柱國封任國公增邑通前五千戸別食任城縣一千戸收其租賦翼又遣子讓通表勸進幷請入朝隋文帝許之開皇初拜太尉或

有告翼云往在幽州欲同尉遲迥者隋文召致清室遣理官按驗尋以無實見原仍復本位三年五月薨贈本官加蒲晉懷絳邵汾六州諸軍事蒲州刺史謚曰穆翼性恭儉與物無競常以滿盈自戒故能以功名終子璽嗣官至上大將軍司馬黎陽郡公璽弟詮上儀同三司吏部下大夫常山公詮弟讓儀同三司尉遲迥之舉兵也河西公李賢弟穆爲并州摠管亦執迥子送之

李穆字顯慶少明敏有度量太祖入關便給事

左右深被親遇穆亦小心謹肅未嘗懈怠太祖嘉之遂處以腹心之任出入卧内當時莫與爲比及侯莫陳悦害賀拔岳太祖自夏州赴難而悦黨史歸據原州猶爲悦守太祖令侯莫陳崇輕騎襲之穆先在城中與兄賢遠等據城門應崇遂擒歸以功授都督從迎魏孝武封永平縣子邑三百戸擒竇泰復弘農並有戰功沙苑之捷穆又言於太祖曰高歡今日已喪膽矣請速逐之則歡可擒也太祖不聽論前後功進爵爲

公河橋之戰太祖所乘馬中流矢驚逸太祖
墜於地軍中大擾敵人追及之左右皆奔散穆
乃以策扶太祖因大罵曰爾曹主何在爾獨住
此敵人不疑是貴人也遂捨之而過穆以馬授太
祖遂得俱免是日微穆太祖已不濟矣自是恩
盼更隆擢授武衛將軍加大都督車騎大將軍
儀同三司進爵武安郡公增邑一千七百戶前後
賞賜不可勝計久之太祖美其志節乃歎曰人
之所貴唯身命耳李穆遂能輕身命之重濟

孤於難雖復加之以爵位賞之以玉帛未足爲
報也乃特賜鐵券恕以十死進驃騎大將軍開
府儀同三司侍中初穆授太祖以驄馬其後中
廐有此色馬者悉以賜之又賜穆世子惇安樂
郡公姊二人爲郡君自餘姊妹並爲縣君兄弟
子姪及緦麻以上親并舅氏皆霑厚賜其見褒
崇如此從解玉壁圍拜安定國中尉尋授同州
刺史入爲太僕卿征江陵功封一子長城縣侯邑
千戶尋進位大將軍賜姓㩜拔氏俄除原州刺

史又以賢子爲平高郡守遠子爲平高縣令並
加鼓吹穆自以叔姪一家三人皆牧宰鄉里恩遇
過隆固辭不拜太祖不許後轉雍州刺史入爲
小冢宰孝閔帝踐祚增邑通前三千七百戶
又別封一子爲縣伯穆請迴封賢子孝軌許之
及遠子植謀害晉公護植誅死穆亦坐除名時
植弟基任浙州刺史例合從坐穆頻詣護請以
子惇怡等代基死辭理酸切聞者莫不動容
護矜之遂特免基死世宗即位拜驃騎大將軍

開府儀同三司大都督安武郡公直州刺史武成
二年拜少保保定二年進位大將軍三年從隨公
楊忠東伐還拜小司徒遷柱國大將軍別封一
子郡公邑二千戶五年遷大司空天和二年進封
申國公邑五千戶舊爵迴授一子建德元年遷
太保尋出爲原州揔管四年高祖東征令穆率
兵三萬別攻軹關及河北諸縣並破之後以帝疾
班師棄而不守六年進位上柱國除并州揔管時
東夏再平人情尚擾穆鎮之以靜百姓懷之大

象元年遷大左輔摠管如舊二年加太傅仍摠
管及尉遲迥舉兵穆子榮欲應之穆弗聽曰周
德既衰愚智共悉天時若此吾豈能違天乃遣
使謁隋文帝幷上十三環金帶蓋天子之服也以
微申其意時迥子誼爲朔州刺史亦執送京師
迥令其所署行臺韓長業攻陷潞州執刺史趙
威署城民郭子勝爲刺史穆遣兵討之獲子勝
隋文帝嘉之以穆勞效同破鄴城第一勳加三轉
聽分授其二子榮才及兄賢子孝軌榮及才並

儀同大將軍孝軌進開府儀同大將軍又別封
子雄爲密國公邑三千戶穆長子惇字士字大統
四年以穆功賜爵安平縣侯尋授車騎大將軍
儀同三司大都督進爵爲公太祖令功臣世子並與
略陽公遊處惇於時輩之中特被引接每有遐
方服玩異域珍奇無不班錫俄授小武伯進爵安
樂郡公天和三年遷驃騎大將軍開府儀同三司
鳳州刺史卒於位贈大將軍原靈豳三州刺史
史臣曰竇熾儀表魁梧器識雄遠入參朝政則

嘉謀以陳出摠藩條則惠政斯洽竇毅忠肅
奉上溫恭接下茂實彰於本朝義聲揚於殊
俗並以國華民望論道當官榮映一時慶流來
葉及熾遲疑勸進有送故之心雖王公悢悢何
以加此語曰君使臣以禮臣事君以忠然則效忠
之迹或殊處臣之理斯一權言指要其維致命
乎是以典午擅朝葛公休爲之投袂新都篡盜
翟仲文所以稱兵及東郡誅夷竟速漢朝之禍
淮南覆敗無救魏室之亡而烈士貞臣赴蹈不

已豈忠義所感視死如歸者歟于李之送往事
居有曲於此翼既功臣之子地即姻親穆乃早著
勳庸寄深肺腑並兼文武之任荷累世之恩理
宜與存與亡同休同戚加以受扞城之託摠戎馬
之權勢力足以勤王智能足以衛難乃宴安寵
禄曾無釋位之心報使獻誠但務隨時之義弘
名節以高貴豈所望於二公若捨彼天時徵諸
人事顯慶起晉陽之甲文若發幽薊之兵叶
契岷峨約從漳滏北控沙漠西指崤函則成敗

之數未可量也

列傳第二十二　周書三十

列傳第二十三　周書三十一

令狐德棻等撰

韋孝寬

韋敻

梁士彥

韋叔裕字孝寬京兆杜陵人也少以字行世為三輔著姓祖直善魏馮翊扶風二郡守父旭武威郡守建義初為大行臺右丞加輔國將軍雍州大中正永安二年拜右將軍南幽州刺史時氐賊數為抄竊旭隨機招撫並即歸附尋卒官贈司空冀州刺史謚曰文惠孝寬沉敏和正涉獵經史弱冠屬蕭寶夤作亂關右乃詣闕請為軍前驅朝廷嘉之即拜統軍隨馮翊公長孫承業西征每戰有功拜國子博士行華山郡事屬侍中楊侃為大都督出鎮潼關引孝寬為司馬侃奇其才以女妻之永安中授宣威將軍給事中尋賜爵山北縣男普泰中以都督從荊州刺史源子恭鎮襄城以功除析陽郡守時獨

孤信爲新野郡守同荆州與孝寬情好款密政術俱美荆部吏人號爲連璧孝武初以都督鎮城文帝自原州赴雍州命孝寬隨軍及克潼關即授弘農郡守從擒竇泰兼左丞節度宜陽兵馬事仍與獨孤信入洛陽城守復與宇文貴怡峯應接潁州義徒破東魏將任祥堯雄於潁川孝寬又進平樂口下豫州獲刺史馮邕又從戰於河橋時大軍不利邊境騷然乃令孝寬以大將軍行宜陽郡事尋遷南兗州刺史是歲東魏將段琛堯傑復據宜陽遣其揚州刺史牛道恒扇誘邊民孝寬深患之乃遣諜人訪獲道恒手迹令善學書者僞作道恒與孝寬書論歸欵意又爲落燼燒迹若火下書者還令諜人送於琛營琛得書果疑道恒其所欲經略皆不見用孝寬知其離阻日出奇兵掩襲擒道恒及琛等崤澠遂清大統五年進爵爲侯八年轉晉州刺史尋移鎮玉壁兼攝南汾州事先是山胡負險屢爲刼盜孝寬示以威信州境肅然進授大都督

十二年齊神武傾山東之衆志圖西入以玉壁衝要先命攻之連營數十里至於城下乃於城南起土山欲乘之以入當其山處城上先有兩高樓孝寬更縛木接之令極高峻多積戰具以禦之齊神武使謂城中曰縱爾縳樓至天我會穿城取爾遂於城南鑿地道又於城北起土山攻具晝夜不息孝寬復掘長塹要其地道仍飭戰士屯塹城外每穿至塹戰士即擒殺之又於塹外積柴貯火敵人有伏地道内者便下柴火以皮鞴吹之吹氣一衝咸即灼爛城外又造攻車車之所及莫不摧毁雖有排楯莫之能抗孝寬乃縫布爲縵隨其所向則張設之布既懸於空中其車竟不能壞城外又縛松於竿灌油加火規以燒布并欲焚樓孝寬復長作鐵鉤利其鋒刃火竿來以鉤遥割之松麻俱落外又於城四面穿地作二十一道分爲四路於其中各施梁柱作訖以油灌柱放火燒之柱折城並崩壞孝寬又隨崩處竪木柵以扞之敵不得入城外盡其

攻擊之術孝寬咸拒破之神武無如之何乃遣
倉曹參軍祖孝徵謂曰未聞救兵何不降也孝
寬報云我城池嚴固兵食有餘攻者自勞守者常
逸豈有旬朔之間已須救援適憂爾衆有不
反之危孝寬關西男子必不爲降將軍也俄而
孝徵復謂城中人曰韋城主受彼榮祿或復可
爾自外軍士何事相隨入湯火中耶乃射募格
於城中云能斬城主降者拜太尉封開國郡公
邑萬戶賞帛萬疋孝寬手題書背反射城外云
若有斬高歡者一依此賞孝寬弟子遷先在山
東又鎖至城下臨以白刃云若不早降便行大戮
孝寬慷慨激揚略無顧意士卒莫不感勵人有
死難之心神武苦戰六旬傷及病死者十四五
智力俱困因而發疾其夜遁去後因此忿恚遂
殂魏文帝嘉孝寬功令殿中尚書長孫紹遠左
丞王悅至玉壁勞問授驃騎大將軍開府儀同
三司進爵建忠郡公廢帝二年爲雍州刺史先
是路側一里置一土候經雨頹毀每須修之自孝

周書列傳第三十三　四

寬臨州乃勒部內當候處植槐樹代之既免修
復行旅又得庇蔭周文後見怪問知之曰豈得
一州獨爾當令天下同之於是令諸州夾道一里
種一樹十里種三樹百里種五樹焉恭帝元年以
大將軍與燕公于謹伐江陵平之以功封穰縣
公還拜尚書右僕射賜姓宇文氏三年周文北
巡命孝寬還鎮玉壁周孝閔帝踐祚拜小司徒
明帝初參麟趾殿學士考校圖籍保定初以孝
寬立勳玉壁遂於玉壁置勳州仍授勳州刺史
齊人遣使至玉壁求通互市晉公護以其相持
日久絕無使命一日忽來求交易疑別有故又
以皇姑皇世母先沒在彼因其請和之際或可
致之遂令司門下大夫尹公正至玉壁共孝寬
詳議孝寬乃於郊盛設供帳令公正接對使人
兼論皇家親屬在東之意使者辭色甚悅時又
有汾州胡抄得關東人孝寬復放東還竝致書
一牘具陳朝廷欲敦隣好遂以禮送皇姑及護母
等孝寬善於撫御能得人心所遣間諜入齊者

周書列傳三十三　五

皆爲盡力亦有齊人得孝寬金貨遥通書疏故齊動静朝廷皆先知時有主帥許盆孝寬度以心膂令守一戍盆乃以城東入孝寬怒遣諜取之俄而斬首而還其能致物情如此汾州之北離石以南悉是生胡抄掠居人阻斷河路孝寬深患之而地入於齊無方誅剪欲當其要處置一大城乃於河西徵役徒十萬甲士百人遣開府姚岳監築之岳色懼以兵少爲難孝寬曰計成此城十日即畢既去晉州四百餘里一日創手二

日僞境始知設令晉州徵兵二日方集謀議之間自稽三日計其軍行二日不到我之城隍足得辦矣乃令築之齊人果至南首疑有大軍乃停留不進其夜又令汾水以南傍介山稷山諸村所在縱火齊人謂是軍營遂收兵自固版築克就卒如其言四年進位柱國時晉公護將東討孝寬遣長史辛道憲啓陳不可護不納既而大軍果不利後孔城遂陷宜陽被圍孝寬乃謂其將帥曰宜陽一城之地未能損益然兩國爭

之勞師數載彼多君子寧乏謀猷若棄崤東來圖汾北我之彊界必見侵擾今宜於華谷及長秋速築城以杜賊志脱其先我圖之實難於是畫地形具陳其狀晉公護令長史叱羅協謂使人曰韋公子孫雖多數不滿百汾北築城遣誰固守事遂不行天和五年進爵鄖國公增邑通前一萬戶是歲齊人果解宜陽之圍經略汾北遂築城守之其丞相斛律明月至汾東請與孝寬相見明月云宜陽小城久勞戰爭今既入

彼欲於汾北取償幸勿怪也孝寬答曰宜陽彼之要衝汾北我之所棄我棄彼圖取償安在且君輔翼幼主位重望隆理宜調陰陽撫百姓焉用極武窮兵構怨連禍且滄瀛大水千里無煙復欲使汾晉之間橫尸暴骨苟貪尋常之地塗炭疲弊之人竊爲君不取孝寬參軍曲巖頗知卜筮謂孝寬曰來年東朝必大相殺戮孝寬因令巖作謡歌曰百升飛上天明月照長安百升斛也又言高山不摧自崩槲樹不扶自豎令諜人

多爲潤此文遺之於鄴祖孝徵既聞更潤色之明月竟以此誅建德之後武帝志在平齊孝寬乃上疏陳三策其第一策曰臣在邊積年頗見間隙不因際會難以成功是以往歲出軍徒有勞費功績不立由失機會何者長淮之南舊爲沃土陳氏以破亡餘燼猶能一舉平之齊人歷年赴救喪敗而反內離外叛計盡力窮傳不云乎讎有釁焉不可失也今大軍若出軹關方軌而進兼與陳氏共爲掎角并令廣州義旅出自三鵶

又募山南驍銳沿河而下復遣北山稽胡絕其并晉之路凡此諸軍仍令各募關河之外勁勇之士厚其爵賞使爲前驅岳動川移雷駭電激百道俱進並趨虜庭必當望旗奔潰所向摧殄一戎大定實在此機其第二策曰若國家更爲後圖未即大舉宜與陳人分其兵勢三鵶以北萬春以南廣事屯田預爲貯積募其驍悍立爲部伍彼既東南有敵戎馬相持我出奇兵破其疆埸彼若興師赴援我則堅壁清野待其去遠還復出師常以邊外之軍引其腹心之衆我無宿春之費彼有奔命之勞一二年中必自離叛且齊氏昏暴政出多門鬻獄賣官唯利是視荒淫酒色忌害忠良闔境熬然不勝其弊以此而觀覆亡可待然後乘間電掃事等摧枯其第三策曰竊以大周土宇跨據關河蓄席卷之威持建瓴之勢太祖受天明命與物更新是以二紀之中大功克舉南清江漢西龕巴蜀塞表無虞河右底定唯彼趙魏獨爲榛梗者正以有事三

方未遑東略遂使漳滏遊魂更存餘晷昔勾踐亡吳天尚期十載武王取亂猶煩再舉今若更存遵養且復相時臣謂宜還崇鄰好申其盟約安人和衆通商惠工蓄銳養威觀釁而動斯則長策遠馭坐自兼并也書奏武帝遣小司寇淮南公元偉開府伊婁謙等重幣聘齊爾後遂大舉再駕而定山東卒如孝寬之策孝寬每以年迫懸車屢請致仕帝以海內未平優詔弗許至是復稱疾乞骸骨帝曰往以面申本懷何煩重請

也五年帝東伐過幸玉壁觀禦敵之所深歎羡之移時乃去孝寬自以習練齊人虛實請爲先驅帝以玉壁要衝非孝寬無以鎮之乃不許及趙王招率兵出稽胡與大軍掎角乃勑孝寬爲行軍揔管圍守華谷以應接之孝寬克其四城武帝平晉州復令孝寬還舊鎮及帝凱旋復幸玉壁從容謂孝寬曰世稱老人多智善爲軍謀然朕唯共少年一舉平賊公以爲如何孝寬對曰臣今衰耄唯有誠心而已然昔在少壯亦曾輸

力先朝以定關右帝大笑曰實如公言乃詔孝寬隨駕還京拜大司空出爲延州揔管進位上柱國大象元年除徐兗等十一州十五鎮諸軍事徐州揔管又爲行軍元帥徇地淮南乃分遣杞公宇文亮攻黃城郕公梁士彥攻廣陵孝寬率衆攻壽陽並拔之初孝寬到淮南所在皆密送誠欵然彼五門尤爲險要陳人若開塘放水即津濟路絕孝寬遽令分兵據守之陳刺史吳文立果遣決堰已無及於是陳人退走江北悉平

軍還至豫州宇文亮舉兵反以數百騎襲孝寬營時亮國官茹寬密白其狀孝寬有備亮不得入遁走孝寬追獲之詔以平淮南之功別封一子滑國公及宣帝崩隋文帝輔政時尉遲迥先爲相州揔管詔孝寬代之又以小司徒叱列長文爲相州刺史先令赴鄴孝寬續進至朝歌迥遣大都督賀蘭貴齎書候孝寬孝寬留貴與語以察之疑其有變遂稱疾徐行又使人至相州求醫藥密以伺之既到湯陰逢長文奔

還孝寬兄子魏郡守藝又棄郡南走孝寬審知其狀乃馳還所經橋道皆令毀撤驛馬悉擁以自隨又勒驛將曰蜀公將至可多備餚酒及芻粟以待之迥果遣儀同梁子康將數百騎追孝寬驛司供設豐厚所經之處皆輒停留由是不及時或勸孝寬以爲洛京虛弱素無守備河陽鎮防悉是關東鮮卑迥若先往據之則爲禍不小乃入保河陽河陽城內舊有鮮卑八百人家並在鄴見孝寬輕來謀欲應迥孝寬知之遂密造東

京官司詐稱遣行分人詣洛陽受賜既至洛陽竝留不遣因此離解其謀不成六月詔發關中兵以孝寬爲元帥東伐七月軍次河陽迥所署儀同薛公禮等圍逼懷州孝寬遣兵擊破之進次懷縣求橋城之東南其城既在要衝雉堞牢固迥已遣兵據之諸將士以此城當路請先攻取孝寬曰城小而固若攻而不拔損我兵威今破其大軍此亦何能爲也於是引軍次于武陟大破迥子惇惇輕騎奔鄴軍次於鄴西門豹祠

之南迥自出戰又破之迥窮迫自殺兵士在小城中者盡阬於遊豫園諸有未服皆隨機討之關東悉平十月凱還京師十一月薨時年七十二贈太傅十二州諸軍事雍州牧謚曰襄孝寬在邊多載屢抗强敵所有經略布置之初人莫之解見其成事方乃驚服雖在軍中篤意文史政事之餘每自披閱末年患眼猶令學士讀而聽之又早喪父母事兄嫂甚謹所得俸祿不入私房親族有孤遺者必加振贍朝野以此稱焉長子

諶年已十歲魏文帝欲以女妻之孝寬辭以兄子世康年長帝嘉之遂以妻世康孝寬有六子總壽霽津知名

韋敻字敬遠志尚夷簡澹於榮利弱冠被召拜雍州中從事非其好也遂謝疾去職前後十見徵辟皆不應命屬太祖經綸王業側席求賢聞敻養高不仕虛心敬悅遣使辟之備加禮命雖情諭甚至而竟不能屈彌以重之亦弗之奪也所居之宅枕帶林泉敻對翫琴書蕭然自

逸時人號爲居士焉至有慕其閑素者或載酒從之敻亦爲之盡歡接對忘倦明帝即位禮敬逾厚乃爲詩以貽之曰六爻貞遯出三辰光少微頡頏陽讓逾遠滄州去不歸香動秋蘭珮風飄蓮葉衣坐石窺仙洞乘槎下釣磯嶺松千仞直巖泉百丈飛聊登平樂觀遥望首陽薇詎能同四隱來參余萬機敻荅帝詩願時朝謁帝大悅勑有司日給河東酒一斗號之曰逍遥公時晉公護執政廣營第宅嘗召敻至宅訪以政事

仰視其堂徐而歎曰酣酒嗜音峻宇雕墻有一於此未或弗亡護不悦有識者以為知言陳遣其尚書周弘正來聘素聞夐名請與相見朝廷許之弘正乃造夐談讌盈日恨相遇之晚後請夐至賓館夐時赴弘正仍贈詩曰德星猶未動眞車詎肯來其為時所欽挹如此武帝嘗與夐夜宴大賜之縑帛令侍臣數人負以送出夐唯取一匹示承恩旨而已帝以此益重之孝寬為延州揔管夐至州與孝寬相見將還孝寬所

周書列傳二十三　十四

乘馬及轡勒與夐夐以其華飾心弗欲之笑謂孝寬曰昔人不棄遺簪墜屨者惡與之同出不與同歸吾雖不逮前烈然捨舊錄新亦非吾志也於是乃乘舊馬以歸武帝又以佛道儒三教不同詔夐辯其優劣夐以三教雖殊同歸於善其迹似有深淺其致理如無等級乃著三教序奏之帝覽而稱善時宣帝在東宮亦遣夐書并令以帝所乘馬迎之問以立身之道夐對曰傳不云乎儉為德之恭侈為惡之大欲不

可縱志不可滿並聖人之訓也願殿下察之夐子瓘行隨州刺史因疾物故孝寬子揔復於并州戰歿一日之中凶問俱至家人相對悲慟而夐神色自若謂之曰死生命也去來常事亦何足悲援琴撫之如舊夐又雅好名義虛襟善誘雖耕夫牧豎有一介可稱者皆接引之特與族人處玄及安定梁曠為放逸之友少愛文史留情著述手自抄錄數十萬言晚年虛靜唯以體道會眞為務舊所製述咸削其藁故文筆多並

周書列傳二十三　十五

不存建德中夐以年老預戒其子等曰昔士安以籧篨束體王孫以布囊繞尸二賢高達非庸才能繼吾死之日可斂舊衣勿更新造使棺足周尸牛車載柩墳高四尺壙深一丈其餘煩雜悉無用也朝晡奠食於事彌煩吾不能頓絕汝輩之情可朔望一奠而已仍薦蔬素勿設牲牢親友欲以物弔祭者並不得為受吾常恐臨終恍惚故以此言預戒汝輩瞑目之日勿違吾志也宣政元年三月卒於家時年七十七武帝遣使祭賻有

加其喪制葬禮諸子等並遵其遺戒子世康
梁士彥字相如安定烏氏人也少任俠好讀兵
書頗涉經史周武帝將平東夏聞其勇決自扶
風郡守除爲九曲鎮將進位上開府封建威縣
公齊人甚憚之後以熊州刺史從武帝拔晉州
進位大將軍除晉州刺史及帝還齊後主親攻
圍之樓堞皆盡短兵相接士彥慷慨自若謂將
士曰死在今日吾爲爾先於是勇猛齊奮號聲
動天無不一當百齊兵少却乃令妻及軍人子女

周書列傳二十三　十六

晝夜修城三日而就武帝大軍亦至齊師圍解
士彥見帝捋帝鬚泣帝亦爲之流涕時帝欲班
師士彥叩馬諫帝從之執其手曰朕有晉州爲
平齊之基宜善守之及齊平封郕國公位上柱
國雍州總管宣帝即位除徐州總管與烏丸軌
禽陳將吳明徹裴忌於呂梁略定淮南地隋文
帝作相轉亳州總管尉遲迥反爲行軍總管及
韋孝寬擊之令家僮梁默等爲前鋒士彥繼之
所當皆破及迥平除相州刺史深見忌乃代還京

師閑居無事恃功懷怨與宇文忻劉昉等謀反
將率僮僕候上享廟之際以發機復欲於蒲州
起事略取河北捉黎陽關塞河陽路刦調布爲
牟甲募盜賊爲戰士其甥裴通知而奏之帝未
發其事授晉州刺史欲觀其志士彥欣然謂昉
等曰天也又請儀同薛摩兒爲長史帝從之後
與公卿朝謁帝令執士彥忻昉等於行間詰之
狀猶不伏捕薛摩兒至對之摩兒具論始末云
第二子剛垂泣苦諫第三子叔諧曰作猛獸須

周書列傳第二十三　十七

成斑士彥失色顧曰汝殺我於是伏誅年七十
二有子五人操字孟德位上開府義鄉縣公早
卒剛字永固位大將軍通政縣公涇州刺史以
諫父獲免徙瓜州叔諧坐士彥誅梁默者士彥
之蒼頭也驍武絕人士彥每從征伐常與默陷
陣仕周位開府開皇末以行軍總管從楊素征
突厥進位大將軍又從平楊諒授柱國大業五
年從煬帝征吐谷渾力戰死之贈光祿大夫
列傳第二十三　周書三十一

列傳第二十四　周書三十二

令狐　德棻　等撰

申徽

陸通 弟逞

柳敏

盧柔

唐瑾

申徽字世儀魏郡人也六世祖鍾爲後趙司徒冉閔末中原喪亂鍾子邃避地江左曾祖爽仕宋位雍州刺史祖隆道宋北兗州刺史父明仁郡功

曹早卒徽少與母居盡心孝養及長好經史性審慎不妄交遊遭母憂喪畢乃歸於魏元顥入洛以元邃爲東徐州刺史邃引徽爲主簿顥敗邃被檻車送洛陽故吏賓客並委去唯徽送之及邃得免乃廣集賓友歎徽有古人風尋除太尉府行參軍孝武初徽以洛陽兵難未已遂間行入關見文帝文帝與語奇之薦之於賀拔岳岳亦雅相敬待引爲賓客文帝臨夏州以徽爲記室參軍兼府主簿文帝察徽沉密有度量每事信委之乃爲大行臺郎中時軍國草創幕府務殷四方書檄皆徽之辭也以迎孝武功封博平縣子本州大中正大統初進爵爲侯四年拜中書舍人脩起居注河橋之役大軍不利近侍之官分散者衆徽獨不離左右魏帝稱歎之十年遷給事黃門侍郎先是東陽王元榮爲瓜州刺史其女壻劉彥隨焉及榮死瓜州首望表榮子康爲刺史彥遂殺康而取其位屬四方多難朝

廷不遑問罪因授彥刺史頻徵不奉詔又南通吐谷渾將圖叛逆文帝難於動衆欲以權略致之乃以徽爲河西大使密令圖彥徽輕以五十騎行既至止於賓館彥見徽單使不以爲疑徽乃遣一人微勸彥歸朝以揣其意彥不從徽又使贊成其住計彥便從之遂來至館徽先與瓜州豪右密謀執彥遂叱而縛之彥辭無罪徽數之曰君無尺寸之功濫居方嶽之重恃遠背誕不恭貢職戮辱使人輕忽詔命計君之咎實不容誅但授

詔之日本令相送歸闕所恨不得申明罰以謝
邊遠耳於是宣詔慰勞吏人及彥所部復云大
軍續至城內無敢動者使還遷都官尚書十二
年瓜州刺史成慶爲城人張保所殺都督令狐
延等起義逐保啓請刺史以徵信洽西土拜假
節瓜州刺史徵在州五稔儉約率下邊人樂而
安之十六年徵兼尚書右僕射加侍中驃騎大
將軍開府儀同三司廢帝二年進爵爲公正右
僕射賜姓宇文氏徵性勤至凡所居官案牘無

周書列傳二十四　三

大小皆親自省覽以是事無稽滯吏不得爲姦
後雖歷公卿此志不懈出爲襄州刺史時南方
初附舊俗官人皆通餉遺徵性廉慎乃畫楊震
像於寢室以自戒及代還人吏送者數十里不
絕徵自以無德於人慨然懷愧因賦詩題於清水
亭長幼聞之競來就讀遞相謂曰此是申使君
手迹並寫誦之明帝以御正任總絲綸更崇其
秩爲上大夫員四人號大御正又以徵爲之歷小司
空少保出爲荊州刺史入爲小司徒小宗伯天和

六年上疏乞骸骨詔許之薨贈泗州刺史謚曰
章子康嗣位瀘州刺史司織下大夫上開府康
弟敦汝南郡守敦弟靜齊安郡守靜弟處上開
府同昌縣侯卒

陸通字仲明吳郡人也曾祖載從宋武帝平關
中軍還留載隨其子義真鎮長安遂沒赫連
氏魏太武平赫連氏載仕魏任中山郡守父政性
至孝其母吳人好食魚北土魚少政求之常苦
難後宅側忽有泉出而有魚遂得以供膳時人

周書列傳第二十四　四

以爲孝感所致因謂其泉爲孝魚泉初從尒朱
天光討伐及天光敗歸文帝文帝爲行臺以政
爲行臺左丞原州長史賜爵中都縣伯大統中
卒通少敦敏好學有志節幼從在河西遂逢寇
難與政相失通乃自拔東歸從尒朱榮死又從
尒朱兆及尒朱氏滅乃入關文帝時在夏州引
爲帳內督頃之賀拔岳爲侯莫陳悅所害時有
傳兵軍府已亡散者文帝憂之通以爲不然居
數日問至果如所策自是愈見親禮遂晝夜陪

侍家人罕見其面通雖處機密愈自恭謹文帝以此重之後以迎孝武功封都昌縣伯大統元年進爵爲侯從禽竇泰復弘農沙苑之役力戰有功又從解洛陽圍軍還屬趙青雀反於長安文帝將討之以人馬疲弊不可速行又謂青雀等一時陸梁不足爲慮乃云我到長安但輕騎臨之必當面縛通進曰青雀等既以大軍不和謂朝廷傾危同惡相求遂成反亂然其逆謀久定必無遷善之心且其詐言大軍敗績東寇將

至若以輕騎往百姓謂爲信然更沮兆庶之望大兵雖疲弊精鋭猶多以明公之威率思歸之衆以順討逆何慮不平文帝深納之因從平青雀録前後功進爵爲公徐州刺史以寇難未平留不之部與于謹討劉平伏加大都督從文帝援玉壁進儀同三司九年高仲密以地來附通從若干惠戰於芒山衆軍皆退唯惠與通率所部力戰至夜中乃陰引還敵亦不敢逼進授驃騎大將軍開府儀同三司太僕卿賜姓步

六孤氏進爵綏德郡公周孝閔踐祚拜小司空保定五年累遷大司寇通性柔謹雖久處列位常清慎自守所得祿賜盡與親故共之家無餘財常曰凡人患貧而不貴不患貴而貧也建德元年轉大司馬其年薨通弟逞

逞字季明初名彦字世雄魏文帝常從容謂之曰爾既温裕何因乃字世雄且爲世之雄非所宜也於爾兄弟又復不類遂改焉逞少謹密早有名譽兄通先以軍功別受茅土乃讓父爵中

都縣伯令逞襲之起家羽林監文帝内親信時輩皆以驍勇自達唯逞獨兼文雅文帝由此加禮遇焉大統十四年參大丞相府軍事尋兼記室保定初累遷吏部中大夫歷藩部御伯中大夫進驃騎大將軍開府儀同三司徙授司宗中大夫轉軍司馬逞幹識詳明歷任三府所在著績朝廷嘉之進爵爲公天和三年齊遣侍中斛斯文略中書侍郎劉逖來聘初修隣好盛選行人詔逞爲使主尹公正爲副以報之逞美容止

善辭令敏而有禮齊人稱焉還屆近畿詔令路
車儀服郊迎而入時人榮之四年除京兆尹都界
有豕生數子經旬而死其家又有豮豕乳養之諸
豚賴之以活時論以逞仁政所致俄遷司會中大
夫出爲河州刺史晉公護雅重其才表爲中外
府司馬頗委任之尋復爲司會兼納言遷小司
馬及護誅坐免官頃之起爲納言又以疾不堪
劇任乃除宜州刺史故事刺史奉辭例備鹵簿
逞以時屬農要奏請停之武帝深嘉焉詔遂

其所請以彰雅操逞在州有惠政吏人稱之東
宮初建授太子太保卒贈大將軍子操嗣
柳敏字白澤河東解縣人晉太常純之七世孫也
父懿魏車騎大將軍儀同三司汾州刺史敏九
歲而孤事母以孝聞性好學涉獵經史陰陽卜
筮之術靡不習焉年未弱冠起家員外散騎
侍郎累遷河東郡丞朝議以敏之本邑故有此
授敏雖統御鄉里而處物平允甚得時譽及文
帝剋復河東見而器異之乃謂之曰今日不喜

得河東喜得卿也即拜丞相府參軍事俄轉戶
曹參軍兼記室每有四方賓客恒令接之爰及
吉凶禮儀亦令監綜又與蘇綽等修撰新制爲
朝廷政典遷禮部郎中封武城縣子加帥都督
領本鄉兵俄進大都督遭母憂居喪旬日之間
鬢髮半白尋起爲吏部郎中毀瘠過禮杖而後
起文帝見而歎異之特加廩賜及尉遲迥伐蜀
以敏爲行軍司馬軍中籌略竝以委之益州平
進驃騎大將軍開府儀同三司加侍中遷尚書賜

姓宇文氏六官建拜禮部中大夫孝閔帝踐祚
進爵爲公又除河東郡守尋復徵拜禮部出
爲郢州刺史甚得物情及將還朝夷夏士人
感其惠政竝齎酒餚及土產候之於路敏乃從
他道而還復拜禮部後改禮部爲司宗仍以敏
爲之敏操履方正性又恭勤每日將朝必夙興
待旦又久處臺閣明練故事近儀或乖先典者
皆按據舊章刊正取中遷小宗伯監修國史轉
小司馬又監修律令進位大將軍出爲鄜州刺史

以疾不之部武帝平齊進爵武德郡公敏自建
德以後寢疾積年武帝及宣帝並親幸其第問
疾焉開皇元年進位上大將軍太子太保其年
卒贈五州諸軍事晉州刺史臨終誡其子等喪
事所須務從簡約其子等並涕泣奉行少子昂
昂字千里幼聰穎有器識幹局過人武帝時爲
内史中大夫開府儀同三司賜爵文城郡公當
塗用事百寮皆出其下昂竭誠獻替知無不
爲謙虛自處未嘗驕物時論以此重之武帝崩

受遺輔政稍被宣帝疎然不離本職隋文帝
爲丞相深自結納文帝以爲大宗伯拜日遂得偏
風不能視事文帝受禪疾愈加上開府拜潞州
刺史昂見天下無事上表請勸學行禮上覽而
善之優詔答昂自是天下州縣皆置博士習禮
焉昂在州甚有惠政卒官子調嗣

盧柔字子剛少孤爲叔母所養撫視甚於其子
柔盡心溫清亦同己親宗族歎重之性聰敏好
學未弱冠解屬文但口吃不能持論頗使酒誕
節爲世所譏司徒臨淮王彧見而器之以女妻
焉及魏孝武與齊神武有隙詔賀拔勝出牧荆
州柔謂因此可著功績遂從勝之荆州以柔爲
大行臺郎中掌書記軍中機務柔多預之及
勝爲太保以柔爲掾加冠軍將軍孝武後召
勝引兵赴洛勝以問柔曰高歡託晉陽之甲意
實難知公宜席卷赴都與決勝負存没以之此
忠之上策也若北阻魯陽南并舊楚東連兗豫
西接關中帶甲十萬觀釁而動亦中策也舉三

荆之地通款梁國可以身免功名去矣策之下
者勝輕柔年少笑而不應及孝武西遷東魏遣
侯景襲穰勝敗遂南奔梁柔亦從之勝頻表梁
求歸武帝覽表嘉其辭彩既知柔所制衣因遣
舍人勞問并遺縑錦後與勝俱還行至襄陽齊
神武懼勝西入遣侯景以輕騎邀之勝及柔懼乃
棄船山行贏粮冒險經數百里時屬秋霖徒侶
凍餒死者太半至豐陽界柔迷失道獨宿僵木
之下寒雨衣濕殆至於死大統二年至長安封容

城縣男邑二百戶太祖重其才引爲行臺郎中加
平東將軍除從事中郎與蘇綽對掌機密時沙
苑之後大軍屢捷汝潁之間多舉義來附書翰
往反日百餘牒柔隨機報答皆合事宜進爵
爲子增邑三百戶除中書舍人遷司農少卿轉
郎兼著作撰起居注後拜黃門侍郎文帝知其
貧解衣賜之魏廢帝元年加車騎大將軍儀同
三司散騎常侍中書監孝閔帝踐祚拜小內史
遷內史大夫進位開府卒於位所作詩頌碑銘

檄表啓行於世者數十篇子愷嗣愷字長仁涉
獵經史有當世幹能起家齊王記室歷吏部內
史上士禮部下大夫尋爲聘陳副使大象初拜
東京吏部下大夫

唐瑾字附璘父永性溫恭有器量博涉經史
雅好屬文身長八尺二寸容貌甚偉年十七周文
聞其名乃貽永書曰聞公有二子曰陵從橫多武
略瑾雍容富文雅可並遣入朝孤欲委以文武
之任因召拜尚書員外郎相府記室參軍事軍

書羽檄瑾多掌之從破沙苑戰河橋並有功
封姑臧縣子累遷尚書右丞吏部郎中于時魏
室播遷庶務草剏朝章國典瑾並參之遷戶
部尚書進位驃騎大將軍開府儀同三司賜姓
宇文氏時燕公于謹勳高望重朝野所屬白文
帝言瑾學行兼脩願與之同姓結爲兄弟庶子
孫承其餘論有益義方文帝歎異者久之更賜
瑾姓萬紐于氏瑾乃深相結納敦長幼之序謹
亦庭羅子孫行弟姪之敬其爲朝望所宗如此

進爵臨淄縣伯轉吏部尚書銓綜衡流雅有人
倫之鑒以父憂去職尋起令視事時六尚書皆
一時之秀周文自謂得人號爲六俊然瑾尤見
器重于謹南伐江陵以瑾爲元帥府長史軍中
謀略多出瑾焉江陵既平衣冠仕伍並沒爲僕
隸瑾察其才行有片善者輒議免之賴瑾獲
濟者甚衆時論多焉及軍還諸將多因虜掠
大獲財物瑾一無所取唯得書兩車載之以歸
或白文帝曰唐瑾大有輜重悉是梁朝珍玩文

帝初不信之然欲明其虚實密遣使檢閱之唯見墳籍而已乃歎曰孤知此久來二十許年明其不以利干義向若不令檢視恐常人有投杼之疑所以益明之耳凡受人委任當如此世論平江陵功進爵爲公六官建授禮部中大夫出爲蔡州刺史歷柘州硤州所在皆有德化人吏稱之轉荊州總管府長史入爲吏部中大夫歷御正納言中大夫曾未十旬遂遷四職搢紳以爲榮久之除司宗中大夫兼內史尋卒于位贈小宗

伯謚曰方瑾性方重有風格退朝休假恒著衣冠以對妻子遇迅雷烈風雖閑夜宴寢必起冠帶端笏危坐又好施與家無餘財所得祿賜常散之宗族其尤貧者又割膏腴田宇以賑之所留遺子孫者並墝埆之地朝野以此稱之撰新儀十篇所著賦頌碑誄二十餘萬言孫大智嗣

瑾次子令則性好篇章兼解音律文多輕豔爲時人所傳天和中以齊馭下大夫使於陳大象中官至樂部下大夫仕隋位太子左庶子皇

太子勇廢被誅

列傳第二十四　周書三十二

右此卷內申徽陸通柳敏唐瑾傳全與北史同

令狐　德棻　等撰

庫狄峙
楊薦
趙剛
王慶
趙昶
王悅
趙文表

庫狄峙其先遼東人本姓段氏匹磾之後也因避難改焉後徙居代世爲豪右祖淩武威郡守父貞上洛郡守峙少以弘厚知名善騎射有謀略仕魏位高陽郡守爲政仁恕百姓頗悅之孝武西遷峙乃棄官從入關大統元年拜中書舍人參掌機密以恭謹見稱遷黃門侍郎時與東魏爭衡戎馬不息蠕蠕乘虛屢爲邊患朝議欲結和親乃使峙往峙狀貌魁梧善於辭令蠕蠕主雅信重之自是不復爲寇太祖謂峙曰昔

魏絳和戎見稱前史以君方之彼有愧色封高邑縣公邑八百戶遷驃騎將軍岐州刺史加散騎常侍增邑三百戶開府儀同三司恭帝元年徵拜侍中蠕蠕滅後突厥强盛雖與文帝通好而外連齊氏太祖又令峙銜命諭之突厥感悟即執齊使歸諸京師録前後功拜大將軍安豐郡公邑通前二千戶尋除小司空孝閔踐祚轉世宗小司寇初爲都督益潼等三十一州諸軍事益州刺史峙性寬和尚清靜甚爲夷獠所安保定四年除宣州刺史天和三年入爲少師峙以年老表乞骸骨手詔許之五年卒贈同州刺史謚曰定子嶷嗣少知名起家吏部上士歷小內史小納言授開府階遷職方中大夫爲蔡州刺史卒於官子授嗣

楊薦字承略秦郡寧夷人也父寶昌平郡守薦幼孤早有名譽性廉謹喜怒不形於色魏永安中隨爾朱天光入關討群賊封高邑縣男文帝臨夏州補帳內都督及平侯莫陳悅使薦入洛陽

請事魏孝武帝授文帝關西大行臺仍除荐直
閤將軍時馮翊長公主嫠居孝武意欲歸諸文
帝乃令武衛元毗喻旨荐歸白文帝又遣荐入
洛陽請之孝武即許焉孝武欲向關中荐賛成其
計孝武曰卿歸語行臺迎我文帝又遣荐與長
史宇文測出關候接孝武至長安進爵清水縣
子魏大統元年蠕蠕請和親文帝遣荐與楊寛
使幷結婚而還進爵爲侯又使荐納幣於蠕蠕
魏文帝郁久閭后崩文帝遣僕射趙善使蠕蠕

三〇三 周書列傳第二十五 三

更請婚善至夏州聞蠕蠕貳於東魏欲執使者
善懼乃還文帝乃使荐往賜黃金十斤雜綵三
百疋荐至蠕蠕責其背惠食言幷論結婚之意
蠕蠕感悟乃遣使隨荐報命焉及侯景來附文
帝令荐與鎭遏荐知景豳覆遂求還具陳事實
文帝乃遣使密追助景之兵尋而景叛十六年
大軍東討文帝恐蠕蠕乘虛寇掠乃遣荐往更
論和好以安慰之進使持節驃騎大將軍開府
儀同三司加侍中孝閔帝踐祚除御伯大夫進

爵姚谷縣公仍使突厥結婚突厥可汗弟地頭
可汗阿史那庫頭居東面與齊通和說其兄欲
背先約計謀已定將以荐等送齊荐知其意乃
正色責之辭氣慷慨涕泗橫流可汗慘然良久
曰辛無所疑當共平東賊然後發遣我女乃令
荐先報命仍請東討以奉使稱旨遷大將軍保
定四年又納幣於突厥還行小司馬又行大司
徒從陳公純等逆女於突厥進爵南安郡公天
和三年遷總管梁州刺史後以疾卒

三〇三 周書列傳二十五 四

趙剛字僧慶河南洛陽人也曾祖蔚魏幷州刺
史祖寧高平太守父和太平中陵江將軍南討
度淮聞父喪輒還所司將致之於法和曰罔極之
恩終天莫報若許安厝禮畢而即罪戮死且無
恨言訖號慟悲感傍人主司以聞遂肯之喪畢
除寧遠將軍大統初追贈右將軍膠州刺史剛
少機辯有幹能起家奉朝請累遷鎭東將軍銀
青光祿大夫歷大行臺郎中征東將軍加金紫
階領司徒府從事中郎加閤內都督及魏孝武

與齊神武搆隙剛密奉旨召東荆州刺史馮景昭率兵赴闕未及發而神武已逼洛陽孝武西遷景昭集府僚文武議其去就司馬馮道和請據州待北方處分剛曰公宜勤兵赴行在所久之更無言者剛抽刀投地曰公若為忠臣可斬道和如欲從賊可見殺景昭感悟遂率衆赴關右屬侯景逼穰城東荆州人楊祖歡等起兵應景以其衆邀景昭於路景戰敗剛遂没於蠻後自贖免乃見東魏東荆州刺史李魔憐勸令歸

關西魔憐納之使剛至并州密觀事勢神武引剛內宴因令剛齎書申勑荆州剛還報魔憐仍說魔憐斬祖歡等以州歸西魔憐乃使剛入朝大統初剛於霸上見太祖具陳關東情實太祖嘉之封陽邑縣子邑三百戶除車騎將軍左光祿大夫論復東荆州功進爵臨汝縣伯邑五百戶初賀拔勝獨孤信以孝武西遷之後並流寓江左至是剛言於魏文帝請追而復之乃以剛為兼給事黃門侍郎使梁魏與齊移書與其梁

州刺史杜懷寶等論隣好并致請勝等移書寶即與剛盟歃受移赴建康仍遣行人隨剛報命是年又詔剛使三荆聽在所便宜從事使還稱旨進爵武城縣侯除大丞相府帳內都督復使魏興重申前命尋而梁人禮送賀拔勝獨孤信等頃之御史中尉董紹進策請圖梁漢以紹為行臺梁州刺史率士馬向漢中剛以為不可而朝議已決遂出軍紹竟無功而還免為庶人除剛潁川郡守加通直散騎常侍御大將軍從復

弘農進拜大都督東道軍司節度開府李延孫等七軍攻復陽城擒太守王智納轉陳留郡守東魏行臺侯景率衆三萬攻陷郡城剛突出還保潁川重行郡事復為侯景所破乃率餘衆赴洛陽大行臺元海遣剛還郡徵粮時景衆已入潁川剛於西界招復陽翟二萬戶轉輸送洛明年洛陽不守剛遠隔敵中連戰破東魏廣州刺史李仲侃時侯景別帥陸太潁川郡守高冲等衆八千人寇襄城等五郡剛簡步騎五百大破

中等開府李延孫爲長史楊伯蘭所害剛擊斬
之又攻拔廣州進軍陽翟侯景自鄭入魯陽與
剛接戰旬有三日旋軍宜陽時河南城邑一彼
一此剛復出軍伊洛侯景亦度河築城剛前後
下景三郡獲郡守一人別破其行臺梅遷斬首
千餘級除尚書金部郎中高仲密以北豫州來
附兼大行臺左丞持節赴潁川節度義軍師還
剛別破侯景前驅於南陸復獲其郡守二人時
有流言傳剛東叛齊神武因設反間聲遣迎接

剛乃率騎襲其下塢拔之露板言狀太祖知剛
無貳乃加賞賚焉除營州刺史進爵爲公增邑
二百戶加大都督車騎大將軍儀同三司散騎
常侍漕州民鄭五醜構逆與叛羌傍乞鐵忩相
應令剛往鎮之將發魏文帝引見內寢舉觴屬
剛曰昔侯景在東爲卿所困黠羌小豎豈足勞
卿謀慮也時五醜已剋定夷鎮所在立柵剛至
並攻破之散其黨與五醜於是西奔鐵忩剛又
進破鐵忩僞廣寧郡屬宇文貴等西討詔以剛

行渭州事資給粮餼鐵忩平所獲羌卒千人配
剛軍中教以戎旅皆盡其力用加驃騎大將軍
開府儀同三司入爲光祿卿六官建拜膳部中
大夫孝閔帝踐祚進爵浮陽郡公出爲利州揔
管利沙方渠四州諸軍事沙州氐恃險逆命剛
再討服之方州生獠自此始從賦役剛以爲信
州濵江負阻遠連殊俗蠻左强獷歷世不賓乃
表請討之詔剛率利沙等十四州兵兼督儀同
十人馬步一萬徃經略焉仍加授渠州刺史剛初

至渠帥憚其軍威相次降欵後以剛師出踰年
士卒疲弊尋復亡叛後遂以無功而還又與所
部儀同尹才失和被徵赴闕遇疾卒於路年五
十七贈忠浙涿三州刺史謚曰成子元卿嗣
王慶字興慶太原祁人也父因魏靈州刺史懷
德縣公慶少開悟有才略初從文帝征伐復弘
農破沙苑並有戰功每獲殊賞大統十年授殿
中將軍孝閔帝踐祚晉公護引爲典籤慶樞機
明辨漸見親待授大都督武成元年以前後功賜

爵始安縣男二年行小賓部保定二年使吐谷渾與其分疆仍論和好之事渾主悦服遣所親隨慶貢獻初突厥與周和親許納女爲后而齊人知之懼成合從之勢亦遣使求婚財饋甚厚突厥貪其重賂便許之朝議以魏氏昔與蠕蠕結婚遂爲齊人離貳今者復恐改變欲遣使結之遂授慶左武伯副楊荐爲使是歲遂興入并之役慶乃引突厥騎與隋公楊忠至太原而還以齊人許送皇姑及世母朝廷遂與通和突厥聞之復致疑阻於是又遣慶往喻之可汗感悦結好如初五年復與宇文貴使突厥逆女自此以慶信著北蕃頻歲出使後更至突厥屬其可汗暴殂突厥謂慶曰前後使來逢我國喪者皆剺面表哀況今二國和親豈得不行此事慶抗辭不從突厥見其守正卒不敢逼武帝聞而嘉之錄慶前後使功還開府儀同三司兵部大夫進爵爲公歷丹中二州刺史爲政嚴肅吏不敢欺大象元年授小司徒加上大將軍總管汾石

二州五鎮諸軍事汾州刺史又除延州總管進位柱國開皇元年進爵平昌郡公卒于鎮贈上柱國謚曰莊子淹嗣

趙昶字長舒天水南安人也曾祖襄仕魏至中山郡守因家於代祖泓廣武令父琛上洛郡守昶少聰敏有志節弱冠以材力聞孝昌中起家拜都督鎮小平津魏北中郎將高千甚敬重之千牧兖州以昶行臨渙北梁二郡事大統初千遷鎮陝又以昶爲長史中軍都督太祖平弘農擢爲相府典籤大統九年大軍失律於芒山清水氐酋李鼠仁自軍逃還憑險作亂隴右大都督獨孤信頻遣軍擊之不克太祖將討之欲先遣觀其勢顧問誰可爲左右莫對昶曰此小豎爾以公威孰不聽命太祖壯之遂令昶使焉昶見鼠仁喻以禍福群凶聚議或從或否其逆命者復將加刃於昶而昶神色自若志氣彌厲鼠仁感悟遂相率降氐梁道顯叛攻南由太祖復遣昶慰諭之道顯等皆即欵附東秦州刺史魏

光因從其豪帥四十餘人并部落於華州太祖即以昶爲都督領之先是汾州胡叛再遣昶慰勞之皆知其虛實及大軍往討昶爲先驅遂破之以功封章武縣伯邑五百戶十五年拜安夷郡守帶長蛇鎮將氐族羌獷世號難治昶威懷以禮莫不悅服朞歲之後樂從軍者千餘人加授帥都督時屬軍機科發切急氐情難之復相率謀叛昶又潛遣誘說離間其情因其攜貳遂輕往臨之羣氐不知所爲咸來見昶乃收其首

逆者二十餘人斬之餘衆遂定朝廷嘉之除大都督行南秦州事時氐帥蓋鬧等反昶復討擒之進撫軍將軍加通直散騎常侍又與史寧破宕昌羌獠二十餘萬拜武州刺史車騎大將軍儀同三司諸州軍事魏恭帝初加驃騎大將軍開府儀同三司潭水羌叛殺武陵潭水二郡守昶率儀同駱天乂等騎步五千討平之世宗初鳳州人仇周貢魏興等反自號周公有衆八千人破廣化郡攻没諸縣分兵西入圍廣業脩城

二郡廣業郡守薛爽脩城郡守位杲等請昶爲援昶遣使報杲爲周貢黨樊伏興等所獲興等知昶將至解脩城圍據泥功鎮設六伏以待昶昶至遂遇其伏合戰破之廣業之圍亦解昶追之至泥陽川而還興州人叚吒及氐酋姜多復反攻没郡縣昶討斬之語在氐傳昶自以被拔擢居將帥之任傾心下士虜獲氐羌撫而使之皆爲昶盡力太祖常曰不煩國家士馬而能威服氐羌者趙昶有之矣至是世宗録前後功進

爵長道郡公賜姓宇文氏賞勞甚厚二年徵拜賓部中大夫行吏部尋以疾卒

王悅字衆喜京兆藍田人也少有氣幹爲州里所稱魏永安中爾朱天光西討引悅爲其府騎兵參軍除石安令太祖初定關隴悅率募鄉里從軍屢有戰功大統元年除平東將軍相府刑獄參軍封藍田縣伯邑六百戶四年東魏將侯景攻圍洛陽太祖赴援悅又率鄉里千餘人從軍至洛陽將戰之夕悅磬其行資市牛饗戰士及

戰悅所部盡力斬獲居多六年加通直散騎常侍遷大行臺右丞十年轉左丞久居管轄頗獲時譽十二年齊神武親率諸軍圍玉壁大都督韋孝寬拒守累旬敵方引退朝廷以寬勳重遣尚書長孫紹遠爲大使悅爲副使勞問寬等并校定勳人十三年侯景據河南來附仍請兵爲援太祖先遣韋法保賀蘭願德等帥衆助之悅言於太祖曰侯景之於高歡始則篤鄉黨之情末乃定君臣之契位居上將職重台司論其分

義有同魚水今歡始死景便離貳豈不知君臣之道有虧忠義之禮不足蓋其所圖既大不卹小嫌然尚能背德於高氏豈肯盡節於朝廷今若益之以勢援之以兵非唯侯景不爲池中之物亦恐朝廷貽笑將來也太祖納之乃遣行臺郎中趙士憲追法保等而景尋叛十四年授雍州大中正帥都督加衞將軍右光禄大夫都督率所部兵從大將軍楊忠征隨郡安陸並平之時懸兵深入悅支度路程勒其部伍節減粮食

及至竟陵諸軍多有匱乏悅出粟米六百石分給之太祖聞而嘉焉尋拜京兆郡守加使持節車騎軍將軍儀同三司散騎常侍遷大行臺尚書又領所部兵從達奚武征梁漢軍出武令悅說其城主楊賢悅乃貽之書曰夫惟德是輔天道之常也見機而作人事之會也梁主内虧刑政外闕藩籬定夫攘袂舉國傾覆非直下民離心抑亦上玄所棄我相公膺千齡之運創三分之業道洽區中威振方外聲教所被風行草

偃兵車所指雲除霧廓斯固天下所共聞無俟二談也大將軍高陽公韞韜略之祕揔熊羆之旅受賑廟堂威懷巴漢先附者必賞後服者必誅君兵粮既寡救援路絶欲守則城池無縈帶之險欲戰則士卒有土崩之勢以此求安未見其可昔韓信背項前典以爲美談黃權歸魏良史稱其盛烈事有變通今其則也賢於是遂降悅白武云白馬要衝是必爭之地今城守寡弱易可圖也若蜀兵更至攻之實難武然之令悅

率輕騎七百徑趣白馬悅先示其禍福其將梁
深遂以城降梁武陵王紀遣其將任奇率步騎
六千欲先據白馬行次關城聞已降乃還及梁
州平太祖即以悅行刺史事招攜初附民吏安
之魏廢帝二年徵還本任屬改行臺為中外府
尚書貞廢以儀同領兵還鄉里悅既久居顯職
及此之還私懷怏怏猶陵駕鄉里失宗黨之情
其長子康恃舊望遂自驕縱所部軍人將有婚
禮康乃非理淩辱軍人訴之悅及康並坐除名

周書列傳二十五　十五　平山

仍配流遠防及于謹伐江陵平悅從軍展效因
留鎮之孝閔踐祚依例復官授郢州尋拜使持
節驃騎大將軍開府儀同三司大都督司水中
大夫進爵藍田縣侯遷司憲中大夫賜姓宇文
氏又進爵河北縣公悅性儉約不營生業雖出
入榮顯家徒四壁而已世宗手勑勞勉之賜粟六
百石保定元年卒於位康嗣官司邑下大夫
趙文表其先天水西人也後徙居南鄭累世為二
千石父江性方嚴有度量歷官東巴州刺史討

部中大夫驃騎大將軍開府儀同三司御伯中
大夫封昌國縣伯贈廣絳二州刺史謚曰貞文
表少而修謹志存忠節便弓馬能左右馳射好
讀左氏春秋略舉大義起家為太祖親信魏恭
帝元年從開府田弘征山南以功授都督復從
平南巴州及信州遷帥都督又從許國公宇文
貴鎮蜀行昌城郡事加中軍將軍左金紫光祿
大夫保定元年除許國公府司馬轉大都督五
年授纖伯下大夫又為許國公府長史尋拜車

周書列傳二十五　十六　平山

騎大將軍儀同三司仍從宇文貴使突厥迎皇
后進止儀注皆令文表與之斟酌而行皆
合禮度及皇后將入境突厥託以馬瘦行徐文
表慮其為變遂說突厥使羅莫緣曰后自發彼
蕃已淹時序途經沙漠人馬疲勞且東寇每伺
間隙吐谷渾亦能為變今君以可汗之愛女結
姻上國曾無防慮豈大臣之體乎莫緣然之遂
倍道兼行數日至甘州以迎后功別封伯陽縣邑
六百戶天和三年除梁州總管府長史所管地

名恒陵者方數百里並生獠所居恃其險固常懷不軌文表率衆討平之遷蓬州刺史政尚仁恕夷獠懷之加驃騎大將軍開府儀同三司又進位大將軍爵爲公大象中拜呉州揔管時開府于顗爲呉州刺史及隋文帝執政尉遲迥等舉兵遠近騷然人懷異望顗自以族大且爲國家肺腑懼文表圖己謀欲先之乃稱疾不出文表往問之顗遂手刃文表因令吏人告云文表謀反仍馳啓其狀隋文以諸方未定恐顗爲變遂授顗呉州揔管以安之後知文表無異志雖不罪顗而聽其子仁海襲爵

列傳第二十五　周書三十三

右此卷内楊荐王慶傳全與北史同

列傳第二十六　周書三十四

令狐　德棻　等撰

趙善
元定
楊摽
裴寛
楊敷

趙善字僧慶太傅楚國公貴之從祖兄也祖國魏龍驤將軍洛州刺史父更安樂太守善少好

學涉獵經史美容儀沈毅有遠量永安初介朱天光爲肆州刺史辟爲主簿深器重之天光討邢杲及万俟醜奴以善爲長史軍中謀議每參預之天光爲關右行臺表善爲行臺左丞加都督征虜將軍普泰初賞平關隴之功拜驃騎將軍大行臺散騎常侍封山北縣伯邑五百户俄除持節東雍州諸軍事雍州刺史天光東拒齊神武於寒陵善又以長史從及天光敗見殺善請收葬其屍齊神武義而許之賀拔岳揔關中兵

乃遣迎善復以爲長史岳爲侯莫陳悅所害善
與諸將翊戴太祖仍從平悅魏孝武遷除都官
尚書改封襄城縣伯增邑五百戶頃之爲北道
行臺與儀同李諱等討曹泥克之遷車騎大將
軍儀同三司尚書右僕射進爵爲公增邑并前
一千五百戶大統三年轉左僕射兼侍中監著
作領太子詹事善性溫恭有器局雖位居端右
而逾自謙退其職務克舉則曰某官之力若有
罪責則曰善之咎也時人稱其公輔之量太祖亦

雅敬重焉九年從戰邙山屬大軍不利善爲敵
所獲遂卒於東魏建德初朝廷與齊通好齊人
乃歸其柩其子絢表請贈謚詔贈大將軍大都
督岐宜寧豳四州諸軍事岐州刺史謚曰敬子
度字紉濟車騎大將軍儀同三司度弟絢字會
績驃騎大將軍開府儀同三司淅資二州刺史
元定字願安河南洛陽人也祖比頹魏安西將軍
務州刺史父道龍征虜將軍鉅鹿郡守定惇厚
少言內沉審而外剛毅永安初從尒朱天光討

關隴羣賊並破之除襄威將軍及賀拔岳被害
定從太祖討侯莫陳悅以功拜平遠將軍步兵
校尉魏孝武西遷封高邑縣男邑二百戶從擊
潼關拔回洛城進爵爲伯增邑三百戶加前將
軍太中大夫從擒竇泰復弘農破沙苑戰河橋
定皆先鋒當其前者無不披靡以前後功累遷
都督征東將軍金紫光祿大夫帥都督增邑三百
戶邙山之役敵人如堵定奮矟衝之殺傷甚衆
無敢當者太祖親觀之論功爲最賞物甚厚十

三年授河北郡守加大都督通直散騎常侍增
邑通前一千戶定有勇略每戰必陷陣然未嘗
自言其功太祖深重之諸將亦稱其惠者十五
年遷使持節車騎大將軍開府儀同三司進爵
爲公魏廢帝二年以宗室進封建城郡王二年
行周禮爵隨例改封長湖郡公世宗初拜岷州
刺史威恩兼濟甚得羌豪之情先時生羌據險
不賓者至是並出山谷從征賦焉及定代還羌
豪等感慕之保定中授左宮伯中大夫父之轉

左武伯中大夫進位大將軍天和二年陳湘州刺史華皎舉州歸梁梁主欲因其隙更圖攻取乃遣使請兵詔定從衛公直率衆赴之梁人與華皎皆爲水軍定爲陸軍直揔督之俱至夏口而陳郢州堅守不下直令定率步騎數千圍之陳遣其將淳于量徐度吳明徹等水陸來拒量等以定已度江勢分遂先與水軍交戰而華皎所統之兵更懷疑貳遂爲陳人所敗皎得脫身歸梁定既孤軍懸隔進退路絶陳人乘勝水陸

逼之定乃率所部斫竹開路且行且戰欲趣湘州而湘州已陷徐度等知定窮迫遣使僞與定通和重爲盟誓許放還國定疑其詭詐欲力戰死之而定長史孫隆及諸將等多勸定和定乃許之於是與度等刑牲歃血解仗就舡遂爲度等所執所部衆軍亦被囚虜送詣丹陽居數月憂憤發病卒子樂嗣

楊檦字顯進正平高凉人也祖貴父猛並爲縣令檦少豪俠有志氣魏孝昌中尒朱榮殺害朝士大司馬城陽王元徽逃難投檦檦藏而免之孝莊帝立徽乃出復爲司州牧由是檦以義烈聞擢拜伏波將軍給事中元顥入洛孝莊欲往晉陽就尒朱榮詔檦率其宗人收舡馬渚檦未至帝已北度太行檦遂匿所收舡不以資敵及尒朱榮奉帝南討至馬渚檦乃具船以濟王師顥平封肥如五百戶加鎮遠將軍步兵校尉行濟北郡事進都督平東將軍太中大夫從魏孝武入關進爵爲侯增邑八百戶加撫軍銀青光

祿大夫時東魏遷鄴太祖欲知其所爲乃遣檦間行詣鄴以觀察之使還稱旨授通直散騎常侍車騎將軍稽胡恃險不賓屢行抄竊以檦兼黃門侍郎往慰撫之檦頗有權略能得邊情誘化首渠多來欵附乃有隨檦入朝者時弘農爲東魏守檦從太祖攻拔之然自河以北猶附東魏檦父猛先爲邵白水令檦與其豪右相知請微行詣邵舉兵以應朝廷太祖許之檦遂行與土豪王覆憐等陰謀舉事密相應會者三千人

内外俱發遂拔邵郡擒郡守程保及令四人並斬之衆議推檦行郡事檦以因覆憐成事遂表覆憐爲邵郡守以功授大行臺左丞率義徒更爲經略於是遣諜人誘說東魏城堡旬月之間正平河北南汾二絳建州太寧等城並有請爲内應者大軍因攻而拔以檦行正平郡事左丞如故齊神武敗於沙苑其將韓軌潘洛可朱渾元等爲殿檦分兵要截殺傷甚衆東雍州刺史馬恭懼檦威聲棄城遁走檦遂移據東雍州太祖以

周書列傳二十六　六

檦有謀略堪委邊任乃表行建州事時建州遠在敵境三百餘里然檦威恩夙著所經之處多並贏糧附之比至建州衆已一萬東魏刺史車折于洛出兵逆戰檦擊敗之又破其行臺斛律俱步騎二萬於州西大獲甲仗及軍資以給義士由是威名大振東魏遣太保侯景攻陷正平復遣行臺薛循義率兵與斛律俱相會於是敵衆漸盛檦以孤軍無援且腹背受敵謀欲拔還恐義徒背叛遂僞爲太祖書遣人若從外送來者

云已遣軍四道赴援因令人漏泄使所在知之又分土人義首令領所部四出抄掠擬供軍費檦分遣訖遂於夜中拔還邵郡朝廷嘉其權以全軍即授建州刺史時東魏以正平爲東雍州遣薛榮祖鎮之檦將謀取之乃先遣奇兵急攻汾橋榮祖果盡出城中戰士於汾橋拒守其夜檦率步騎二千從他道濟遂襲克之進驃騎將軍既而邵郡民以郡東叛郡守郭武安脱身走免檦又率兵攻而復之轉正平郡守又擊破東

周書列傳二十六　七

魏南絳郡虜其郡守屈僧珍録前後功別封郃陽縣伯邑五百戸邙山之戰檦攻拔栢谷塢因即鎮之及大軍不利檦亦拔還而東魏將侯景率騎追檦與儀同韋法保同心抗禦且前經十數里景乃引退太祖嘉之賜帛三百疋復授建州刺史鎮車箱檦久從軍役未及葬父至是表請還葬詔贈其父車騎大將軍儀同三司晉州刺史贈其母夏陽縣君並給儀衛州里榮之及齊神武圍玉壁別令侯景趣齊子嶺檦恐入寇

邵郡率騎禦之景聞摽至斫木斷路者六十餘里猶驚而不安遂退還河陽其見憚如此十二年進授大都督加晉建二州諸軍事又攻破蓼塢獲魏將李顯進儀同三司尋遷開府復除建州邵郡河内汲郡黎陽等諸軍事領邵郡十六年大軍東討授大行臺尚書率義衆先驅敵境攻其四戍拔之時以齊軍不出乃追摽還并肥如邵陽二邑合一千八百戶改封華陽縣侯又於邵郡置邵州以摽爲刺史率所部兵鎮之保定

四年遷少師其年大軍圍洛陽詔摽率義兵萬餘人出軹關然摽自鎮東境二十餘年數與齊人戰每常克獲以此遂有輕敵之心時洛陽未下而摽深入敵境又不設備齊人奄至大破摽軍摽以衆敗遂降於齊摽之立勳也有慷慨壯烈之志及軍敗遂就虜以求苟免時論以此鄙之朝廷猶録其功不以爲罪令其子襲摽之敗也新平郡守韓盛亦於洛陽戰沒盛字文熾南陽堵陽人也五世祖遠爲鄭縣令因徙居京兆之

渭南焉曾祖良舉秀才奉朝請竹藏令祖與魏黨城郡守贈直州刺史父先薊安夷鄜城二郡守贈鎮遠將軍義州刺史盛幼有操行涉獵經史兼善騎射膂力過人魏大統初起家開府行參軍轉參軍事從李遠積年征討每有戰功累遷至都督輔國將軍中散大夫帥都督持節平東將軍太中大夫銀青光祿大夫大都督明帝二年封臨湍縣子邑三百戶保定四年授使持節車騎大將軍儀同三司虞部下大夫出

爲新平郡守居官清靜嚴而不殘矜恤孤貧抑挫豪右賊盜止息郡治肅然尋以本官從晉公護東討於洛陽戰沒贈淅洛義三州刺史謚曰壯子謙嗣官至大都督盛二兄德輿仲恭德輿姿貌魁傑有異常人歷官持節車騎大將軍儀同三司通洛慈澗防主邵州刺史任城縣男仲恭美容儀澹於榮利郡累辟爲功曹中正仲恭答曰第五之號豈減驃騎乎後歷廣原靈石新豐三縣令所在皆有聲績有八子並有志操少

子紉約後最知名

裴寬字長寬河東聞喜人也祖德歡魏中書郎河內郡守父靜慮銀青光祿大夫贈汾州刺史寬儀貌瓌偉博涉羣書弱冠爲州里所稱與二弟漢尼是和知名親歿撫弟以篤友聞滎陽鄭穆常謂從弟文直曰裴長寬兄弟天倫篤睦人之師吾愛之重之汝可與之遊處年十三以選爲魏孝明帝挽郎釋褐員外散騎侍郎魏孝武末除廣陵王府直兵參軍加寧朔將軍員外散騎常侍及孝

武西遷寬謂其諸弟曰權臣擅命乘輿播越戰爭方始當何所依諸弟咸不能對寬曰君臣逆順大義昭然今天子西巡理無東面以虧臣節乃將家屬避難於大石嶺獨孤信鎮洛陽始出見焉時汾州刺史韋子粲降於東魏子粲兄弟在關中者咸已從坐其季弟子爽先在洛窘急乃投寬寬開懷納之遇有大赦或傳子爽合免因爾遂出子爽卒以伏法獨孤信召而責之寬曰窮來見歸義無執送今日獲罪是所甘心以經赦宥遂得

不坐大統五年授都督同軌防長史加征虜將軍十三年從防主韋法保向潁川解侯景圍景密圖南叛軍中頗有知者以其事計未成外示無貳往來諸軍間侍從寡少軍中名將必躬自造至於法保尤被親附寬謂法保曰侯景狡猾必不肯入關雖託款於公恐未可信若伏兵以斬之亦一時之計也如曰不然便須深加嚴警不得信其誑誘自貽後悔法保納之然不能圖景但自固而已十四年與東魏將彭樂恂戰於

新城因傷被擒至河陰見齊文襄寬舉止詳雅善於占對文襄甚賞異之謂寬曰卿三河冠蓋材識如此我必使卿富貴關中貧狹何足可依勿懷異圖也因解鏁付館厚加其禮寬乃裁臥氊夜縋而出因得逃還見於太祖太祖顧謂諸公曰被堅執鋭或有其人疾風勁草歲寒方驗裴長寬爲高澄如此厚遇乃能冒死歸我雖古之竹帛所載何以加之乃手書署寬名下授持節帥都督封夏陽縣男邑三百戶并賜馬一

疋衣一襲即除孔城城主十六年遷河南郡守
仍鎮孔城尋加撫軍大都督通直散騎常侍魏
廢帝元年進使持節車騎大將軍儀同三司散
騎常侍孝閔帝踐祚進爵爲子寬在孔城十三
年與齊洛州刺史獨孤永業相對永業有計謀
多譎詐或聲言春發秋乃出兵掩蔽消息倏忽
而至寬每揣知其情用兵邀擊無不克之永業常
戒其所部曰但好鎮孔城自外無足慮其見憚如
此齊伊川郡守梁鮓常在境首抄掠太祖患之

命寬經略焉鮓行過妻家椎牛宴飲既醉之後
不復自防寬密知之遣兵往襲遂斬之太祖嘉
焉賜奴婢金帶粟帛等武成二年徵拜司士中大
夫保定元年出爲汾州刺史尋轉魯山防主四
年加驃騎大將軍開府儀同三司天和二年行復
州事三年除溫州刺史初陳氏與國通和每脩聘
好自華皎附後乃圖寇掠汾州既接敵境事資
守備於是復以寬爲汾州刺史而州城埤狹器械又
少寬知其難守深以爲憂又恐秋水暴長陳人

得乘其便即白襄州摠管請戍兵并請移城於
羊蹄山權以避水摠管府許增兵守禦不許遷
移城寬乃量度年常水至之處豎大木於岸以
備船行襄州所遣兵未至陳將程靈洗已率衆
至於城下遂分布戰艦四面攻之水勢猶小靈洗
未得近城寬每簡募驍兵令夜掩擊頻挫其鋭
相持旬日靈洗無如之何俄而雨水暴長所豎
木上皆通船過靈洗乃以大艦臨逼拍干打樓
應即摧碎弓弩大石晝夜攻之苦戰三十餘日

死傷過半女垣崩盡陳人遂得上城短兵相拒
猶經二日外無繼援力屈城陷之後水便退縮
陳人乃執寬至揚州尋被送嶺外經數載後還
建業遂卒於江左時年六十七子義宣後從御
正杜杲使於陳始得將寬柩還開皇元年隋文
帝詔贈襄郢二州刺史義宣起家譙王儉府記
室轉司金二命士合江令寬弟漢字仲霄操尚
弘雅聰敏好學嘗見人作百字詩一覽便誦魏
孝武初解褐員外散騎侍郎大統五年除大丞

相府士曹行參軍補墨曹參軍漢善尺牘尤
便簿領理識明贍決斷如流相府爲之語曰日下粲
爛有裴漢十一年李遠出鎮弘農啓漢爲司馬
遠特相器遇尋加安東將軍銀青光祿大夫
成都上士尋轉司車路下大夫與工部郭彥太
府高賓等參議格令每較量時事必有條理彥
等咸敬異之加帥都督天和中復與司宗孫恕
典祀薛慎同爲八使巡察風俗五年加車騎大
將軍儀同三司漢少有宿疾恒帶虛羸劇職煩

官非其好也時晉公護擅權搢紳等多諂附之
以圖仕進唯漢直道固守八年不徙職性不飲
酒而雅好賓遊每良辰美景必招引時彥宴
賞留連間以篇什當時人物以此重之自寬沒
後遂斷絕遊從不聽琴瑟歲時伏臘哀慟而
撫養兄弟子情甚篤至借人異書必躬自錄
本至于疢疾彌年亦未嘗釋卷建德元年卒
時年五十九贈晉州刺史
子鏡民少聰敏涉獵經史大將軍譚公會記

室參軍後歷宋王寔侍讀轉記室遷司錄宣
政初吏部上士大象末春官府都上士
尼字景尼性弘雅有器局起家奉朝請除梁王
東閤祭酒遷從事中郎加通直散騎常侍隴西
李際范陽盧誕並有高名於世與尼結忘年之
交魏恭帝元年以本官從于謹平江陵南獲軍
實謹恣諸將校取之餘人皆競取珍玩尼唯取
梁元帝素琴一張而已謹深歎美之六官建拜
御正下大夫尋以疾卒贈輔國將軍隨州刺史

子之隱趙王招府記室參軍之隱弟師民好學
有識度見稱於時起家秦王贄府記室參軍仍
兼侍讀寬族弟鴻
鴻少恭謹幹略歷官內外孝閔帝踐祚拜輔城公
司馬加儀同三司爲晉公護雍州治中累遷御
正中大夫進位開府儀同三司轉民部中大夫保
定末出爲中州刺史九曲城主鎮守邊鄙甚有
扞禦之能衞公直出鎮襄州以鴻爲襄州司馬天
和初拜郢州刺史轉襄州摠管府長史賜爵高

邑縣侯從直南征軍敗遂没尋卒於陳朝廷哀
之贈豐資遂三州刺史
楊敷字文衍華山公寬之兄子也父暄字景和
性朗悟有識學弱冠拜奉朝請歷員外散騎侍
郎華州別駕尚書右中兵郎中輔國將軍諫議
大夫以别將從魏廣陽王深征葛榮爲榮所害
贈殿中尚書華夏二州諸軍事鎮西將軍華州刺
史敷少有志操重然諾每覽書傳見忠臣烈士
之事常慨然景慕之魏建義初襲祖鈞爵臨貞

縣伯邑四百户除員外羽林監大統元年拜奉
車都尉歷尚書左士郎中祠部郎中大丞相府
墨曹參軍帥都督平東將軍太中大夫加撫軍
將軍通直散騎常侍魏恭帝二年遷廷尉少卿
所斷之獄號稱平允孝閔帝踐祚進爵爲侯增
邑并前八百户除小載師下大夫使北豫州迎司
馬消難還授使持節蒙州諸軍事蒙州刺史先
是蠻左等多受齊假署數爲亂逆敷推誠布信
隨方慰撫蠻左等感之相率歸附敷乃送其首

四十餘人赴闕請因齊所假而授之諸蠻等愈
更感悅州境獲寧特降璽書勞問加車騎大將
軍儀同三司保定中徵爲司水中大夫夷夏吏民
及荆州總管長孫儉並表請留之時議欲東討將
委敷以舟艦轉輸之事故弗許焉陳公純鎮陝
州以敷爲總管長史五年轉司木中大夫軍器副
監敷明習吏事所在以勤察著名每歲奏課居
最累獲優賞進位驃騎大將軍開府儀同三司
天和六年出爲汾州諸軍事汾州刺史進爵爲

公增邑一千五百户齊將段孝先率衆五萬來寇
梯衝地道晝夜攻城敷親當矢石隨事扞禦拒
守累旬孝先攻之愈急時城中兵不滿二千戰死
者已十四五糧儲又盡公私窮蹙齊公憲總兵
赴救憚孝先不敢進軍敷知必陷没乃召其衆
謂之曰吾與卿等俱在邊鎮實願同心勠力破
賊全城但彊寇四面遣攻圍日久吾等糧食已
盡救援斷絶守死窮城非丈夫也今勝兵之士
猶數百人欲突圍出戰死生一决儻或得免猶

冀生還受罪闕庭孰與死於寇乎吾計決矣於諸君意何如衆咸涕泣從命數乃率見兵夜出擊殺齊軍數十人齊軍衆稍却俄而孝先率諸軍盡銳圍之數殊死戰矢盡爲孝先所擒齊人方欲任用之數不爲之屈遂以憂懼卒於鄴高祖平齊贈使持節大將軍淮廣復三州諸軍事三州刺史謚曰忠壯葬於華陰舊塋

子素有文武材略大象末上柱國清河郡公

史臣曰自三方鼎峙羣雄競逐俊能馳騖各吠非主

爭奮厲其智勇思赴蹈於仁義臨危不顧前哲所難趙善等或行彰於孝友或誠顯於忠槩咸躬志力俱徇功名兵凶戰危城孤援絶楊敷趙善類罷德之勢窮元定裴寬同黃推之無路王旅不振非其罪也敷少而慷慨終能立節仁而有勇其最優乎楊檦屢有奇功忸於數勝輕敵無備兵破身囚未能遠謀良可嗟矣易曰師出以律否臧凶傳曰不備不虞不可以師其楊檦之謂也

列傳二十六　周書三十四

列傳第二十七　周書三十五

令狐　德棻　等撰

鄭孝穆

崔謙　弟説　子弘度

崔猷

裴俠

薛端

薛善　弟愼

鄭孝穆字道和滎陽開封人魏將作大匠渾

之十一世孫祖敬叔魏穎川濮陽郡守本邑中
正父瓊范陽郡守贈安東將軍青州刺史孝
穆幼而謹厚以清約自居年未弱冠涉獵經
史父叔四人並早歿昆季之中孝穆居長撫訓
諸弟有如同生閨庭之中怡怡如也魏孝昌初
解褐太尉行參軍轉司徒主簿屬盜賊蜂
起除假節龍驤將軍別將屢有戰功永安
中遷冠軍將軍持節都督從元天穆討平邢
杲進驃騎將軍左光祿大夫太師咸陽王長
史及魏孝武西遷從入關除司徒左長史領臨
洮王友賜爵永寧縣侯大統五年行武功郡事
還使持節本將軍行岐州刺史當州都督在任
未幾有能名就加通直散騎常侍王羆時爲
雍州刺史欽其善政遣使貽書盛相稱述先
是所部百姓久遭離亂飢饉相仍逃散殆盡
孝穆下車之日戶止三千留情綏撫遠近咸
至數年之內有四萬家每歲考績爲天下最
太祖嘉之賜書曰知卿莅職近畿留心治術

凋弊之俗禮教興行厭亂之民襁負而至昔
郭伋政成并部賈琮譽重冀方以古方今彼
有慙德於是徵拜京兆尹十五年梁雍州刺
史岳陽王蕭詧稱藩來附時議欲遣使盛
選行人太祖歷觀內外無逾孝穆者十六年
乃假孝穆散騎常侍持節策拜詧爲梁王
使還稱旨進車騎大將軍儀同三司加散騎
常侍是年太祖懲戎東討除大丞相府右
長史封金鄉縣男邑二百戶軍次潼關命

孝穆與左長史長孫儉司馬楊寬尚書蘇亮諮
議劉孟良等分掌衆務仍令孝穆引接關
東歸附人士并品藻才行而任用之孝穆撫納
銓叙咸得其宜大將軍達奚武率衆經略漢
中以孝穆爲梁州刺史以疾不之部拜中書令
賜姓宇文氏尋以疾免孝閔帝踐祚加驃騎
大將軍開府儀同三司進爵爲子增邑通一
千戶晉公護爲雍州牧辟爲别駕又以疾固
辭武成二年徵拜御伯中大夫從授御正保定

三年出爲宜州刺史轉華州刺史五年除虞
州刺史轉陝州刺史頻歷數州皆有政績復
以疾篤屢乞骸骨入爲少司空卒於位時年
六十贈本官加鄭梁北豫三州刺史謚曰貞
子詡嗣歷位納言爲聘陳使後至開府儀同
三司大將軍邵州刺史詡弟譯於隋文帝有翊
賛功開皇初又追贈孝穆大將軍徐兖等六
州刺史改謚曰文
譯幼聰敏涉獵群書尤善音樂有名於時
世宗詔令事輔城公及高祖即位除都督稍遷
御正下大夫頗被顧待東宮建以譯爲宫尹下
大夫特被太子親愛建德二年爲聘齊使副
及太子西征多有失德王軌宇文孝伯等以
聞高祖大怒宫臣親幸者咸被譴責譯坐除
名後例復官仍拜吏部下大夫宣帝嗣位授
開府儀同大將軍内史中大夫封歸昌縣公邑
千戶既以恩舊任遇甚重朝政機密並得
參詳尋遷内史上大夫進爵沛國公上大夫

之官自譯始也及宣帝大漸御正下大夫劉昉
乃與譯謀以隋公受遺輔少主隋文帝執政
拜柱國大丞相府長史内史如故尋進位上
柱國
崔謙字士遜博陵安平人也祖辯魏平遠將
軍武邑郡守父楷散騎常侍光祿大夫殷州
刺史贈侍中都督冀定相三州諸軍事驃騎
大將軍儀同三司冀州刺史謙幼聰敏神彩
嶷然及長深沉有識量歷觀經史不持章

句志在博聞而已每覽經國緯民之事心常好之未嘗不撫卷歎息孝昌中解褐著作佐郎從太宰元天穆討邢杲破之以功授輔國將軍太中大夫遷平東將軍尚書殿中郎賀拔勝出鎮荆州以謙爲行臺左丞勝雖居方岳之任至於安輯夷夏綱紀衆務皆委謙焉謙亦盡其智能以相匡弼勝有聲南州謙之力也及魏孝武將備齊神武之逼乃詔勝引兵赴洛軍至廣州帝已西遷勝乃遲

疑將旋所鎮謙謂勝曰昔周室不造諸侯釋位漢道中微列藩盡節今皇家多故主上蒙塵寔忠臣枕戈之時義士立功之日也公受方面之重總宛葉之衆若杖義而動首唱勤王天下聞風孰不感激誠宜順義勇之志副遐邇之心倍道兼行謁帝關右然後與宇文行臺同心協力電討不庭則桓文之勳復興於茲日矣捨此不爲中道而退便恐人皆解體士各有心一失事機後悔何及勝不能

用而人情果大騷動還未至州州民鄧誕引侯景軍奄至勝與戰敗績遂將麾下數百騎南奔於梁謙亦與勝俱行及至梁每乞師赴援梁武帝雖不爲出軍而嘉勝等志節並許其還國乃令謙先還且通隣好魏文帝見謙甚悅謂之曰卿出萬死之中投身江外今得生還本朝豈非忠貞之報也太祖素聞謙名甚禮之乃授征西將軍金紫光祿大夫賜爵千乘縣男及勝至拜太師以謙有毗

輔之功又授太師長史大統三年從太祖擒竇泰戰沙苑並有功進爵爲子遷車騎大將軍右光祿大夫拜尚書右丞謙明練時事及居樞轄時論以爲得人四年從太祖解洛陽圍仍經河橋戰加定州大中正瀛州刺史十五年授車騎大將軍儀同三司又破柳仲禮於隨郡討平李遷哲於魏興並有功進驃騎大將軍開府儀同三司直州刺史賜姓宇文氏魏恭帝初轉利州刺史謙性明悟深曉政術又

勤於理務民訟雖繁未嘗有懈倦之色吏民以是敬而愛之時有蜀人賈晃遷舉兵作亂率其黨圍逼州城謙倉卒分部纔得千許人便率拒戰會梁州援兵至遂擒晃遷餘人乃散謙誅其渠帥餘並原之旬日之間遂得安輯世宗初進爵作唐縣公保定二年遷安州總管隨應等十一州甑山上明魯山三鎮諸軍事安州刺史四年加大將軍進爵武康郡公天和元年授江陵總管三年遷荊州總管荊

周書列傳二十七　七

三百十五

淅等十四州南陽平陽等八防諸軍事荊州刺史州既統攝遐長俗兼夷夏又南接陳境東隣齊寇謙外禦強敵內撫軍民風化大行號稱良牧每年考績常為天下最屢有詔褒美焉謙隨賀拔勝之在荊州也雖被親遇而名位未顯及踐其位朝野以為榮四年卒於州闔境痛惜之乃共立祠堂四時祭饗子曠嗣謙性至孝少喪父殆將滅性與弟誑特相友愛雖復年事並高名位各重所有資產

皆無私焉其居家嚴肅動遵禮度曠與誑子弘度等並奉其遺訓云曠少溫雅仁而汎愛釋褐中外府記室大象末位至開府儀同大將軍淅州刺史誑本名士約少鯁直有節槩膂力過人尤工騎射釋褐領軍府錄事轉諮議參軍及賀拔勝出牧荊州以誑為假節冠軍將軍防城都督又隨勝奔梁復自梁歸國授衛將軍都督封安昌縣子邑三百戶從太祖復弘農戰沙苑皆有功進爵為

周書列傳二十七　八

侯增邑八百戶除京兆郡守累遷帥都督撫軍將軍通直散騎常侍大都督車騎大將軍儀同三司都官尚書定州大中正改封安固縣侯增邑三百戶賜姓宇文氏并賜名誑焉進爵驃騎大將軍開府儀同三司加侍中進爵萬年縣公增邑通前二千四百戶除隴州刺史遷總管涼甘瓜三州諸軍事涼州刺史誑莅政彊毅百姓畏之齊王憲東征以誑為行軍長史軍還除使持節崇德安義

等十三防熊和忠等三州諸軍事崇德防主加授大將軍改封安平縣公建德四年卒時年六十四贈鄜延丹綏長五州刺史謚曰壯子弘度猛毅有父風大象末上柱國武鄉郡公

崔猷字宣猷博陵安平人漢尚書寔之十二世孫也祖挺魏光州刺史泰昌縣子贈輔國將軍幽州刺史謚曰景父孝芬左光禄大夫儀同三司兼吏部尚書爲齊神武所害猷少好學風度閑雅性鯁正有軍國籌略釋褐負

外散騎侍郎領大行臺郎中尋爲吏部尚書李神儁所薦拜通直散騎侍郎攝尚書駕部郎中普泰初除征虜將軍司徒從事中郎既遭家難遂間行入關及謁魏孝武哀動左右帝爲之改容既退帝目送之曰忠孝之道萃此一門即以本官奏門下事大統初兼給事黄門侍郎封平原縣伯邑八百戶二年正除黄門加中軍將軍擒竇泰復弘農破沙苑猷常以本官從軍典文翰五年除司徒左長史加驃騎將軍時太廟初成四時祭祀猶設俳優角抵之戲其郊廟祭官多有假兼猷屢上疏諫書奏竝納焉遷京兆尹時婚姻禮廢嫁娶之辰多舉音樂又廛里富室衣服奢淫乃有織成文繡者猷又請禁斷事亦施行與盧辯等撰修六官十二年除大都督驃騎將軍淅州刺史加車騎大將軍儀同三司十四年侯景據河南歸款遣行臺王思政赴之太祖與思政書曰崔宣猷智略明贍有應變

之才若有所疑宜與量其可不思政初頓兵襄城後欲於潁川爲行臺治所遣使人魏仲奉啓陳之并致書於猷論將移之意猷復書曰夫兵者務在先聲後實故能百戰百勝以弱爲彊也但襄城控帶京洛寔當今之要地如有動靜易相應接潁川既鄰寇境又無山川之固賊若充斥徑至城下輒以愚情權其利害莫若頓兵襄城爲行臺治所潁川置州遣郭賢鎮守則表裏膠固人心易安縱

有不虞豈能爲患仲見太祖具以啓聞太祖即遣仲還令依猷之策思政重啓求與朝廷立約賊若水攻乞一周爲斷陸攻請三歲爲期限内有事不煩赴援過此以往惟朝廷所裁太祖以思政既親其事兼復固請遂許之及潁川没後太祖深追悔焉十六年以疾去職屬大軍東征太祖賜以馬輿命隨軍與之籌議十七年進侍中驃騎大將軍開府儀同三司本州大中正賜姓宇文氏魏恭帝元年太祖

欲開梁漢舊路乃命猷督儀同劉道通陸騰等五人率衆開迴車路鑿山堙谷五百餘里至于梁州即以猷爲都督梁利等十二州白馬儻城二防諸軍事梁州刺史及太祖崩始利沙興等諸州阻兵爲逆信合開楚四州亦叛唯梁州境内民無貳心利州刺史崔謙請援猷遣兵六千赴之信州糧盡猷又送米四千斛二鎮獲全猷之力也進爵固安縣公邑二千戶猷深爲晉公護所重護乃養猷

第三女爲己女封富平公主世宗即位徵拜御正中大夫時依周禮稱天王又不建年號猷以爲世有澆淳運有治亂故帝王以之沿革聖哲因時制宜今天子稱王不足以威天下請遵秦漢稱皇帝建年號朝議從之武成二年除司會中大夫御正如故世宗崩遺詔立高祖晉公護謂猷曰魯國公稟性寬仁太祖諸子之中年又居長今奉遵遺旨翊戴爲主君以爲何如猷對曰殷道尊尊周道親親今朝

廷既遵周禮無容輒違此義護曰天下事大但恐畢公沖幼耳猷曰昔周公輔成王以朝諸侯況明公親賢莫二若行周公之事方爲不負顧託事雖不行當時稱其守正保定元年重授摠管梁利開等十四州白馬儻成二防諸軍事梁州刺史尋復爲司會天和二年陳將華皎來附晉公護議欲南伐公卿莫敢正言猷獨進曰前歲東征死傷過半比雖加撫循而瘡痍未復近者長星爲災乃上

玄所以垂鑒誡也誠宜脩德以禳天變豈可
窮兵極武而重其譴負哉今陳氏保境息
民共敦隣好無容違盟約之重納其叛臣興
無名之師利其土地詳觀前載非所聞也護
不從其後水軍果敗而裨將元定等遂沒江
南建德四年出爲同州司會六年徵拜小司
徒加上開府儀同大將軍隋文帝踐極以猷
前代舊齒授大將軍進爵汲郡公增邑通
前三千戶開皇四年卒謚曰明子仲方字不

齊早知名機神穎悟文學優敏大象末儀
同大將軍司玉下大夫
裴俠字嵩和河東解人也祖思齊舉秀才
拜議郎父欣博涉經史魏昌樂王府司馬
西河郡守贈晉州刺史俠幼而聰慧有異常
童年十三遭父憂哀毀有若成人州辟主簿
舉秀才魏正光中解巾奉朝請稍遷員外
散騎侍郎義陽郡守元顥入洛俠執其使人
焚其赦書魏孝莊嘉之授輕車將軍東郡

太守帶防城別將及魏孝武與齊神武有隙
徵河南兵以備之俠率所部赴洛陽授建威將
軍左中郎將俄而孝武西遷俠將行而妻子猶
在東郡滎陽鄭偉謂俠曰天下方亂未知烏
之所集何如東就妻子徐擇木焉俠曰忠義
之道庸可忽乎吾既食人之祿寧以妻子易
圖也遂從入關賜爵清河縣伯除丞相府士曹
參軍大統三年領鄉兵從戰沙苑先鋒陷陣俠
本名協至是太祖嘉其勇決乃曰仁者必有

勇因命改焉以功進爵爲侯邑八百戶拜行
臺郎中王思政鎮玉壁以俠爲長史未幾爲
齊神武所攻神武以書招思政思政令俠草
報辭甚壯烈太祖善之曰雖魯連無以加也
除河北郡守俠躬履儉素愛民如子所食
唯菽麥鹽菜而已吏民莫不懷之此郡舊
制有漁獵夫三十人以供郡守俠曰以口腹役
人吾所不爲也乃悉罷之又有丁三十人供
郡守役使俠亦不以入私竝收庸直爲官市

馬歲月既積馬遂成群去職之日一無所取民
歌之曰肥鮮不食丁庸不取裴公貞惠爲世
規矩俠嘗與諸牧守俱謁太祖太祖命俠別
立謂諸牧守曰裴俠清愼奉公爲天下之最
今衆中有如俠者可與之俱立衆皆默然
無敢應者太祖乃厚賜俠朝野歎服號爲獨
立君俠又撰九世伯祖貞侯傳以爲裴氏清公
自此始也欲使後生奉而行之宗室中知名者
咸付一通從弟伯鳳世彥時並爲丞相府佐

周書傳二十七　十五

笑曰人生仕進須身名並裕清苦若此竟欲何
爲俠曰夫清者莅職之本儉者持身之基況
我太宗世濟其美故能存見稱於朝廷没流芳
於典策今吾幸以凡庸濫蒙殊遇固其窮困
非慕名也志在自脩懼辱先也翻被嗤笑知復
何言伯鳳等慚而退九年入爲大行臺郎中居
數載出爲郢州刺史加儀同三司尋轉拓州刺
史徵拜雍州別駕孝閔帝踐祚除司邑下
大夫加驃騎大將軍開府儀同三司進爵

爲公增邑通前一千六百戶遷民部中大夫時有
姦吏主守倉儲積年隱没至千萬者及俠在官
勵精發擿數旬之内姦盜略盡轉工部中大夫
有大司空掌錢物典李貴乃於府中悲泣或問
其故對曰所掌官物多有費用裴公清嚴有名
懼遭罪責所以泣耳俠聞之許其自首貴言
隱費錢五百萬俠之肅遏姦伏皆此類也初俠
嘗遇疾沉頓大司空許國公宇文貴小司空
北海公申徽並來問疾俠所居第屋不

周書傳二十七　十六

免風霜貴等還言之於帝帝矜其貧苦乃
爲起宅并賜良田十頃奴隸耕牛糧粟莫不備
足搢紳咸以爲榮武成元年卒於位贈太子少師
蒲州刺史謚曰貞河北郡前功曹張回及吏民
等感俠遺愛乃作頌紀其清德焉子祥性忠
謹有治劇才少爲成都令清不及俠斷決過之
後除長安令爲權貴所憚遷司倉下大夫俠之
終也遂以毀卒祥弟肅貞亮有才藝天和中舉
秀才拜給事中士稍遷御正大夫賜爵胡原縣子

薛端字仁直河東汾陰人也本名沙陁魏雍州刺史汾陰侯辨之六世孫代爲河東著姓高祖謹泰州刺史内都坐大官涪陵公曾祖洪隆河東太守以隆兄洪㫼尚魏文帝女西河公主有賜田在馮翊洪隆子麟駒徙居之遂家於馮翊之夏陽焉麟駒舉秀才拜中書博士兼主客郎中贈河東太守父英集通直散騎常侍端少有志操遭父憂居喪合禮與弟裕勵精篤學不交人事年十七司空高乾辟爲參軍賜爵汾陰縣男端以天下擾亂遂弃官歸鄉里魏孝武西遷太祖令大都督薛崇禮據龍門引端同行崇禮尋失守遂降東魏東魏遣行臺薛循義都督乙千貴率衆數千西度據楊氏壁端與宗親及家僮等先在壁中循義乃令其兵逼端等東度方欲濟河會日暮端密與宗室及家僮等叛之循義遣騎追端且戰且馳遂入石城柵得免柵中先有百家端與并力固守貴等數來慰喻知端無降意遂拔還河東東魏又遣

其將賀蘭懿南汾州刺史薛琰達守楊氏壁端率其屬并招喻村民等多設奇以臨之懿等疑有大軍便即東遁爭舡溺死者數千人端收其器械復還楊氏壁太祖遣南汾州刺史蘇景恕鎮之降書勞問徵端赴闕以爲大丞相府戶曹參軍從擒竇泰復弘農戰沙苑並有功加冠軍將軍中散大夫進爵爲伯轉丞相東閤祭酒加本州大中正遷兵部郎中改封文城縣伯加使持節平東將軍吏部郎中端性彊直每有奏請不避權貴太祖嘉之故賜名端欲令名質相副自居選曹先盡賢能雖貴遊子弟才劣行薄者未嘗外擢之每啓太祖云設官分職本康時務苟非其人不如曠職太祖深然之大統十六年大軍東討柱國李弼爲別道元帥妙簡首僚數日不定太祖謂弼曰爲公思得一長史無過薛端弼對曰真其才也乃遣之加授軍騎大將軍儀同三司轉尚書左丞仍掌選事進授吏部尚書賜姓宇文氏端久處選曹雅有

人倫之鑒，其所擢用，咸得其才。六官建，拜軍司
馬，加侍中、驃騎大將軍、開府儀同三司，進爵為
侯。孝閔帝踐阼，除工部中大夫，轉民部中大夫，進
爵為公，增邑通前一千八百戶。晉公護將廢帝，召
群官議之，端頗有同異，護不悅，出為蔡州刺史。
為政寬惠，民吏愛之。尋轉基州刺史。基州地
接梁、陳，事藉鎮撫，總管史寧遣司馬梁榮催
令赴任。蔡州父老訴榮請留端者千餘人。至基
州未幾，卒，時年四十三。遺誡薄葬，府州贈遺，勿有
所受。贈本官，加大將軍，追封文城郡公，謚曰質。子
胄，字紹玄，幼聰敏，涉獵群書，雅達政事。起家帥
都督，累遷上儀同、歷司金中大夫、徐州總管府
長史、合州刺史，大象中，位至開府儀同大將軍。
端弟裕，字仁友，少以孝悌聞於州里。初為太學
生，時黌中多是貴遊，好學者少，唯裕耽翫不
倦。弱冠，辟丞相參軍事。是時京兆韋夐志安
放逸，不干世務，裕慕其恬靜，數載酒肴候之，談
宴終日。夐遂以從孫女妻之。裕嘗謂親友曰：

大丈夫當聖明之運，而無灼然文武之用，為世所
知，雖復棲棲遑遑，徒為勞苦耳。至如韋居士，退
不丘壑，進不市朝，怡然守道，榮辱不及，何其樂
也。尋遇疾而卒，時年四十一。文章之士誄之者數
人。太祖傷惜之，贈洛州刺史。

薛善，字仲良，河東汾陰人也。祖瑚，魏河東郡守。
父和，南青州刺史。善少為司空府參軍事，遷
儻城郡守，轉鹽池都將。魏孝武西遷，東魏攻
河東，為秦州，以善為別駕。善家素富，僮僕
數百人。兄元信仗氣豪侈，每食方丈，坐客恒
滿，絃歌不絕。而善獨供己率素，愛樂閑靜。大統
三年，齊神武敗於沙苑，留善族兄崇禮守河東。
太祖遣李弼圍之。崇禮固守不下。善密謂崇禮
曰：「高氏戎車犯順，致令主上播越。與兄忝是衣
冠緒餘，荷國榮寵。今大軍已臨，而兄尚欲為高
氏盡力。若城陷之日，送首長安，云逆賊某甲之
首，死而有靈，豈不殁有餘愧。不如早歸誠款，
雖未足以表奇節，庶獲全首領。」而崇禮猶持

疑不決會善從弟顗妹夫高子信爲防城都
督守城南面遣顗來詣善云意欲應接西軍
但恐力所不制善即令弟濟將門生數十人與
信顗等斬關引弼軍入時預謀者並賞五等爵
善以背逆歸順臣子常情豈容闔門大小俱
叨封邑遂與弟慎並固辭不受太祖嘉之以善
爲汾陰令善幹用彊明一郡稱最太守王羆美
之令善兼督六縣事尋徵爲行臺郎中時欲
廣置屯田以供軍費乃除司農少卿領同州夏

陽縣二十屯監又於夏陽諸山置鐵冶復令善
爲冶監每月役八千人營造軍器善親自督
課兼加慰撫甲兵精利而皆忘其勞苦焉加
通直散騎常侍遷大丞相府從事中郎追論屯
田功賜爵龍門縣子遷黃門侍郎加車騎大將
軍儀同三司除河東郡守進驃騎大將軍開府
儀同三司賜姓宇文氏六官建拜工部中大夫進爵
博平縣公尋除御正中大夫轉民部中大夫時
晉公護設執政儀同齊軌語善云兵馬萬機須

歸天子何因猶在權門善白之護乃殺軌以善
忠於己引爲中外府司馬遷司會中大夫副總六
府事加授京兆尹仍治司會出爲隆州刺史兼
治益州總管府長史徵拜少傅卒於位時年
六十七贈蒲虞勳三州刺史高祖以善告齊軌
事謚曰繆公子裒嗣官至高陽守善弟慎
慎字佛護好學能屬文善草書少與同郡裴
叔逸裴諏之柳虯范陽盧柔隴西李璨並相
友善起家丞相府墨曹參軍太祖於行臺省

置學取丞郎及府佐德行明敏者充生悉令旦
理公務晚就講習先六經後子史又於諸生中簡
德行淳懿者侍太祖讀書慎與李璨及隴西
李伯良辛韶武功蘇衡譙郡夏侯裕安定梁
曠梁禮河南長孫璋河東裴舉薛同滎陽鄭
朝等十二人並應其選又以慎爲學師以知諸生
課業太祖雅好談論并簡名僧深識玄宗者一
百人於第內講說又命慎等十二人兼學佛義使
內外俱通由是四方競爲大乘之學數年後以

愼爲宜都公侍讀轉丞相府記室魏東宮建除
太子舍人遷庶子仍領舍人加通直散騎常侍兼
中書舍人轉禮部郎中六官建拜膳部下大夫愼
兄善又任工部並居清顯時人榮之孝閔帝踐祚
除御正下大夫進車騎大將軍儀同三司封淮南縣
子邑八百戶歷師氏御伯中大夫保定初出爲湖
州刺史州界既雜蠻左恒以劫掠爲務愼乃集
諸豪帥具宣朝旨仍令首領每月一參或須
言事者不限時節愼每引見必殷勤勸誡及

周書列傳二十七　二三

賜酒食一年之間翕然從化諸蠻乃相謂曰今日
始知刺史眞民父母也莫不欣悅自是襁負而
至者千有餘戶蠻俗婚娶之後父母雖在即
與別居愼謂守令曰牧守令長是化民者也豈
有其子娶妻便與父母離析非唯氓俗之失亦
是牧守之罪愼乃親自誘導示以孝慈并遣守
令各喻所部有數戶蠻別居數年遂還侍養及
行得果膳歸奉父母愼感其從善之速具以
狀聞有詔蠲其賦役於是風化大行有同華

俗尋入爲蕃部中大夫以疾去職卒於家有文集
頗爲世所傳薛善之以河東應李弼也敬珍敬
祥亦率屬縣歸附

敬珍字國寶河東蒲坂人也漢揚州刺史韶之十
世孫父伯樂州主簿安邑令珍偉容儀有氣俠學
業騎射俱爲當時所稱祥即珍從祖兄也亦慷
慨有大志唯以交結英豪爲務珍與之深相友
愛每同遊處及齊神武趨沙苑珍謂祥曰高歡
迫逐乘輿播遷關右有識之士孰不欲推刃於

周書列傳二十七　二十四

其腹中但力未能制耳今復稱兵內侮將逞凶
逆此誠志士効命之日當與兄圖之祥聞其言
甚悅曰計將安出珍曰宇文丞相寬仁大度有
霸王之略挾天子而令諸侯已數年矣觀其政
刑備舉將士用命歡雖有衆固非其儔況逆順
理殊將不戰而自潰矣我若招集義勇斷其
歸路殲戮凶徒使隻輪不反非直雪朝廷之耻
亦壯士封侯之業祥深然之遂與同郡豪右張
小白樊昭賢王玄略等舉兵數日之中衆至

萬餘將韓軌後軍兵未進而齊神武已敗玠
與祥邀之多所斬獲又李弼軍至河東玠與小白
等率猗氏南解北解安邑溫泉虞鄉等六縣戶
十餘萬歸附太祖嘉之即拜玠平陽太守領永寧
防主祥龍驤將軍行臺郎中領相里防主並賜鼓
吹以寵異之太祖仍執玠手曰國家有河東之地
者卿兄弟之力還以此地付卿我無東顧之憂矣
久之遷絳州刺史以疾免卒於家
子元約性貞正有識學位至布憲中大夫小白等

既與玠歸闕太祖嘉其立効並任用之後咸至
郡守刺史

史臣曰鄭孝穆撫寧離散幽岐多襁負之人崔謙
鎮禦邊垂江漢流載清之詠崔說居家理治
以嚴肅見稱莅職當官以猛毅爲政崔猷立
朝贊務則嘉謀屢陳出撫宣條則威恩具舉
裴俠忠勤奉上廉約治身吏不能欺民懷其惠
薛端歷居顯要以彊直知名薛善任惟繁劇以
弘益流譽並當時之良將也而善陷齊諂護以
要權寵易名爲繆　斯不謬乎

列傳第二十七　　周書三十五

列傳第二十八

令狐德棻等撰

鄭偉

楊纂

段永

王士良

崔彥穆

令狐整

司馬裔

裴果

鄭偉字子直滎陽開封人也小名闍提魏將作大匠渾之十一世孫祖思明少勇悍仕魏至直閤將軍贈濟州刺史父先護亦以武勇聞起家員外散騎侍郎魏孝莊帝在藩先護早自結託及即位歷通直散騎常侍平南將軍廣州刺史賜爵平昌縣侯元顥入洛以禦扞之功累遷都督二豫郢雍四州諸軍征東將軍豫州刺史兼尚書右僕射進爵郡公尋入為車騎將軍左衛將軍及爾朱榮死徐州刺史

爾朱仲遠擁兵將入洛詔先護以本官假驃騎將軍大都督率所部與行臺楊昱及都督賀拔勝同討之勝於陣降仲遠又聞京師不守衆遂潰先護奔梁尋自梁歸為仲遠所害魏孝武初贈使持節都督青齊兗豫四州刺史偉少倜儻有大志每以功名自許善騎射膽力過人爾朱氏滅後自梁歸魏起家通直散騎侍郎及孝武西遷偉亦歸鄉里不求仕進大統三年河內公獨孤信既復洛陽偉乃謂其親族曰今嗣主中興鼎業據有崤函河內公親董衆軍克復瀍洛率土之內孰不延首望風況吾等世荷朝恩家傳忠義誠宜以此時効臣子之節成富貴之資豈可碌碌為懦夫之事也於是與宗人榮業糺合州里建義於陳留信宿閒衆有萬餘人遂攻拔梁州擒東魏刺史鹿永吉及鎮城令狐德并獲陳留郡守趙季和乃率衆來附因是梁陳之閒相次降欵偉馳入朝太祖與語歎美之拜龍驤將軍北徐州刺史封武陽縣伯邑六百戶從戰河橋及解玉壁圍偉常先鋒陷陣侯景歸欵太祖命偉率所部應接之及景後叛偉亦全軍而

還錄前後功除中軍將軍滎陽郡守加散騎常侍大都督進爵襄城郡公邑二千戶加車騎大將軍開府儀同三司魏恭帝二年進位大將軍除江陵防主都督十五州諸軍事偉性麤獷不遵法度睚眦之間便行殺戮朝廷以其有立義之効每優容之及在江陵乃專戮副防主杞賓王坐除名保定元年詔復官爵仍除宜州刺史天和六年轉華州刺史偉前後莅職皆以威猛為治吏民莫敢犯禁盜賊亦為之休止雖無仁政然頗以此見稱其年卒於州時年五十七贈本官

加少傅都督司豫洛相與五州諸軍事司州刺史謚曰肅偉性吃少時嘗逐鹿於野失之遇牧豎而問焉牧豎荅之其言亦吃偉怒謂其効己遂射殺之其忍暴如此子大士嗣偉族人頂字寧伯少有幹用起家員外散騎侍郎稍遷行臺左丞陽城陳留二郡守與偉同謀立義後隨偉入朝賜爵魏昌縣伯除太府少卿出為扶風郡守復為太府少卿轉衛尉少卿歷職內外並有恪勤之稱尋卒官贈儀同三司豫州刺史子常字子元頗涉學有當官譽歷撫軍將軍通直散

騎常侍司皮下大夫遷信東徐南兗三州刺史以立義及累戰功授上開府儀同大將軍賜爵饒陽侯卒贈本官加郢鄀陝三州諸軍事郢州刺史子神符

楊纂廣寧人也父安仁魏北道都督朔州鎮將纂少習軍旅慷慨有志略尤工騎射勇力兼人年二十從齊神武起兵於信都以軍功稍遷安西將軍武州刺史自以功高賞薄志懷怨憤每歎曰大丈夫富貴何必故鄉若以妻子撓懷豈不沮人雄志大統初乃間行歸款太祖執纂手

曰人所貴者忠義也所懼者危亡也其能不憚危亡蹈茲忠義者今方見之於卿耳即授征南將軍大都督封永興縣侯邑八百戶加通直散騎常侍從太祖解洛陽圍經河橋邙山之戰纂每先登軍中咸推其敢勇累遷使持節車騎大將軍儀同三司散騎常侍驃騎大將軍開府儀同三司加侍中進爵為公增邑通前一千戶賜姓莫胡盧氏俄授岐州刺史孝閔帝踐祚進爵宋熙郡公保定元年進位大將軍改封隴東

郡公除隴州刺史三年從隨公楊忠東伐至并
州而還天和六年進授柱國大將軍轉華州刺
史寔素性質樸又不識文字前後蒞職但推誠信
而已吏以其忠恕頗亦懷之尋卒於州時年六
十七子睿嗣位至上柱國漁陽郡公
段永字永賓其先遼西石城人晉幽州刺史
匹磾之後也曾祖愢仕魏黃龍鎮將因徙高陸
之河陽焉永幼有志操閭里稱之魏正光末六
鎮擾亂遂攜老幼避地中山後赴洛陽拜殿中

將軍稍遷平東將軍封沃陽縣伯邑五百戶青
州人崔社客舉兵反永討平之進爵爲侯除左
光祿大夫時有賊魁元伯生率數百騎西自崤
潼東至鞏洛屠陷塢壁所在爲患魏孝武遣京
畿大都督匹婁昭討之昭請以五千人行永進
曰此賊既無城柵唯以寇抄爲資安則蟻聚窮
則鳥散取之在速不在衆也若星馳電發出其
不虞精騎五百自足平殄若徵兵而後往彼必
遠竄雖有大衆無所用之帝然其計於是命永

代昭以五百騎討之永與知所在倍道兼進遂
破平之帝西遷永時不及從大統初乃結宗人潛
謀歸款密與都督趙業等襲斬西中郎將慕容
顯和傳首京師以功別封昌平縣子邑三百戶
除北徐州刺史從擒竇泰復弘農破沙苑並有
戰功進爵爲公河橋之役永力戰先登授南汾
州刺史累遷大都督車騎大將軍儀同三司散
騎常侍驃騎大將軍開府儀同三司賜姓爾綿
氏魏廢帝元年授恒州刺史于時朝貴多其部

人謁永之日冠蓋盈路當時榮之孝閔帝踐祚
進爵廣城郡公轉文州刺史入爲工部中大夫
遷軍司馬保定四年拜大將軍永歷任內外所
在頗有聲稱輕財好士朝野以此重焉前後累
增凡三千九百戶天和四年授小司寇尋爲右
二軍總管率兵北道講武遇疾卒於賀葛城年
六十八喪還京高祖親臨贈使持節柱國大將軍
同華等五州刺史謚曰基子岌嗣官至儀同三
司兵部下大夫

王士良字君明其先太原晉陽人也後因晉亂避地涼州魏太武平沮渠氏曾祖景仁歸魏爲燉煌鎮將祖公禮平城鎮司馬因家於代父延蘭陵郡守士良少修謹不妄交遊魏建明初爾朱仲遠啓爲府參軍事歷大行臺郎中諫議大夫封石門縣男邑二百戶後與紇豆陵步藩交戰軍敗爲步藩所擒遂居河右僞行臺紇豆陵伊利欽其才擢授右丞妻以孫女士良既爲姻好便得盡言遂曉以禍福伊利等竝即歸附朝

廷嘉之大昌初進爵晉陽縣子邑四百戶尋進爵琅邪縣侯授太中大夫右將軍出爲殷州車騎府司馬東魏徙鄴之後置京畿府專典兵馬時齊文襄爲大都督以士良爲司馬領外兵參軍尋遷長史加安西將軍徙封符壘縣侯增邑七百戶武定初除行臺左中兵郎中又轉大將軍府屬從事中郎仍攝外兵事王思政鎮潁川齊文襄率衆攻之授士良大行臺右丞加鎮西將軍增邑一千戶進爵爲公令輔其弟演於并

州居守齊文宣即位入爲給事黃門侍郎領中書舍人仍總知并州兵馬事加征西將軍別封新豐縣子邑三百戶俄除驃騎將軍尚書吏部郎中齊文宣自晉陽赴鄴宮復士良爲尚書左丞統留後事仍遷御史中丞轉七兵尚書未幾入爲侍中轉殿中尚書領之復爲侍中除吏部尚書士良頓首固讓文宣不許久之還爲侍中又攝度支五兵二曹尚書士良少孤事繼母梁氏以孝聞及卒居喪合禮文宣尋起令視事士良屢表陳誠再三不許方應命文宣見其毀瘠

乃許之因此卧疾歷年文宣每自臨視疾愈除滄州刺史乾明初徵還鄴授儀同三司孝昭即位遣三道使搜揚人物士良與尚書令趙郡王高叡太常卿崔昂分行郡國但有一介之善者無不以聞齊武成初除太子少傅少師復除侍中轉太常卿尋加開府儀同三司出爲豫州道行臺豫州刺史保定四年晉公護東伐權景宣以山南兵圍豫州士良舉城降授大將軍小司

徒賜爵廣昌郡公尋除荆州總管行荆州刺史復入爲小司徒俄除鄜州刺史轉金州總管七州諸軍事金州刺史建德六年授并州刺史士良去鄉既久忽臨本州耆舊故人猶有存者遠近咸以爲榮加授上大將軍以老病乞骸骨優詔許之隋開皇元年卒時年八十二子德衡大象末儀同大將軍

周書列傳二十八　九

崔彥穆字彥穆清河東武城人也魏司空安陽侯林之九世孫曾祖顗魏平東府諮議祖蔚遭從兄司徒浩之難南奔江左仕宋爲給事黃門侍郎汝南義陽二郡守延興初復歸於魏拜潁川郡守因家焉後終於郢州刺史父稚篤志經史不以世事嬰心起家祕書郎稍遷永昌郡守隋開皇初以獻后外曾祖追贈上開府儀同三司新州刺史彥穆幼明悟神彩卓然年十五與河間邢子才京兆韋孝寬俱入中書學偏相友愛伏膺儒業爲時輩所稱魏吏部尚書隴西李神儁有知人之鑒見而歎曰王佐才也永安末除司徒府參軍事轉記室遷大司馬從事中郎魏孝武西遷彥穆時不得從大統三年乃與兄彥珍於成皐舉義因攻拔滎陽擒東魏郡守蘇淑仍與鄉郡王元洪威攻潁川斬其刺史李景道孝武嘉之拜鎮東將軍金紫光祿大夫滎陽郡守四年兼行右民郎中潁川邑中正賜爵千乘縣侯十四年加使持節車騎大將軍儀同三司散騎常侍司農卿時軍國草刱衆務殷繁太祖乃詔彥穆入幕府兼掌文翰及于謹

三六　周書列傳二十八　十

伐江陵彥穆以本官從平之世宗初進驃騎大將軍開府儀同三司俄拜安州總管十一州諸軍事安州刺史入爲御正中大夫陳氏請敦鄰好詔彥穆使焉彥穆風韻閑曠器度方雅善玄言解談謔甚爲江陵所稱轉民部中大夫進爵爲公天和三年復爲使主聘於齊使還除金州總管七州諸軍事金州刺史進位大將軍尋徵拜小司徒大象二年宣帝崩隋文帝輔政三方兵起以彥穆爲行軍總管率兵與襄州總管王誼

討司馬消難軍次荆州彦穆疑荆州總管獨孤
永業有異志遂執而戮之及事平隋文帝徵王
誼入朝即以彦穆爲襄州總管六州諸軍事襄
州刺史加授上大將軍進爵東郡公邑二千戸
頃之永業家自理得雪彦穆坐除名尋復官爵
隋開皇元年卒子君綽嗣君綽性夷簡博覽經
史有父風大象末丞相府賓曹參軍君綽弟君
肅解巾爲道王侍讀大象末潁川郡守
令狐整字延保燉煌人也本名延世爲西土冠

冕曾祖嗣祖詔安竝官至郡守咸爲良二千石
父虬早以名德著聞仕歷瓜州司馬燉煌郡守
郢州刺史封長城縣子大統末卒於家太祖傷
悼之遣使者監護喪事又勑鄉人爲營墳壟贈
龍驤將軍瓜州刺史整幼聰敏沈深有識量學
藝騎射竝爲河右所推刺史魏東陽王元榮辟
整爲主簿加盪寇將軍整進趨詳雅對揚辯暢
謁見之際州府傾目榮器整德望嘗謂僚屬
曰令狐延保西州令望方城重器豈州郡之職
所可縶維但一日千里必基武步寡人當委以
庶務書諾而已頃之魏孝武西遷河右擾亂榮
仗整防扞州境獲寧及鄧彦竊瓜州拒不受代
整與開府張穆等密應使者申徽執彦送京師
太祖嘉其忠節表爲都督尋而城民張保又殺
刺史成慶與涼州刺史宇文仲和構逆規據河
西晉昌人呂興等復害郡守郭肆以郡應保初
保等將圖爲亂慮整守義不從既殺成慶因
欲及整以整人之望也復恐其下叛之遂不敢

害雖外加禮敬内甚忌整整亦僞若親附而密
欲圖之陰令所親說保曰君與仲和結爲脣齒
今東軍漸逼涼州彼勢孤危恐不能敵若或摧
屻則禍及此土宜分遣銳師星言救援二州合
勢則東軍可圖然後保境息人計之上者保然
之而未知所在整又令說保曰歷觀成敗在於
任使所擇不善旋致傾危令狐延保兼資文武
才堪統御若使爲將蔑不濟矣保納其計具以整
父兄等竝在城中弗之疑也遂令整行整至玉

門郡召集豪傑説保罪逆馳還襲之先定晉
昌斬呂興進軍擊保州人素服整威名並棄保
來附保遂奔吐谷渾衆議推整爲刺史整曰本
以張保肆逆毒害無辜闔州之人俱陷不義今
者同心勠力務在除凶若其自相推薦復恐効
尤致禍於是乃推波斯使主張道義行州事具
以狀聞詔以申徽爲刺史徵整赴闕授壽昌郡
守封驤武縣男邑二百戶太祖謂整曰卿少懷
英略早建殊勳今者官位未足酬賞方當與卿

共平天下同取富貴遂立爲瓜州義首仍除持
節撫軍將軍通直散騎常侍大都督整以國難
未寧常願舉宗効力遂率鄉親二千餘人入朝
隨軍征討整善於撫馭躬同豐約是以人衆並
忘羇旅盡其力用還使持節車騎將軍儀同三
司散騎常侍太祖常從容謂整曰卿遠祖立忠
而去卿今立忠而來可謂積善餘慶世濟其美
者也整遠祖漢建威將軍邁不爲王莽屈其子
稱避地河右故太祖稱之云尋除驃騎大將軍

開府儀同三司加侍中太祖又謂整曰卿勳同
婁項義等骨肉立身敦雅可以範人遂賜姓宇
文氏并賜名整焉宗人二百餘戶並列屬籍孝
閔踐祚拜司憲中大夫處法平允爲當時所稱
進爵彭陽縣公增邑一千戶初梁興州刺史席
固以州來附太祖以固爲豐州刺史固莅職既
久猶習梁法凡所施爲多虧治典朝議密欲代
之而難其選遂令整權鎮豐州委以代固之略整
廣布威恩傾身撫接數月之閒化洽州府於是

除整豐州刺史以固爲湖州豐州舊治不居人
民賦役參集勞逸不均整請移治武當詔可其
奏獎勵撫導遷者如歸旬月之閒城府周備固
之遷也其部曲多願留爲整左右整諭以朝制
弗之許也流涕而去及整秩滿代至民吏戀之
老幼送整遠近畢集數日傳留方得出界其得
人心如此拜御正中大夫出爲中華郡守轉同
州司會遷始州刺史整雅識情僞尤明政術恭
謹廉慎常懼盈滿故歷居内外所在見稱天和

六年進位大將軍增通前二千一百戶晉公護
之初執政也欲委整以腹心整辭不敢當頗迕
其意護以此疎之及護誅附會者咸伏法而整
獨保全時人稱其先覺建德二年卒時年六十一
贈本官加鄜宜豳鹽四州諸軍事鄜州刺史謚
曰襄子熙嗣熙字長熙性方雅有度量雖在私
室容止儼然非一時賢俊未嘗與之遊處善騎
射解音律涉羣書尤明三禮累遷居職任並
有能名大象中位至吏部中大夫儀同大將軍

整弟休幼聰敏有文武材起家太學生後與整
同起兵遂張保授都督累遷大都督樂安郡守
入爲中外府樂曹參軍時諸功臣多爲本州刺
史晉公護謂整曰以公勳望應得本州但朝廷
藉公委任無容遠出然公門之內須有衣錦之
榮乃以休爲燉煌郡守在郡十餘年甚有政績
進位儀同三司遷合州刺史尋卒官
司馬裔字遵胤河內溫人也晉宣帝弟太常馗
之後曾祖楚之屬宋武帝誅晉氏戚屬避難歸
魏位至使持節侍中鎮西大將軍開府儀同三
司朔州刺史封琅邪王裔少孤有志操州郡辟
召並不應命起家司徒府參軍事後以軍功授
中堅將軍員外散騎常侍及魏孝武西遷裔時
在鄴潛歸鄉里志在立功大統三年大軍復弘
農乃於溫城起義遣使送款與東魏將高
永洛王陵等晝夜交戰衆寡不敵義徒死傷過
半及大軍東征裔率所部從戰河橋又別攻懷
縣獲其將吳輔叔自此頻與東魏交戰每有克

獲六年授河內郡守尋加持節平東將軍北徐
州刺史八年率其義衆入朝太祖嘉之特蒙賞
勞頃之河內有四千餘家歸附並裔之鄉舊乃
授前將軍太中大夫領河內郡守令安集流民
十三年攻拔東魏平齊柳泉蓼塢三城獲其鎮
將李熙之加授都督十五年太祖令山東立義
諸將等能率衆入關者並加重賞裔領戶千室
先至太祖欲以封裔裔固辭曰立義之士辭鄉
里捐親戚遠歸皇化者皆是誠心內發豈裔能

率之乎今以封裔便是責義士以求榮非所願也太祖善而從之授帥都督拜其妻元爲襄城郡公主十六年大軍東伐裔請爲前鋒遂入建州破東魏將劉雅興拔其五城魏廢帝元年徵裔令以本兵鎮漢中除白馬城主帶華陽郡守加授撫軍將軍大都督通直散騎常侍二年轉鎮宋熙郡尋率所部兵從尉遲迥伐蜀與叱羅協破叛兵趙雄傑於槐林平鄧朏於梓潼以功賜爵龍門縣子行蒲州刺史尋行新城郡事魏

恭帝元年授使持節車騎大將軍儀同三司散騎常侍本郡中正孝閔帝踐祚除巴州刺史進使持節驃騎大將軍開府儀同三司進爵琅邪縣伯邑五百戶保定二年入爲御伯中大夫增邑通前一千五百戶四年轉御正中大夫進爵爲公大軍東討裔率義兵與少師楊摽守軹關即授懷州刺史東道慰勞大使五年轉始州刺史天和初信州蠻酋冉令賢等反連結二千餘里裔隨上庸公陸騰討之裔自開州道入先遣使

宣示禍福蠻酋冉三公等二十餘城皆來降附進次雙城蠻酋向寶勝等率其種落據險自固向天王之徒爲其外援裔晝夜攻圍腹背受敵自春至秋五十餘戰寶勝糧仗俱竭力屈乃降時尚有龍東一城未下尋亦拔之又獲賊帥冉西梨向天王等出師再朞羣蠻率服拜信州刺史五年遷潼州刺史六年徵拜大將軍除西寧州刺史未及之部卒於京師裔性清約不事生業所得俸祿並散之親戚身死之日家無餘財

宅宇卑陋喪庭無所有詔爲起祠堂焉贈大將軍加懷邵汾晉四州刺史謚曰定子侃嗣侃字道遷少敢勇未弱冠便從戎旅保定四年隨少師楊摽東征與齊人交戰摽爲敵所擒侃力戰得免天和二年授右侍上士加都督進大都督從大軍攻晉州以功授使持節車騎將軍儀同三司又從平并鄴除樂安郡守後更論晉州及平齊勳加驃騎大將軍開府儀同三司遷兗州刺史未之部而卒贈本官加豫州刺史謚曰惠

子運嗣
裴果字戎昭河東聞喜人也祖思賢魏青州刺
史父遵齊州刺史果少慷慨有志略魏太昌初
起家前將軍乾河軍主除陽平郡丞太祖曾使
并州與果相遇果知非常人密託附焉永安末
盜賊蜂起果從軍征討乘黃驄馬衣青袍每先
登陷陣時人號爲黃驄年少永熙中授河北郡
守及齊神武敗於沙苑果乃率其宗黨歸闕太
祖嘉之賜田宅奴婢牛馬衣服什物等從戰河

周書列傳二十八　十九

橋解玉壁圍並摧鋒奮擊所向披靡大統九年
又從戰邙山於太祖前挺身陷陣生擒東魏都督
賀婁烏蘭勇冠當時人莫不歎服以此太祖愈
親待之補帳內都督遷平東將軍後從開府楊
忠平隨郡安陸以功加大都督除正平郡守正
平果本郡也以威猛爲政百姓畏之盜賊亦爲
之屏息遷使持節車騎大將軍儀同三司散騎
常侍司農卿又從大將軍尉遲迥伐蜀果率所
部爲前軍開劍閣破李慶保降楊乾運皆有
功魏廢帝三年授龍州刺史封冠軍縣侯邑五
百户俄而州民張道李拓驅率百姓圍逼州城
時粮仗皆闕兵士又寡果設方略以拒之賊便
退走於是出兵追擊累戰破之旬月之間州境
清晏轉陵州刺史孝閔帝踐阼除隆州刺史加
使持節驃騎大將軍開府儀同三司進爵爲公
增邑一千户武成末轉眉州刺史保定五年授
復州刺史果性嚴猛能斷決每抑挫豪右申理
屈滯歷牧數州號爲稱職天和二年卒於位贈

周書列傳二十八　二十

本官加絳晉建三州刺史謚曰質子孝仁嗣孝
仁幼聰敏涉獵經史有譽於時起家舍人上士
累遷大都督儀同三司出爲長寧鎮將扞禦
齊人甚有威邊之略建德末遷建州刺史轉譙
州刺史大象末又遷亳州刺史鄭偉之等以梁
州歸款時劉志亦以廣州來附志弘農華陰人
本名思漢太尉寬之十世孫也高祖隆宋武帝
平姚泓以宗室首望召拜馮翊郡守後屬赫連
氏入寇避地河洛因家于汝潁祖善魏大安中

舉秀才拜中書博士後至弘農郡守北雍州刺史父瓌汝南郡守贈徐州刺史志少好學博涉群書植性方重兼有武略魏正光中以明經徵拜國子助教除行臺郎中永安初加宣威將軍給事中二年轉東中郎府司馬征虜將軍永熙二年除安北將軍銀青光禄大夫廣州別駕三年齊神武舉兵入洛魏孝武西遷志據城不從東魏潛遣間使奉表長安魏孝武嘉之授 缺二字 長史襄城郡守後齊神武遣兵攻圍志力屈城

陷潛遁得免大統三年太祖遣領軍將軍獨孤信復洛陽志糾合義徒舉廣州歸國拜大丞相府墨曹參軍封華陰縣男邑二百戶加大都督撫軍將軍轉中外府屬遷國子祭酒世宗出牧宜州太祖以志爲幕府司録世宗雅愛儒學特欽重之事無大小咸委於志志亦忠恕謹慎甚得匡贊之體太祖嘉之嘗謂之曰卿之所爲每會吾志於是遂賜名志焉仍於宜州賜田宅令徙居之世宗遷莅岐州又令志以本官翊從

及世宗即位除右金紫光禄大夫車騎大將軍儀同三司進爵武鄉縣公增邑通前一千戶仍賜姓宇文氏高祖時爲魯公詔又以志爲其府司馬高祖嗣位進授驃騎大將軍開府儀同三司拜刑部中大夫志執法平允甚得時譽蓮芍界內數有群盜攻劫行旅郡縣不能制乃以志爲延壽郡守以督之志示以恩信群盜相率請罪志表陳其狀詔並免之自是郡界肅清寇盜屏息遷使持節成州諸軍事成州刺史政存

寬恕民吏愛之天和五年卒贈大將軍揚州刺史謚曰文子子明嗣子明弘雅有父風歷官右侍上士大都督絳州別駕隋文帝踐極除行臺郎中順陽郡守子明弟子陵司右中帥都督涼州別駕隋開皇初拜姑臧郡守尋加儀同三司歷衞州蔚州長史幽州總管府司馬朔州總管府長史

史臣曰昔陽貨外叛庶其竊邑而春秋譏之韓信背項陳平歸漢而史遷美之蓋以運屬旣

安君道已著則徇利忘德者罪也時逢擾攘臣禮未備則轉禍爲福者可也鄭偉崔彦穆等之在山東並以不覊之才遭回於鷙鳥雀終能翻然豹變自致龜組其知機之士歟王士良之仕于齊班職上卿出爲牧伯而臨危苟免失忠與義其背叛之徒歟令狐整器幹確然雅望重於河右處州里則勲著方隅升朝廷則績宣中外而畏避權寵克保終吉不如是亦何以立璉名取高位乎

周書列傳二十八　二十三

列傳第二十八　周書三十六

列傳第二十九　周書三十七

令狐德棻等撰

寇儁

韓褒

趙肅

張軌

李彦

郭彦

裴文舉　高賓

周書列傳二十九　一

寇儁字祖儁上谷昌平人也祖讃魏南雍州刺史父臻安遠將軍郢州刺史儁性寬雅幼有識量好學彊記兄祖訓祖禮及儁並有志行閨門雍睦白首同居父亡雖久而猶於平生所處堂宇備設幃帳几杖以時節列拜垂涕陳薦若宗廟焉吉凶之事必先啓告遠行往返亦如之性又廉恕不以財利爲心家人曾賣物與人而剩得絹五匹儁於後知之乃曰惡木之陰不可暫息盜泉之水無容悞飲得財

失行吾所不取遂訪主還之其雅志如此以選爲魏孝文帝挽郎除奉朝請大乘賊起燕齊擾亂儁參護軍事東討以功授員外散騎侍郎遷尚書左民郎中以母憂不拜正光三年拜輕車將軍遷揚烈將軍司空府功曹參軍轉主簿時靈太后臨朝減食禄官十分之一造永寧佛寺令儁典之資費巨萬主吏不能欺隱寺成又極壯麗靈太后嘉之除左軍將軍孝昌中朝議以國用不足乃置鹽池都將秩比上郡

前後居職者多有侵隱乃以儁爲之加龍驤將軍仍主簿永安初華州民史底與司徒楊椿訟田長史以下以椿勢貴皆言椿直欲以田給椿儁曰史底窮民楊公横奪其地若欲損不足以給有餘見使雷同未敢聞命遂以地還史底孝莊帝後知之嘉儁守正不撓即拜司馬賜帛百匹其附椿者咸譴責焉二年出爲左將軍梁州刺史民俗荒獷多爲盜賊儁乃令郡縣立庠序勸其耕桑敦以禮讓數年之中

風俗頗革梁遣其將曹琰之鎮魏興繼日版築琰之屢擾疆埸邊人患之儁遣長史杜休道率兵攻克其城并擒琰之琰之即梁大將軍景宗之季弟也於是梁人憚焉屬魏室多故州又僻遠梁人知無外援遂遣大兵頓魏興志圖攻取儁撫勵將士人思効命梁人知其得衆心也弗之敢逼儁在州清苦不治産業秩滿其子等並徒步而還吏人送儁留連於道久之乃得出界大統三年東魏授儁洛州刺史儁因

此乃謀歸闕五年將家及親屬四百餘口入關拜祕書監時軍國草創墳典散逸儁始選置令史抄集經籍四部群書稍得周備加鎮東將軍封西安縣男邑二百戸十七年除車騎大將軍儀同三司加散騎常侍儁以年老乞骸骨太祖弗許遂稱疾篤不復朝覲魏恭帝三年賜姓若口引氏孝閔帝踐祚進爵爲子增邑五百戸武成元年進驃騎大將軍開府儀同三司增邑并前二千戸儁年齒雖邁而志識未

褒教授子孫必先禮典世宗尚儒重德特欽
賞之數加恩錫思與相見儁不得已乃入朝世
宗與同席而坐因顧訪洛陽故事儁身長八
尺鬚鬢皓然容止端詳音韻清朗帝與之談
論不覺屢爲前膝及儁辭還帝親執其手
曰公年德俱尊朕所欽尚乞言之事所望於
公宜數相見以慰虛想以御輿令於帝前乘
出顧謂左右曰如此之事唯積善者可以致之
何止見重於今亦將傳之萬古時人咸以爲榮

保定三年卒時年八十高祖歎惜之贈本官
加冀定瀛三州諸軍事冀州刺史謚曰元儁篤
於仁義朞功之有孤者衣食豐約並與之同
少爲司徒崔光所知光命其子勵與儁結友
儁每造光常清言移日小宗伯盧辯以儁業
行俱崇待以師友之禮每有閑暇輒詣儁讌
語彌日恒謂人曰不見西安君煩憂不遣其
爲通人所敬重如此子奉位至儀同三司大將
軍順陽郡守洵州刺史昌國縣公奉弟顒
少好學最知名居喪哀毀歷官儀同大將軍
掌朝布憲典祀下大夫小納言濩澤郡公
韓褒字弘業其先潁川潁陽人也徙居昌黎
祖瓌魏鎮西將軍平涼郡守安定郡公父演征
虜將軍中散大夫恒州刺史褒少有志尚好學
而不守章句其師怪而問之對曰文字之間常
奉訓誘至於商較異同請從所好師因此大奇
之及長涉獵經史深沉有遠略魏建明中起
家奉朝請加彊弩將軍遷大中大夫屬魏室

喪亂褒避地於夏州時太祖爲刺史素聞其
名待以客禮及賀拔岳爲侯莫陳悅所害諸
將遣使迎太祖太祖問以去留之計褒曰方今
王室凌遲海內鼎沸使君天資英武恩結士
心賀拔公奄及於難物情危駭寇洛自知庸
懦委身而託使君若總兵權據有關中之地
此天授也何疑乎且侯莫陳悅亂常速禍乃
不乘勝進取平涼反自遁逃屯營洛水斯乃
井中蛙耳使君往必擒之不世之勳在斯一舉

時者難得而易失誠願使君圖之太祖納焉
太祖爲丞相引褒爲録事參軍賜姓侯呂陵
氏大統初遷行臺左丞賜爵三水縣伯尋轉
丞相府屬加中軍將軍銀青光禄大夫二年梁
人北寇商洛東魏復侵樊鄧於是以褒爲鎮
南將軍丞相府從事中郎出鎮淅酈居二年
徵拜丞相府司馬進爵爲侯出爲北雍州刺
史加衛大將軍州帶北山多有賊盜褒密訪之
並豪右所爲也而陽不之知厚加禮遇謂之曰

刺史起自書生安知督盜所賴卿等共分其
憂耳乃悉召桀黠少年素爲鄉里患者置
爲主帥分其地界有盜發而不獲者以故縱
論於是諸被署者莫不惶懼皆首伏曰前盜
發者並某等爲之所有徒侶皆列其姓名或
亡命隱匿者亦悉言其所在褒乃取盜名簿
藏之因大牓州門曰自知行盜者可急來首即
除其罪盡今月不首者顯戮其身籍没妻子
以賞前首者旬日之間諸盜咸悉首盡褒取

名簿勘之一無差異並原其罪許以自新由是
群盜屏息入爲給事黄門侍郎九年遷侍中
十二年除都督西涼州刺史羌胡之俗輕貧弱
尚豪富豪富之家侵漁小民同於僕隸故貧
者日削豪者益富褒乃悉募貧人以充兵士
優復其家蠲免徭賦又調富人財物以振給之
每西域商貨至又先盡貧者市之於是貧富
漸均戶口殷實十六年加大都督涼州諸軍事
魏廢帝元年轉會州刺史二年進位車騎大將

軍儀同三司尋加驃騎大將軍開府儀同三司
進爵爲公武成三年徵拜御伯中大夫保定二
年轉司會三年出爲汾州刺史州界北接太原
當千里徑先是齊寇數入民廢耕桑前後刺
史莫能防扞褒至適會寇來褒乃不下屬縣
人既不及設備以故多被抄掠齊人喜相謂曰
汾州不覺吾至先未集兵今者之還必莫能
追躡我矣由是益懈不爲營壘褒已先勒精
銳伏北山中分據險阻邀其歸路乘其衆怠

縱伏擊之盡獲其衆故事獲生口者並囚送
京師褒因是奏曰所獲賊衆不足爲多俘而
辱之倶益其忿耳請一切放還以德報怨有
詔許焉自此抄兵頗息四年遷河洮封三州
諸軍事河州總管天和三年轉鳳州刺史尋
以年老請致仕詔許之五年拜少保褒歷事三
帝以忠厚見知高祖深相敬重常以師道處
之每入朝見必有詔令坐然始與論政事
七年卒贈涇岐燕三州刺史謚曰貞子繼伯嗣

趙肅字慶雍河南洛陽人也世居河西及沮渠
氏滅曾祖武始歸於魏賜爵金城侯祖興中書
博士父申侯舉秀才後軍府主簿肅早有
操行知名於時魏正光五年鄜元爲河南尹
辟肅爲主簿孝昌中起加殿中侍御史加威
烈將軍奉朝請員外散騎侍郎尋除直後
轉直寢永安初授廷尉天平二年轉監後
以母憂去職起爲廷尉正以疾免久之授征
虜將軍中散大夫遷左將軍太中大夫東魏

天平初除新安郡守秩滿還洛大統三年獨
孤信東討肅率宗人爲鄉導授司州治中轉
別駕監督糧儲軍用不匱太祖聞之謂人曰
趙肅可謂洛陽主人也七年加鎮南將軍金紫
光祿大夫都督仍別駕領所部義徒據守大
塢又兼行臺左丞東道慰勞九年行華山郡
事十三年除廷尉少卿明年元日當行朝禮非
有封爵者不得預焉肅時未有茅土左僕
射長孫儉白太祖請之太祖乃召肅謂曰歲初
行禮豈得使卿不預然何爲不早言也於是
令肅自選封名肅曰河清乃太平之應竊
所願也於是封清河縣子邑三百戶十六年除
廷尉卿加征東將軍肅久在理官執心平允
凡所處斷咸得其情廉慎自居不營產業
時人以此稱之十七年進位車騎大將軍儀
同三司散騎常侍賜姓乙弗氏先是太祖命肅
撰定法律肅積思累年遂感心疾去職卒於
家子正禮齊王憲府屬大都督新安郡守時有

高平徐招少好法律發言措筆常欲辨析秋毫歷職内外有當官之譽從魏孝武入關爲給事黄門侍郎尚書右丞時朝廷播遷典章有闕至於臺閣軌儀多招所參定論者稱之尋遷侍中度支尚書大統初卒

張軌字元軌濟北臨邑人也父崇高平令軌少好學志識開朗初在洛陽家貧與樂安孫樹仁爲莫逆之友每易衣而出以此見稱永安中隨爾朱榮擊元顥除討寇將軍奉朝請

軌常謂所親曰秦雍之間必有王者爾朱氏敗後遂杖策入關賀拔岳以軌爲記室參軍典機務尋轉倉曹加鎮遠將軍時穀糴踴貴或有請貸官倉者軌曰以私害公非吾宿志濟人之難詎得相違乃賣所服衣物糴粟以賑其乏及岳被害太祖以軌爲都督從征侯莫陳悅悅平使於洛陽見領軍斛斯椿椿曰高歡逆謀已傳行路人情西望以日爲年未知宇文何如賀拔也軌曰宇文公文足經國武可定亂至於高識遠度非愚所測椿曰誠如卿言眞可恃也太祖爲行臺授軌郎中魏孝武西遷除中書舍人封壽張縣子邑三百戶加左將軍濟州大中正兼著作佐郎脩起居注遷給事黄門侍郎兼吏部郎中六年出爲河北郡守在郡三年聲績甚著臨人治術有循吏之美大統間宰人者多推尚之入爲丞相府從事中郎行武功郡事章武公導出鎮秦州以軌爲長史加撫軍將軍大都督通

直散騎常侍魏廢帝元年進車騎大將軍儀同三司散騎常侍二年賜姓宇文氏行南秦州事魏恭帝二年徵拜度支尚書復除隴右府長史卒於位時年五十五謚曰質軌性清素臨終之日家無餘財唯有素書數百卷子肅世宗初爲宣納上士轉中外府記室參軍中山公訓侍讀早有才名性頗輕猾時人比之魏諷卒以罪考竟終

李彥字彥士梁郡下邑人也祖先之魏淮南

郡守父靜南青州刺史彥少有節操好學慕古爲鄉閭之所敬憚孝昌中解褐奉朝請加輕車將軍從魏孝武入關兼著作佐郎脩起居注加寧朔將軍進號冠軍將軍中散大夫遷平東將軍太中大夫大統初除通直散騎侍郎三年拜安東將軍銀青光祿大夫太保轉太傅長史儀曹郎中左人郎中十二年省三十六曹爲十二部改授民部郎中封平陽縣子邑三百户十五年進號中軍將軍兼尚

周書列傳二十九 十二

書左丞領選部大軍東討加持節大都督通直散騎常侍掌留臺事魏廢帝初拜尚書右丞轉左丞彥在尚書十有五載屬軍國草創庶務殷繁留心省閱未嘗懈怠斷決如流略無疑滯臺閣莫不歎其公勤服其明察遷給事黃門侍郎仍左丞尋進車騎大將軍儀同三司賜姓宇文氏出爲鄜州刺史彥以東夏未平固辭州任詔許之拜兵部尚書加驃騎大將軍開府儀同三司仍兼著作六官建

改授軍司馬進爵爲伯彥性謙恭有禮節雖居顯要於親黨之間恂恂如也輕財重義好施愛士時論以此稱之然素多疾而勤於莅職雖沉頓枕席猶理務不輟遂至於卒時年四十六謚曰敬彥臨終遺誡其子等曰昔人以窾木爲櫝葛虆爲緘下不亂泉上不泄臭此實吾平生之志也但事既矯枉恐爲世士所譏今可斂以時服葬於墝埆之地勿用明器芻塗及儀衛等爾其念之朝廷嘉焉不奪其志子

周書列傳二十九 十三

昇明嗣少歷顯職大象末太府中大夫儀同大將軍

郭彥太原陽曲人也其先從宦關右遂居馮翊父洪郡功曹靈武令彥少知名太祖臨雍州辟爲西曹書佐尋除開府儀同主簿轉司空記室太尉府屬遷虞部郎中大統十二年初選當州首望統領鄉兵除帥都督持節平東將軍以居郎官著稱封龍門縣子邑三百户進大都督遷車騎大將軍儀同三司司農卿是時

岷州羌酋傍乞鐵忽與鄭五醜等寇擾西服彥從大將軍宇文貴討平之魏恭帝元年除兵部尚書仍以本兵從柱國于謹南伐江陵進驃騎大將軍開府儀同三司增邑五百戶進爵爲伯六官建拜民部中大夫孝閔帝踐祚出爲澧州刺史蠻左生梗未遵朝憲至於賦稅違命者多聚散無恒不營農業彥勸以耕稼禁其遊獵民皆務本家有餘粮亡命之徒咸從賦役先是以澧州粮儲乏少每令荆州遞送自彥

莅職倉庾充實無復轉輸之勞濟南安城主馮顯密遣使歸降其衆未之知也柱國宇文貴令彥率兵應接齊人先令顯率所部送糧南下彥懼其衆不從命乃於路邀之顯因得自拔其衆果拒戰彥縱兵奮擊並虜獲之以南安無備即引軍掩襲顯外兵參軍鄒紹既爲彥所獲因請爲鄉導彥遂夜至城下令紹詐稱顯歸門者開門待之彥引兵而入遂有其城俘獲三千餘人晉公護書勞之進爵懷德縣公邑一千戶

以南安懸遠尋令班師及秩滿還朝民吏號泣送彥二百餘里尋爲東道大使觀省風俗除蒲州總管府長史入爲工部中大夫保定四年護東討彥從尉遲迥攻洛陽迥復令彥與權景宣南出汝頴及軍次豫州彥請攻之景宣以城守既嚴卒難攻取將欲南轅更圖經略彥以奉命出師須與大軍相接若向江畔立功更非朝廷本意固執不從兼晝攻取之計會其刺史王士良妻弟董遠秀密遣送

款景宣乃從於是引軍圍之士良遂出降仍以彥鎮豫州增邑六百戶尋以洛陽班師亦棄而不守屬純州刺史樊舍卒其地既東接陳境俗兼蠻左初喪州將境內騷然朝議以彥威信著於東南便令鎮撫彥至吏人畏而愛之天和元年除益州總管府長史轉隴右總管府長史四年卒於位贈小司空宜鄜丹三州刺史

裴文舉字道裕河東聞喜人也祖秀業魏

中散大夫天水郡守贈平州刺史父邃性方嚴爲州里所推挹解褐散騎常侍奉車都尉累遷諫議大夫司空從事中郎大統三年東魏來寇邃乃糾合鄉人分據險要以自固時東魏以正平爲東雍州遣其將司馬恭鎮之每遣間人扇動百姓邃密遣都督韓僧明入城諭其將士即有五百餘人許爲内應期日未至恭知之乃棄城夜走因是東雍遂内屬及李弼略地東境邃爲之鄉導多所降下

周書列傳第二十九　十六

太祖嘉之特賞衣物封澄城縣子邑三百戶進安東將軍銀青光祿大夫加散騎常侍太尉府司馬除正平郡守尋卒官贈儀同三司定州刺史文舉少忠謹涉獵經史大統十年起家奉朝請遷丞相府墨曹參軍時太祖諸子年幼盛簡賓友文舉以選與諸公子遊雅相欽敬未嘗戲狎遷威烈將軍著作郎中外府參軍事魏恭帝二年賜姓賀蘭氏孝閔帝踐祚襲爵澄城縣子齊公憲初開幕府以文

舉爲司錄世宗初累遷帥都督寧遠將軍大都督及憲出鎮劍南復以文舉爲益州總管府中郎武成二年就加使持節車騎大將軍儀同三司蜀土沃饒商販百倍或有勸文舉以利者文舉荅之曰利之爲貴莫若安身身安則道隆非貨之謂是以不爲非惡財也憲矜其貧窶每欲資給之文舉恒自謙遜辭多受少保定三年遷絳州刺史邃之任正平也以廉約自守每行春省俗單車而已及文舉臨

周書列傳二十九　十七

州一遵其法百姓美而化之總管韋孝寬特相欽重每與談論不覺膝前於席天和初進驃騎大將軍開府儀同三司尋爲孝寬柱國府司馬六年入爲司憲中大夫進爵爲公增邑通前一千戶俄轉軍司馬建德二年又增邑七百户文舉少喪父其兄又在山東唯與弟璣幼相訓養友愛甚篤璣又早亡文舉撫視遺孤逾於己子時人以此稱之初文舉叔父季和爲曲沃令卒於聞喜川而叔母韋氏卒

於正平縣屬東西分隔韋氏墳壠在齊境及
文舉在本州每加賞募齊人感其孝義潛相
要結以韋氏柩西歸竟得合葬六年除南青
州刺史宣政元年卒於位子冑嗣官至大都
督早卒時有高賓者歷官內外亦以幹用見稱
賓渤海脩人也其先因官北邊遂没於遼左
祖暠以魏太和初自遼東歸魏官至安定郡
守衞尉卿父季安撫軍將軍兗州刺史賓少
聰穎有文武幹用仕東魏歷官至龍驤將軍

諫議大夫立義都督同列有忌其能者譖之
於齊神武賓懼及於難大統六年乃棄家屬
間行歸闕太祖嘉之授安東將軍銀青光祿
大夫稍遷通直散騎常侍撫軍將軍大都督
世宗初除咸陽郡守政存簡惠甚得民和世
宗聞其能賜田園於郡境賓既羇旅歸國親
屬在齊常慮見疑無以取信乃於所賜田內
多蒔竹木盛構堂宇并鑿池沼以環之有終
焉之志朝廷以此知無貳焉加使持節車騎

大將軍儀同三司散騎常侍賜姓獨孤氏武
成元年除御正下大夫兼小載師出為益州揔
管府長史保定初徵拜計部中大夫治中外道
從事中郎賜爵武陽縣伯賓敏於從政果敢
決斷案牘雖繁綽有餘裕轉大府中大夫齊公
憲府長史天和二年除鄀州諸軍事鄀州刺
史進位驃騎大將軍開府儀同三司治襄州
揔管府司録六年卒於州時年六十八子熲
為隋文帝佐命開皇中贈賓禮部尚書武陽

公謚曰簡又有安定梁允本姓牛氏亦有器
幹知名於時歷官侍中驃騎大將軍開府儀
同三司工部尚書臨涇縣公賜姓宇文氏失
其事故不為傳允子弘博學洽聞宣政中內
史下大夫儀同大將軍大象末復姓牛氏
史臣曰寇儁委質兩朝以儒素見重韓褒奉
事三帝以忠厚知名趙肅平允當官張軌循
良播美李彥譽流省閣郭彥信著蠻陬歷
官出內並當時之選也文舉之在絳州世載清

德辟多受少有廉讓之風焉 附高賓贊曰

周書列傳二十九

周書三十七

列傳第三十　周書三十八

令狐　德棻　等撰

蘇亮 弟湛

柳虯

呂思禮

薛憕

薛寘

李昶

元偉

蘇亮字景順武功人也祖權魏中書侍郎玉門郡守父祐泰山郡守亮少通敏博學好屬文善章奏初舉秀才至洛陽遇河内常景景深器之退而謂人曰秦中才學可以抗山東者将此人乎魏齊王蕭寶夤引爲參軍後寶夤開府復爲其府主簿從寶夤西征轉記室參軍寶夤遷大将軍仍爲之掾寶夤雅知重亮凡有文檄謀議皆以委之尋行武功郡事甚著聲績寶夤作亂以亮爲黄門侍郎亮善處人間

與物無忤及寶夤敗從之者遇禍唯亮獲全及
長孫稚介朱天光等西討並以亮爲郎中專典
文翰累遷鎮軍將軍光祿大夫散騎常侍岐州
大中正賀拔岳爲關西行臺引亮爲左丞典
機密魏孝武西遷除吏部郎中加衛將軍右光
祿大夫大統二年拜給事黃門侍郎領中書舍
人魏文帝子宜都王式爲秦州刺史以亮爲司
馬帝謂亮曰黃門侍郎豈可爲秦州司馬直
以朕愛子出蕃故以心腹相委勿以爲恨臨辭

周書列傳三十　二　朱

賜以御馬七年復爲黃門郎加驃騎將軍八年
遷都官尚書使持節行北華州刺史封臨涇
縣子邑三百戶除中書監領著作脩國史亮
有機辯善談笑太祖甚重之有所籌議率多
會旨記人之善忘人之過薦達後進常如弗及
故當世敬慕焉十四年除祕書監車騎大將
軍儀同三司尋拜大行臺尚書出爲岐州刺
史朝廷以其作牧本州特給路車鼓吹先還其
宅并給騎士三千列羽儀遊鄉黨經過故人歡

飲旬日然後入州世以爲榮十七年徵拜侍中卒
於位贈本官亮少與從弟綽俱知名然綽文章
稍不逮亮至於經畫進趣亮又減之故世稱二
蘇焉亮自大統以來無歲不轉官一年或至三
遷僉曰才至不怪其速也所著文筆數十篇頗
行於世子師嗣以亮名重於時起家爲黃門侍
郎亮弟湛字景儁少有志行與亮俱著名西
土年二十餘舉秀才除奉朝請領侍御史加員
外散騎侍郎蕭寶夤西討以湛爲行臺郎中

周書列傳三十　三

深見委任及寶夤將謀叛逆湛時臥疾於家
寶夤乃令湛從母弟天水姜儉謂湛曰吾不能
坐受死亡今便爲身計不復作魏臣也與卿死
生榮辱方當共之故以相報湛聞之舉聲大哭
儉遽止之曰何得便爾湛曰闔門百口即時屠滅
云何不哭哭數十聲徐謂儉曰爲我白齊王王本
以窮而歸人賴朝廷假王羽翼遂得榮寵至此
既屬國步多虞不能竭誠報德豈可乘人間
隙便有問鼎之心乎今魏德雖衰天命未改王

之恩義未洽於民恐亡之期必不旋踵蘇湛終不能以積世忠貞之基一旦爲王族滅也寶夤復令儉謂湛曰此是救命之計不得不爾湛復曰凡舉大事當得天下奇士今但共長安博徒小兒輩爲此計豈有辦哉湛不忍見荆棘生王戶庭也願賜骸骨還舊里庶歸全地下無愧先人寶夤素重之知必不爲已用遂聽還武功寶夤後果敗孝莊帝即位徵拜尚書郎帝嘗謂之曰聞卿答蕭寶夤甚有美辭可爲我說

之也湛頓首謝曰臣自惟言辭不如伍被遠矣然始終不易竊謂過之但臣與寶夤周旋契闊言得盡心而不能令其守節此臣之罪也孝莊大悅加授散騎侍郎尋遷中書侍郎孝武初以疾還鄉里終於家贈散騎常侍鎮西將軍雍州刺史湛弟讓字景恕幼聰敏好學頗有人倫鑒識初爲本州主簿稍遷別駕武都郡守鎮遠將軍金紫光禄大夫及太祖爲丞相引爲府屬甚見親待出爲衛將軍南汾州刺史治有善政尋卒官贈車騎大將軍儀同三司涇州刺史

柳虯字仲蟠司會慶之兄也年十三便專精好學時貴遊子弟就學者竝車服華盛唯虯不事容飾遍受五經略通大義兼博涉子史雅好屬文孝昌中揚州刺史李憲舉虯秀才兗州刺史馮儁引虯爲府主簿既而樊子鵠爲吏部尚書其兄義爲揚州治中加鎮遠將軍非其好也遂棄官還洛陽屬天下喪亂乃退耕

於陽城有終焉之志大統三年馮翊王元季海領軍獨孤信鎮洛陽于時舊京荒廢人物罕極唯有虯在陽城裴諏在潁川信等乃俱徵之以虯爲行臺郎中諏爲都督府屬竝掌文翰時人爲之語曰北府裴諏南省柳虯時軍旅務殷虯勵精從事或通夜不寢季海常云柳郎中判事我不復重看四年入朝太祖欲官之虯辭母老乞侍醫藥太祖許焉久之爲獨孤信開府從事中郎信出鎮隴右因爲秦州刺史以虯爲二府司

馬雖處元僚不綜府事唯在信左右談論而已因使見太祖被留爲丞相府記室追論歸朝功封美陽縣男邑三百戶蚪以史官密書善惡未足懲勸乃上疏曰古者人君立史官非但記事而已蓋所以爲監誡也動則左史書之言則右史書之彰善癉惡以樹風聲故南史抗節表崔杼之罪董狐書法明趙盾之愆是知直筆於朝其來久矣而漢魏已還密爲記注徒聞後世無益當時非所謂將順其美匡救其惡者也且著

述之人密書其事縱能直筆人莫之知何止物生橫議亦自異端至起故班固致受金之名陳壽有求米之論著漢魏者非一氏造晉史者至數家後代紛紜莫知準的伏惟陛下則天稽古勞心庶政開誹謗之路納忠讜之言諸史官記事者請皆當朝顯言其狀然後付之史閣庶令是非明著得失無隱使聞善者日修有過者知懼敢以愚管輕冒上聞乞以瞽言訪之衆議事遂施行十四年除祕書丞祕書雖領著

作不參史事自蚪爲丞始令監掌焉十六年遷中書侍郎修起居注仍領丞事時人論文體者有今古之異蚪又以爲時有今古非文有今古乃爲文質論文多不載魏廢帝初遷祕書監加車騎大將軍儀同三司蚪脫略人間不事小節弊衣蔬食未嘗改操人或譏之蚪曰衣不過適體食不過充飢孜孜營求徒勞思慮耳魏恭帝元年冬卒時年五十四贈兗州刺史謚曰孝有文章數十篇行於世子鴻漸嗣

呂思禮東平壽張人也性溫潤不雜交游年十四受學於徐遵明長於論難諸生爲之語曰講書論易其鋒難敵十九舉秀才對策高第除相州功曹參軍葛榮圍鄴思禮有守禦勳賜爵平陸縣伯除欒城令普泰中僕射司馬子如薦爲尚書二千石郎中尋以地寒被出兼國子博士乃求爲關西大行臺賀拔岳所重專掌機密甚得時譽岳爲侯莫陳悅所害趙貴等議遣赫連達迎太祖思禮預其謀及太

祖爲關西大都督以思禮爲府長史尋除行臺右丞以迎魏孝武功封汝陽縣子邑四百戶加冠軍將軍拜黃門侍郎魏文帝即位領著作郎除安東將軍都官尚書兼七兵殿中二曹事從擒竇泰進爵爲侯邑八百戶大統四年以謗訕朝政賜死思禮好學有文才雖務兼軍國而手不釋卷晝理政事夜則讀書令蒼頭執燭燭燼夜有數升沙苑之捷命爲露布食頃便成太祖歎其工而且速所爲碑誄表頌竝傳於世七年

追贈車騎大將軍定州刺史子亶嗣大象中位至駕部下大夫時有博陵崔騰新蔡董紹竝早有名譽歷職清顯騰爲丞相府長史紹爲御史丞俱以投書謗議賜死

薛憕字景猷河東汾陰人也曾祖弘敞值赫連之亂率宗人避地襄陽憕早喪父家貧躬耕以養祖母有暇則覽文籍時人未之奇也江表取人多以世族憕既覊旅不被擢用然負才使氣未嘗趣世祿之門左中郎將京兆韋潛度謂憕曰君門地非下身材不劣何不䠥裾數參吏部憕曰世冑躡高位英俊沉下僚古人以爲歎息竊所未能也潛度告人曰此年少極慷慨但不遭時耳孝昌中杖策還洛陽先是憕從祖真度與族祖安都擁徐兗歸魏其子懷儁見憕甚相親善屬尒朱榮廢立遂還河東止懷儁家不交人物終日讀書手自抄略將二百卷唯郡守元襲時相要屈與之抗禮懷儁每曰汝還鄉里不營産業不肯取妻豈復欲南乎憕亦恬

然自處不改其舊普泰中拜給事中加伏波將軍及齊神武起兵憕乃東遊陳梁間謂族人孝通曰高歡阻兵陵上喪亂方始關中形勝之地必有霸王居之乃與孝通俱遊長安侯莫陳悅聞之召爲行臺郎中除鎮遠將軍步兵校尉及悅害賀拔岳軍人咸相慶慰憕獨謂所親曰悅才略本寡輒害良將敗亡之事其則不遠吾屬今即爲人所虜何慶慰之有乎聞者以憕言爲然乃有憂色尋而太祖平悅

引燈爲記室參軍魏孝武西遷授征虜將軍中散大夫封夏陽縣男邑二百戸魏文帝即位拜中書侍郎加安東將軍增邑百戸進爵爲伯大統四年宣光清徽殿初成燈爲之頌魏文帝又造二欹器一爲二仙人共持一鉢同處一盤鉢蓋有山山有香氣一仙人又持金瓶以臨器上以水灌山則出於瓶而注乎器煙氣通發山中謂之仙人欹器一爲二荷同處一盤相去盈尺中有蓮下垂器上以水注荷則出於蓮而盈乎器

爲鳧鴈蟾蜍以飾之謂之水芝欹器二盤各處一牀鉢圓而牀方中有人言三才之象也皆置清徽殿前器形似觥而方滿則平溢則傾燈各爲作頌大統初儀制多闕太祖令燈與盧辯檀翥等參定之自以流離世故不聽音樂雖幽室獨處常有戚容後坐事死子舒嗣官至禮部下大夫儀同大將軍聘陳使副

薛寘河東汾陰人也祖遵彥魏平遠將軍河東郡守安邑侯父乂尚書吏部郎清河廣平二郡守寘幼覽篇籍好屬文年未弱冠爲州主簿郡功曹起家奉朝請稍遷左將軍太中大夫從魏孝武西遷封郃陽縣子邑四百戸進號中軍將軍魏廢帝元年領著作佐郎修國史尋拜中書侍郎修起居注遷中書令車騎大將軍儀同三司燕公于謹征江陵以寘爲司録軍中謀略寘竝參之江陵平進爵爲伯增邑五百戸朝廷方改物創制欲行周禮乃令寘與小宗伯盧辯斟酌古今共詳定之六官建授内

史下大夫孝閔帝踐祚進爵爲侯增邑五百戸轉御正中大夫時前中書監盧柔學業優深文藻華贍而寘與之方駕故世號曰盧薛焉久之進位驃騎大將軍開府儀同三司出爲淅州刺史卒於位吏民哀惜之贈虞州刺史謚曰理所著文筆二十餘卷行於世又撰西京記三卷引據該洽世稱其博聞焉寘性至孝雖年齒已衰職務繁廣至於溫凊之禮朝夕無違當時以此稱之子明嗣大象末儀同大將軍清

水郡守
李昶頓丘臨黃人也小名那祖彪名重魏朝爲
御史中尉父遊亦有才行爲當世所稱遊兄志
爲南荆州刺史遊隨從至州屬尒朱之亂與志
俱奔江左昶性峻急不雜交遊幼年已解屬文有
聲洛下時洛陽剏置明堂昶年十數歲爲明堂
賦雖優洽未足而才制可觀見者咸曰有家風
矣初謁太祖太祖深奇之厚加資給令入太學太
祖每見學生必問才行於昶昶神情清悟應對

明辯太祖每稱歎之綏德公陸通盛選僚寀請
以昶爲司馬太祖許之昶雖年少通特加接待公
私之事咸取決焉又兼二千石郎中典儀注累
遷都官郎中相州大中正丞相府東閤祭酒中
軍將軍銀青光祿大夫昶雖處郎官太祖恒欲
以書記委之於是以昶爲丞相府記室參軍著
作郎修國史轉大行臺郎中中書侍郎頃之轉
黃門侍郎封臨黃縣伯邑五百戶太祖嘗謂昶
曰卿祖昔在中朝爲御史中尉卿操尚貞固理

應不墜家風但孤以中尉彈劾之官愛憎所在
故未即授卿耳然此職久曠無以易卿乃奏昶
爲御史中尉歲餘加使持節車騎大將軍儀同
三司賜姓宇文氏六官建拜內史下大夫進爵爲
侯增邑五百戶遷內史中大夫世宗初行御伯
中大夫武成元年除中外府司録保定初進驃
騎大將軍開府儀同三司二年轉御正中大夫
時以近侍清要盛選國華乃以昶及安昌公
元則中都公陸逞臨淄公唐瑾等並爲納言尋

進爵爲公增邑通前一千三百戶五年出爲
昌州刺史在州遇疾啓求入朝詔許之還未
至京卒於路時年五十贈相瀛二州刺史昶於
太祖世已當樞要兵馬處分專以委之詔冊
文筆皆昶所作也及晉公護執政委任如舊
昶常曰文章之事不足流於後世經邦致治庶
及古人故所作文筆了無藁草唯留心政事
而已又以父在江南身寓關右自少及終不飲
酒聽樂時論以此稱焉子丹嗣時有高平檀

翥字鳳翔好讀書善屬文能鼓琴早爲琅邪王誦所知年十九爲魏孝明帝挽郎其後司州牧城陽王元徽以翥爲從事非其好也尋謝病客遊三輔時毛遐爲行臺鎮北雍州表翥爲行臺郎中會尒朱天光東拒齊神武翥隨赴洛除西兗州録事參軍歷司空田曹參軍加鎮遠將軍兼殿中侍御史臺中表奏皆翥爲之尋副毛鴻賓鎮潼關加前將軍太中大夫魏孝武西遷賜爵高唐縣子兼中書舍

周書列傳三十　十四

人脩國史加鎮軍將軍後坐談論輕躁爲黃門侍郎徐招所駁死於廷尉獄

元偉字猷道河南洛陽人也魏昭成之後曾祖忠尚書左僕射城陽王祖盛通直散騎常侍城陽公父順以左衞將軍從魏孝武西遷拜中書監雍州刺史開府儀同三司封濮陽王偉少好學有文性弱冠授員外散騎侍郎以侍從之勞賜爵高陽縣伯大統初拜伏波將軍度支郎中領太子舍人十一年遷太子庶子領兵部郎中尋拜

東南道行臺右丞十六年進位車騎大將軍儀同三司以魏氏宗室進爵南安郡王邑五百戶十七年除幽州都督府長史及尉遲迥伐蜀以偉爲司録書檄文記皆偉之所爲蜀平以功增邑五百戶六官建拜師氏下大夫爵隨例降改封淮南縣公孝閔帝踐祚除晉公護府司録世宗初拜師氏中大夫受詔於麟趾殿刊正經籍尋除隴右總管府長史加驃騎大將軍開府儀同三司保定二年遷成州刺史偉政尚清

周書列傳三十　十五

靜百姓悅附流民復業者三千餘口天和元年入爲匠師中大夫轉司宗中大夫六年出爲隨州刺史偉辭以母老不拜還爲司宗尋以母憂去職建德二年復爲司宗轉司會中大夫兼民部中大夫遷小司寇四年以偉爲使主報聘于齊是秋高祖親戎東討偉遂爲齊人所執六年齊平偉方見釋高祖以其久被幽縶加授上開府大象二年除襄州刺史進位大將軍偉性溫柔好虛靜居家不治生業篤學愛文政事

之暇未嘗棄書謹慎小心與物無忤時人以此稱
之初自鄴還也庾信贈其詩曰號亡垂棘反齊平
寶鼎歸其為辭人所重如此後以疾卒太祖天
縱寬仁性罕猜忌元氏戚屬並保全之內外任
使布於列職孝閔踐祚無替前緒明武纘業亦
遵先志雖天厭魏德鼎命已遷枝葉榮茂足
以逾於前代矣然簡牘散亡事多湮落今錄其
名位可知者附於此云

柱國大將軍太傅大司徒廣陵王元欣

柱國大將軍特進尚書令少師義陽王元子孝
尚書僕射馮翊王元季海
七兵尚書陳郡王元玄
大將軍淮安王元育
大將軍梁王元儉
大將軍尚書令少保小司徒廣平郡公元贊
大將軍納言小司空荊州總管安昌郡公元則
侍中驃騎大將軍開府儀同三司少師韓國
公元羅
侍中驃騎大將軍開府儀同三司吏部尚書
魯郡公元正
侍中驃騎大將軍開府儀同三司中書監洵州
刺史宜都郡公元頵子
侍中驃騎大將軍開府儀同三司鄀州刺史安
樂縣公元壽
侍中驃騎大將軍開府儀同三司武衛將軍遂
州刺史房陵縣公元審

史臣曰太祖除暴寧亂創業開基旰食求賢

共康庶政既焚林而訪阮亦牓道以求孫可
謂野無遺才朝多君子蘇亮等並學稱該
博文擅雕龍或揮翰鳳池或著書麟閣咸
居祿位各逞琳琅擬彼陳徐慚後生之可畏論
其任遇寔當時之良選也魏文帝有言古今文
人類不護細行其呂思禮薛憕之謂也

列傳第三十　周書三十八

列傳第三十一　周書三十九

令狐德棻　等撰

韋瑱
梁昕
皇甫璠
辛慶之 族子昂
王子直
杜杲

韋瑱字世珍京兆杜陵人也世爲三輔著姓曾祖惠度姚泓尚書郎隨劉義真過江仕宋爲鎮西府司馬順陽太守行南雍州事後於襄陽歸魏拜中書侍郎贈安西將軍洛州刺史祖千雄略陽郡守父英代郡守贈兗州刺史瑱幼聰敏有夙成之量閭里咸敬異之篤志好學兼善騎射魏孝昌三年起家太尉府法曹參軍稍遷直後除明威將軍雍州治中假鎮遠將軍防城州將累遷諫議大夫冠軍將軍太祖爲丞相加前將軍太中大夫封長安縣男食邑三百戶轉行臺左丞加撫軍將軍銀青光祿大夫遷使持節都督南郢州諸軍事南郢州刺史復入爲行臺左丞瑱明察有幹局再居左轄時論榮之從復弘農戰沙苑加衛大將軍左光祿大夫又從戰河橋進爵爲子增邑二百戶大統八年齊神武侵汾絳瑱從太祖禦之軍還令瑱以本官鎮蒲津關帶中潬城主尋除蒲州揔管府長史頃之徵拜鴻臚卿以望族兼領鄉兵加帥都督遷大都督通直散騎常侍行京兆郡事進車騎大將軍儀同三司散騎常侍魏恭帝二年賜姓宇文氏三年除瓜州諸軍事瓜州刺史州通西域蕃夷來前後刺史多受賂遺胡寇犯邊又莫能禦瑱雅性清儉兼有武略蕃夷贈遺一無所受胡人畏威不敢爲寇公私安靜夷夏懷之孝閔帝踐祚進爵平齊縣伯增邑五百戶秩滿還京吏民戀慕老幼追送留連十數日方得出境世宗嘉之進授侍中驃騎大將軍開府儀同三司武成三年卒時年六十一贈岐宜二州刺史謚曰惠

天和二年又追封爲公增邑通前三千户仍詔
其子峻襲峻後位至車騎大將軍儀同三司峻
弟師起家中外府記室歷兵部小府下大夫建
德末蒲州總管府中郎行河東郡事
梁昕字元明安定烏氏人也世爲關中著姓其
先因官徙居京兆之盩厔焉祖重耳漳縣令父
勸儒州主簿冠軍將軍中散大夫贈涇州刺史
昕少溫恭見稱州里正光五年秦隴擾亂蕭寶
夤爲大都督統兵出討以昕爲行臺參軍孝昌

周書列傳第三十　三

初拜盪寇將軍稍遷驤威將軍給事中仍從寶
夤征万俟醜奴相持二年前後數十戰以功進
征西將軍尒朱天光入關復引爲外兵參軍從
天光征討拜右將軍太中大夫太祖迎魏孝武
軍次雍州昕以三輔望族上謁太祖見昕容貌
瓌偉深賞異之即授右府長流參軍大統初加
鎮南將軍金紫光禄大夫轉丞相府户曹參軍
從復弘農戰沙苑皆有功除車騎將軍丞相府
主簿出爲洛安郡守徵拜六將軍行臺兵部郎

中加帥都督十二年除河南郡守鎮大塢尋又
移鎮閻韓式遏邊壘甚著誠信還東荊州刺史
昕撫以仁惠蠻夷悦之流民歸附者相繼而至封
安定縣子邑三百户累遷大都督車騎大將軍
散騎常侍儀同三司孝閔帝踐祚進位驃騎大
將軍開府儀同三司世宗初進爵胡城縣伯邑
五百户三年除九曲城主保定元年遷中州刺
史增邑八百户轉郡州刺史二年以母喪去職
尋起復本任天和初徵拜工部中大夫出爲陜

周書列傳第三十　四

州總管府長史昕性溫裕有幹能歷官内外咸
著聲稱尋卒於位贈大將軍謚曰貞
昕弟榮歷位匠師下大夫中外府中郎蕃部郡
伯司倉計部下大夫開府儀同三司朝那縣伯
贈涇寧豳三州刺史謚曰靜
皇甫璠字景瑜安定三水人也世爲西州著姓
後徙居京兆焉父和本州治中大統末追贈散
騎常侍儀同三司涇州刺史璠少忠謹有幹略
永安中辟州都督太祖爲牧補主簿以勤事被

知毎蒙褒賞大統四年引爲丞相府行參軍尋轉田曹參軍東閤祭酒加散騎侍郎稍遷兼太常少卿都水使者歷蕃部兵部虞部民部吏部等諸曹郎中六官建拜計部下大夫孝閔帝踐阼轉守廟下大夫以選爲東道大使撫巡州防尋加車騎大將軍儀同三司封長樂縣子邑五百戶出爲玉壁總管府長史保定中遷鴻州刺史入爲小納言俄除隴右總管府司馬轉陝州總管府長史徵拜蕃部中大夫進驃騎大

將軍開府儀同三司復出爲隴右總管府長史璠性平和小心奉法安貧守志恒以清白自處當時號爲善人建德元年除民部中大夫三年授隨州刺史政存簡惠百姓安之其年增邑并前二千戶六年卒於位贈交渭二州刺史謚曰恭子諒少知名大象中位至吏部下大夫

辛慶之字慶之隴西狄道人也世爲隴右著姓父顯崇馮翊郡守贈雍州刺史慶之少以文學徵詣洛陽對策第一除祕書郎屬尒朱氏作亂魏孝莊帝令司空楊津爲北道行臺節度山東諸軍以討之津啓慶之爲行臺左丞典參謀議至鄴聞孝莊帝暴崩遂出兗冀間謀結義徒以赴國難尋而節閔帝立乃還洛陽普泰二年遷平北將軍太中大夫及賀拔岳爲行臺復啓慶之爲行臺吏部郎中開府掾尋除雍州別駕大統初加車騎將軍俄遷衛大將軍左光禄大夫後太祖東討爲行臺左丞時初復河東以本官兼鹽池都將四年東魏攻正平郡陷之遂欲經略

鹽池慶之守禦有備乃引軍退河橋之役大軍不利河北守令棄城走慶之獨因鹽池抗拒彊敵時論稱其仁勇六年行河東郡事九年入爲丞相府右長史兼給事黄門侍郎除度支尚書復行河東郡事遷通直散騎常侍南荆州刺史加儀同三司慶之位遇雖隆而率性儉素車馬衣服亦不尚華侈志量淹和有儒者風度特爲當時所重又以其經明行修令與盧誕等教授諸王魏廢帝二年拜祕書監尋卒於位子加陵

主寢上士慶之族子昂昂字進君年數歲便有
成人志行有善相人者謂其父仲略曰公家雖世
載冠冕然名德富貴莫有及此兒者仲略亦重
昂志氣深以爲然年十八侯景辟爲行臺郎中
加鎮遠將軍景後來附昂遂入朝除丞相府行
參軍大統十四年追論歸朝之勳封襄城縣男
邑二百戶轉丞相府田曹參軍及尉遲迥伐蜀
昂召募從軍蜀平以功授輔國將軍魏都督迥
仍表昂爲龍州長史領龍安郡事州帶山谷舊

俗生梗昂威惠洽著吏民畏而愛之成都一方之
會風俗舛雜迥以昂達於從政復表昂行成都
令昂到縣便與諸生祭文翁學堂因共歡宴
謂諸生曰子孝臣忠師嚴友信立身之要如斯
而已若不事斯語何以成名各宜自勉克成令譽
昂言切理至諸生等並深感悟歸而告其父曰
辛君教誡如此不可違之於是井邑肅然咸從
其化遷梓潼郡守進位帥都督加通直散騎常
侍六官建入爲司隸上士襲爵繁昌縣公世

宗初授天官府上士加大都督武成二年授小職
方下大夫治小兵部保定二年進車騎大將軍
儀同三司轉小吏部四年大軍東討昂與大將
軍權景宣下豫州以功賞布帛二百匹時益州
殷阜軍國所資經塗艱險每苦刼盜詔昂使
於梁益軍民之務皆委決焉昂撫導荒梗安
置城鎮數年之中頗得寧靜天和初陸騰討信
州群蠻歷時未克高祖詔昂便於通渠等諸州
運糧饋之時臨信楚合等諸州民庶亦多從逆

昂諭以禍福赴者如歸乃令老弱負糧壯夫拒
戰咸願爲用莫有怨者使還屬巴州萬榮郡民
反叛攻圍郡城遏絕山路昂謂其同侶曰凶狡狂
悖一至於此若待上聞或淹旬月孤城無援必淪
寇黨欲救近溺寧暇遠求越人苟利百姓專
之可也於是遂募通開二州得三千人倍道兼
行出其不意又令其衆皆作中國歌直趣賊壘
賊旣不以爲虞謂有大軍赴救於是望風瓦解
郡境獲寧朝廷嘉其權以濟事詔梁州揔管

杞國公亮即於軍中賞昂奴婢二十口繒綵四百匹亮又以昂威信布於宕渠遂表爲渠州刺史俄轉通州刺史昂推誠布信甚得夷獠歡心秩滿還京首領皆隨昂詣闕朝覲以昂化洽夷華進位驃騎大將軍開府儀同三司時晉公護執政昂稍被譴親待高祖以是頗銜之及加之捶楚因此遂卒昂族人仲景好學有雅量其高祖欽後趙吏部尚書雍州刺史子孫因家焉父歡魏隴州刺史宋陽公仲景年十八舉文學對

策高第拜司空府主簿遷員外散騎侍郎建德中位至內史下大夫開府儀同三司卒於官子衡

王子直字孝正京兆杜陵人也世爲郡右族父琳州主簿東雍州長史子直性節儉有幹能魏正光中州辟主簿起家奉朝請除太尉府水曹行參軍加明威將軍時梁人圍壽春臨淮王元彧率軍赴援子直以本官參彧軍事與梁人戰斬其軍主一夏侯景起梁人乃退淮南民庶因兵寇之後猶聚爲盜彧令子直招撫之旬日之

間咸來復業自合肥以北安堵如舊永安初拜員外散騎常侍鴻臚少卿普泰初進後軍將軍太中大夫賀拔岳入關以子直爲開府主簿遷行臺郎中魏孝武西遷封山北縣男邑三百戶大統初漢熾屠各阻兵於南山與隴東屠各共爲脣齒太祖令子直率涇州步騎五千討破之南山平太祖嘉之賜書勞問除尚書左外兵郎中三年進車騎將軍兼中書舍人四年從太祖解洛陽圍經河橋戰兼尚書左丞出爲秦州總管

府司馬時涼州刺史宇文仲和據州逆命子直從隴右大都督獨孤信討平之復入爲大行臺郎中兼丞相府記室吐谷渾寇西平以子直兼尚書兵部郎中出隴右經略之大破渾衆於長寧川渾賊遁走十五年進車騎將軍左光祿大夫除太子中庶子領齊王友尋行馮翊郡事十六年魏齊王廓出牧秦隴復以子直爲秦州別駕仍領王友隨陸初平授安州長史領別駕加帥都督轉并州長史魏廢帝元年拜使持節大都

督行瓜州事子直性清靜務以德政化民西土悦附魏恭帝初徵拜黄門侍郎卒於位子宣禮柱國府參軍事

杜杲字子暉京兆杜陵人也祖建魏輔國將軍贈豫州刺史父皎儀同三司武都郡守杲學涉經史有當世幹略其族父瓚清貞有識鑒深器重之常曰吾家千里駒也瓚時仕魏爲黄門侍郎兼度支尚書衛大將軍西道行臺尚孝武妹新豐公主因薦之於朝廷永熙三年起家奉朝

請累遷輔國將軍成州長史漢陽郡守世宗初轉脩城郡守屬鳳州人仇周貢等搆亂攻逼脩城杲信洽於民部内遂無叛者尋而開府趙昶諸軍進討杲率郡兵與昶合勢遂破平之入爲司命上士初陳文帝弟安成王頊爲質於梁及江陵平頊隨例遷長安陳人請之太祖許而未遣至是帝欲歸之命杲使焉陳文帝大悦即遣使報聘并賂黔中數州之地仍請畫野分疆永敦鄰好以杲奉使稱旨進授都督治小御伯更往分界焉陳人於是以魯山歸我帝乃拜頊柱國大將軍詔杲送之還國陳文帝謂杲曰家弟今蒙禮遣實是周朝之惠然不還彼魯山亦恐未能及此杲荅曰安成之在關中乃咸陽一布衣耳然是陳之介弟其價豈止一城本朝親睦九族恕已及物上遵太祖遺旨下思繼好之義所以發德音者蓋爲此也若知止侔魯山固當不貪一鎭況魯山梁之舊地梁即本朝藩臣若以始末言之魯山自合歸國云以尋常之土易己骨

肉之親使臣猶謂不可何以聞諸朝廷陳文帝慙恧久之乃曰前言戲之耳自是接遇有加常禮及杲還命引升殿親降御座執手以別朝廷嘉之授大都督小載師下大夫治小納言復聘於陳中山公訓爲蒲州摠管以杲爲府司馬州治中兼知州府事加使持節車騎大將軍儀同三司及華皎來附詔令衛公直督元定等援之與陳人交戰我師不利元定等並沒自是連兵不息東南騷動高祖患之乃授杲御正中大夫後

四年遷温州諸軍事温州刺史賜爵義興縣伯大象元年徵拜御正中大夫復使於陳二年除申州刺史加開府儀同大將軍進爵爲侯邑一千三百戸除同州司會隋開皇元年以杲爲同州揔監進爵爲公俄遷工部尚書二年除西南道行臺兵部尚書尋以疾卒子運大象末宣納上士杲兄長暉位至儀同三司

史臣曰韋辛皇甫之徒並關右之舊族也或紆組登朝獲當官之譽或張旃出境有專對之才既茂國猷克隆家業美矣夫

列傳第三十一　周書三十九

列傳第三十二　周書四十

令狐　德棻　等撰

尉遲運
王軌
宇文神舉
宇文孝伯
顔之儀 樂運

尉遲運大司空呉國公綱之子也少彊濟志在立功魏大統十六年以父勲封安喜縣侯邑一千戸孝閔帝踐祚授使持節車騎大將軍儀同三司俄而帝廢朝議欲尊立世宗乃令運奉迎於岐州以預定策勲進爵周城縣公增邑五百戸保定元年進驃騎大將軍開府儀同三司三年從楊忠攻齊之并州以功別封第二子端保城縣侯邑一千戸四年出爲隴州刺史地帶汧渭民俗難治運垂情撫納甚得時譽天和五年入爲小右武伯六年遷左武伯中大夫尋加軍司馬武伯如故運既職兼文武甚見委任齊

將斛律明月寇汾北運從齊公憲禦之攻拔其伏龍城進爵廣業郡公增邑八百戶建德元年授右侍伯轉右司衞時宣帝在東宮親狎謟佞數有罪失高祖於朝臣內選忠諒鯁正者以匡弼之於是以運為右宮正二年帝幸雲陽宮又令運以本官兼司武與長孫覽輔皇太子居守俄而衞剌王直作亂率其黨襲肅章門覽懼走行在所運時偶在門中直兵奄至不暇命左右乃手自闔門直黨與運爭門斫傷運手指僅

而得閉直既不得入乃縱火燒門運懼火盡直黨得進乃取宮中材木及牀等以益火更以膏油灌之火勢轉熾久之直不得進乃退運率留守兵因其退以擊之直大敗而走是日微運宮中已不守矣高祖嘉之授大將軍賜以直田宅妓樂金帛車馬及什物等不可勝數四年出為同州蒲津潼關等六防諸軍事同州刺史高祖將伐齊召運參議東夏底定頗有力焉五年拜柱國進爵盧國公邑五千戶宣政元年轉司武

上大夫總宿衞軍事高祖崩於雲陽宮祕未發喪運持侍衞兵還京帝即位授上柱國運之為宮正也數進諫於帝帝不能納反疎忌之時運又與王軌宇文孝伯等皆為高祖所親待軌屢言帝失於高祖帝謂運預其事愈更銜之及軌被誅運懼及於禍問計於宇文孝伯語在孝伯傳尋而得出為秦州揔管秦渭等六州諸軍事秦州刺史然運至州猶懼不免大象元年二月遂以憂薨於州時年四十一贈大後丞秦渭

河鄯成洮文等七州諸軍事秦州刺史謚曰中子靖嗣大象末儀同大將軍

王軌太原祁人也小名沙門漢司徒允之後世為州郡冠族累葉仕魏賜姓烏丸氏父光少雄武有將帥才略每從征討頻有戰功太祖知其勇決遇之甚厚位至驃騎大將軍開府儀同三司平原縣公軌性質直慷慨有遠量臨事彊正人不敢干起家事輔城公及高祖即位授前侍下士俄轉左侍上士頗被識顧累遷內史上士內

史下大夫加授儀同三司自此親遇彌重遂處腹心之任時晉公護專政高祖密欲圖之以軌沉毅有識度堪屬以大事遂問以可不軌賛成之建德初轉内史中大夫加授開府儀同三司又拜上開府儀同大將軍封上黄縣公邑一千戶軍國之政皆參預焉五年高祖總戎東伐六軍圍晉州刺史崔景嵩守城北面夜中密遣送款詔令軌率衆應之未明士皆登城鼓噪齊人駭懼因即退走遂克晉州擒其城主特進海昌王

尉相貴俘甲士八千人於是遂從平并鄴以功進位上大將軍進爵郯國公邑三千戶及陳將吳明徹入寇呂梁徐州總管梁士彦頻與戰不利乃退保州城不敢復出明徹遂堰清水以灌之列船艦於城下以圖攻取詔以軌爲行軍總管率諸軍赴救軌潛於清水入淮口多豎大木以鐵鎖貫車輪横截水流以斷其船路方欲密決其堰以斃之明徹知之懼乃破堰遽退冀乘決水之勢以得入淮比至清口川流已闊水勢亦

衰船艦並礙於車輪不復得過軌因率兵圍而蹙之唯有騎將蕭摩訶以二千騎先走得免明徹及將士三萬餘人并器械輜重並就俘獲陳之銳卒於是殲焉高祖嘉之進位柱國仍拜徐州總管七州十五鎮諸軍事軌性嚴重多謀略兼有呂梁之捷威振敵境陳人甚憚之宣帝之征吐谷渾也高祖令軌與宇文孝伯並從軍中進取皆委軌等帝仰成而已時宮尹鄭譯王端等並得幸帝在軍中頗有失德譯等皆預

焉軍還軌等言之於高祖高祖大怒乃撻帝除譯等名仍加捶楚帝因此大銜之軌又嘗與小内史賀若弼言及此事且言皇太子必不克負荷弼深以爲然勸軌陳之軌後因侍坐乃謂高祖曰皇太子仁孝無聞又多涼德恐不了陛下家事愚臣短暗不足以論是非陛下恒以賀若弼有文武奇才識度宏遠而弼比每對臣深以此事爲慮高祖召弼問之弼乃詭對曰皇太子養德春宮未聞有過未審陛下何從得聞此

言既退軌謂弼曰平生言論無所不道今者對揚何得乃爾翻覆弼曰此公之過也皇太子國之儲副豈易攸言事有蹉跌便至滅門之禍本謂公密陳臧否何得遂至昌言軌默然久之乃曰吾專心國家遂不存私計向者對衆良寔非宜後軌因內宴上壽又捋高祖鬚曰可愛好老公但恨後嗣弱耳高祖深以爲然但漢王次長又不才此外諸子並幼故不能用其說及宣帝即位追鄭譯等復爲近侍軌自知及於禍謂

所親曰吾昔在先朝寔申社稷至計今日之事斷可知矣此州控帶淮南隣接彊寇欲爲身計易同反掌但忠義之節不可虧違況荷先帝厚恩每思以死自効豈以獲罪於嗣主便欲背德於先朝止可於此待死義不爲他計冀千載之後知吾此心大象元年帝令內史杜慶信就徐州殺軌御正中大夫顏之儀切諫帝不納遂誅之軌立朝忠恕兼有大功忽以無罪被戮天下知與不知無不傷惜

宇文神舉太祖之族子也高祖晉陵曾祖求男仕魏位並顯達祖金殿魏鎮遠將軍兗州刺史安吉縣侯父顯和少而襲爵性矜嚴頗涉經史膂力絕人彎弓數百斤能左右馳射魏孝武之在藩也顯和早蒙眷遇時屬多難嘗問計於顯和顯和具陳宜杜門晦迹相時而動孝武深納焉及即位擢授冠軍將軍閤內都督封城陽縣公邑五百戶孝武以顯和藩邸之舊遇之甚厚時顯和所居宅隘陋乃撤殿省賜爲寢室其見重

如此及齊神武專政帝每不自安謂顯和曰天下洶洶將若之何對曰當今之計莫若擇善而從之因誦詩云彼美人兮西方之人兮帝曰是吾心也遂定入關之策帝以顯和母老家累又多令預爲計對曰今日之事忠孝不可並立然臣不密則失身安敢預爲私計帝愴然改容曰卿即我之王陵也遷朱衣直閤閤內大都督改封長廣縣公邑一千五百戶從帝入關至溱水太祖素聞其善射而未之見也俄而水傍有一小

烏頭和射而中之太祖笑曰我知卿工矣其後
引爲帳内大都督俄出爲持節衛將軍東夏州
刺史以疾去職深爲吏民所懷尋進位車騎
大將軍儀同三司加散騎常侍魏恭帝元年卒
時年五十七太祖親臨之哀動左右建德二年
追贈使持節驃騎大將軍開府儀同三司延丹
綏三州諸軍事延州刺史神舉早歲而孤有夙
成之量族兄安化公深器異之及長神情倜儻
志略英贍眉目疎朗儀貌魁梧有識欽之莫不

許以遠大世宗初起家中侍上士世宗留意翰
林而神舉雅好篇什帝每有游幸神舉恒得侍
從保定元年襲爵長廣縣公邑二千三百戶尋
授帥都督遷大都督使持節車騎大將軍儀同
三司拜右大夫四年進驃騎大將軍開府儀同
三司治小宮伯天和元年遷右宮伯中大夫進
爵清河郡公增邑一千戶高祖將誅晉公護也
神舉得預其謀建德元年遷京兆尹三年出
爲熊州刺史神舉威名素重齊人甚憚之五

年攻拔齊陸渾等五城及高祖東伐詔神舉從
軍并州平即授并州刺史加上開府儀同大將
軍州既齊氏別都控帶要重平定甫爾民俗澆
訛豪右之家多爲姦猾神舉勵精爲治示以
威恩旬月之間遠邇悅服尋加上大將軍改封
武德郡公增邑二千戶俄進柱國大將軍改封
東平郡公增邑通前六千九百戶所部東壽陽
縣土人相聚爲盜率其黨五千人來襲州城神
舉以州兵討平之宣政元年轉司武上大夫高

祖親戎北伐令神舉與原國公姬願等率兵五
道俱入高祖至雲陽疾甚乃班師幽州人盧昌
期祖英伯等聚衆據范陽反詔神舉率兵擒
之齊黄門侍郎盧思道亦在反中賊平見獲解
衣將伏法神舉素欽其才名乃釋而禮之即令
草露布其待士禮賢如此屬稽胡反叛入寇西
河神舉又率衆與越王盛討之時突厥與稽胡
連和遣騎赴救神舉以奇兵擊之突厥敗走稽
胡於是款服即授并潞肆石等四州十二鎮諸

軍并州揔管初神舉見待於高祖遂處心腹之
任王軌宇文孝伯等屢言皇太子之短神舉
亦頗預焉及宣帝即位荒淫無度神舉懼及於
禍懷不自安初定范陽之後威聲甚振帝亦忌
其名望兼以宿憾遂使人齎鴆酒賜之薨於馬
邑時年四十八神舉偉風儀善辭令博涉經史性
愛篇章尤工騎射臨戎對寇勇而有謀莅職當
官每著聲績兼好施愛士以雄豪自居故得
任兼文武聲彰中外百僚無不仰其風則先輩

舊齒至于今而稱之子同嗣位至儀同大將軍
神舉弟神慶少有壯志武藝絶倫大象末位
至柱國汝南郡公

宇文孝伯字胡三吏部安化公深之子也其生
與高祖同日太祖甚愛之養於第内及長又與
高祖同學武成元年拜宗師上士時年十六孝
伯性沉正謇諤好直言高祖即位欲引置左右
時政在冢臣不得專制乃託言少與孝伯同業
受經思相啓發由是晉公護弗之猜也得入爲
右侍上士恒侍讀書天和元年遷小宗師領右
侍儀同及遭父憂詔令於服中襲爵高祖嘗從
容謂之曰公之於我猶漢高之與盧綰也乃賜
以十三環金帶自是恒侍左右出入臥内朝之機
務皆得預焉孝伯亦竭心盡力無所廻避至於
時政得失及外間細事皆以奏聞高祖深委信
之當時莫與爲比及高祖將誅晉公護密與衞
王直圖之唯孝伯及王軌宇文神舉等頗得參
預護誅授開府儀同三司歷司會中大夫左右

小宮伯東宮左宮正建德之後皇太子稍長既
無令德唯昵近小人孝伯白高祖曰皇太子四海
所屬而德聲未聞臣忝宮官寔當其責且春
秋尚少志業未成請妙選正人爲其師友調護
聖質猶望日就月將如或不然悔無及矣帝歛
容曰卿世載鯁直竭誠所事觀卿此言有家風
矣孝伯拜謝曰非言之難受之難也深願陛下
思之帝曰正人豈復過君於是以尉遲運爲右
宮正孝伯仍爲左宮正尋拜宗師中大夫及吐

谷渾入寇詔皇太子征之軍中之事多決於孝伯俄授京兆尹入爲左宮伯轉右宮伯嘗因侍坐帝問之曰我兒比來漸長進不荅曰皇太子比懼天威更無罪失及王軌因内宴捋帝鬚言太子之不善帝罷酒責孝伯曰公常語我云太子無過今軌有此言公爲誑矣孝伯再拜曰臣聞父子之際人所難言臣知陛下不能割情忍愛遂爾結舌帝知其意默然久之乃曰朕已委公矣公其勉之五年大軍東討拜内史下大夫

周書列傳第三十二　十二

令掌留臺事軍還帝曰居守之重無忝戰功於是加授大將軍進爵廣陵郡公邑三千戶并賜金帛及女妓等六年復爲宗師每車駕巡幸常令居守其後高祖北討至雲陽宮遂寢疾驛召孝伯赴行在所帝執其手曰吾自量必無濟理以後事付君是夜授司衛上大夫總宿衛兵馬事又令馳驛入京鎮守以備非常宣帝即位授小冢宰帝忌齊王憲意欲除之謂孝伯曰公能爲朕圖齊王當以其官位相授孝伯叩頭

曰先帝遺詔不許濫誅骨肉齊王陛下之叔父戚近功高社稷重臣棟梁所寄陛下若妄加刑戮微臣又順旨曲從則臣爲不忠之臣陛下爲不孝之子也帝不懌因漸疎之乃與于智王端鄭譯等密圖其事後令智告憲謀逆遣孝伯召憲入遂誅之帝之西征也在軍有過行鄭譯時亦預焉軍還孝伯及王軌盡以白高祖怒撻帝數十仍除譯名至是譯又被帝親昵帝既追憾被杖乃問譯曰我脚上杖痕誰所爲也譯荅

周書列傳三十二　十三

曰事由宇文孝伯及王軌譯又因說王軌捋鬚事帝乃誅軌尉遲運懼私謂孝伯曰吾徒必不免禍爲之奈何孝伯對曰今堂上有老母地下有武帝爲臣爲子知欲何之且委質事人本徇名義諫而不入將焉逃死足下若爲身計宜且遠之於是各行其志運尋出爲秦州總管然帝荒淫日甚誅戮無度朝章弛紊無復綱紀孝伯又頻竊諫皆不見從由是益疎斥之後稽胡反令孝伯爲行軍總管從越王盛討平之

及軍還帝將殺之乃託以齊王之事誚之曰
公知齊王謀反何以不言孝伯對曰臣知齊
王忠於社稷爲羣小媒孽加之以罪臣以言
必不用所以不言且先帝付囑微臣唯令輔
導陛下今諫而不從寔負顧託以此爲罪是
所甘心帝大慙俛首不語乃命將出賜死于
家時年三十六及隋文帝踐極以孝伯及王
軌忠而獲罪並令收葬復其官爵又嘗謂高
熲曰宇文孝伯實有周之良臣若使此人在

周書列傳三十二　十四

朝我輩無措手處也子歆嗣
顏之儀字子升琅邪臨沂人也晉侍中含九世
孫祖見遠齊御史治書正色立朝有當官之
稱及梁武帝執政及以疾辭尋而齊和帝暴
崩見遠慟哭而絕梁武帝深恨之謂朝臣曰我
自應天從人何預天下人事而顏見遠乃至於
此當時嘉其忠烈咸稱歎之父協以見遠蹈義
忤時遂不仕進梁元帝爲湘東王引協爲其府
記室參軍協不得已乃應命梁元帝後著懷

舊志及詩並稱贊其美之儀幼穎悟三歲能讀
孝經及長博涉羣書好爲詞賦嘗獻神洲頌
辭致雅贍梁元帝手勑報曰枚乘二葉俱得
遊梁應貞兩世並稱文學我求才子鯁慰良
深江陵平之儀隨例遷長安世宗以爲麟趾學
士稍遷司書上士高祖初建儲宮盛選師傅以
之儀爲侍讀太子後征吐谷渾在軍有過行鄭
譯等並以不能匡弼坐譴唯之儀以累諫獲賞
即拜小宮尹封平陽縣男邑二百戶宣帝即位

周書列傳第三十二　十五　叔

遷上儀同大將軍御正中大夫進爵爲公增邑
一千戶帝後刑政乖僻昏縱日甚之儀犯顏驟
諫雖不見納終亦不止深爲帝所忌然以恩舊
每優容之及帝殺王軌之儀固諫帝怒欲并致
之於法後以其諒直無私乃舍之宣帝崩劉昉
鄭譯等矯遺詔以隋文帝爲丞相輔少主之
儀知非帝旨拒而弗從昉等草詔署記逼之
儀連署之儀厲聲謂昉等曰主上升遐嗣子
冲幼阿衡之任宜在宗英方今賢戚之內趙王

最長以親以德合膺重寄公等備受朝恩當思
盡忠報國奈何一旦欲以神器假人之儀有死
而已不能誣罔先帝於是昉等知不可屈乃代
之儀署而行之隋文帝後索符璽之儀又正色
曰此天子之物自有主者宰相何故索之於是
隋文帝大怒命引出將戮之然以其民之望也
乃止出爲西疆郡守隋文帝踐極詔徵還京師
進爵新野郡公開皇五年拜集州刺史在州清
靜夷夏悅之明年代還遂優遊不仕十年正月

之儀隨例入朝隋文帝望而識之命引至御坐
謂之曰見危授命臨大節而不可奪古人所難
何以加卿乃賜錢十萬米一百石十一年冬卒
年六十九有文集十卷行於世時京兆郡丞樂
運亦以直言數諫於帝

運字承業南陽淯陽人晉尚書令廣之八世
孫祖文素齊南郡守父均梁義陽郡守運少
好學涉獵經史而不持章句年十五而江陵滅
運隨例遷長安其親屬等多被籍而運積年
爲人傭保皆贖免之又事母及寡嫂甚謹由是
以孝義聞梁故都官郎琅邪王澄美之爲次
其行事爲孝義傳性方直未嘗求媚於人天和
初起家夏州總管府倉曹參軍轉柱國府記室
參軍尋而臨淄公唐瑾薦爲露門學士前後
犯顏屢諫高祖多被納用建德二年除萬年縣
丞抑挫豪右號稱彊直高祖嘉之特許通籍
事有不便於時者令巨細奏聞高祖嘗幸同州
召運赴行在所既至高祖謂運曰卿來日見

太子不運曰臣來日奉辭高祖曰卿言太子何
如人運曰中人也時齊王憲以下並在帝側高
祖顧謂憲等曰百官佞我皆云太子聰明睿知
唯運獨云中人方驗運之忠直耳於是因問運
中人之狀運對曰班固以齊桓公爲中人管仲相
之則霸豎貂輔之則亂謂可與爲善亦可與
爲惡也高祖曰我知之矣遂妙選宮官以匡弼
之仍超拜運京兆郡丞太子聞之意甚不悅及高
祖崩宣帝嗣位葬訖詔天下公除帝及六宮便議

即吉運上疏曰三年之喪自天子達于庶人先王制禮安可誣之禮天子七月而葬以俟天下畢至今葬期既促事訖便除文軌之內奔赴未盡隣境遠聞使猶未至若以喪服受弔不可既吉更凶如以玄冠對使未知此出何禮進退無據愚臣竊所未安書奏帝不納自是德政不修數行赦宥運又上疏曰臣謹案周官曰國君之過市刑人赦此謂市者交利之所君子無故不遊觀焉若遊觀則施惠以悅之也尚書曰眚

災肆赦此謂過誤爲害罪雖大當緩赦之呂刑云五刑之疑有赦此謂赦疑從罰罰疑從免論語曰赦小過舉賢才謹尋經典未有罪無輕重溥天大赦之文逮茲末葉不師古始無益於治未可則之故管仲曰有赦者奔馬之委轡不赦者痤疽之礪石又曰惠者民之仇讎法者民之父母吳漢遺言猶云唯願無赦王符著論亦云赦者非明世之所宜豈可數施非常之惠以肆姦宄之惡乎帝亦不納而昏暴滋甚運乃輿

櫬詣朝堂陳帝八失一曰內史御正職在弼諧皆須參議共治天下大尊比來小大之事多獨斷之堯舜至聖尚資輔弼比大尊未爲聖主而可專恣己心凡諸刑罰爵賞爰及軍國大事請參諸宰輔與衆共之二曰內作色荒古人重誡大尊初臨四海德惠未洽先搜天下美女用實後宮又詔儀同以上女不許輒嫁貴賤同怨聲溢朝野請姬媵非幸御者放還本族欲嫁之女勿更禁之三曰天子未明求衣日旰忘食猶恐

萬機不理天下擁滯大尊比來一入後宮數日不出所須聞奏多附內豎傳言失實是非可懼事由宦者亡國之徵請准高祖居外聽政四曰變故易常乃爲政之大忌嚴刑酷罰非致治之弘規若罰無定刑則天下皆懼政無常法則民無適從豈有削嚴刑之詔未及半祀便即追改更嚴前制政令不定乃至於是今宿衛之官有一人夜不直者罪至削除因而逃亡者遂便籍沒此則大逆之罪與十杖同科雖爲法愈嚴

恐人情愈散一人心散尚或可止若天下皆散將
如之何秦網密而國亡漢章疏而祚永請遵輕
典並依大律則億兆之民手足有所措矣五曰
高祖斲雕爲朴本欲傳之萬世大尊朝夕趨
庭親承聖旨豈有崩未踰年而遽窮奢麗成
父之志義豈然乎請興造之制務從卑儉雕文
刻鏤一切勿營六曰都下之民徭賦稍重必是
軍國之要不敢憚勞豈容朝夕徵求唯供魚
龍爛漫士民從役祇爲俳優角抵紛紛不已

財力俱竭業業相顧無復聊生凡此無益之事
請並停罷七曰近見有詔上書字誤者即治其
罪假有忠讜之人欲陳時事尺有所短文字非
工不密失身義無假手脫有舛謬便陷嚴科
嬰徑尺之鱗其事非易下不諱之詔猶懼未來
更加刑戮能無鉗口大尊縱不能採誹謗之言
無宜杜獻書之路請停此詔則天下幸甚八曰
昔桑穀生朝殷王因之獲福今玄象垂誡此亦
興周之祥大尊雖減膳撤懸未盡銷譴之理

誠願諮諏善道修布德政解兆民之愠引萬方
之罪則天變可除鼎業方固大尊若不革茲八
事臣見周廟不血食矣帝大怒將戮之內史元
巖給帝曰樂運知書奏必死所以不顧身命者
欲取後世之名陛下若殺之乃成其名也帝然
之因而獲免翌日帝頗感悟召運謂之曰朕昨
夜思卿所奏實是忠臣先皇明聖卿數有規諫朕
既昏暗卿復能如此乃賜御食以罷之朝之公
卿初見帝盛怒莫不爲運寒心後見獲宥皆相

賀以爲幸免獸口內史鄭譯嘗以私事請托
運而弗之許因此銜之及隋文帝爲丞相譯
爲長史遂左遷運爲廣州滍陽令開皇五年
轉毛州高唐令頻歷二縣並有聲績運常願
處一諫官從容諷議而性訐直爲人所排抵
遂不被任用乃發憤以錄夏殷以來諫諍事集
而部之凡六百三十九條合四十一卷名曰諫
苑奏上之隋文帝覽而嘉焉

史臣曰士有不因學藝而重不待爵祿而貴

者何亦云忠孝而已若乃竭力以奉其親者人子之行也致身以事其君者人臣之節也斯固彌綸三極囊括百代當宣帝之在東朝凶德方兆王軌宇文孝伯神舉志惟無隱盡言於父子之間淫刑既逞相繼夷滅隋文之將登庸人懷去就顏之儀風烈懍然正辭以明節嶠嶇雷電之下僅而獲濟斯數子者豈非社稷之臣歟或人以爲不忠則天下莫之信也自古以外戚而居重任多藉一時之恩至若尉遲運者可謂位以才昇爵由功進美矣哉

列傳第三十二　周書四十

列傳第三十三　周書四十一

令狐　德棻　等撰

王褒

庾信

王褒字子淵琅邪臨沂人也曾祖儉齊侍中太尉南昌文憲公祖騫梁侍中金紫光祿大夫南昌安侯父規梁侍中左民尚書南昌章侯並有重名於江左褒識量淹通志懷沉靜美風儀善談笑博覽史傳尤工屬文梁國子祭酒蕭子雲褒之姑夫也特善草隸褒少以姻戚去來其家遂相模範俄而名亞子雲並見重於世梁武帝喜其才藝遂以弟鄱陽王恢之女妻之起家祕書郎轉太子舍人襲爵南昌縣侯稍遷祕書丞宣成王大器簡文帝之冢嫡即褒之姑子也于時盛選僚佐乃以褒爲文學尋遷安成郡守及侯景度江建業擾亂褒輯寧所部見稱於時梁元帝承制轉智武將軍南平內史及嗣位於江陵欲待褒以不次之位褒時猶在郡敕王僧辯

以禮發遣襃乃將家西上元帝與襃有舊相得甚歡拜侍中累遷吏部尚書左僕射襃既世胄名家文學優贍當時咸相推挹故旬月之間位昇端右寵遇日隆而襃愈自謙虛不以位地矜人時論稱之初元帝平侯景及擒武陵王紀之後以建業彫殘方須脩復江陵殷盛便欲安之又其故府臣寮皆楚人也並願即都荊郢嘗召羣臣議之領軍將軍胡僧祐吏部尚書宗懍太府卿黃羅漢御史中丞劉瑴等曰建業雖是舊都王氣已盡且與北寇鄰接止隔一江若有不虞悔無及矣臣等又嘗聞之荊南之地有天子氣今陛下龍飛纘業其應斯乎天時人事徵祥如此臣等所見遷徙非宜元帝深以爲然時襃及尚書周弘正咸侍坐乃顧謂襃等曰卿意以爲何如襃性謹愼知元帝多猜忌弗敢公言其非當時唯唯而已後因清閑密諫言辭甚切元帝頗納之然其意好荊楚已從僧祐等策明日乃於衆中謂襃曰卿昨日勸還建業不爲無理襃以

宣室之言豈宜顯之於衆知其計之不用也於是止不復言及大軍征江陵元帝授襃都督城西諸軍事襃本以文雅見知一旦委以總戎深自勉勵盡忠勤之節被圍之後上下猜懼元帝唯於襃深相委信朱買臣率衆出宣陽之西門與王師戰買臣大敗襃督進不能禁乃貶爲護軍將軍王師攻其外柵城陷襃從元帝入子城猶欲固守俄而元帝出降襃遂與衆俱出見柱國于謹謹甚禮之襃曾作燕歌行妙盡關塞寒苦之狀元帝及諸文士並和之而競爲淒切之詞至此方驗焉襃與王克劉瑴宗懍殷不害等數十人俱至長安太祖喜曰昔平吳之利二陸而已今定楚之功羣賢畢至可謂過之矣又謂襃及王克曰吾即王氏甥也卿等並吾之舅氏當以親戚爲情勿以去鄉介意於是授襃及克殷不害等車騎大將軍儀同三司常從容上席資餼甚厚襃等亦並荷恩眄忘其羈旅焉孝閔帝踐祚封石泉縣子邑三百戶世宗即位篤好文學

時襃與庾信才名最高特加親待帝每遊宴命襃等賦詩談論常在左右尋加開府儀同三司保定中除內史中大夫高祖作象經令襃注之引據該洽甚見稱賞襃有器局雅識治體既累世在江東爲宰輔高祖亦以此重之建德以後頗參朝議凡大詔冊皆令襃具草東宮既建授太子少保遷小司空仍掌綸誥乘輿行幸襃常侍從初襃與梁處士汝南周弘讓相善及弘讓兄弘正自陳來聘高祖許襃等通親知音問襃贈

弘讓詩幷致書曰嗣宗窮途楊朱歧路征蓬長逝流水不歸舒慘殊方炎涼異節木皮春厚桂樹冬榮想攝衞惟宜動靜多豫賢兄入關敬承款曲猶依杜陵之水尚保池陽之田鏟迹幽蹊銷聲穹谷何期愉樂幸甚幸甚弟昔因多疾亟覽九仙之方晚涉世途常懷五嶽之舉同夫關令物色異人譬彼客卿服膺高士上經說道屢聽玄牝之談中藥養神每禀丹沙之說頃年事遒盡容髮衰謝芸其黃矣零落無時還念生涯繁

憂總集視陰愒日猶趙孟之徂年負杖行吟同劉琨之積慘河陽北臨空思鞏縣霸陵南望還見長安所冀書生之魂來依舊壤射聲之鬼無恨他鄉白雲在天長離別矣會見之期邈無日矣援筆攬紙龍鍾橫集弘讓復書曰甚矣悲哉此之爲別也雲飛泥沈金鑠蘭滅玉音不嗣瑤華莫因家兄至自鎬京致書於穹谷故人之跡有如對面開題申紙流臉沾膝江南燠熱橘柚冬青渭北沍寒楊榆晚葉土風氣候各集所安餐衞適

時寢與多福甚善甚善與弟分袂西陜言反東區雖保周陵還依蔣徑三姜離析二仲不歸麋鹿爲曹更多悲緒丹經在握貧病莫諧芝术可求恒爲採掇昔吾壯日及弟富年俱值邕熙並歡衡泌南風雅操清商妙曲絃琴促坐無乏名晨玉瀝金華冀獲難老不虞一旦飜覆波瀾吾已愒陰弟非茂齒禽尚之契各在天涯永念生平難爲胷臆且當視陰數箭排愁破涕人生樂耳憂戚何爲豈能遽悲次房遊魂不反遠

缺二字產骸柩無託但願愛玉體珍金箱保期頤
享黃髮猶冀蒼鷹賴鯉時傳尺素清風朗月
俱寄相思子淵子淵長爲別矣握管操觚聲淚
俱咽尋出爲宜州刺史卒於位時年六十四子
嘉嗣

庾信字子山南陽新野人也祖易齊徵士父肩
吾梁散騎常侍中書令信幼而俊邁聰敏絶
倫博覽羣書尤善春秋左氏傳身長八尺腰
帶十圍容止頹然有過人者起家湘東國常侍

轉安南府參軍時肩吾爲梁太子中庶子掌管
記東海徐摛爲左衛率摛子陵及信並爲抄撰
學士父子在東宮出入禁闥恩禮莫與比隆既
有盛才文並綺豔故世號爲徐庾體焉當時後
進競相模範每有一文京都莫不傳誦累遷尚
書度支郎中通直正員郎出爲郢州別駕尋兼
通直散騎常侍聘于東魏文章辭令盛爲鄴下
所稱還爲東宮學士領建康令侯景作亂梁
簡文帝命信率宮中文武千餘人營於朱雀航

及景至信以衆先退臺城陷後信奔于江陵
梁元帝承制除御史中丞及即位轉右衛將軍
封武康縣侯加散騎常侍來聘于我屬大軍南
討遂留長安江陵平拜使持節撫軍將軍右金
紫光祿大夫大都督尋進車騎大將軍儀同三
司孝閔帝踐阼封臨淸縣子邑五百戶除司水
下大夫出爲弘農郡守遷驃騎大將軍開府儀
同三司司憲中大夫進爵義城縣侯俄拜洛州
刺史信多識舊章爲政簡靜吏民安之時陳氏

與朝廷通好南北流寓之士各許還其舊國陳
氏乃請王褒及信等十數人高祖唯放王克殷
不害等信及褒並留而不遣尋徵爲司宗中大
夫世宗高祖並雅好文學信特蒙恩禮至於趙
滕諸王周旋款至有若布衣之交羣公碑誌多
相請託唯王褒頗與信相埒自餘文人莫有逮
者信雖位望通顯常有鄉關之思乃作哀江南
賦以致其意云其辭曰粤以戊辰之年建亥之月
大盜移國金陵瓦解余乃竄身荒谷公私塗炭

華陽奔命有去無歸中興道消窮于甲戌三日
哭於都亭三年囚於別館天道周星物極不反
傅燮之但悲身世無所求生袁安之每念王室自
然流涕昔桓君山之志事杜元凱之生平並有著
書咸能自序潘岳之文彩始述家風陸機之詞
賦多陳世德信年始二毛即逢喪亂藐是流離
至于暮齒燕歌遠別悲不自勝楚老相逢泣將
何及畏南山之雨忽踐秦庭讓東海之濱遂餐
周粟下亭漂泊皋橋羇旅楚歌非取樂之方魯

周書列傳三十三　八

酒無忘憂之用追爲此賦聊以記言不無危苦
之辭唯以悲哀爲主日暮途遠人間何世將軍
一去大樹飄零壯士不還寒風蕭瑟荆璧睨柱
受連城而見欺載書橫階捧珠盤而不定鍾儀
君子入就南冠之囚季孫行人留守西河之館
申包胥之頓地碎之以首蔡威公之淚盡加之以
血釣臺移柳非玉關之可望華亭唳鶴豈河橋
之可聞孫策以天下爲三分衆裁一旅項羽用江
東之子弟人唯八千遂乃分裂山河宰割天下

豈有百萬義師一朝卷甲芟夷斬伐如草木焉
江淮無涯岸之阻亭壁無藩籬之固頭會箕斂
者合從締交鉏耰棘矜者因利乘便將非江表
王氣應終三百年乎是知并吞六合不免軹道之
災混一車書無救平陽之禍嗚呼山嶽崩頹既
履危亡之運春秋迭代必有去故之悲天意人
事可以悽愴傷心者矣況復舟楫路窮星漢非
乘槎可上風飈道阻蓬萊無可到之期窮者欲
達其言勞者須歌其事陸士衡聞而撫掌是所

周書列傳卷第三十三　九

甘心張平子見而陋之固其宜矣我之掌庾承
周以世功而爲族經邦佐漢用論道而當官禀嵩
華之玉石潤河洛之波瀾居負洛而重世邑臨
河而晏安逮永嘉之艱虞始中原之乏主民枕
倚於墻壁路交橫於豹虎值五馬之南奔逢三
星之東聚彼江漢而建國比播遷於吾祖分南
陽而賜田裂東嶽而胙土誅茅宋玉之宅穿徑
臨江之府水木交運山川崩竭家有直道人多
全節訓子見於純深事君彰於義烈新野有生

祠之廟河南有胡書之碣況乃少微眞人天山
逸民階庭空谷門巷蒲輪移談講樹就簡書筠
降生世德載誕貞臣文詞高於甲觀模楷盛於
漳濱嗟有道而無鳳歎非時而有麟旣姦回之
贔匿終不悦於仁人王子洛濱之歲蘭成射策
之年始含香於建禮仍矯翼於崇賢游洊雷之
講肆齒明離之胄筵旣傾蠡而酌海遂側管以
窺天方塘水白釣渚池圓侍戎韜於武帳聽雅
曲於文絃乃解懸而通籍遂崇文而會武居笠

轂而掌兵出蘭池而典午論兵於江漢之君拭
圭於西河之主于時朝野歡娛池臺鐘鼓里爲
冠蓋門成鄒魯連茂苑於海陵跨橫塘於江浦
東門則鞭石成橋南極則鑄銅爲柱樹則園植
萬株竹則家封千戸西書浮玉南琛没羽吳歈
越吟荊豔楚舞草木之得春陽魚龍之得風雨
五十年中江表無事王歙爲和親之侯班超
爲定遠之使馬武無預於兵甲馮唐不論於
將帥豈知山嶽闇然江湖潛沸漁陽有閭

左戍卒離石有將兵都尉天子方删詩書定禮
樂設重雲之講開士林之學談劫燼之灰飛辯
常星之夜落地平魚齒城危獸角卧刁斗於滎
陽絆龍媒於平樂宰衡以干戈爲兒戲搢紳
以清談爲廟略乘貫水而膠船馭奔駒而朽索
小人則將及水火君子則方成猨鶴弊箄不能
救鹽池之鹹阿膠不能止黃河之濁旣而魴魚
赬尾四郊多壘殿狎江鷗宮鳴野雉湛盧去國
艅艎失水見被髮於伊川知其時爲戎矣彼姦

逆之熾盛久遊魂而放命大則有鯨有鯢小則
爲梟爲獍負其牛羊之力凶其水草之性非玉
燭之能調豈璿璣之可正值天下之無爲尚有
欲於羈縻飲其琉璃之酒賞其虎豹之皮見
胡桐於大夏識鳥卵於條支豺牙密厲虺毒潛
吹輕九鼎而欲問聞三川而遂窺始則王子召
戎姦臣介胄旣官政而離逷遂師言而泄漏望
廷尉之逋囚反淮南之窮寇飛狄泉之蒼烏起
橫江之困獸地則石鼓鳴山天則金精動宿北

闕龍吟東陵麟鬬爾乃桀黠構扇馮陵畿甸
擁狼望於黃圖塡盧山於赤縣青袍如草白馬
如練天子履端廢朝單于長圍高宴兩觀當戟
千門受箭白虹貫日蒼鷹擊殿競遭夏臺之
禍遂視堯城之變官守無奔問之人干戚非平
戎之戰陶侃則空裝米船顧榮則虛搖羽扇將
軍死綏路絶重圍烽隨星落書逐鳶飛遂乃韓
分趙裂鼓卧旗折失羣班馬迷輪亂轍猛士嬰
城謀臣卷舌昆陽之戰象走林常山之陣蛇奔

周書列傳三十三　十二

兗五郡則兄弟相悲三州則父子離别護軍慷慨
忠能死節三世爲將終於此滅濟陽忠壯身參末
將兄弟三人義聲俱唱主辱臣死名存身喪狄
人歸元三軍悽愴尚書多方守備是長雲梯可
拒地道能防有齊將之閉壁無燕師之卧墻大
事去矣人之云亡申子奮發勇氣咆勃實總元
戎身先士卒冑落魚門兵塡馬窟屢犯通中頻
遭刮骨功業夭枉身名埋没或以隼翼鷃披虎
威狐假霑漬鋒鏑脂膏原野兵弱虜彊城孤氣

寡闕鶴唳而虛驚聽胡笳而淚下據神亭而亡
戟臨横江而棄馬崩於鉅鹿之沙碎於長平
之瓦於是桂林顛覆長洲麋鹿潰潰沸騰茫
茫慘黷天地離阻人神怨酷晉鄭靡依魯衛
不睦競動天關爭回地軸探雀鷇而未飽待熊蹯
而詎熟乃有車側郭門筋懸廟屋鬼同曹社之
謀人有秦庭之哭余乃假刻璽於關塞稱使
者之詶對逢鄂坂之譏嫌值耏門之征税乘白馬
而不前策青騾而轉礙吹落葉之扁舟飄長

周書列傳三十三　十三

颿於上游彼鋸牙而向爪又巡江而習流排青
龍之戰艦鬬飛鷁之船樓張遼臨於赤壁王濬
下於巴丘乍風驚而射火或箭重而回舟未辨
聲於黃蓋已先沈於杜侯落帆黃鶴之浦藏船
鸚鵡之洲路已分於湘漢星猶看於斗牛若乃
陰陵失路釣臺斜趣望赤岸而霑衣艤烏江而
不度雷池柵浦鵲陵焚戍旅舍無烟巢禽失樹
謂荆衡之杞梓庶江漢之可恃淮海惟揚三千餘
里過漂渚而寄食託蘆中而度水届于七澤濱

於十死嗟夫天保之未定見殷憂之方始本不達於危行又無情於禄仕謬掌衛於中軍濫尸丞於御史信生世等於龍門辭親同於河洛奉立身之遺訓受成書之顧託昔三世而無慚今七葉而始落泣風雨於梁山惟枯魚之銜索入欹斜之小徑掩蓬藋之荒扉就汀洲之杜若待蘆葦之單衣于時西楚霸王劒及繁陽鏖兵金匱校戰玉堂蒼鷹赤雀鐵舳牙檣沈白馬而誓衆負黃龍而度湘海潮迎艦江萍送王戎車屯

于石城戈船掩乎淮泗諸侯則鄭伯前驅盟主則荀罃暮至剖巢熏穴奔魑走魅埋長狄於駒門斬蚩尤於中冀然腹爲燈飲頭爲器直虹貫壘長星屬地昔之虎據龍盤加以黃旗紫氣莫不隨狐兎而窟穴與風塵而殄瘁西瞻博望北臨玄圃月榭風臺池平樹古倚弓於玉女牕扉繫馬於鳳凰樓柱仁壽之鏡徒懸茂陵之書空聚若夫立德立言謨明寅亮聲超於繫表道高於河上既不遇於浮丘遂無言於師曠

愛子而託人知西陵而誰望非無北闕之兵猶有雲臺之仗司徒之表裏經綸勤王實勣橫琱戈而對霸主執金鼓而問賊臣平吳之功壯於杜元凱王室是賴深於溫太眞始則地名全節終以山稱枉人南陽校書去之已遠上蔡逐獵知之何晚鎭北之負譽矜前風飈懔然水神遭箭山靈見鞭是以蟄熊傷馬浮蛟沒船才子并命俱飛百年中宗之夷凶靜亂大雪冤恥去代邸而承基遷唐郊爲纂祀反舊章於司隸歸餘風於

正始沉猜則方逞其欲藏疾則自矜於已天下之事沒焉諸侯之心搖矣旣而齊交北絕秦患西起況背關而懷楚異端委而開吳驅綠林之散卒拒驪山之叛徒營軍梁溠蒐乘巴渝問諸淫昏之鬼求諸厭劾之巫荆門遭廪延之戮夏首濫逵泉之誅蔑因親於敎愛忍和樂於彎弧慨無謀於肉食非所望於論都未深思於五難先自擅於二端登陽城而避險臥砥柱而求安旣言多於忌刻實志勇於刑殘但坐觀於時變本無情於

急難地爲黑子城猶彈丸其怨則黷其盟則寒豈寃禽之能塞海非愚叟之可移山況以沴氣宵浮妖精夜殞赤鳥則三朝夾日蒼雲則七重圍軫亡吳之歲既窮入郢之年斯盡周含鄭怒楚結秦寃有南風之不競值西陵之靑言俄而梯衝亂舞冀馬雲屯棧秦車於暢轂沓漢鼓於雷門下陳倉而連弩度臨晉而横船雖復楚有七澤人稱三戶箭不麗於六麋雷無驚於九虎辭洞庭兮落木去涔陽兮極浦熾火兮焚

周書列傳三十三　十六

旗貝闕兮害蠱乃使玉軸揚灰龍文斫柱下江餘城長林故營徒思箱馬之秣未見燒牛之兵章曼支以轂走宮之奇以族行河無冰而馬度關未曉而鷄鳴忠臣解骨君子吞聲章華望祭之所雲夢僞遊之地荒谷縊於莫敖冶父囚乎群帥硎穽摺拉鷹鸇批攢寃霜夏零憤泉秋沸城崩杞婦之哭竹染湘妃之淚水毒秦涇山高趙陘十里五里長亭短亭饑隨蟄鷰闇逐流螢秦中水黑關上泥青于時瓦解冰泮風飛雹激

渾然千里淄澠一亂雪暗如沙冰横似岸逢赴洛之陸機見離家之王粲莫不聞隴水而掩泣向關山而長歎況復君在交河妾在清波石望夫而逾遠山望子而逾多才人之憶代郡公主之去清河栩楊亭有離別之賦臨江王有愁思之歌別有飄颻武威羈旅金微班超生而望反温序死而思歸李陵之雙鳧永去蘇武之一鴈空飛昔江陵之中否乃金陵之禍始雖借人之外力實蕭墻之内起撥亂之主忽焉中興之宗

周書列傳三十三　十七

不祀伯兮叔兮同見戮於猶子荆山鵲飛而玉碎隋岸蛇生而珠死鬼火亂於平林殤魂驚於新市梁故豐徒楚實秦亡不有所廢其何以昌有嬀之後遂育于姜輸我神器居爲讓王天地之大德曰生聖人之大寶曰位用無賴之子孫舉江東而全棄惜天下之一家遭東南之反氣以鶉首而賜秦天何爲而此醉且夫天道回旋民生賴焉余烈祖於西晉始流播於東川洎余身而七葉又遭時而北遷提挈老幼關河累年

死生契闊不可問天泣沉復零落將盡靈光巋然
日窮于紀歲將復始逼切危慮端憂暮齒踐長
樂之神臯望宣平之貴里渭水貫於天文驪山
迴於地市幕府大將軍之愛客丞相平津侯之
待士見鍾鼎於金張聞絃謌於許史豈知霸陵
夜獵猶是故時將軍咸陽布衣非獨思歸王子
大象初以疾去職卒隋文帝深悼之贈本官加
荆淮二州刺史子立嗣

史臣曰兩儀定位日月揚暉天文彰矣八卦以

陳書契有作人文詳矣若乃墳索所紀莫得而
云典謨以降遺風可述是以曲阜多才多藝鑒
二代以正其本闕里性與天道修六經以維其
末故能範圍天地綱紀人倫窮神知化稱首於
千古經邦緯俗藏用於百代至矣哉斯固聖人
之述作也逮乎兩周道喪七十義乖淹中稷下八
儒三墨辯博之論蜂起漆園黍谷名法兵農宏放
之詞霧集雖雅誥奥義或未盡善考其所長蓋賢
達之源流也其後逐臣屈平作離騷以敘志宏才

豔發有惻隱之美宋玉南國詞人追逸轡而亞其
跡大儒荀況賦禮智以陳其情含章鬱起有諷
論之義賈生洛陽才子繼清景而奮其暉並陶
鑄性靈組織風雅詞賦之作實爲其冠自是著
述滋繁體制匪一孝武之後雅尚斯文楊葩振
藻者如林而二馬王楊爲之傑東京之朝茲道逾
扇咀徵含商者成市而班傅張蔡爲之雄當塗
受命尤好蟲篆金行勃興無替前烈曹王陳阮
負宏衍之思挺棟幹於鄧林潘陸張左擅侈麗

之才飾羽儀於鳳穴斯並高視當世連衡孔門
雖時運推移質文屢變譬猶六代並湊易俗之
用無爽九流競逐一致之理同歸歷選前英於
茲爲盛既而中州版蕩戎狄交侵僭僞相屬士
民塗炭故文章黜焉其潛思於戰爭之間揮翰
於鋒鏑之下亦往往而間出矣若乃魯徽杜廣
徐光尹弼之疇知名於二趙宋諺封奕朱彤梁
讜之屬見重於燕秦然皆迫於倉卒牽於戰
爭競奏符檄則粲然可觀體物緣情則寂寥

於世非其才有優劣時運然也至朔漠之地蕞爾夷俗胡義周之頌國都足稱宏麗區區河右而學者埒於中原劉延明之銘酒泉可謂清典子曰十室之邑必有忠信豈徒言哉洎乎有魏定鼎沙朔南包河淮西吞關隴當時之士有許謙崔宏崔浩高允高閭游雅等先後之間聲實俱茂詞義典正有永嘉之遺烈焉及太和之辰雖復崇尚文雅方駿竝路多乖往轍涉海登山罕值良寶其後袁翻才稱澹雅常景思

周書列傳三十三　二十

摽沉鬱彬彬焉蓋一時之俊秀也周氏創業運屬陵夷纂遺文於既喪聘奇士如弗及是以蘇亮蘇綽盧柔唐瑾元偉李昶之徒咸奮鱗翼自致青紫然綽建言務存質朴遂糠粃魏晉憲章虞夏雖屬詞有師古之美矯枉非適時之用故莫能常行焉既而革車電邁渚宮雲撤爾其荆衡杞梓東南竹箭備器用於廟堂者衆矣唯王褒庾信奇才秀出牢籠於一代是時世宗雅詞雲委滕趙二王雕章間發咸築宮虛

館有如布衣之交由是朝廷之人閭閻之士莫不忘味於遺韻眩精於末光猶丘陵之仰嵩岱川流之宗溟渤也然則子山之文發源於宋末盛行於梁季其體以淫放爲本其詞以輕險爲宗故能誇目侈於紅紫蕩心逾於鄭衛昔楊子雲有言詩人之賦麗以則詞人之賦麗以淫若以庾氏方之斯又詞賦之罪人也原夫文章之作本乎情性覃思則變化無方形言則條流遂廣雖詩賦與奏議異軫銘誄與書論殊塗而撮其指要

周書傳三十三　二十一

舉其大抵莫若以氣爲主以文傳意考其殿最定其區域摭六經百氏之英華探屈宋卿雲之祕奥其調也尚遠其旨也在深其理也貴當其辭也欲巧然後瑩金璧播芝蘭文質因其宜繁約適其變權衡輕重斟酌古今和而能壯麗而能典煥乎若五色之成章紛乎猶八音之繁會夫然則魏文所謂通才足以備體矣士衡所謂難能足以逮意矣

列傳第三十三　　周書四十

列傳第三十四　周書四十二

令狐德棻等撰

蕭撝

蕭世怡

蕭圓肅

蕭大圜

宗懍

劉璠

柳霞

蕭撝字智遐蘭陵蘭陵人也梁武帝弟安成王秀之子也性温裕有儀表年十二入國學博觀經史雅好屬文在梁封永豐縣侯邑一千戶初爲給事中歷太子洗馬中舍人東魏遣李諧盧元明使於梁梁武帝以撝辭令可觀令兼中書侍郎受幣於賓館尋遷黃門侍郎出爲寧遠將軍宋寧宋興二郡守轉輕車將軍巴西梓潼二郡守及侯景作亂武陵王紀承制授撝使持節忠武將軍又遷平北將軍散騎常侍領益州刺史軍防事紀稱尊號於成都除侍中中書令封秦郡王邑三千戶給鼓吹一部紀率衆東下以撝爲尚書令征西大將軍都督益梁秦潼安瀘青戎寧華信渠萬江新邑楚義十八州諸軍事益州刺史守成都又令梁州刺史楊乾運守潼州太祖知蜀兵寡弱遣大將軍尉遲迥總衆討之及迥入劒閣乾運以州降蜀中因是大駭無復抗拒之志迥長驅至成都撝見兵不滿萬人而倉庫空竭軍無所資遂爲城守之計迥圍之五旬撝屢

遣其將出城挑戰多被殺傷外援雖至又爲迥所破語在迥傳撝遂請降迥許之撝於是率文武於益州城北共迥昇壇歃血立盟以城歸國魏恭帝元年授侍中驃騎大將軍開府儀同三司封歸善縣公邑一千戶孝閔帝踐阼進爵黃臺郡公增邑一千戶武成中世宗令諸文儒於麟趾殿校定經史仍撰世譜撝亦預焉尋以母老兼有疾疹五日番上便隔晨昏請在外著書有詔許焉保定元年授禮部中大夫又以撝有歸

欵之功別賜食多陵縣五百戸收其租賦三年出為上州刺史為政仁恕以禮讓為本嘗至元日獄中所有囚繫悉放歸家聽三日然後赴獄主者固執不可撝曰昔王長虞延見稱前史吾雖寡德竊懷景行導民以信方自此始以之獲罪彌所甘心幸勿慮也諸囚荷恩竝依限而至吏民稱其惠化秩滿當還部民李漆等三百餘人上表乞更留兩載詔雖弗許甚嘉美之及撝入朝屬置露門學高祖以撝與唐瑾元偉王褒等四人俱為文學博士撝以母老表請歸養

周書列傳三十四　三

私門曰臣聞出忠入孝理深人紀昏定晨省事切天經伏惟陛下握鏡臨朝垂衣御宇孝治天下仁覃草木是以微臣冒陳至願臣母妾褚年過養禮乞解今職侍奉私庭伏願天慈特垂矜許臣披款歸朝十有六載恩深海岳報淺涓塵肆師掌禮竟無稱職漸隈督察空妨能官方辭違闕庭屏迹閭里低徊係慕戀悚兼深高祖未許詔曰開府梁之宗英今　則任等三事所謂楚雖有材周實用之方籍謀猷匡朕不逮然進思盡忠退安侍養者義在公私兼濟豈容全欲徇己虧此至公乖所望也尋以母憂去職天和六年授少保建德元年轉少傅後改封蔡陽郡公增邑通前三千四百戸二年卒時年五十九高祖舉哀於正武殿賜穀麥三百石布帛三百匹贈使持節大將軍大都督少傅益新始信四州諸軍事益州刺史謚曰襄撝善草隷名亞於王褒筭數醫方咸亦留意所著詩賦雜文數萬言頗行于世子濟嗣濟字德成少仁厚頗好屬文

周書列傳三十四　四

蕭紀承制授貞威將軍蜀郡太守遷東中郎將從紀東下至巴東聞迴圍成都紀命濟率所部赴援比至撝已降仍從撝入朝孝閔帝踐祚除中外府記室參軍後至蒲陽郡守車騎大將軍儀同三司

蕭世怡梁武帝弟鄱陽王恢之子也以名犯太祖諱故稱字焉幼而聰慧頗涉經史梁大同元年封豐城縣侯邑五百戸除給事中轉太子洗

馬尋入直殿省轉太子中舍人出爲持節仁威
將軍譙州刺史及侯景爲亂路由城下襲而陷
之世怡遂被執尋遁逃得免至于江陵梁元帝
承制授侍中及平侯景以世怡爲兼太宰太常
卿與中衛長史樂子雲拜謁山陵承聖二年授
使持節平西將軍臨川内史旣以陸納據湘川
道路擁塞改授平南將軍桂陽内史未至郡屬
于謹平江陵遂隨兄脩在郢州及脩卒即以世怡
爲刺史湘州刺史王琳率舟師襲世怡世怡以州輸

琳時陳武帝執政徵爲侍中世怡疑而不就乃
奔于齊除車騎大將軍散騎常侍尋出爲永
州刺史保定四年晉公護東伐大將軍權景宣略
地河南世怡聞豫州刺史王士良已降遂來歸欵
五年拜使持節驃騎大將軍開府儀同三司封
義興郡公邑一千三百戶天和二年授蔡州刺
史政存簡惠不尚苛察深爲吏民所安三年
卒於州贈本官加幷洛永三州刺史子子寶
嗣子寶美風儀善談笑年未弱冠名重一

時隋文帝輔政引爲丞相府典籤深被識遇開
皇中官至吏部侍郎後坐事被誅

蕭圓肅字明恭梁武帝之孫武陵王紀之子也
風度淹雅敏而好學紀稱尊號封宜都郡王邑
二千戶除侍中寧遠將軍紀率兵下峽令蕭
撝守成都以圓肅爲之副及尉遲迥至圓肅與
撝俱降授驃騎大將軍開府儀同三司侍中封
安化縣公邑一千戶世宗初進封棘城郡公增邑
一千戶以圓肅有歸欵之勲別賜食思君縣五

百戶收其租賦保定三年除畿伯中大夫五年
拜咸陽郡守圓肅寬猛相濟甚有政績天和四
年遷陵州刺史尋詔令隨衛國公直鎮襄陽遂
不之部建德三年授太子少傅增邑九百戶圓
肅以任當師傅調護是職乃作少傅箴曰惟
王建國辨方正位左史記言右史書事莫不援
立太子爲皇之貳是以易稱明兩禮云上嗣東序
養德震方主器東髮就學宵雅更肄朝讀百
篇乙夜乃寐愛日惜力寸陰無棄視膳再飯

寢門三至小心翼翼大孝蒸蒸謀謨計慮問對疑丞安樂必敬無忘戰兢夫天道益謙人道惡盈漢嗣不絶乎馳道魏儲回環於鄴城前史攸載後世揚名三善既備萬國以貞姬周長久實賴元良嬴秦短祚誠由少陽雖卜年七百有德過歷而昌數世萬一無德不及而亡敬之敬之天惟顯思光副皇極永固洪基觀德審諭授告職司太子見而悅之致書勞問六年授豐州刺史增邑通前三千七百戶尋進位上開府儀同

大將軍宣政元年入爲司宗中大夫俄授洛州刺史大象末進位大將軍隋開皇初授貝州刺史以母老請歸就養隋文帝許之四年卒時年四十六有文集十卷又撰時人詩筆爲文海四十卷廣堪十卷淮海亂離志四卷行於世

蕭大圜字仁顯梁簡文帝之子也幼而聰敏神情俊悟年四歲能誦三都賦及孝經論語七歲居母喪便有成人之性梁大寶元年封樂梁郡王邑二千戶除宣惠將軍丹楊尹屬侯景肆虐

簡文見弑大圜潛遁獲免明年景平大圜歸建康時既喪亂之後無所依託乃寓居善覺佛寺人有以告王僧辯者僧辯乃給船餼得往江陵梁元帝見之甚悅賜以越衫胡帶等改封晉熙郡王邑二千戶除寧遠將軍琅邪彭城二郡太守時梁元帝既有克復之功而大圜兄汝南王大封等猶未通謁梁元帝性既忌刻甚恨望之乃謂大圜曰汝兩兄久不出汝可以意召之大圜即日曉諭兩兄相繼出謁元帝乃安之大圜以世多故

恐讒愬生焉乃屏絶人事門客左右不過三兩人不妄遊狎兄姊之間止牋疏而已恒以讀詩禮書易爲事元帝嘗自問五經要事數十條大圜辭約指明應答無滯元帝甚歎美之因曰昔河間好學爾既有之臨淄好文爾亦兼之然有東平爲善彌高前載吾重之愛之爾當效焉及于謹軍至元帝乃令大封充使請和大圜副焉其實質也出至軍所信宿元帝降魏恭帝二年客長安太祖以客禮待之保定二年詔曰梁汝

南王蕭大封晉熙王蕭大圜等梁國子孫宜存優禮式遺茅土寔允舊章大封可封晉陵縣公大圜封始寧縣公邑各一千戶尋加大圜車騎大將軍儀同三司并賜田宅奴婢牛馬粟帛等俄而開麟趾殿招集學士大圜預焉梁武帝集四十卷簡文集九十卷各止一本江陵平後並藏祕閣大圜既入麟趾方得見之乃手寫二集一年並畢識者稱歎之大圜深信因果心安閑放嘗言之曰拂衣褰裳無吞舟之漏網挂冠懸

節慮我志之未從儻獲展禽之免有美慈明之進如蒙北叟之放實勝濟南之徵其故何哉夫閭閻者有優遊之美朝廷者有簪佩之累蓋由來久矣留侯追蹤於松子陶朱成術於辛文良有以焉況乎智不逸羣行不高物而欲辛苦一生何其僻也豈如知足知止蕭然無累北山之北棄絕人間南山之南超踰世網面修原而帶流水倚郊甸而枕平皐築蝸舍於叢林構環堵於幽薄近瞻煙霧遠睇風雲藉纖草以蔭長

松結幽蘭而援芳桂仰翔禽於百仞俯泳鱗於千潯果園在後開窗以臨花卉蔬圃居前坐簷而看灌畦二頃以供饘粥十畝以給絲麻侍兒五三可充紝織家僮數四足代耕耘沽酪牧羊協潘生之志畜雞種黍應莊叟之言穫菽尋氾氏之書露葵徵尹君之錄烹羔豚而介春酒迎伏臘而候歲時披良書採至賾歌纂纂唱烏烏可以娛神可以散慮有朋自遠揚搉古今田畯相過劇談稼穡斯亦足矣樂不可支求保性

命何畏憂責豈若蹙足入絆申脰就羈游帝王之門趨宰衡之勢不知飄塵之少選寧覺年祀之斯須萬物營營靡存其意天道昧昧安可問哉嗟乎人生若浮雲朝露寧俟長繩繫景寔不願之執燭夜遊驚其迅邁百年何幾擎跽曲拳四時如流俛眉躡足出處無成語默奚當非直丘明所恥抑亦宣尼恥之建德四年除滕王逌友逌嘗問大圜曰吾聞湘東王作梁史有之乎餘傳乃可抑揚帝紀奚若隱則非實記則攫

羊對曰言者之妄也如使有之亦不足怪昔漢明爲世祖紀章帝爲顯宗紀殷鑒不遠足爲成例且君子之過如日月之蝕彰於四海安得而隱之如有不彰亦安得而不隱蓋子爲父隱直在其中諱國之惡抑又禮也逌乃大笑其後大軍東討攻拔晉州或問大圜曰齊遂克不對曰高歡昔以晉州肇基僞迹今本既拔矣能無亡乎所謂以此始者必以此終也居數日齊氏果滅聞者以爲知言宣政元年增邑通前二千二百户隋開

皇初拜内史侍郎出爲西河郡守尋卒大圜性好學務於著述撰梁舊事三十卷寓記三卷士喪儀注五卷要決兩卷并文集二十卷大封位至開府儀同三司大象末爲陳州刺史

宗懍字元懍南陽涅陽人也八世祖承永嘉之亂討陳敏有功封柴桑縣侯除宜都郡守卒於官子孫因居江陵父高之梁山陰令懍少聰令好讀書晝夜不倦語輒引古事鄉里呼爲小兒學士梁普通六年舉秀才以不及二宫元會例不對策

及梁元帝鎮荆州謂長史劉之遴曰貴鄉多士爲舉一有意少年之遴以懍應命即日引見令兼記室嘗夕被召宿省使制龍川廟碑一夜便就詰朝呈上梁元帝嘆美之及移鎮江州以懍爲刑獄參軍兼掌書記歷臨汝建成廣晉三縣令遭母憂去職哭輒歐血兩旬之内絶而復蘇者三每有群烏數千集于廬舍候哭而來哭止而去時論稱之以爲孝感所致梁元帝重牧荆州以懍爲別駕江陵令及即帝位擢爲尚書侍郎又

手詔曰昔扶柳開國止曰故人西鄉胙土本由賓客況事涉勳庸而無爵賞尚書侍郎宗懍亟有帷幄之謀誠深股肱之寄從我于邁多歷歲時可封信安縣侯邑一千户累遷吏部郎中五兵尚書吏部尚書初侯景平後梁元帝議還建業唯懍勸都渚宫以其鄉里在荆州故也及江陵平與王褒等入關太祖以懍名重南土甚禮之孝閔帝踐祚拜車騎大將軍儀同三司世宗即位又與王褒等在麟趾殿刊定羣書數蒙宴賜保定

中卒年六十四有集二十卷行於世

劉璠字寶義沛國沛人也六世祖敏以永嘉喪亂徙居廣陵父臧性方正篤志好學居家以孝聞梁天監初爲著作郎璠九歲而孤居喪合禮少好讀書兼善文筆年十七爲上黃侯蕭曄所器重范陽張綰梁之外戚才高口辯見推於世以曄之懿貴亦假借之璠年少未仕而負才使氣不爲之屈綰嘗於新渝侯坐因酒後詬京兆杜騫曰寒士不遜璠厲色曰此坐誰非寒士璠

本意在綰而曄以爲屬己辭色不平璠曰何王之門不可曳長裾也遂拂衣而去曄辭謝之乃止後隨曄在淮南璠母在建康遘疾璠弗之知嘗忽一日舉身楚痛尋而家信至云其母病璠即號泣戒道絶而又蘇當身痛之辰即母死之日也居喪毀瘠遂感風氣服闋後一年猶杖而後起及曄終於毗陵故吏多分散璠獨奉曄喪還都墳成乃退梁簡文時在東宮遇曄素重諸不送者皆被劾責唯璠獨被優賞解褐王國常侍非其

好也璠少慷慨好功名志欲立事邊城不樂隨牒平進會宜豐侯蕭循出爲北徐州刺史即請爲其輕車府主簿兼記室參軍又領刑獄循爲梁州除信武府記室參軍領南鄭令又板爲中記室補華陽太守屬侯景度江梁室大亂循以璠有才略甚親委之時寇難繁興未有所定璠乃喟然賦詩以見志其末章曰隨會平王室夷吾匡霸功虛薄無時用徒然慕昔風循開府置佐史以璠爲諮議參軍仍領記室梁元帝承制

授樹功將軍鎮西府諮議參軍賜書曰鄧禹文學尚或執戈葛洪書生且云破賊前修無遠屬望良深梁元帝尋又以循爲鄱陽之封且爲雍州刺史復以璠爲循平北府司馬及武陵王紀稱制於蜀以璠爲中書侍郎屢遣召璠使者八返乃至蜀又以爲黃門侍郎令長史劉孝勝深布心腹使工畫陳平度河歸漢圖以遺之璠苦求還中記室韋登私曰殿下忍而蓄憾足下不留將致大禍脫使盜遮於葭萌則卿殆矣孰若共構大廈使

身名俱美哉璠正色曰卿欲緩頰於我邪我與
府侯分義已定豈以寵辱夷險易其心乎丈夫
立志當死生以之耳殿下方布大義於天下終
不逞志於一人紀知必不爲己用乃厚其贈而
遣之臨別紀又解其佩刀贈璠曰想見物思人
璠對曰敢不奉揚威靈尅翦姦宄紀於是遣使
就拜循爲益州刺史封隨郡王以璠爲循府長
史加蜀郡太守還至白馬西屬達奚武軍已至
南鄭璠不得入城遂降於武太祖素聞其名先
誡武曰勿使劉璠死也故武先令璠赴闕璠至

太祖見之如舊謂僕射申徽曰劉璠佳士古人何
以過之徽曰昔晉主滅吳利在二陸明公今平梁
漢得一劉璠也時南鄭尚拒守未下達奚武請屠
之太祖將許焉唯令全璠一家而已璠乃請之於
朝太祖怒而不許璠泣而固請移時不退柳仲禮
侍側曰此烈士也太祖曰事人當如此遂許之城
竟獲全璠之力也太祖既納蕭循之降又許其反
國循至長安累月未之遣也璠因侍宴太祖曰我於
古誰比對曰常以公命世英主湯武莫逮今日
所見曾齊桓晉文之不若太祖曰我不得比湯武
望與伊周爲匹何桓文之不若乎對曰齊桓存三
亡國晉文不失信於伐原語未終太祖撫掌曰
我解爾意欲激我耳於是即命遣循循請與璠
俱還太祖不許以璠爲中外府記室尋遷黃門
侍郎儀同三司嘗臥疾居家對雪興感乃作雪
賦以遂志云其詞曰天地否閉凝而成雪應乎
玄冬之辰在於沍寒之節蒼雲暮同嚴風曉

別散亂徘徊雰霏皎潔違朝陽之暄煦就陵陰
之慘烈若乃雪山峙於流沙之右雪宮建於碣
石之東混二儀而並色覆萬有而皆空埋沒河
山之上籠罩寰宇之中日馭潛於濛汜地險失
於華嵩既奪朱而成素實矯異而爲同始飄
颻而稍落遂紛糅而無窮縈回兮瑣散皓皓兮
溟濛綏綏兮颯颯瀌瀌兮飂飂因高兮累仞藉
少兮成豐曉分光而映淨夜合影而通朧似北
荒之明月若西崑之閬風爾乃馮集異區遭隨

所適遇物淪形觸途湮跡何淨穢之可分豈高
卑之能擇體不常消質無定白深谷夏凝小山
春積偶仙宫而爲絳值河濵而成赤廣則彌綸
而交四海小則淅瀝而緣間隙淺則不過二寸大
則平地一尺乃爲五穀之精寔長衆川之魄大壑
所以朝宗洪波資其消釋家有趙王之璧人聚
漢帝之金既藏牛而没馬又冰木而凋林已憎
白登之指實愴黄竹之心楚客埋魂於樹裏漢
使遷飢於海隂斃雲中之狡獸落海上之驚禽

庚辰有七尺之厚甲子有一丈之深無復垂霙
與雲合唯有變白作泥沉本爲白雪唱翻作白
頭吟吟曰昔從天山來忽與狂風鬬遡河隂而
散漫望衡陽而委絶朝朝自消盡夜夜空凝結
徒云雪之可賦竟何賦之能雪初蕭循在漢中
與蕭紀戕及荅國家書移襄陽文皆璠之辭也
世宗初授内史中大夫掌綸誥尋封平陽縣子
邑九百戶在職清白簡亮不合於時左遷同和
郡守璠善於撫御莅職未朞生羌降附者五百

餘家前後郡守多經營以致貲産唯璠秋毫無
所取妻子竝隨羌俗食麥衣皮始終不改洮陽洪
和二郡羌民常越境詣璠訟理焉其德化爲他
界所歸仰如此蔡公廣時鎮隴右嘉璠善政及遷
鎮陝州欲取璠自隨羌人樂從者七百人聞者莫
不歎異陳公純作鎮隴右引爲揔管府司録甚禮
敬之天和三年卒時年五十九著梁典三十卷有
集二十卷行於世子祥嗣祥字休徵幼而聦慧占
對俊辯賓客見者皆號神童事嫡母以至孝聞其

伯父黄門郎璆有名江左在嶺南聞而竒之乃
令名祥字休徵後以字行於世年十歲能屬文
十二通五經解褐梁宜豐侯主簿遷記室參軍
江陵平隨例入國齊公憲以其善於詞令召爲記
室府中書記皆令掌之尋授都督封漢安縣子
食邑七百戶轉從事中郎憲進爵爲王以休徵
爲王友俄除内史上士高祖東征休徵陪侍帷幄
平齊露布即休徵之文也累遷車騎大將軍儀
同大將軍尋以去官領萬年令未朞月轉長安

令頻宰二縣頗獲時譽大象二年卒於官時年
四十七初瓛所撰梁典始就未及刊定卒臨終
謂休徵曰能成我志其此書乎休徵治定繕寫
勤成一家行於世
柳霞字子昇河東解人也曾祖卓晉汝南太守
始自本郡徙居襄陽祖叔珍宋員外散騎常侍
義陽內史父季遠梁臨川王諮議參軍宜都太
守霞幼而爽邁神彩嶷然髫歲便有成人之量
篤好文學動合規矩其世父慶遠特器異之謂
霞曰吾昔逮事伯父太尉公嘗語吾云我昨夢

汝登一樓樓甚峻麗吾以坐席與汝汝後名宦必
達恨吾不及見耳吾向聊復晝寢又夢將昔時
座席還以賜汝汝之官位當復及吾特宜勉勵
以應嘉祥也梁西昌侯深藻鎮雍州霞時年十
二以民禮修謁風儀端肅進止詳雅深藻美之
試遣左右踐霞衣裾欲觀其舉措霞徐步稍前
曾不顧眄廬陵王續為雍州刺史辟霞為主簿
起家平西邵陵王綸府法曹參軍仍轉外兵除

尚書工部郎謝舉時為僕射引霞與語甚嘉之
顧謂人曰江漢英靈見於此矣岳陽王蕭詧莅雍
州選為治中尋遷別駕及詧於襄陽承制授霞
吏部郎員外散騎常侍俄遷車騎大將軍儀同
三司大都督賜爵聞喜縣公尋進位持節侍中
驃騎大將軍開府儀同三司及蕭詧踐帝位於
江陵以襄陽歸于我霞乃辭詧曰陛下中興鼎
運龍飛舊楚臣昔因幸會早奉名節理當以身
許國期之始終自晉氏南遷臣宗族蓋寡從祖

太尉世父儀同從父司空並以位望隆重遂家于
金陵唯留先臣獨守墳栢常誡臣等使不違此志
今襄陽既入北朝臣若陪隨鑾蹕進則無益塵露
退則有虧先旨伏願曲垂鑒照亮臣此心詧重違
其志遂許之因留鄉里以經籍自娛太祖世宗頻
有徵命霞固辭以疾及詧殂霞舉哀行舊君之
服保定中又徵之霞始入朝授使持節驃騎大將
軍開府儀同三司霍州諸軍事霍州刺史霞導
民務先以德再三不用命者乃微加貶異示之

恥而已其下感而化之不復爲過咸曰我君仁惠如此其可欺乎天和中卒時年七十二宣政初贈隆安二州刺史霞有志行初爲州主簿其父卒於揚州霞自襄陽奔赴六日而至哀感行路毀瘁殆不可識後奉喪泝江西歸中流風起舟中之人相顧失色霞抱棺號慟愬天求哀俄頃之間風止浪息其母嘗乳間發疽醫云此病無可救之理唯得人吮膿或望微止其痛霞應聲即吮旬日遂瘳咸以爲孝感所致性又溫裕略無

喜慍之容弘獎名教未常論人之短尤好施與家無餘財臨終遺誡薄葬其子等並奉行之有十子靖莊最知名靖字思休少方雅博覽墳籍梁大同末釋褐武陵王國左常侍轉法曹行參軍大定初除尚書度支郎遷正員郎隨霞入朝授大都督歷河南德廣二郡守靖雅達政事所居皆有治術吏民畏而愛之然性愛閑素其於名利澹如也及秩滿還便有終焉之志隋文帝踐極特詔徵之靖遂以疾固辭優遊不仕閉門

自守所對唯琴書而已足不歷園庭殆將十載子弟等奉之若嚴君焉其有過者靖必下帷自責於是長幼相率拜謝於庭靖然後見之勗以禮法鄉里亦慕而化之或有不善者皆曰唯恐柳德廣知也時論方之王烈前後總管到官皆親至靖家問疾遂以爲故事秦王俊臨州賚以几杖并致衣物靖唯受几杖餘並固辭其爲當時所重如此開皇中以壽終莊字思敬器量貞固有經世之才初仕梁歷中書舍人尚書右丞給事黃門侍郎尚書吏

部郎中鴻臚太府卿入隋位至開府儀同三司給事黃門侍郎饒州刺史

史臣曰蕭撝世怡圓肅大圜並有梁之令望也雖羈旅異國而終享榮名非有茲基夙懷文質亦何能至於此乎方武陵擁衆東下任撝以蕭何之事君臣之道既篤家國之情亦隆金石不足比其心河山不足盟其誓及魏安之至城下旬日而智力俱竭委金湯而不守舉庸蜀而來王若乃見機而作誠有之矣守節没齒則未可焉宗

懍幹局才辭見稱於梁元之世逮乎俘囚楚甸播越秦中屬太祖思治之辰遇世宗好士之日在朝不預政事就列纔忝戎章豈懷道圖全優遊卒歲將用與不用留滯當年乎梁氏據有江東五十餘載挾筴紀事勒成不朽者非一家焉劉璠學思通博有著述之譽雖傳疑傳信頗有詳略而屬辭比事足爲清典蓋近代之佳史歟柳霞立身之道進退有節觀其眷戀墳隴其孝可移於朝廷盡禮舊主其忠可事於新君夫能推此類以求賢則知人幾於易矣

一〇九十五　周書列傳三十四　二十三

列傳第三十四　周書四十二

列傳第三十五　周書四十三

令狐　德棻　等撰

李延孫

韋祐

韓雄

陳忻

魏玄

李延孫伊川人也祖伯扶魏太和末從征懸瓠有功爲汝南郡守父長壽性雄豪有武藝少與

二〇八五　周書列傳三十五卷　一　王元亨

蠻酋結託屢相招引侵滅關南孝昌中朝議恐其爲亂乃以長壽爲防蠻都督給其鼓節以慰其意長壽冀因此遂得任用亦盡其智力防遏羣蠻伊川左右寇盜爲之稍息永安之後盜賊蜂起長壽乃招集叛亡徒侶日盛魏帝藉其力用因而撫之乃授持節大都督轉鎮張白塢後爲河北郡守轉河內郡守所歷之處咸以猛烈聞討捕諸賊頻有功授衛大將軍北華州刺史賜爵清河郡公及魏孝武西遷長壽率勵義士

拒東魏孝武嘉之復授潁川郡守還廣州刺史東魏遣行臺侯景率兵攻之長壽衆少城陷遂遇害大統元年追贈太尉使持節侍中驃騎大將軍冀定等十二州諸軍事定州刺史延孫亦雄武有將帥才略少從長壽征討以勇敢聞初爲直閤將軍賀拔勝爲荆州刺史表延孫爲都督肅清鵶路頗有功力焉及長壽被害延孫乃還收集其父之衆自魏孝武西遷之後朝士流亡廣陵王欣録尚書長孫稚潁川王斌之安昌

王子均及建寧江夏隴東諸王并百官等攜持妻子來投延孫者延孫即率衆衛送并贈以珍玩咸達關中齊神武深患之遣行臺慕容紹宗等數道攻之延孫獎勵所部出戰遂大破之臨陣斬其揚州刺史薛喜於是義軍更振乃授延孫京南行臺節度河南諸軍事廣州刺史尋進車騎大將軍儀同三司大都督賜爵華山郡公延孫既荷重委每以剋清伊洛爲己任頻以少擊衆威振敵境大統四年爲其長史楊伯蘭所害後贈司空冀定等六州刺史子人傑有祖父風官至開府儀同三司和州刺史改封潁川郡公延孫弟義孫亦官至開府儀同三司

韋祐字法保京兆山北人也少以字行於世世爲州郡著姓祖駢雍州主簿舉秀才拜中書博士父義前將軍上洛郡守魏大統時以法保著勳追贈秦州刺史法保少好遊俠而質直少言所與交遊皆輕猾亡命人有急難投之者多保存之雖屢被追捕終不改其操父没事母兄以

孝敬聞慕李長壽之爲人遂娶長壽女因寓居關南正光末四方雲擾王公避難者或依之多得全濟以此爲貴遊所德乃拜員外散騎侍郎加輕車將軍及魏孝武西遷法保從山南赴行在所除右將軍太中大夫封固安縣男邑二百戶及長壽被害其子延孫收長壽餘衆守禦東境朝廷恐延孫兵少不能自固乃除法保東洛州刺史配兵數百人以援延孫法保至潼關弘農郡守韋孝寬謂法保曰今此役難以吉還

也法保曰古人稱不入獸穴不得獸子安危之事未可預量縱爲國殞身亦非所恨遂倍道兼行東魏陝州刺史劉貴以歩騎千餘邀之法保命所部爲圓陣且戰且前數日得與延孫兵接乃并勢置柵於伏流未幾太祖追法保與延孫率衆還朝賞勞甚厚仍授法保大都督四年除河南尹及延孫被害法保乃率所部據延孫舊柵頻與敵人交兵每身先士卒單馬陷陣是以戰必被傷嘗至關南與東魏人戰流矢中頸從

周書列傳第三十五卷　四

口中出當時氣絶輿至營久之乃蘇九年拜車騎大將軍儀同三司鎮九曲城及侯景以豫州來附法保率兵赴景景欲留之法保疑其有貳心乃固辭還所鎮十五年加驃騎大將軍開府儀同三司尋進爵爲公會東魏遣軍送糧饋宜陽法保潛邀之轉戰數十里兵少不敵爲流矢所中卒於陣謚曰莊子初嗣建德末位至開府儀同大將軍闔韓防主

韓雄字木蘭河南東垣人也祖景魏孝文時爲赭陽郡守雄少敢勇膂力絶人工騎射有將率材略及魏孝武西遷雄便慷慨有立功之志大統初遂與其屬六十餘人於洛西舉兵數日間衆至千人與河南行臺楊琚共爲犄角每抄掠東魏所向剋獲徒衆日盛州縣不能禦之東魏洛州刺史韓賢以狀聞鄴乃遣其軍司慕容紹宗率兵與賢合勢討雄戰數十合雄兵略盡兄及妻子皆爲賢所獲將以爲戮乃遣人告雄曰若雄至皆免之雄與其所親謀曰奮不

周書列傳三十五　五

顧身以立功名者本望上申忠義下榮親戚今若忍而不赴人謂我何既免之後更思其計未爲晚也於是遂詣賢軍即隨賢還洛乃潛引賢黨謀欲襲之事泄遁免時太祖在弘農雄至上謁太祖嘉之封武陽縣侯邑八百戶遣雄還鄉里更圖進取雄乃招集義衆進逼洛州東魏洛州刺史元湛委州奔河陽其長史孟彦舉城款附俄而領軍獨孤信大軍繼至雄遂從信入洛陽時東魏將侯景等圍蓼塢雄擊走之又從

太祖戰於河橋軍還仍鎮洛西拜假平東將軍東郡守還北中郎將邙山之役太祖命雄率衆邀齊神武於隘道神武怒命三軍并力取雄雄突圍得免除東徐州刺史太祖以雄劬勞積年乃徵入朝屢加賞勞復遣還州東魏東雍州刺史郭叔略與雄接境頗為邊患雄密圖之乃輕將十騎夜入其境伏於道側遣都督韓仕於略城東服東魏人衣服詐若自河陽叛投關西者略出馳之雄自後射之再發咸中遂斬略首除

河南尹進爵為公加車騎大將軍儀同三司大都督散騎常侍尋進驃騎大將軍開府儀同三司侍中河南邑中正孝閔帝踐祚進爵新義郡公增邑通前三千八百戶賜姓宇文氏世宗二年除使持節都督中徐虞洛四州諸軍事中州刺史雄久在邊具知敵人虛實每率衆深入不避艱難前後經四十五戰雖時有勝負而雄志氣益壯東魏深憚之天和三年卒于鎮贈大將軍中華宜義和五州諸軍事中州刺史

謚曰威子龠嗣

陳忻字永怡宜陽人也少驍勇有氣俠姿貌魁岸同類咸敬憚之魏孝武西遷之後忻乃於辟惡山招集勇敢少年數十人寇掠東魏仍密遣使歸附大統元年授持節伏波將軍羽林監立義大都督賜爵霸城縣男三年太祖復弘農東魏揚州刺史段琛拔城遁走忻率義徒於九曲道邀之殺傷甚衆擒其新安令張祗太祖嘉其忠款使行新安縣事及獨孤信入洛忻舉

李延孫為前鋒仍從信守金墉城及河橋戰不利隨軍西還復行新安縣事東魏遣土人牛道恒為揚州刺史忻率兵擊破之進爵為子常隨崤東諸將鎮遏伊洛間每有功効九年與李遠迎高仲密仍從戰邙山及大軍西還復與韓雄等依山合勢破東魏三城斬其金門郡守方臺洛增邑六百戶尋行宜陽郡事東魏復遣劉盆生為金門郡守忻又斬之除鎮遠將軍魏郡守俄授使持節平東將軍顯州刺史太祖以忻威

著敵境仍留静邊弗令之任十年侯景築九曲城忻率衆邀之擒其宜陽郡守趙嵩金門郡守樂敬賓十三年從李遠平九曲城授帥都督東魏将厷朱渾願率精騎三千來向宜陽忻與諸将輕兵邀之願遂退走十五年除宜陽郡守加大都督撫軍将軍十六年進車騎大将軍儀同三司散騎常侍與齊将東方老戰於石泉破之俘獲甚衆時東魏每歲遣兵送米饋宜陽忻輙與諸軍邀擊之每多剋獲魏恭帝元年又與開

府斛斯璉等共齊将段孝先戰于九曲大破之二年進位驃騎大将軍開府儀同三司加侍中其年授宜陽邑大中正賜姓尉遲氏太祖以忻著績累載贈其祖昆及父興孫俱為儀同三司昆齊州刺史興孫徐州刺史東魏洛州刺史獨孤永業號有智謀往來境上伺伏難測忻與韓雄等恒令間諜覘其動静齊兵每至輙擊破之故永業深憚忻等不敢為寇孝閔帝踐祚徵忻入朝進爵為伯尋又進爵許昌縣公

增邑一千戸武成元年除熊州刺史増邑通前二千六百戸又與開府敕勤慶破齊将王鸞嵩仍從柱國陸通復石泉城天和元年卒於位忻與韓雄里閈姻婭少相親昵俱揔兵境上三十餘載每有禦扞二人相赴常若影響故得數對勍敵而常保功名雖竝有武力至於挽彊射中忻不如雄散財施惠得士衆心則雄不如忻身死之日将吏荷其恩德莫不感慟焉子萬敵嗣朝廷以忻雅得士心還令萬敵領其部曲

魏玄字僧智任城人也六世祖休仕晉為魯郡守永嘉南遷遂居江左父承祖魏景明中自梁歸魏家於新安玄少慷慨有膽略普泰中除奉朝請頻從軍與梁人交戰永安初以功授征虜将軍中散大夫及魏孝武西遷東魏北從人情騷動各懷去就玄遂率募鄉曲立義於關南即從韋法保與東魏司徒高敖曹戰於關口及獨孤信入洛陽隷行臺楊琚防馬渚復與高敖曹接戰自是每率鄉兵抗拒東魏前後十餘戰皆有

功邙山之役大軍不利宜陽洛州皆為東魏守崤東立義者咸懷異望而玄母及弟並在宜陽玄以為忠孝不兩立乃率義從還關南鎮撫太祖手書褒勞之除洛陽令封廣宗縣子邑四百戶十三年與開府李義孫攻拔伏流城又剋孔城即與義孫鎮之尋移鎮伏流十四年授帥都督東平郡守轉河南郡守加大都督十六年洛安民雍方儁據郡外叛率步騎一千自號行臺攻破郡縣囚執守令玄率弘農九曲孔城伏流四

周書列傳三十五　十　王德明

城士馬討平之魏恭帝二年拜車騎大將軍儀同三司孝閔帝踐祚進爵為伯增邑通前九百戶保定元年移鎮鑾谷四年進位驃騎大將軍開府儀同三司從鎮閻韓仍從尉遲迥圍洛陽天和元年陝州總管尉遲綱遣玄率儀同宇文能趙乾等步騎五百於鹿盧交南邀擊東魏洛州刺史獨孤永業永業有衆二萬餘人玄輕將五騎行前覘之卒與之遇便即交戰殺傷數十人獲馬并甲矟等永業遂退二年進爵為侯除白超防主三年遷熊州刺史政存簡惠百姓悅之四年轉和州刺史伏流防主進爵為公五年齊將斛律明月率衆向宜陽兵威甚盛玄率兵禦之每戰輒剋後以疾卒於位

史臣曰二國爭彊四郊多壘鎮守要害義屬武臣李延孫等以勇略之姿受扞城之寄灌爪贈藥雖有愧於昔賢御侮折衝足方駕於前烈用能觀兵伊洛保據崤函齊人沮西略之謀周朝綏東顧之慮皆數將之力也

周書列傳三五　十一

列傳第三十五　周書四十三

列傳第三十六　周書四十四

令狐德棻　撰

泉企　李遷哲

楊乾運

扶猛

陽雄

席固

任果

泉企字思道上洛豐陽人也世雄商洛曾祖景
言魏建節將軍假宜陽郡守世襲本縣令封丹
水侯父安志復爲建節將軍宜陽郡守領本縣
令降爵爲伯企九歲喪父哀毀類於成人服闋
襲爵年十二鄉人皇平陳合等三百餘人詣州
請企爲縣令州爲申上時吏部尚書郭祚以企
年少未堪宰民請別選遣終此一限令企代之
魏宣武帝詔曰企向成立且爲本鄉所樂何爲
舍此世襲更求一限遂依所請企雖童幼而好

學恬靜百姓安之尋以母憂去職縣中父老復
表請殷勤詔許之起復本任加討寇將軍孝昌
初又加龍驤將軍假節防洛州別將尋除上洛
郡守及蕭寶夤反遣其黨郭子恢襲據潼關
企率鄉兵三千人拒之連戰數日子弟死者二十
許人遂大破子恢以功拜征虜將軍寶夤又遣兵
萬人趣青泥誘動巴人圖取上洛上洛豪族泉
杜二姓密應之企與刺史董紹宗潛兵掩襲二
姓散走寶夤軍亦退還左將軍淅州刺史別封
涇陽縣伯邑五百戶永安中梁將王玄眞入寇荊
州加企持節都督率衆援之遇玄眞於順陽與
戰大破之除撫軍將軍使持節假鎮南將軍東
雍州刺史進爵爲侯部民楊羊皮太保椿之從
弟恃託椿勢侵害百姓守宰多被其凌侮皆
畏而不敢言企收而治之將加極法於是楊氏
慙懼宗族詣閣請恩自此豪右屏迹無敢犯
者性又清約纖毫不擾於民在州五年每於鄉
里運米以自給梁魏興郡與洛州接壤表請與

屬詔企爲行臺尚書以撫納之大行臺賀拔岳以企昔涖東雍爲吏民所懷乃表企復爲刺史詔許之蜀民張國儁聚黨剽劫州郡不能制企命收而戮之闔境清肅魏孝武初加車騎大將軍左光禄大夫及齊神武專政魏帝有西顧之心欲委企以山南之事乃除洛州刺史當州都督未幾帝西遷齊神武率衆至潼關企遣其子元禮督鄉里五千人北出大谷以禦之齊神武不敢進上洛人都督泉岳其弟猛略

與拒陽人杜窋等謀翻洛州以應東軍企知之殺岳及猛略等傳首詣闕而窋亡投東魏録前後勳授車騎大將軍儀同三司大統初加開府儀同三司兼尚書右僕射進爵上洛郡公增邑通前千戸企志尚廉慎每除一官憂見顔色至是頻讓魏帝手詔不許三年高敖曹率衆圍逼州城杜窋爲其鄉導企拒守旬餘矢盡援絶城乃陷焉企謂敖曹曰泉企力屈志不服也及竇泰被擒敖曹退走遂執企而東以窋爲刺史

企臨發密誡子元禮仲遵曰吾生平志願不過令長耳幸逢聖運位亞台司今爵禄既隆年齒又暮前途夷險抑亦可知汝等志業方彊堪立功効且忠孝之道不可兩全宜各爲身計勿相隨寇手但得汝等致力本朝吾無餘恨不得以我在東遂虧臣節也爾其勉之乃揮涕而訣餘無所言聞者莫不憤歎尋卒於鄴元禮少有志氣好弓馬頗閑草隸有士君子之風釋褐奉朝請本州別駕累遷員外散騎侍郎洛州大中

正員外散騎常侍安東將軍持節都督賜爵臨洮縣伯進征東將軍金紫光禄大夫加散騎常侍及洛州陷與企俱被執而東元禮於路逃歸時杜窋雖爲刺史然巴人素輕杜而重泉及元禮至與仲遵相見感父臨別之言潛與豪右結託信宿之間遂率鄉人襲州城斬窋傳首長安朝廷嘉之拜衞將軍車騎大將軍世襲洛州刺史從太祖戰於沙苑爲流矢所中遂卒子貞嗣官至儀同三司仲遵少謹實涉獵經史年十三

州辟主簿十四爲本縣令及長有武藝遭世離亂每從父兄征討以勇决聞高敖曹攻洛州企令仲遵率五百人出戰時以衆寡不敵乃退入城復與企力戰拒守矢盡以杖棒扞之遂爲流矢中目不堪復戰及城陷士卒歎曰若二郎不傷豈至於此企之東也仲遵以被傷不行後與元禮斬竄以功封豐陽縣伯邑五百户加授征東將軍豫州刺史及元禮於沙苑戰沒復以仲遵爲洛州刺史仲遵宿稱幹略爲鄉里所歸

及爲本州頗得嘉譽東魏北豫州刺史高仲密舉成皋入附太祖率軍應之別遣仲遵隨于謹攻栢谷塢仲遵力戰先登擒其將王顯明栢谷既拔復會大軍戰於邙山十三年王思政改鎮潁川以仲遵行荆州刺史事十五年加授大都督儀進車騎大將軍儀同三司梁司州刺史柳仲禮每爲邊寇太祖令仲遵率鄉兵從開府楊忠討之梁隨郡守桓和拒守不降忠謂諸將曰本圖仲禮不在隨郡如即攻守恐

引日勞師今若先取仲禮則桓和可不攻自服諸君以爲何如仲遵對曰蜂蠆有毒何可輕也若棄和深入遂擒仲禮和之降不尚未可知如仲禮未獲和爲之援首尾受敵此危道也若先攻和指麾可剋剋和而進便無反顧之憂忠從之仲遵以計由己出乃率先登城遂擒和仍從忠擊仲禮又獲之進驃騎大將軍開府儀同三司領本州大中正復爲三荆二廣南雍平信江隨二郢淅等十三州諸軍事行荆州刺史尋遭

母憂請終喪制不許大將軍王雄南征上津魏興仲遵率所部兵從雄討平之遂於上津置南洛州以仲遵爲刺史仲遵留情撫接百姓安之流民歸附者相繼而至初蠻帥杜清和自稱巴州刺史以州入附朝廷因其所據授之仍隸東梁州都督清和以仲遵善於撫御請隸仲遵朝議以山川非便弗之許也清和遂結安康酋帥黃衆寶等舉兵共圍東梁州復遣王雄討平之改巴州爲洵州隸於仲遵先是東梁州刺史

劉孟良在職貪婪民多北叛仲遵以廉簡處之
羣蠻率服仲遵雖出自巴夷而有方雅之操歷
官之處皆以清白見稱朝廷又以其父臨危抗節
乃令襲爵上洛郡公舊封聽回授一子魏恭帝初
徵拜左衛將軍尋出爲都督金興等六州諸軍
事金州刺史武成初卒官時年四十五贈大將
軍華洛等三州刺史謚曰莊子昫嗣起家本縣
令入爲左侍上保定中授帥都督累遷儀同
三司出爲純州防主建德末位至開府儀同大

將軍

李遷哲字孝彦安康人也世爲山南豪族仕於
江左祖方達齊末爲本州治中父元直仕梁歷
東宮左衛率東梁衡二州刺史散騎常侍沌
陽侯遷哲少修立有識度慷慨善謀畫起家
文德主帥轉直閤將軍武賁中郎將及其父爲
衡州留遷哲本鄉監統部曲事時年二十撫馭
羣下甚得其情大同二年除安康郡守三年加
超武將軍太清二年移鎮魏興郡都督魏興上
庸等八郡諸軍事襲爵沌陽侯邑一千五百戶
四年遷持節信武將軍散騎常侍都督東梁
洵興等七州諸軍事東梁州刺史及侯景篡
逆諸王爭帝遷哲外禦邊寇自守而已大統十
七年太祖遣達奚武王雄等略地山南遷哲率
其所部拒戰軍敗遂降於武然猶意氣自若
武乃執送京師太祖謂之曰何不早歸國家乃
勞師旅今爲俘虜不亦愧乎答曰世荷梁恩未
有報効又不能死節實以此爲愧耳太祖深嘉

之即拜使持節車騎大將軍散騎常侍封沌陽
縣伯邑千戶魏恭帝初直州人樂熾洋州人田
越金州人黃國等連結爲亂太祖遣鴈門公田
弘出梁漢開府賀若敦趣直谷熾聞官軍至乃
燒絕棧道據守直谷敦衆不得前太祖以遷哲
信著山南乃令與敦同往經略熾等或降或獲
尋並平蕩仍與賀若敦南出徇地遷哲先至
巴州入其郛郭梁巴州刺史牟安民惶懼開門
請降安民子宗徹等猶據琵琶城招喻不下

遷哲攻而尅之斬獲九百餘人軍次鹿城城主遣使請降遷哲謂其衆曰納降如受敵吾觀其使視瞻猶高得無詐也遂不許之梁人果於道左設伏以邀遷哲遷哲進擊破之遂屠其城虜獲千餘口自此巴濮之民降款相繼軍還太祖嘉之以所服紫袍玉帶及所乘馬以賜之并賜奴婢三十口加授侍中驃騎大将軍開府儀同三司除直州刺史即本州也仍給軍儀鼓節令與田弘同討信州魏恭帝三年正月軍次并州梁并州刺史杜滿各望風送款進圍疊州尅之獲刺史冉助國等遷哲每率驍勇為前鋒所有攻戰無不身先士卒凡下十八州拓地三千餘里時信州為蠻酋向五子王等所圍弘又遣遷哲赴援比至信州已陷五子王等聞遷哲至狼狽遁走遷哲入據白帝賀若敦等復至遂共追擊五子王等破之及田弘旋軍太祖令遷哲留鎮白帝更配兵千人馬三百匹信州先無倉儲軍糧匱乏遷哲乃收葛根造粉兼米以給之

遷哲亦自取供食時有異膳即分賜兵士有疾患者又親加醫藥以此軍中感之人思效命黔陽蠻田烏度田都唐等每抄掠江中為百姓患遷哲隨機出討殺獲甚多由是諸蠻畏威各送糧餼又遣子弟入質者千有餘家遷哲乃於白帝城外築城以處之并置四鎮以靜峽路自此寇抄頗息軍糧贍給焉世宗初授都督信臨等七州諸軍事信州刺史時蠻酋蒲微為鄰州刺史舉兵反遷哲將討之諸將以途路阻遠並不欲行遷哲怒曰蒲微蕞爾之賊勢何能為擒獲之略已在吾度中矣諸君見此小寇便有憚心後遇大敵將何以戰遂率兵七千人進擊之拔其五城虜獲二千餘口二年進爵西城縣公增邑通前二千五百戶武成元年朝于京師世宗甚禮之賜甲第一區及莊田等保定中授平州刺史天和三年進位大將軍四年詔遷哲率金上等諸州兵鎮襄陽五年陳將章昭達攻逼江陵梁主蕭巋告急於襄州衛公

直令遷哲往救焉遷哲率其所部守江陵外城與陳將程文季交戰兵稍却遷哲乃親自陷陳手殺數人會江陵揔管陸騰出助之陳人乃退陳人又因水汎長壊龍川寧朔隄引水灌城城中驚擾遷哲乃先塞北堤以止水又募驍勇出擊之頻有斬獲衆心稍定俄而敵入郭内焚燒民家遷哲自率騎出南門又令步兵自北門出兩軍合勢首尾邀之陳人復敗多投水而死是夜陳人又竊於城西堞以梯登者已數百人遷哲

周書列傳三十六　十一

又率驍勇扞之陳人復潰俄而大風暴起遷哲乘闇出兵擊其營陳人大亂殺傷甚衆陸騰復破之於西隄陳人乃遁建德二年進爵安康郡公三年卒於襄州時年六十四贈金州揔管謚曰壯武遷哲累世雄豪爲鄉里所率服性復華侈能厚自奉養妾媵至有百數男女六十九人緣漢千餘里間第宅相次姬人之有子者分處其中各有僮僕侍婢奄閽守時遷哲每鳴笳導從往來其間縱酒歡醼盡生平之樂子孫參見或

忘其年名者披簿以審之長子敬仁先遷哲卒第六子敬猷嗣遷綂父兵起家大都督建德六年從譙王討稽胡有功進爵儀同大將軍遷哲弟顯位至上儀同大將軍

楊乾運字玄邈儻城興勢人也爲方隅豪族父天興齊安康郡守乾運少雄武爲鄉閭所信服弱冠州辟主簿孝昌初除宣威將軍奉朝請尋爲本州治中轉别駕除安康郡守大統初梁州民皇甫圓姜晏聚衆南叛梁將蘭欽率兵應

周書列傳三十六　十二

接之以是漢中遂陷乾運亦入梁梁大同元年除飄武將軍西益潼刺史尋轉信武將軍黎州刺史太清末遷潼南梁三州刺史加鼓吹一部及達奚武圍南鄭武陵王蕭紀遣乾運率兵援之爲武所敗紀時已稱尊號以乾運威服巴渝欲委方面之任乃拜車騎將軍十三州諸軍事梁州刺史鎮潼州封萬春縣公邑四千户時紀與其兄湘東王繹爭帝遂連兵不息乾運兄子略說乾運曰自侯景逆亂江左沸騰今大賊初

平生民離散理宜同心勠力保國寧民今乃兄弟親尋取敗之道也可謂朽木不雕世衰難佐古人有言危邦不入亂邦不居又云見機而作不俟終日今若適彼樂土送款關中必當功名兩全貽慶於後乾運深然之乃令略將二千人鎮劒閣又遣其婿樂廣鎮安州仍誡略等曰吾欲歸附關中但未有由耳若有使來即宜盡禮迎接會太祖令乾運孫法洛及使人牛伯友等至略即夜送乾運乃令使人李若等入關送

款太祖乃密賜乾運鐵券授使持節驃騎大將軍開府儀同三司侍中梁州刺史安康郡公及尉遲迥令開府侯呂陵始爲前軍至劒南略即退就樂廣謀欲翻城恐其軍將任電等不同先執之然後出城見始始乃入據安州令廣略等往報乾運乾運遂降迥迥因此進軍成都數旬克之魏廢帝三年乾運至京師太祖嘉其忠款禮遇隆渥尋卒於長安贈本官加直巴集三州刺史尚書右僕射子端嗣朝廷以乾運歸附之功即拜端沙州刺史車騎大將軍儀同三司略亦以歸附功拜車騎大將軍儀同三司頻從征討建德末位至開府儀同大將軍封上庸縣伯樂廣亦授車騎大將軍儀同三司安州刺史封安康縣公邑一千戶

扶猛字宗略上甲黃土人也其種落號白獸蠻世爲渠率猛梁大同中以直後出爲持節厲鋒將軍青州刺史轉上庸新城二郡守南洛北司二州刺史封宕渠縣男及侯景作亂猛乃擁衆

自守未有所從魏大統十七年大將軍王雄拓定魏興猛率其衆據險爲堡時遣使徵通餉餽而已魏廢帝元年魏興叛雄擊破之猛遂以衆降太祖以其世據本鄉乃厚加撫納授車騎大將軍儀同三司加散騎常侍復爵宕渠縣男割二郡爲羅州以猛爲刺史令率所部千人從開府賀若敦南討信州敦令猛別道直趣白帝所由之路人跡不通猛乃梯山捫葛備歷艱阻雪深七尺糧運不繼猛獎厲士卒兼夜而行

遂至白帝城刺史向鎮侯列陣拒猛猛與戰破之乘勝而進遂入白帝城撫慰民夷莫不悅附譙淹與官軍戰敗率舟師浮江東下欲歸於梁猛與敦等邀擊破之語在敦傳師還以功進開府儀同三司俄而信州蠻反猛復從賀若敦討平之又率水軍破蠻帥文子榮於汶陽進爵臨江縣公增邑一千戶武成中陳將侯瑱等逼湘州又從賀若敦赴救除武州刺史後隨敦自拔還復為羅州刺史保定三年轉綏州刺史從衞公直援陳將華皎時大軍不利唯猛所部獨全又從田弘破漢南諸蠻前後十餘戰每有功進位大將軍後以疾卒

陽雄字元略上洛邑陽人也世為豪族祖斌上庸太守父猛魏正光中萬俟醜奴作亂關右朝廷以猛商洛首望乃擢為襄威將軍大谷鎮將帶胡城令以禦醜奴及元顯入洛魏孝莊帝度河范陽王誨脫身投猛猛保藏之及孝莊反正由是知名俄而廣陵王恭偽瘖疾復來歸猛猛亦深相保護魏孝武即位甚嘉之授征虜將軍行河北郡守尋轉安西將軍華山郡守頻典二郡頗有聲績及孝武西遷猛率所領移鎮潼關封邵陽縣伯邑七百戶俄而潼關不守猛於善渚谷立柵收集義徒授征東將軍揚州刺史大都督武衞將軍仍鎮善渚大統三年為竇泰所襲猛脫身得免太祖以衆寡不敵弗之責也仍配兵千人守牛尾堡尋而太祖擒竇泰猛亦別獲東魏弘農郡守淳于業後以疾卒贈華洛

揚三州刺史雄起家奉朝請累遷至都督直後明威將軍積射將軍從于謹攻盤豆柵復從李遠經沙苑河橋並力戰有功封安平縣侯邑八百戶加冠軍將軍中散大夫賞賜甚厚後入洛陽戰河橋解玉壁圍迎高仲密援侯景並預有戰功前後增邑四百五十戶世襲邑陽郡守從大將軍宇文虯攻克上津遷通直散騎常侍大都督進儀同三司陳將侯方兒潘純陁寇江陵雄從豆盧寧擊走之除洵州刺史俗雜賓渝

民多輕猾雄威惠相濟吏夏安之蠻帥文子榮竊據荆州之汶陽郡又侵陷南郡之當陽臨沮等數縣詔遣開府賀若敦潘招等討平之即以其地置平州以雄爲刺史進爵王城縣公增邑通前一千六百戶加驃騎大將軍開府儀同三司時寇亂之後戶多逃散雄在所慰撫民並安輯徵爲載師中大夫遷西寧州揔管以疾不拜除通洛防主雄處疆場務在保境息民接待敵人必推誠仗信齊洛州刺史獨孤永業深相欽

尚移書稱美之入爲京兆尹尋拜民部中大夫進位大將軍俄轉中外府長史遷江陵揔管四州五防諸軍事改封魯陽縣公宣政元年卒於鎮大象初追封魯陽郡公邑三千五百戶贈陳曹莒汴四州刺史謚曰懷雄善附會能自謀身故得任兼出內保全爵祿子長寬嗣官至儀同大將軍

席固字子堅其先安定人也高祖衡因後秦之亂寓居於襄陽仕晉爲建威將軍遂爲襄陽著姓固少有遠志內明敏而外質朴梁大同中爲齊興郡守屬侯景度江梁室大亂固久居郡職士多附之遂有親兵千餘人梁元帝嗣位江陵遷興州刺史於是軍民慕從者至五千餘人固遂欲自據一州以觀時變後懼王師進討乃圖內屬密謂其腹心曰今梁氏失政揚都覆沒湘東不能復讎雪恥而骨肉相殘宇文丞相肇啓霸基招攜以禮吾欲決意歸之與卿等共圖富貴左右聞固言未有應者固更

諭以禍福諸人然後同之魏大統十五年以地來附是時太祖方欲南取江陵西定蜀漢聞固之至甚禮遇之乃遣使就拜使持節驃騎大將軍開府儀同三司大都督侍中豐州刺史封新豐縣公邑二千戶後轉湖州刺史固以未經朝謁遂蒙榮授心不自安啓求入覲太祖許之及固至太祖與之歡醼賞賜甚厚進爵靜安郡公增邑并前三千三百戶尋拜昌歸憲三州諸軍事昌州刺史固居家孝友爲州里所稱滋

官之處頗有聲績保定四年卒於州時年六十一贈大將軍襄豐唐郢復五州刺史謚曰肅仍勑襄州賜其墓田子世雅嗣世雅字彥文性方正少以孝聞初以固功授車騎大將軍儀同三司除賛城郡守累遷開府儀同三司順直二州刺史大象末位至大將軍世雅弟世英亦以固功授儀同三司後至上開府儀同大將軍

任果字靜鸞南安人也世爲方隅豪族仕於江左祖安東梁益州別駕新巴郡守闡中伯父褒

龍驤將軍新巴南安廣漢三郡守沙州刺史新巴縣公果性勇決志在立功魏廢帝元年率所部來附太祖嘉其遠至待以優禮果因面陳取蜀之策太祖深納之乃授使持節車騎大將軍儀同三司大都督散騎常侍沙州刺史南安縣公邑一千戶及尉遲迥伐蜀果時在京師乃遣其弟岱及子悛從軍太祖以益州未下復令果乘傳歸南安率鄉兵二千人從迥征蜀尋進授驃騎大將軍開府儀同三司蕭紀遣趙拔扈等率衆三萬來援成都果從大軍擊破之及成都平除始州刺史在任未久果請入朝太祖許之以其方隅首望早立忠節乃進爵安樂郡公賜以鐵券聽世相傳襲并賜路車四馬及儀衛等以光寵之尋爲刺客所害時年五十六

史臣曰古人稱仁義豈有常蹈之則爲君子背之則爲小人信矣泉企長自山谷素無月旦之譽而臨難慷慨有人臣之節豈非蹈仁義歟元禮仲遵聿遵其志卒成功業庶乎克負荷矣

李遷哲楊乾運席固之徒屬方隅擾攘咸飜然而委質遂享爵位以保終始觀遷哲之對太祖有尚義之辭乾運受任武陵乖事人之道若乃校長短比優劣故不可同年而語矣陽雄任兼文武聲著中外抑亦志能之士乎

列傳第三十六

列傳第三十七　周書四十五

令狐德棻等撰

儒林

盧誕　盧光　沈重

樊深　熊安生　樂遜

自書契之興先哲可得而紀者莫不備乎經傳若乃選君德於列辟觀遺烈於風聲帝莫高於堯舜王莫顯於文武是以聖人祖述其道垂文於六學憲章其教作範於百王自茲以降三微驟遷五紀遞襲損益異術治亂殊塗至秦承累世之基任刑法而殄滅漢無尺土之業崇經術而長久彫蟲是貴魏道所以凌夷玄風既興晉綱於焉大壞考九流之殿最校四代之興衰正君臣明貴賤美教化移風俗莫尚於儒故皇王以之致刑措而反淳朴賢達以之鏤金石而彫竹素儒之時義大矣哉自有魏道消海內版蕩彝倫攸斁戎馬生郊先王之舊章往聖之遺訓掃地盡矣及太祖受命雅好經術求闕文於三古得至理於

千載黜魏晉之制度復姬旦之茂典盧景宣學通羣藝脩五禮之缺長孫紹遠才稱洽聞正六樂之壞由是朝章漸備學者向風世宗纂歷敦尚學藝內有崇文之觀外重成均之職握素懷鉛重席解頤之士間出於朝廷圓冠方領執經負笈之生著錄於京邑濟濟焉足以踰於向時矣洎高祖保定三年乃下詔尊太傅燕公為三老帝於是服袞冕乘碧輅陳文物備禮容清蹕而臨太學袒割以食之奉觴以酳之斯固一世之盛事也其後命輶軒而致玉帛徵沈重於南荊及定山東降至尊而勞萬乘待熊生以殊禮是以天下慕嚮文教遠覃衣儒者之服挾先王之道開黌舍延學徒者比肩勵從師之志守專門之業辭親戚甘勤苦者成市雖遺風盛業不逮魏晉之辰而風移俗變抑亦近代之美也其儒者自有別傳及終於隋之中年者則不兼錄自餘撰於此篇云

盧誕范陽涿人也本名恭祖曾祖晏博學善隸

書有名於世仕燕爲給事黄門侍郎營丘成周二郡守祖壽太子洗馬燕滅入魏爲魯郡守父叔仁年十八州辟主簿舉秀才除員外郎以親老乃辭歸就養父母既殁哀毁六年躬營墳壟遂有終焉之志魏景明中被徵入洛授威遠將軍武賁中郎將非其好也尋除鎮遠將軍通直散騎常侍並稱疾不朝乃出爲幽州司馬又辭歸鄉里當時咸稱其高尚焉誕幼而通亮博學有詞彩郡辟功曹州舉秀才不行起家侍御史

累遷輔國將軍太中大夫幽州别駕北豫州都督府長史時刺史高仲密以州歸朝朝廷遣大將軍李遠率軍赴援誕與文武二千餘人奉候大軍以功授鎮東將軍金紫光禄大夫封固安縣伯邑五百户尋加散騎侍郎拜給事黄門侍郎魏帝詔曰經師易求人師難得朕諸兒稍長欲令卿爲師於是親幸晉王第勑晉王以下皆拜之於帝前因賜名曰誕加征東將軍散騎常侍太祖又以誕儒宗學府爲當世所推乃拜國子祭酒進車騎大將軍儀同三司魏恭帝二年除祕書監後以疾卒

盧光字景仁小字伯范陽公辯之弟也性温謹博覽羣書精於三禮善陰陽解鍾律又好玄言孝昌初釋褐司空府參軍事稍遷明威將軍員外侍郎及魏孝武西遷光於山東立義遥授大都督晉州刺史安西將軍銀青光禄大夫大統六年攜家西入太祖深禮之除丞相府記室參軍賜爵范陽縣伯俄拜行臺郎中專掌書記十

年改封安息縣伯邑五百户遷行臺右丞出爲華州長史尋徵拜將作大匠魏廢帝元年加車騎大將軍儀同三司除京兆郡守遷侍中六官建授小匠師下大夫進授開府儀同三司匠師中大夫進爵爲侯增邑五百户轉工部中大夫大司馬賀蘭祥討吐谷渾以光爲長史進爵燕郡公武成二年詔光監營宗廟既成增邑四百户出爲虞州刺史尋治陝州總管府長史重論討渾之功增邑并前一千九百户天和二年卒時年六

十二高祖少時嘗受業於光故贈賻有加恒典贈少傅謚曰簡光性崇佛道至誠信敬嘗從太祖狩於檀臺山時獵圍既合太祖遥指山上謂羣公等曰公等有所見不咸曰無所見光獨曰見一桑門太祖曰是也即解圍而還令光於桑門立處造浮圖掘基一丈得瓦鉢錫杖各一太祖稱歎因立寺焉及爲京兆而郡舍先是數有妖怪前後郡將無敢居者光曰吉凶由人妖不妄作遂入居之未幾光所乘馬忽升廳事登牀南首而立又食器無故自破光並不以介懷其精誠守正如此撰道德經章句行於世子貢嗣大象中開府儀同大將軍

沈重字德厚吴興武康人也性聰悟有異常童弱歲而孤居喪合禮及長專心儒學從師不遠千里遂博覽羣書尤明詩禮及左氏春秋梁大通三年起家王國常侍梁武帝欲高置學官以崇儒教中大通四年乃革選以重補國子助教大同二年除五經博士梁元帝之在藩也甚歎異之及即位乃遣主書何武迎重西上及江陵平重乃留事梁主蕭詧除中書侍郎兼中書舍人累遷員外散騎侍郎廷尉卿領江陵令還拜通直散騎常侍都官尚書領羽林監詧又令重於合歡殿講周禮高祖以重經明行脩乃遣宣納上士柳裘至梁徵之仍致書曰皇帝問梁都官尚書沈重觀夫八聖六君七情十義殊方所以會軌異代於是率由莫不趣大順之遥途履中和之盛致及青緗起焰素篆從風文逐世疎義隨運舛大禮存於玉帛之間至樂形於鐘鼓之外雖分蛇聚緯郁郁之辭蓋闕當塗典午抑抑之旨無聞有周開基爰蹤聖哲拯蒼生之已淪補文物之將墜天爵且脩人紀咸理朕夤奉神器恭惟寶闕常思復禮於成周之年還化唐虞之世擢三千尚乖於治俗九變未叶於移風欲定畫一文思杜二家之說知卿學冠儒宗行標士則卞寶復潤於荆陰隨照更明於漢浦是用寤寐增勞瞻望軫念爰致束帛之聘命翹車之招所

望鳳舉鴻翻俄而華止明斯隱滯合彼異同上庠弗墜於微言中經罔闕於逸義近取無獨善之譏遠應有兼濟之美可不盛歟昔申涪鮐背方辭東國公孫黃髮始造西京遂使道爲藝基功參治本今者一徵諒兼其二若居形聲而去影響尚迷邦而忘觀國非所謂也又勑襄州揔管衛公直敦喻遣之在途供給務從優厚保定末重至于京師詔令討論五經并校定鍾律天和中復於紫極殿講三教義朝士儒生桑門道士至者二

千餘人重辭義優洽樞機明辯凡所解釋咸爲諸儒所推六年授驃騎大將軍開府儀同三司露門博士仍於露門館爲皇太子講論建德末重自以入朝既久且年過時制表請還梁高祖優詔荅之曰開府漢南杞梓每軫虛衿江東竹箭亟疲延首故束帛聘申蒲輪徵伏加以梁朝舊齒結綬三世沐浴榮光祗承寵渥不忘戀本深足嘉尚而楚材晉用豈無先哲方事求賢義乖來肅重固請乃許焉遣小司門上士楊汪送之梁主蕭巋拜重散騎常侍太常卿大象二年來朝京師開皇三年卒年八十四隋文帝遣舍人蕭子寶祭以少牢贈使持節上開府儀同三司許州刺史重學業該博爲當世儒宗至於陰陽圖緯道經釋典靡不畢綜又多所撰述咸得其指要其行於世者周禮義三十一卷儀禮義三十五卷禮記義三十卷毛詩義二十八卷喪服經義五卷周禮音一卷儀禮音一卷禮記音二卷毛詩音二卷

樊深字文深河東猗氏人也早喪母事繼母甚謹弱冠好學負書從師於三河講習五經晝夜不倦魏永安中隨軍征討以功除蕩寇將軍累遷伏波征虜將軍中散大夫嘗讀書見吾丘子遂歸侍養魏孝武西遷樊王二姓舉義爲東魏所誅深父保周叔父歡周並被害深因避難墜崖傷足絕食再宿於後遇得一簞餅欲食之然念繼母年老患痺或免虜掠乃弗食夜中匍匐尋母偶得相見因以饋母還復遁去改易姓名

游學於汾晉之間習天文及筭曆之術後爲人
所告囚送河東屬魏將韓軌長史張曜重其儒
學延深至家因是更得逃隱太祖平河東贈保
周衛鄖州刺史歡周儀同三司深歸葬其父負
土成墳尋而于謹引爲其府參軍令在館教授
子孫除撫軍將軍銀青光祿大夫遷開府屬轉從
事中郎謹拜司空以深爲諮議大統十五年行
下邽縣事太祖置學東館教諸將子弟以深爲
博士深經學通贍每解書常多引漢魏以來

諸家義而說之故後生聽其言者不能曉悟皆
背而譏之曰樊生講書多門戶不可解然儒者
推其博物性好學老而不怠朝暮還往常據鞍
讀書至馬驚墜地損折支體終亦不改後除國
子博士賜姓萬紐于氏六官建拜太學助教遷
博士加車騎大將軍儀同三司天和二年遷縣
伯中大夫加開府儀同三司建德元年表乞骸
骨詔許之朝廷有疑議常召問焉後以疾卒深
既專經又讀諸史及蒼雅篆籀陰陽卜筮之書

學雖博贍訥於辭辯故不爲當時所稱撰孝
經喪服問疑各一卷撰七經異同說三卷義綱略
論并月錄三十一卷並行於世
熊安生字植之長樂阜城人也少好學勵精不
倦初從陳達受三傳又從房虬受周禮並通大
義後事徐遵明服膺歷年東魏天平中受禮
於李寶鼎遂博通五經然專以三禮教授弟
子自遠方至者千餘人乃討論圖緯捃摭異聞
先儒所未悟者皆發明之齊河清中陽休之特

奏爲國子博士時朝廷既行周禮公卿以下多
習其業有宿疑礩滯者數十條皆莫能詳辨
天和三年齊請通好兵部尹公正使焉與齊人
語及周禮齊人不能對乃令安生至賓館與公
正言公正有口辯安生語所未至者便撮機要而
驟問之安生曰禮義弘深自有條貫必欲升堂
覩奧寧可汨其先後但能留意當爲次第陳之
公正於是具問所疑安生皆爲一一演說咸究其
根本公正深所嗟服還具言之於高祖高祖大欽

遲之及高祖入鄴安生遽令掃門家人怪而問之安生曰周帝重道尊儒必將見我矣俄而高祖幸其第詔不聽拜親執其手引與同坐謂之曰朕未能去兵以此爲愧安生曰黃帝尚有阪泉之戰況陛下龔行天罰乎高祖又曰齊氏賦役繁興竭民財力朕救焚拯溺思革其弊欲以府庫及三臺雜物散之百姓公以爲何如安生曰昔武王克商散鹿臺之財發鉅橋之粟陛下此詔異代同美高祖又曰朕何如武王安生曰武王伐

紂懸首白旗陛下平齊兵不血刃愚謂聖略爲優高祖大悅賜帛三百匹米三百石宅一區并賜象笏及九環金帶自餘什物稱是又詔所司給安車駟馬隨駕入朝并勑所在供給至京勑令於大乘佛寺參議五禮宣政元年拜路門學博士下大夫其時年已八十餘尋致仕卒於家安生既學爲儒宗當時受其業擅名於後者有馬榮伯張黑奴竇士榮孔籠劉焯劉炫等皆其門人焉所撰周禮義疏二十卷禮記義疏四十卷孝經義疏一卷並行於世

樂遜字遵賢河東猗氏人也年在幼童便有成人之操弱冠爲郡主簿魏正光中聞碩儒徐遵明領徒趙魏乃就學孝經喪服論語詩書禮易左氏春秋大義尋而山東寇亂學者散逸遜於擾攘之中猶志道不倦永安中釋褐安西府長流參軍大統七年除子都督九年太尉李弼請遜教授諸子既而太祖盛選賢良授以守令相府戶曹柳敏行臺郎中盧光河東郡丞辛

粲相繼舉遜稱有牧民之才弼請留不遣十六年加授建忠將軍左中郎將遷輔國將軍中散大夫都督歷弼府西閤祭酒功曹諮議參軍魏廢帝二年太祖召遜教授諸子在館六年與諸儒分授經業遜講孝經論語毛詩及服虔所注春秋左氏傳魏恭帝二年授太學助教孝閔帝踐祚以遜有理務材除秋官府上士其年治太學博士轉治小師氏下大夫自譙王儉以下並東脩行弟子之禮遜以經術教授甚有訓導之

方及衛公直鎭蒲州以遜爲直府主簿加車騎
將軍左光祿大夫武成元年六月以霖雨經時詔
百官上封事遜陳時宜一十四條其五條切於政
要其一崇治方曰竊惟今之在官者多求清身
克濟不至惠民愛物何者比來守令年期既促
歲責有成蓋謂猛濟爲賢未甚優養此政既
代後者復然夫政之於民過急則刻薄傷緩則
弛慢是以周失舒緩秦敗急酷民非赤子當以
赤子遇之宜在舒疾得衷不使勞擾頃承魏

之衰政人習逋違先王朝憲備行民咸識法但
可宜風正俗納民軌訓而已自非軍旅之中何
用過爲迫切至於興邦致治事由德教漸以成
之非在倉卒竊謂姬周盛德治興文武政穆
成康自斯厥後不能無事昔申侯將奔楚子誨
之曰無適小國言以政狹法峻將不汝容敬仲入
齊稱曰幸若獲宥及於寬政然關東諸州淪陷
日久人在塗炭當慕息肩若不布政優優聞
諸境外將何以使彼勞民歸就樂土其二省造

作曰頃者魏都洛陽一時殷盛貴勢之家各營
第宅車服器玩皆尚奢靡世逐浮競人習澆薄
終使禍亂交興天下喪敗比來朝貢器服稍華
百工造作務盡奇巧臣誠恐物逐好移有損政
俗如此等事頗宜禁省記言無作淫巧以蕩上
心傳稱宮室崇侈民力彫弊漢景有云黃金珠
玉饑不可食寒不可衣彫文刻鏤傷農事者也
錦繡篡組害女功者也以二者爲饑寒之本源
矣然國家非爲軍戎器用時事要須而造者

皆徒費功力損國害民未如廣勸農桑以衣食爲
務使國儲豐積大功易舉其三明選舉曰選曹
賞錄勳賢補擬官爵必宜與衆共之有明揚之
授使人得盡心如覩白日其材有升降其功有厚
薄祿秩所加無容不審即如州郡選置猶集鄉
閭況天下選曹不取物　州郡自可內
除此外付曹銓者既非機事何足可密人生處
世以榮祿爲重修身履行以纂身爲名然逢時
既難失時爲易其選置之日宜令衆心明白然

後呈奏使功勤見知品物稱愜其四重戰伐曰
魏祚告終天睠在德而高洋稱僭先迷未敗擁
逼山東事切肘腋譬猶棊劫相持爭行先後若
一行非當或成彼利誠應捨小營大先保封域
不宜貪利在邊輕爲興動捷則勞兵分守敗則
所損已多國家雖彊洋不受弱詩云德則不競何
憚於病唯德可以庇民非恃彊也夫力均勢敵則
進德者勝君子道長則小人道消故昔之善戰
者先爲不可勝以待敵之可勝彼行暴戾我則

寬仁彼爲刻薄我必惠化使德澤滂流人思有
道然後觀釁而作可以集事其五禁奢侈曰按
禮人有貴賤物有等差使用之有節品類之有
度馬后爲天下母而身服大練所以率下也季
孫相三君矣家無衣帛之妾所以勵俗也比來
富室之家爲意稍廣無不資裝婢隸作車後
容儀服飾華美眩曜街衢仍使行者輟足路人
傾蓋論其輸力公家未若介冑之士然其坐受
優賞自踰攻戰之人縱令不惜功費豈不有虧

厥德必有儲蓄之餘孰與務恤軍士魯莊公有
云衣食所安不敢愛也必以分人詩言豈曰無衣
與子同袍皆所以取人力也又陳事上議之徒
亦應不少當有上徹天聽者未聞是非陛下雖
念存物議欲盡天下之情而天下之情猶爲未
盡何者取人受言貴在顯用若納而不顯是而不
用則言之者或寡矣保定二年以訓導有方頻
加賞賜遷遂伯中大夫授驃騎將軍大都督四
年進車騎大將軍儀同三司五年詔魯公與畢

公賢等俱以束脩之禮同受業焉天和元年岐
州刺史陳公純舉遜爲賢良五年遜以年在懸
車上表致仕優詔不許於是賜以粟帛及錢等
授湖州刺史封安邑縣子邑四百戶民多蠻左
未習儒風遜勸勵生徒加以課試數年之間化
洽州境蠻俗生子長大多與父母別居遜每加
勸導多革前弊在任數載頻被褒錫秩滿還
朝拜皇太子諫議復在露門教授皇子增邑一
百戶宣政元年進位上儀同大將軍大象初進

爵崇業郡公，增邑通前二千戶。又爲露門博士。
三年，進位開府儀同三司、大將軍，出爲汾陰郡守。遜以老病固辭，詔許之。乃改授東揚州刺史，仍賜安車、衣服及奴婢等，又於本郡賜田十頃，儒者以爲榮。隋開皇元年，卒於家，年八十二。贈本官，加蒲陝二州刺史。遜性柔謹，寡於交遊，立身以忠信爲本，不自矜尚，每在衆中，言論未嘗爲人之先。學者以此稱之。所著孝經、論語、毛詩、左氏春秋序論十餘篇。又著春秋序義，通賈服說，發杜氏違，辭理並可觀。

史臣曰：前世通六藝之士，莫不兼達政術，故云拾青紫如地芥。近代守一經之儒，多暗於時務，故有貧且賤之恥。雖通塞有命，而大抵皆然。嘗論之曰：夫金之質也至剛，鑄之可以成器；水之性也柔弱，壅之可以壞山。況乎肖天地之貌，含五常之德，朱藍易染，薰蕕可變，固以隨鄉俗而好長纓，化齊風而貴紫服。若乃進趣矜尚，中庸之常情；高秩厚禮，上智之所欲。是以兩漢之朝，重經術而輕法令，其聰明特達者，咸勵精於專門，以通賢之質，挾黼藻之美，大則必至公卿，小則不失守令。近代之政，先法令而後經術，其沈默孤微者，亦篤志於章句，以先王之道，飾腐儒之姿，達則不過侍講訓胄，窮則終於弊衣簞食。由斯言之，非兩漢棟梁之所育，近代薪樗之所產哉，蓋好尚之道殊，遭遇之時異也。史臣每聞故老稱沈重所學，非止六經而已，至於天官、律曆、陰陽、緯候、流略所載、釋老之典，靡不博綜，窮其

幽賾。故能馳聲海內，爲一代儒宗。雖前世徐廣、何承天之儔，不足過也。

列傳第三十七　周書四十五

列傳第三十八　周書四十六

令狐　德棻　等撰

孝義

李棠

柳檜

杜叔毗

荆可

秦族

皇甫遐

張元

夫塞天地而横四海者其唯孝乎奉大功而立顯名者其唯義乎何則孝始事親惟后資於致治義在合宜惟人賴以成德上智禀自然之性中庸有企及之美其大也則隆家光國盛烈與河海爭流授命滅親峻節與竹栢俱茂其小也則温枕扇席無替於晨昏損已利物有助於名教是以堯舜湯武居帝王之位垂至德以敦其風孔墨荀孟禀聖賢之資弘正道以勵其俗觀其所由在此而已矣然而淳源既往澆風愈扇禮義不樹廉讓莫脩若乃綰銀黃列鍾鼎立於朝廷之間非一族也其出忠入孝輕生蹈節者則蓋寡焉積龜貝實倉廩居於閭巷之内非一家也其悦禮敦詩守死善道者則又鮮焉斯固仁人君子所以興歎哲后賢宰所宜屬心如令明敎化以救其弊優爵賞以勸其善布懇誠以誘其進積歲月以求其終則今之所謂少者可以爲多矣古之所謂爲難者可以爲易矣故博採異聞網羅遺逸録其可以垂範方來者爲孝義篇云

李棠字長卿勃海蓨人也祖伯貴魏宣武時官至魯郡守有孝行居父喪哀感過禮遂以毁卒宣武嘉之贈勃海相父元冑員外散騎侍郎棠幼孤好學有志操年十七屬爾朱之亂與司空高乾兄弟舉兵信都魏中興初辟衞軍府功曹參軍太昌中以軍功除征虜將軍行東萊郡事魏孝武西遷棠時在

四北遂仕東魏及高仲密為北豫州刺史請棠
為掾先是仲密與吏部郎中崔暹有隙暹時
被齊文襄委任仲密恐其搆已每不自安將圖
來附時東魏又遣鎮城奚壽興典兵事仲密
但知民務而已既至州遂與棠謀執壽興以成其
計仲密乃置酒延壽興陰伏壯士欲因此執之壽
興辭而不赴棠遂往見之曰君與高公義符昆
季今日之席以公為首豈有賓客總萃而公
無事不行將恐遠近聞之竊有疑怪壽興遂與

周書列傳三十八　三　三百卌二

俱赴便發伏執之乃帥其士衆據城遣棠詣闕
歸欵太祖嘉之拜棠衞將軍右光禄大夫封廣
宗縣公邑一千戶棠固辭曰臣世荷朝恩義當奉
國而往者見拘逆命不獲陪駕西巡今日之來
免罪為幸何敢以此微庸冒受天爵如此者再
三優詔不許俄遷給事黄門侍郎加車騎大將
軍儀同三司散騎常侍魏廢帝二年從魏安公
尉遲迥伐蜀蜀人未即降棠乃應募先使諭之既
入成都蕭撝問迥軍中委曲棠不對撝乃苦

笞辱之冀獲其實棠曰爾亡國餘燼不識安
危奉命諭爾反見躓頓我王者忠臣有死而已
義不為爾移志也撝不能得其要指遂害之
子敞嗣

柳檜字季華祕書監虬之次弟也性剛簡任
氣少文善騎射果於斷決年十八起家奉朝請
居父喪毀瘠骨立服闋除陽城郡丞防城都督
大統四年從太祖戰於河橋先登有功授都督鎮
鄯州八年拜湟河郡守仍典軍事尋加平東將

周書列傳三十八　四　三百十一

軍太中大夫吐谷渾入冦郡境時檜兵少人懷
憂懼檜撫而勉之衆心乃安因率數十人先擊
之潰亂餘衆乘之遂大敗而走以功封萬年縣
子邑三百戶時吐谷渾強盛數侵疆埸自檜鎮
鄯州屢戰必破之數年之後不敢為冦十四年
遷河州別駕轉帥都督俄拜使持節撫軍
將軍大都督居三載徵還京師時檜兄虬為
祕書丞弟慶為尚書左丞檜嘗謂兄弟曰兄
則職典簡牘褒貶人倫弟則管轄群司股肱

朝廷可謂榮寵矣然而四方未靜車書不一檜
唯當蒙矢石履危難以報國恩耳頃之太祖謂
檜曰卿昔在鄀州忠勇顯著今西境肅清無勞
經略九曲國之東鄙當勞君守之遂令檜鎮九曲
尋從大將軍王雄討上津魏興平之即除魏興
華陽二郡守安康人黃衆寶謀反連結黨與
府園州城乃相謂曰常聞柳府君勇悍其鋒不
可當今既在外方爲吾徒腹心之疾也不如先
擊之遂圍檜郡城卑下士衆寡弱又無守

禦之備連戰積十餘日士卒僅有存者於是
力屈城陷身被十數瘡遂爲賊所獲既而衆寶
等進圍東梁州乃縛檜置城下欲令檜誘說城
中檜乃大呼曰羣賊烏合糧食已罄行即退散
各宜勉之衆寶大怒乃臨檜以兵曰速更汝辭
不爾便就戮矣檜守節不變遂害之棄屍水
中城中人皆爲之流涕衆寶解圍之後檜兄子
止戈方收檜屍還長安贈東梁州刺史子斌嗣
斌字伯達年十七齊公憲召爲記室早卒斌

弟雄亮字信誠幼有志節好學不倦年十二
遭父艱幾至滅性終喪之後志在復讎柱國
蔡國公廣欽其名行引爲記室參軍年始弱
冠府中文筆頗亦委之後竟手刃衆寶於京城
朝野咸重其志節高祖特恕之由是知名大象
末位至賓部下大夫

杜叔毗字子弼其先京兆杜陵人也徙居襄陽祖
乾光齊司徒右長史父漸梁邊城太守叔毗早
歲而孤事母以孝聞性慷慨有志節勵精好學

尤善左氏春秋仕梁爲宜豐侯蕭循府中直
兵參軍大統十七年太祖令大將軍達奚武經
略漢州明年武圍循於南鄭循令叔毗詣闕請和
太祖見而禮之使未反而循中直兵參軍曹策
參軍劉曉謀以城降武時叔毗兄君錫爲循中
記室參軍從子映録事參軍映弟晰中直兵
參軍並有文武材略各領部曲數百人策等
忌之懼不同已遂誣以謀叛擅加害焉循尋討
策等擒之斬曉而免策及循降策至長安叔

毗朝夕號泣具申冤狀朝議以事在歸附之前
不可追罪叔毗内懷憤惋志在復讎然恐違朝
憲坐及其母遂沈吟積時母知其意謂叔毗曰
汝兄横罹禍酷痛切骨髓若曹策朝死吾以夕
殁亦所甘心汝何疑焉叔毗拜受母言愈更感
勵後遂白日手刃策於京城斷首刳腹解其
支體然後面縛請就戮焉太祖嘉其志氣特
命赦之尋拜都督輔國將軍中散大夫遭母憂
哀毀骨立殆不勝喪服闋晉公護辟爲中外府

樂曹參軍加授大都督遷使持節車騎大將
軍儀同三司行義歸郡守自君錫及宗室等
爲曹策所害猶殯梁州至是表請迎喪歸葬
高祖許之葬事所須詔令官給在梁舊田宅經
外配者並追還之仍賜田二百頃尋除硤州刺史
天和二年從衛國公直南討軍敗爲陳人所擒陳
人將降之叔毗辭色不撓遂被害子廉卿
荆可河東猗氏人也性質朴容止有異於人能苦
身勤力供養其母隨時甘旨終無匱乏及母

喪水漿不入口三日悲號擗踴絶而復蘇者數
載葬母之後遂廬於墓側晝夜悲哭負土成
墳蓬髮不櫛沐菜食飲水而已然可家舊墓
塋域極大榛蕪至深去家十餘里而可獨宿其中
與禽獸雜處哀感遠近邑里稱之大統中鄉人以
可孝行之至足以勸勵風俗乃上言焉太祖令州縣
表異之及服終之後猶若居喪大冢宰晉公護
聞可孝行特引見焉與可言論時有會於護
意而護亦至孝其母閻氏没於敵境不測存亡毎
見可自傷久乖膝下重可至性及可卒之後護猶
思其純孝收可妻子於京城恒給其衣食

秦族上郡洛川人也祖白父雚並有至性聞於閭
里魏太和中板白潁州刺史大統中板雚鄜城郡
守族性至孝事親竭力爲鄉里所稱及其父喪
哀毀過禮毎一慟哭酸感行路既以母在恒抑割
哀情以慰其母意四時珍羞未嘗匱乏與弟榮
先復相友愛閨門之中怡怡如也尋而其母又没
哭泣無時唯飲水食菜而已終喪之後猶蔬食

不入房室二十許年鄉里咸歎異之其邑人王元達等七十餘人上其狀有詔表其門閭榮先亦至孝遭母喪哀慕不已遂以毀卒邑里化其孝行世宗嘉之乃下詔曰孝爲政本德乃化先既表天經又明地義榮先居喪致疾至感過人窮號不反迄乎滅性行標當世理鏡幽明此而不顯道將何述可贈滄州刺史以旌厥異

皇甫遐字永覽河東汾陰人也累世寒微而鄉里稱其和睦遐性純至少喪父事母以孝聞保定

末又遭母喪乃廬於墓側負土爲墳後於墓南作一禪窟陰雨則穿窟晴霽則營墓曉夕勤力未嘗暫停積以歲年墳高數丈周回五十餘步禪窟重臺兩匝總成十有二室中間行道可容百人遐食粥枕凷櫛風沐雨形容枯顇家人不識當其營墓之初乃有鴟烏各一徘徊悲鳴不離墓側若助遐者經月餘日乃去遠近聞其至孝競以米麵遺之遐皆受而不食悉以營佛齋焉郡縣表上其狀有詔旌異之

張元字孝始河北芮城人也祖成假平陽郡守父延儁仕州郡累爲功曹主簿並以純至爲鄉里所推元性謙謹有孝行微涉經史然精修釋典年六歲其祖以夏中熱甚欲將元就井浴元固不肯從祖謂其貪戲乃以杖擊其頭曰汝何爲不肯洗浴元對曰衣以蓋形爲覆其褻元不能褻露其體於白日之下祖異而捨之南鄰有二杏樹杏熟多落元園中諸小兒競取而食之元所得者送還其主村陌有狗子爲人所棄者

元見即收而養之其叔父怒曰何用此爲將欲更棄之元對曰有生之類莫不重其性命若天生天殺自然之理今爲人所棄而死非其道也若見而不收養無仁心也是以收而養之叔父感其言遂許焉未幾乃有狗母銜一死兔置元前而去及元年十六其祖喪明三年元恒憂泣晝夜讀佛經禮拜以祈福祐後讀藥師經見盲者得視之言遂請七僧然七燈七日七夜轉藥師經行道每言天人師乎元爲孫不孝使祖喪明今以燈光普施

法界願祖目見明元求代闇如此經七日其夜夢
見一老公以金鎞治其祖目謂元曰勿憂悲也三日
之後汝祖目必差元於夢中喜躍遂即驚覺乃
遍告家人居三日祖果目明其後祖卧疾再周元
恒隨祖所食多少衣冠不解旦夕扶侍及祖没號
踴絶而後蘇復喪其父水漿不入口三日鄉里咸歎
異之縣博士楊軌等二百餘人上其狀有詔表其
門閭

史臣曰李棠柳檜並臨危不撓視死如歸其壯志
貞情可與青松白玉比質也然檜恩隆加等棠禮

闕飾終有周之政於是乎偏矣雄亮銜戴天之
痛叔毗切同氣之悲援白刃而不顧雪家冤於輦
轂觀其志節勵死固爲易也荆可秦族之徒生
自隴畝曾無師資之訓因心而成孝友秉理而蹈
禮節如使舉世若茲則義於農侯何遠之有若乃誠
感天地孝通神明見之於張元矣

列傳第三十八　周書四十六

列傳第三十九　周書四十七

令狐　德棻　等撰

藝術

冀儁

蔣昇

姚僧垣　子最

黎景熙

趙文深

褚該

太祖受命之始屬天下分崩于時戎馬交馳而
學術之士蓋寡故曲藝末技咸見引納至若冀
儁蔣昇趙文深之徒雖才愧昔人而名著當世
及尅定鄢郢俊異畢集樂茂雅蕭吉以陰陽顯
庾季才以天官稱史元華相術擅奇許奭姚僧
垣方藥特妙斯皆一時之美也茂雅元華許奭
史失其傳季才蕭吉官成於隋自餘紀於此
篇以備遺闕云爾

冀儁字僧儁太原陽邑人也性沉謹善隸書特

工模寫魏太昌初爲賀拔岳墨曹參軍及岳被害太祖引爲記室時侯莫陳悅阻兵隴右太祖志在平之乃令儁僞爲魏帝勑書與費也頭令將兵助太祖討悅儁依舊勑摸寫及代舍人主書等署與眞無異太祖大悅費也頭已曾得魏帝勑書及見此勑不以爲疑遂遣步騎一千受太祖節度大統初除丞相府城局參軍封長安縣男邑二百戶從復弘農戰沙苑進爵爲子出爲華州中正十三年遷襄樂郡守尋

徵教世宗及宋獻公等隸書時俗入書學者亦行束脩之禮謂之謝章儁以書字所興起自蒼頡若同常俗未爲合禮遂啓太祖釋奠蒼頡及先聖先師除黃門侍郎本州大中正累遷撫軍將軍右金紫光祿大夫都督通直散騎常侍車騎大將軍儀同三司世宗二年以本官爲大使巡歷州郡察風俗理寃滯還拜小御正尋出爲湖州刺史性靜退每以清約自處前後所歷頗有聲稱尋加驃騎大將軍開府儀同三司改

封昌樂縣伯又進爵爲侯增邑幷前一千六百戶後以疾卒

蔣昇字鳳起楚國平河人也父儁魏南平王府從事中郎趙興郡守昇性恬靜少好天文玄象之學太祖雅信待之常侍左右以備顧問大統三年東魏將竇泰入寇濟自風陵頓軍潼關太祖出師馬牧澤時西南有黃紫氣抱日從未至酉太祖謂昇曰此何祥也昇曰西南未地主土土王四季秦之分也今大軍既出喜氣下

臨必有大慶於是進軍與竇泰戰擒之自後遂降河東剋弘農破沙苑由此愈被親禮九年高仲密以北豫州來附太祖欲遣兵援之又以問昇昇對曰春王在東熒惑又在井鬼之分行軍非便太祖不從軍遂東行至邙山不利而還太師賀拔勝怒白太祖曰蔣昇罪合萬死太祖曰蔣昇固諫云出師不利此敗也孤自取之非昇過也魏恭帝元年以前後功授車騎大將軍儀同三司封高城縣子邑五百戶保定二年增邑三百戶除河東郡

守尋入爲太史中大夫以老請致仕詔許之加定州刺史卒於家

姚僧垣字法衛吳興武康人吳太常信之八世孫也曾祖郢宋員外散騎常侍五城侯父菩提梁高平令嘗嬰疾歷年乃留心醫藥梁武帝性又好之每召菩提討論方術言多會意由是頗禮之僧垣幼通洽居喪盡禮年二十四即傳家業梁武帝召入禁中面加討試僧垣酬對無滯梁武帝甚奇之大通六年解褐臨川嗣王國左常侍

大同五年除驃騎廬陵王府田曹參軍九年還領殿中醫師時武陵王所生葛脩華宿患積時方術莫効梁武帝乃令僧垣視之還具說其狀并記增損時候梁武帝歎曰卿用意綿密乃至於此以此候疾何疾可逃朕常以前代名人多好此術是以每恒留情頗識治體今聞卿說益開人意十一年轉領大醫正加文德主帥直閣將軍梁武帝嘗因發熱欲服大黃僧垣曰大黃乃是快藥然至尊年高不宜輕用帝弗從遂至危篤梁簡

文帝在東宮甚禮之四時伏臘每有賞賜太清元年轉鎮西湘東王府中記室參軍僧垣少好文史不留意於章句時商略今古則爲學者所稱及侯景圍建業僧垣乃棄妻子赴難梁武帝嘉之授戎昭將軍湘東王府記室參軍及宮城陷百官逃散僧垣假道歸至吳興謁郡守張嵊嵊見僧垣流涕曰吾過荷朝恩今報之以死君是此邦大族又朝廷舊臣今日得君吾事辨矣俄而景兵大至攻戰累日郡城遂陷僧垣竄

避久之乃被拘執景將侯子鑒素聞其名深相器遇因此獲免及梁簡文嗣位僧垣還建業以本官兼中書舍人子鑒尋鎮廣陵僧垣又隨至江北梁元帝平侯景召僧垣赴荊州改授晉安王府諮議其時雖尅平大亂而任用非才朝政混淆無復綱紀僧垣每深憂之謂故人曰吾觀此形勢禍敗不久今時上策莫若近關聞者皆掩口竊笑梁元帝嘗有心腹疾乃召諸醫議治療之方咸謂至尊至貴不可輕脫宜用平

藥可漸宣一通僧垣曰脉洪而實此有宿食非用
大黃必無差理梁元帝從之進湯訖果下宿食
因而疾愈梁元帝大喜時初鑄錢一當十乃賜
錢十萬實百萬也及大軍尅荆州僧垣猶侍梁
元帝不離左右爲軍人所止方泣涕而去尋
而中山公護使人求僧垣僧垣至其營復爲燕
公于謹所召大相禮接太祖又遣使馳驛徵僧
垣謹故留不遣謂使人曰吾年時衰暮疹疾
嬰沉今得此人望與之偕老太祖以謹勲德隆
重乃止焉明年隨謹至長安武成元年授小畿
伯下大夫金州刺史伊婁穆以疾還京請僧垣
省疾乃云自腰至臍似有三縛兩脚緩縱不復自
持僧垣爲診脉處湯三劑穆初服一劑上縛即
解次服一劑中縛復解又服一劑三縛悉除而
脚疼痺猶自攣弱更爲合散一劑稍得屈申
僧垣曰終待霜降此患當愈及至九月遂能起
行大將軍襄樂公賀蘭隆先有氣疾加以
水腫喘息奔急坐卧不安或有勸其服决命

大散者其家疑未能决乃問僧垣僧垣曰意謂此
患不與大散相當若欲自服不煩賜問因而委去
其子殷勤拜請曰多時抑屈今日始來竟不可治
意實未盡僧垣知其可差即爲處方勸使急服
便即氣通更服一劑諸患悉愈天和元年加授車
騎大將軍儀同三司大將軍樂平公竇集暴感風
疾精神瞀亂無所覺知諸醫先視者皆云已不
可救僧垣後至曰困則困矣終當不死若專以見
付相爲治之其家忻然請受方術僧垣爲合湯
散所患即瘳大將軍永世公叱伏列椿苦利積時
而不廢朝謁燕公謹嘗問僧垣曰樂平永世俱
有痼疾若如僕意永世差輕對曰夫患有深淺
時有尅殺樂平雖困終當保全永世雖輕必不免
死謹曰君言必死當在何時對曰不出四月果如其
言謹歎異之六年遷遂伯中大夫建德三年文宣太
后寢疾醫巫雜説各有異同高祖御内殿引僧垣
同坐曰太后患勢不輕諸醫並云無慮朕人子之情
可以意得君臣之義言在無隱公爲何如對曰臣

無聽聲視色之妙特以經事已多准之常人竊以
憂懼帝泣曰公既以之矣知復何言尋而太后崩
其後復因召見帝問僧垣曰姚公爲儀同幾年
對曰臣忝荷朝恩於茲九載帝曰勤勞有日朝
命宜隆乃授驃騎大將軍開府儀同三司又勅
曰公年過縣車可停朝謁若非別勅不勞入見
四年高祖親戎東討至河陰遇疾口不能言瞼
垂覆目不復瞻視一足短縮又不得行僧垣以爲
諸藏俱病不可並治軍中之要莫先於語乃處方

進藥帝遂得言次又治目目疾便愈末乃治足足
疾亦瘳比至華州帝已痊復即除華州刺史仍詔
隨入京不令在鎮宣政元年表請致仕優詔許之
是歲高祖行幸雲陽遂寢疾乃召僧垣赴行
在所內史柳昇私問曰至尊貶膳日久脉候何如對
曰天子上應天心或當非愚所及若凡庶如此萬無
一全尋而帝崩宣帝初在東宮常苦心痛乃令僧
垣治之其疾即愈帝甚悅及即位恩禮彌隆常從
容謂僧垣曰常聞先帝呼公爲姚公有之乎對曰

臣曲荷殊私實如聖旨帝曰此是尚齒之辭非
爲貴爵之號朕當爲公建國開家爲子孫永
業乃封長壽縣公邑一千戶冊命之日又賜
以金帶及衣服等大象二年除太醫下大夫帝尋
有疾至于大漸僧垣宿直侍帝謂隨公曰今日
性命唯委此人僧垣知帝診候危殆必不全濟乃
對曰臣荷恩既重思在效力但恐庸短不逮敢
不盡心帝頷之及靜帝嗣位遷上開府儀同大
將軍隋開皇初進爵北絳郡公三年卒時年八十

五遺誡衣白帢入棺朝服勿斂靈上唯置香奩
每日設清水而已贈本官加荊湖二州刺史僧垣
醫術高妙爲當世所推前後效驗不可勝紀聲
譽既盛遠聞邊服至於諸蕃外域咸請託
之僧垣乃搜採奇異參校徵效者爲集驗方十
二卷又撰行記三卷行於世長子察在江南
次子最字士會幼而聰敏及長博通經史尤好
著述年十九隨僧垣入關世宗盛聚學徒校書於
麟趾殿最亦預爲學士俄授齊王憲府水曹

參軍掌記室事特爲憲所禮接賞賜隆厚宣帝
嗣位憲以嫌疑被誅隋文帝作相追復官爵最
以陪遊積歲恩顧過隆乃録憲功績爲傳送上史
局最幼在江左迄于入關未習醫術天和中齊王
憲奏高祖遣最習之憲又謂最曰爾博學高才
何如王褒庾信王庾名重兩國吾視之蔑如接待
資給非爾家比也爾宜深識此意勿不存心且天
子有敕彌須勉勵最於是始受家業十許年中
略盡其妙每有人造請効驗甚多隋文帝踐極除

太子門大夫以父憂去官哀毀骨立既免喪襲爵
北絳郡公復爲太子門大夫俄轉蜀王秀友秀鎮
益州遷秀府司馬及平陳察至最自以非嫡讓封
於察隋文帝許之秀後陰有異謀隋文帝令公
卿窮治其事開府慶整郝偉等並推過於秀
最獨曰凡有不法皆最所爲王實不知也搒訊數
百卒無異辭最竟坐誅時年六十七論者義之撰
梁後略十卷行於世
黎景熙字季明河間鄚人也少以字行於世曾祖

嶷魏太武時從破平涼有功賜爵容城縣男加
鷹揚將軍後爲燕郡守祖鎮襲爵爲員外散騎侍
郎父瓊太和中襲爵歷員外郎魏縣令後至鄜
城郡守季明少好讀書性强記默識而無應對之
能其從祖廣太武時爲尚書郎善古學嘗從吏
部尚書清河崔玄伯受字義又從司徒崔浩學
楷篆自是家傳其法季明亦傳習之頗與許氏
有異又好占玄象頗知術數而落魄不事生業
有書千餘卷雖窮居獨處不以飢寒易操與范陽

盧道源爲莫逆之友永安中道源勸令入仕始爲
威烈將軍魏孝武初遷鎮遠將軍尋除步兵校
尉及孝武西遷季明乃寓居伊洛侯景徇地河
外召季明從軍尋授銀青光禄大夫加中軍將軍
拜行臺郎中除黎陽郡守季明從至懸瓠察
景終不足恃遂去之客於潁川以世路未清欲
優遊卒歲時王思政鎮潁川累使召季明不得
已出與相見留於內館月餘太祖又徵之遂入
關乃令季明正定古今文字於東閣大統末除

安西將軍尋拜著作佐郎於時儉輩皆位兼常伯車服華盛唯季明獨以貧素居之而無愧色又勤於所職著述不怠然性尤專固不合於時是以一爲史官遂十年不調魏恭帝元年進號平南將軍右銀青光祿大夫六官建爲外史上士孝閔帝踐阼加征南將軍右金紫光祿大夫時大司馬賀蘭祥討吐谷渾詔季明從軍還除驃騎將軍右光祿大夫武成末遷外史下大夫保定三年盛營宮室春夏大旱詔公卿百寮極言得失季明

上書曰臣聞成湯遭旱以六事自陳宣王太甚而珪璧斯竭豈非遠慮元元俯哀兆庶方今農要之月時雨猶愆率土之心有懷渴仰陛下垂情萬類子愛羣生覲禮百神猶未豐洽者豈或作事不節有違時令舉措失中儻邀斯旱春秋君舉必書動爲典禮水旱陰陽莫不應行而至孔子曰言行君子之所以動天地可不慎乎春秋莊公三十一年冬不雨五行傳以爲是歲一年而三築臺奢侈不恤民也僖公二十一年夏大旱五行傳以爲時作南門勞民興役漢惠帝二年夏大旱五年夏大旱江河水少谿澗水絕五行傳以爲先是發民十四萬六千人城長安漢武帝元狩三年夏大旱五行傳以爲是歲發天下故吏穿昆明池然則土木之功動民興役天輒應之以異典籍作誡儻或可思上天譴告改之則善今若息民省役以答天譴庶靈澤時降嘉穀有成則年登可覬子來非晚詩云民亦勞止迄可小康惠此中國以綏四方或恐極陽生陰秋多水雨年復不登

民將無覬如又荐飢爲慮更甚時豪富之家競爲奢麗季明又上書曰臣聞寬大所以兼覆慈愛所以懷衆故天地稱其高厚者萬物得其容養焉四時著其寒暑者庶類資其忠信焉是以帝王者寬大象天地忠信則四時招搖東指天下識其春人君布德率土懷其惠伏惟陛下資乾御寓品物咸亨時乘六龍自強不息好問受規天下幸甚自古至治之君亦皆廣延博訪詢採芻微置鼓樹木以求其過頃年亢旱踰時人懷

望歲陛下爰發明詔廣求人瘼同禹湯之罪已高宋景之守正澍雨應時年穀斯稔尅巳節用慕質惡華此則尚矣然而朱紫仍耀於衢路綺縠猶侈於豪家裋褐未充於細民糟糠未厭於編戶此則勸導之理有所未周故也今雖導之以政齊之以刑風俗固難以一矣昔文帝集上書之囊以作帷帳惜十家之產不造露臺後宮所幸衣不曳地方之今日富室之飾曾不如婢隷之服然而以身率下國富刑清廟稱太宗良有以也臣聞聖人久於其道而天下化成今承魏氏喪亂之後貞信未興宜先遵五美屏四惡華浮華之俗抑流競之風察鴻都之小藝焚雉頭之異服無益之貨勿重於時虧德之器勿陳於側則民知德矣臣又聞之為治之要在於選舉若差之毫釐則有千里之失後來居上則致積薪之譏是以古之善為治者貫魚以次任必以能爵人於朝不以私愛簡材以授其官量能以任其用官得其材用當其器六轡既調坐致千里虞舜選眾不仁者遠則庶事康哉

周書列傳三十九　十四

民知其化矣帝覽而嘉之時外史廨宇屢移未有定所季明又上言曰外史之職漢之東觀儀等石渠司同天祿是乃廣內秘府藏言之奧帝王所寶此焉攸在自魏及周公館不立臣雖愚瞽猶知其非是以去年十一月中敢冒陳奏將降中旨即遣修營荏苒一周未加功力臣職思其憂敢不重請帝納焉於是廨宇方立天和三年進車騎大將軍儀同三司後以疾卒

趙文深字德本南陽宛人也父遐以醫術進仕魏為尚藥典御文深少學楷隷年十一獻書於魏帝立義歸朝除大丞相府法曹參軍文深雅有鍾王之則筆勢可觀當時碑牓唯文深及冀儁而已大統十年追論立義功封白石縣男邑二百戶太祖以隷書紕繆命文深與黎季明沈遐等依說文及字林刊定六體成一萬餘言行於世及平江陵之後王褒入關貴遊等翕然並學褒書文深之書遂被遐棄文深慚恨形於言色後知好尚難反亦攻習褒書然竟無所成轉被譏議謂之學步

周書列傳三十九　十五

邯鄲焉至於碑牓餘人猶莫之逮王褒亦每推先
之宫殿樓閣皆其迹也遷縣伯下大夫加儀同三司
世宗令至江陵書景福寺碑漢南人士亦以爲工
梁主蕭詧觀而美之賞遺甚厚天和元年露寢
等初成文深以題牓之功增邑二百户除趙興郡
守文深雖外任每須題牓輒復追之後以疾卒
褚該字孝通河南陽翟人也晉末遷居江左祖長
樂齊竟陵王録事參軍父義昌梁鄱陽王中記
室該幼而謹厚有譽鄉曲尤善醫術見稱於時仕

梁歷武陵王府參軍隨府西上後與蕭撝同歸
國授平東將軍左銀青光禄大夫轉驃騎將軍右
光禄大夫武成元年除醫正上士自許奭死後該
稍爲時人所重賓客迎候亞於姚僧垣天和初遷
縣伯下大夫五年進授車騎大將軍儀同三司該性
淹和不自矜尚但有請之者皆爲盡其藝術時
論稱其長者焉後以疾卒子士則亦傳其家業
時有強練不知何許人亦不知其名字魏時有李順
興者語默不恒好言未然之事當時號爲李練

世人以強類練故亦呼爲練焉容貌長壯有異於
人神情敞怳莫之能測意欲有所論説逢人輒言若值
其不欲言縱苦加祈請亦不相酬荅初聞其言略
不可解事過之後往往有驗恒寄住諸佛寺好遊
行民家兼歷造王公邸第所至之處人皆敬信之
晉公護未誅之前曾手持一大瓠到護第門外抵而
破之乃大言曰瓠破子苦時柱國平高公侯伏侯龍
恩早依隨護深被任委強練至龍恩宅呼其妻元
氏及其妾媵并婢僕等並令連席而坐諸人以逼

夫人苦辭不肯強練曰汝等一例人耳何有貴賤遂
逼就坐未幾而護誅諸子並死龍恩亦伏法仍籍
没其家建德中每夜上街衢邊樹大哭釋迦牟尼
佛或至申旦如此者累月聲甚哀怜俄而廢佛道
二教大象末又以一無底囊歷長安市肆告乞市人
爭以米麥遺之強練張囊投之隨即漏之於地人
或問之曰汝何爲也強練曰此亦無餘但欲使諸人見
盛空耳至隋開皇初果移都於龍首山長安城遂
空廢後亦莫知其所終又有蜀郡衛元嵩者亦好

言將來之事蓋江左寶誌之流天和中著詩預論周隋廢興及皇家受命並有徵驗性尤不信釋教嘗上疏極論之史失其事故不爲傳

史臣曰仁義之於教大矣術藝之於用博矣徇於是者不能無非厚於利者必有其害詩書禮樂所失也淺故先王重其德方術技巧所失也深故往哲輕其藝夫能通方術而不詭於俗習技巧而必蹈於禮者豈非大雅君子乎姚僧垣詠候精審名冠於一代其所全濟固亦多焉而弘茲義

方皆爲令器故能享眉壽縻好爵老聃云天道無親常與善人於是信矣

列傳第三十九　周書四十七

列傳第四十　周書四十八

令狐德棻等撰

蕭詧

蕭詧字理孫蘭陵人也梁武帝之孫昭明太子統之第三子幼而好學善屬文尤長佛義特爲梁武帝所嘉賞梁普通六年封曲江縣公中大通三年進封岳陽郡王歷官宣惠將軍知石頭戍事琅邪彭城二郡太守東揚州刺史初昭明卒梁武帝舍詧兄弟而立簡文內常愧之寵亞諸子以會稽人物殷阜一都之會故有此授以慰其心

詧既以其昆弟不得爲嗣常懷不平又以梁武帝衰老朝多秕政有敗亡之漸遂蓄聚貨財交通賓客招募輕俠折節下之其勇敢者多歸附左右遂至數千人皆厚加資給中大同元年除持節都督雍梁東益南北秦五州郢州之竟陵司州之隨郡諸軍事西中郎將領寧蠻校尉雍州刺史詧以襄陽形勝之地又是梁武創基之所時平足以樹根本世亂可以圖霸功遂剋己勵

即樹恩於百姓務修刑政志存綏養乃下教曰
昔之善爲政者不獨師所見藉聽衆賢則所聞
自遠資鑒外物故在矚致明是以龐參卹民蓋
訪言於高逸馬援居政每責成於掾史王沉憂加
厚賞呂虔功有所由故能顯美政於當年流芳
塵於後代吾以陋識來牧盛藩每慮德不被民
政道或紊中宵拊枕對案忘饑思納良謨以匡
弗逮雍州部内有不便於民不利於政長吏貪殘
戍將懦弱關市恣其裒刻豪猾多所苞藏並密

以名聞當加釐正若刺史治道之要弛張未允循
酷乖理任用違才或愛狎邪佞或斥廢忠謇彌
思啓告用祛未悟驪梅舟檝允屬良規苦口惡
石想勿余隱并廣示鄉閭知其款意於是境内
稱治大清二年梁武帝以詧兄河東王譽爲湘
州刺史徙湘州刺史張纘爲雍州以代詧纘恃
其才望志氣矜驕輕譽少年州府迎候有闕譽
深銜之及至鎮遂託疾不與纘相見後聞侯景
作亂頗凌蹙纘纘懼爲所擒乃輕舟夜遁將

之雍部復慮詧拒之梁元帝時鎮江陵與纘有
舊纘將因之以斃詧兄弟會梁元帝與譽及信
州刺史桂陽王慥各率所領入援金陵慥下峽至
江津譽次江口梁元帝届郢州之武成屬侯景已
請和梁武帝詔罷援軍譽自江口將旋湘鎮慥
欲待梁元帝至謁督府方還州纘時在江陵乃
貽梁元帝書曰河東戴檣上水欲襲江陵岳陽
在雍共謀不逞江陵遊軍主朱榮又遣使報云
桂陽住此欲應譽詧梁元帝信之乃鑿船沉米

斬纜而歸至江陵收慥殺之令其子方等王僧
辯等相繼攻譽於湘州譽又告急於詧詧聞之
大怒初梁元帝將援建業令所督諸州並發兵
下赴國難詧遣府司馬劉方貴領兵爲前軍出
漢口及將發元帝又使諮議參軍劉㲄喻詧令
自行詧辭頗不順元帝又怒而方貴先與詧不
協潛與元帝相知尅期襲詧未及發會詧以他
事召方貴方貴疑謀泄遂據樊城拒命詧遣使
魏益德杜岸等衆軍攻之方貴窘急令其子遷

起乞師於江陵元帝乃厚資遣纘若將述職而密
援方貴纘次大隄樊城已陷詧擒方貴兄弟及
黨與竝斬之纘因進至州詧遷延不受代乃以西
城居之待之以禮軍民之政猶歸於詧詧以搆其
兄弟事始於纘將密圖之纘懼請元帝召之元
帝乃徵纘於詧詧留不遣杜岸兄弟紿纘曰民
觀岳陽殿下勢不仰容不如且往西山以避此禍
使君既得物情遠近必當歸集以此義舉事無
不濟纘深以爲然因與岸等結盟盟訖纘又要雍
州人席引等於西山聚衆纘乃服婦人衣乘青布
轝與親信十餘人出奔引等與杜岸馳告詧詧
令中兵參軍尹正共岸等率兵追討竝擒之纘
懼不免因請爲沙門詧時以譽危急乃留諮議
參軍蔡大寶守襄陽率衆二萬騎千伐江陵
以救之于時江陵立柵周遶郭邑而北面未就
詧因攻之元帝大懼乃遣參軍庾奐謂詧曰正
德肆亂天下崩離汝復效尤將欲何謂吾蒙先
宮愛顧以汝兄弟見屬今以姪伐叔逆順安在

詧謂奐曰家兄無罪累被攻圍同氣之情豈可
坐觀成敗七父若顧先恩豈應若是如能退兵湘
水吾便旋旆襄陽詧既攻柵不剋退而築城盡
銳攻之會大雨暴至平地水四尺詧軍中霑漬衆
頗離心其將杜岸岸弟幼安及其兄子龕懼詧不
振以其屬降於江陵詧衆大駭其夜遁歸襄陽
器械輜重多沒於湕水初詧囚張纘於軍至是
先殺纘而後退焉杜岸之降也請以五百騎襲
襄陽去城三十里城中覺之蔡大寶乃輔詧母
保林龔氏登陴閉門拒戰會詧夜至龔氏不知
其敗謂爲賊也至曉見詧乃納之岸等以詧至
遂奔其兄巘於廣平詧遣將尹正薛暉等攻拔
之獲巘岸等幷其母妻子女竝於襄陽北門殺
之盡誅諸杜宗族親者其幼稚踈屬下蠶室又
發掘其墳墓燒其骸骨灰而揚之詧既與江陵
搆隙恐不能自固大統十五年乃遣使稱藩請
爲附庸太祖令丞相府東閤祭酒榮權使焉詧
大悅是歲梁元帝令柳重禮率衆進圖襄陽詧

懼乃遣其妻王氏及世子寮爲質以請救太祖又令榮權報命仍遣開府楊忠率兵援之十六年楊忠擒仲禮平漢東詧乃獲安時朝議欲令詧發喪嗣位詧以未有璽命辭不敢當榮權時在詧所乃馳還具言其狀太祖遂令假散騎常侍鄭穆及榮權持節策命詧爲梁王詧乃於襄陽置百官承制封拜十七年詧留蔡大寶居守乃自襄陽來朝太祖謂詧曰王之來此頗由榮權王欲見之乎詧曰幸甚太祖乃召權與詧相見仍

周書列傳四十 六

謂之曰榮權吉士也寡人與之從事未嘗見其失信詧曰榮常侍通二國之言無私故詧今者得歸誠魏闕耳魏恭帝元年太祖令柱國于謹伐江陵詧以兵會之及江陵平太祖立詧爲梁主居江陵東城資以江陵一州之地其襄陽所統盡歸於我詧乃稱皇帝於其國年號大定追尊其父統爲昭明皇帝廟號高宗統妃蔡氏爲昭德皇后又尊其所生母龔氏爲皇太后立妻王氏爲皇后子巋爲皇太子其慶賞刑威官方制度並同王者唯

上疏則稱臣奉朝廷正朔至於爵命其下亦依梁氏之舊其戎章勳級則又兼用柱國等官又追贈叔父邵陵王綸太宰謚曰壯武贈兄河東王譽丞相謚曰武桓太祖乃置江陵防主統兵居於西城名曰助防外示助詧備禦內實兼防詧也初江陵滅梁元帝將王琳據湘州志圖匡復及詧立琳乃遣其將潘純陁侯方兒來寇詧出師禦之純陁等退歸夏口詧之四年詧遣其大將軍王操率兵略取王琳之長沙武陵南平等郡五年王

周書列傳四十 七

琳又遣其將雷文柔襲陷監利郡太守蔡大有死之尋而琳與陳人相持稱藩乞師於詧詧許之師未出而琳軍敗附於齊是歲其太子巋來朝京師詧之六年夏震其前殿崩壓殺二百餘人初江陵平詧將尹德毅說詧曰臣聞人主之行與匹夫不同匹夫者飾小行競小廉以取名譽人主者定天下安社稷以成大功今魏虜貪惏罔顧弔民伐罪之義必欲肆其殘忍多所誅夷俘囚士庶並爲軍實然此等戚屬咸在江東念其充餌豺

狼見拘異域痛心疾首何日能忘殿下方清宇宙紹兹鴻緒悠悠之人不可門到戶說其塗炭至此咸謂殿下爲之殿下既殺人父兄孤人子弟人盡讎也誰與爲國但魏之精銳盡萃於此犒師之禮非無故事若殿下爲設享會因請于謹等爲歡彼無我虞當相率而至預伏武士因而斃之分命果毅掩其營壘斬馘逋醜俾無遺噍江陵百姓穪而安之文武官寮隨即銓授既荷更生之惠孰不忻戴聖明魏人懾息未敢送死王僧辯

之徒折簡可致然後朝服濟江入踐皇極纘堯復禹萬世一時彈刻之間大功可立古人云天與不取反受其咎時至不行反受其殃願殿下恢弘遠略勿懷匹夫之行詧不從謂德毅曰卿之此策非不善也然魏人待我甚厚未可背德若遽爲卿計則鄧祈侯所謂人將不食吾餘也既而闔城長幼被虜入關又失襄陽之地詧乃追悔曰恨不用尹德毅之言以至於是又見邑居殘毀干戈日用恥其威略不振常懷憂憤乃著愍時

賦以見意其詞曰嗟余命之舛薄實賦運之逢屯既殷憂而彌歲復坎壈以相隣晝營營而至晚夜耿耿而通晨望否極而云泰何杳杳而無津悲晉璽之遷趙痛漢鼎之移新無田范之明略愧夷齊之得仁遂胡顏而苟免謂小屈而或申豈妖沴之無已何國步之長淪恨少生而輕弱本無志於爪牙謝兩章之雄勇恧二東之英華豈三石於杜鄠異五馬於琅邪直受性而好善類蓬生之在麻兾無咎而霑慶將保靜而

蠲邪何昊穹之弗惠值上帝之紆奢神州鞠爲茂草赤縣遶於長虵徒仰天而太息空撫衿而咨嗟惟古人之有懷尚或感於知己況託萼於霄極寵渥流於無已或小善而必褒時片言而見美昔待罪於禹川歷三考而無紀獲免戾於明時遂超隆於宗子始解印於稽山即驅傳於湘水彼南陽之舊國實天漢之嘉祉既川岳之形勝復龍躍之基趾此首賞之謬及謂維城之足恃值諸侯之攜貳遂留滯於樊川等勾踐之絶望同重

耳之終焉望南枝而灑泣或東顧而潺湲歸歟
之情何極首丘之思邈然忽值魏師入討于彼
南荊既車徒之赩赫遂一皷而陵城同瘠生之舍許
等小白之全邢伊杜稷之不泯實有感於恩靈
矧吾人之固陋迴飄薄於流萍忽沉滯於茲土
復朞月而無成昔方千而畿甸今七里而磐縈
寡田邑而可賦闕丘井而求兵無河內之資待
同滎陽之未平夜騷騷而擊柝晝孑孑而揚旌
烽凌雲而迥照馬伏櫪而悲鳴既有懷於斯日
亦焉得而云寧彼雲夢之舊都乃標奇於昔者
驗往記而瞻今何名高而實寡寂寥井邑荒涼
原野徒揄揚於宋玉空稱嗟於司馬南方卑而
歎屈長沙濕而悲賈余家國之一臣庶與周而
祀夏忽縈憂而北屈豈年華之天假加以狗盜
鼠竊蜂蠆狐狸羣圉隸而爲寇聚臧獲而成
師窺覦津渚跋扈江眉屢征肇於殷歲頻戰起
於軒時有扈興於夏典采芑著於周詩方叔振
於蠻貊伯禽捷於淮夷在逋穢其能幾會斬馘

周書列傳卌　十

而寨旗彼積惡之必稔豈天靈之我欺交川路
之云擁理惆悵而未怡詧在位八載年四十四保
定二年二月薨其羣臣等葬之於平陵謚曰
宣皇帝廟號中宗詧少有大志不拘小節雖多
猜忌而知人善任使撫將士有恩能得其死
力性不欲酒安於儉素事其母以孝聞又不好聲
色尤惡見婦人雖相去數步遥聞其臭經御婦
人之衣不復更着又惡見人髮白事者必方便
以避之其在東揚州頗放誕省覽簿領好爲
戲論之言以此獲譏於世篤好文義所著文集
十五卷內典華嚴般若法華金光明義疏四十
六卷竝行於世詧彊土既狹居常怏怏每誦老
馬伏櫪志在千里烈士暮年壯心不已未嘗不
盱衡扼腕歎咤者久之遂以憂憤發背而殂高
祖又命其太子巋嗣位年號天保
巋字仁遠詧之第三子也機辯有文學善於
撫御能得其下歡心嗣位之元年尊其祖母龔
太后曰太皇太后嫡母王皇后曰皇太后所生曹

周書列傳卌　十一

貴嬪曰皇太妃其年五月其大皇太后薨謚曰元
太后九月其太妃又薨謚曰孝皇太妃二年皇
太后薨謚曰宣靜皇后五年陳湘州刺史華皎
巴州刺史戴僧朔並來附皎送其子玄響爲質
於巋仍請兵伐陳巋上言其狀高祖詔衛公直
督荆州揔管權景宣大將軍元定等赴之巋亦
遣其柱國王操率水軍二萬會皎於巴陵既而
與陳將吳明徹等戰於沌口直軍不利元定遂
没巋大將軍李廣等亦爲陳人所虜長沙巴陵

周書列傳四十卷 十二

並陷於陳衛公直乃歸罪於巋之柱國殷亮
巋雖以退敗不獨在亮然不敢違命遂誅之吳
明徹乘勝攻尅巋河東郡獲其守將許孝敬明
年明徹進寇江陵引江水灌城巋出頓紀南以
避其鋭江陵副揔管高琳與其尚書僕射王操
拒守巋馬軍主馬武吉徹等擊明徹敗之明
徹退保公安巋乃還江陵巋之八年陳又遣其司
空章昭達來寇江陵揔管陸騰及巋之將士
擊走之昭達又寇章陵之青泥巋令其大將軍

許世武赴援大爲昭達所破初華皎戴僧朔從
衛公直與陳人戰敗率其麾下數百人歸於巋
巋以皎爲司空封江夏郡公以僧朔爲車騎將
軍封吳興縣侯巋之十年皎來朝至襄陽請衛
公直曰梁主既失江南諸郡民少國貧朝廷興亡
繼絶理宜資贍豈使齊桓楚莊獨擅救衛復
陳之美望借數州以裨梁國直然之乃遣使言
狀高祖高祖許之詔以基平鄀三州歸之於巋
及高祖平齊巋朝於鄴高祖雖以禮接之然

周書列傳四十 十三

未之重也巋知之後因宴承閒乃陳其父荷太
祖拯救之恩并叙二國艱虞脣齒掎角之事詞
理辯暢因涕泗交流高祖亦爲之歔欷自是大
加賞異禮遇日隆後高祖復與之宴齊氏故臣
吒列長乂亦預焉高祖指謂巋曰是登陴罵朕
者也巋曰長乂未能輔桀翻敢吠堯高祖大笑
及酒酣高祖又命琵琶自彈之仍請巋曰當爲
梁主盡歡巋乃起請舞高祖曰梁主乃能爲朕
舞乎巋曰陛下既親撫五絃臣何敢不同百獸

高祖大悅賜雜繒萬段良馬數十匹并賜齊後主妓妾及常所乘五百里駿馬以遺之及隋文帝執政尉遲迥王謙司馬消難等各起兵時巋將帥皆密請興師與迥等為連衡之勢進可以盡節於周氏退可以席卷山南巋固以為不可俄而消難奔陳迥等相次破滅隋文帝既踐極恩禮彌厚遣使賜金三百兩銀一千兩布帛萬段馬五百匹開皇二年隋文帝備禮納巋女為晉王妃又欲以其子瑒尚蘭陵公主由是罷江陵揔

管巋專制其國四年巋來朝長安隋文帝甚敬待之詔巋位在王公之上賜縑萬匹珍玩稱是及還親執其手謂之曰梁主久滯荊楚未復舊都故鄉之念良軫懷抱朕當振旅長江相送旋反耳巋在位二十三載年四十四五年五月薨其羣臣葬之於顯陵謚曰孝明皇帝廟號世宗巋孝悌慈仁有君人之量四時祭享未嘗不悲慕流涕性尤儉約御下有方境內稱治所著文集及孝經周易義記及大小乘幽微並行於世隋文帝

又命其太子蕭琮嗣位年號廣運

琮字溫文性倜儻不羈博學有文義兼善弓馬初封東陽王尋立為皇太子及嗣位隋文帝徵琮叔父岑入朝因留不遣復置江陵揔管以監之琮之二年隋文帝又徵琮入朝琮率其臣下二百餘人朝于長安隋文帝仍遣武鄉公崔弘度將兵戍江陵軍至鄀州琮叔父巖及弟瓛等懼弘度掩襲之遂虜居民奔于陳隋文帝於是廢梁國曲赦江陵死罪給民復十年梁二主各給

守墓十戶尋拜琮為柱國封莒國公自詧初即位歲在乙亥至是歲在丁未凡三十有三歲矣詧子嶚追謚孝惠太子巖封安平王岌東平王岑河間王後改封吳郡王巋子瓛義興王瑑晉陵王璟臨海王珣南海王瑒義安王瑀新安王詧之在藩及居帝位以蔡大寶為股肱王操為腹心魏益德尹正薛暉許孝敬薛宣為爪牙甄玄成劉盈岑善方傅准褚珪蔡大業典衆務張綰以耆舊處顯位沈重以儒學蒙厚禮自餘多

所奬拔咸盡其器能及巋纂業親賢竝用將
相則華皎殷亮劉忠義宗室則蕭欣蕭翼民
望則蕭確謝温柳洋王湜徐岳外戚則王凝王
誦殷璉文章則劉孝勝范迪沈君游君公柳信
言政事則袁敞柳莊蔡延壽甄詡皇甫茲故能
保其疆土而和其民人焉今載詧子㟧等及蔡大
寶以下尤著者附于左其在梁陳隋已有傳及
巋諸子未任職者則不兼録

㟧字道遠詧之長子也母曰宣靜皇后幼聰敏
有成人之量詧之爲梁主立爲世子尋病卒及
詧稱帝追謚焉
巖字義遠詧第五子也性仁厚善於撫接歷侍
中荊州刺史尚書令太尉太傅入陳授平東
將軍東揚州刺史及陳亡百姓推巖爲主以禦
隋師爲揔管宇文述所破伏法於長安
岌詧第六子也性淳和幼而好學位至侍中中
衛將軍巋之五年卒贈侍中司空謚曰孝
岑字智遠詧第八子也位至太尉性簡貴御下

嚴整及琮嗣位自以望重屬尊頗有不法故隋
文徵入朝拜大將軍封懷義郡公
瓛字欽文巋第三子也幼有令譽能屬文特爲
巋所愛位至荊州刺史初隋師至郡州梁之
百寮咸恐懼計無所出唯瓛建議南奔入陳授
侍中安東將軍吳州刺史及陳亡吳人推爲主
以禦隋師戰而敗與巖同時伏法
蔡大寶字敬位濟陽考城人祖履齊尚書祠部
郎父點梁尚書儀曹郎南兗州別駕大寶少孤

而篤學不倦善屬文初以明經對策第一解褐
武陵王國左常侍嘗以書干僕射徐勉大爲勉
所賞異乃令與其子遊處所有墳籍盡以給之
遂博覽羣書學無不綜詧初出第勉仍薦大
寶爲侍讀兼掌記室尋除尚書儀曹郎出鎮
會稽大寶爲記室領長流詧涖襄陽遷諮議
參軍及梁元帝與河東王譽結隙詧令大寶使
江陵以觀之梁元帝素知大寶見之甚悅乃示
所制玄覽賦令注解焉三日而畢元帝大嗟

賞之贈遺甚厚大寶還白詧云湘東必有異
圖禍亂將作不可下援臺城詧納之及爲梁
主除中書侍郎兼吏部掌大選事領襄陽太
守遷員外散騎常侍吏部郎俄轉吏部尚書
軍國之事咸委決焉加授大將軍遷尚書僕射
進號輔國將軍又除使持節宣惠將軍雍州
刺史詧於江陵稱帝徵爲侍中尚書令參掌選
事又加雲麾將軍荆州刺史進位柱國軍師將
軍領太子少傅轉安前將軍封安豐縣侯邑一
千户從巋入朝領太子少傅巋嗣位冊授司空
中書監中權大將軍領吏部尚書固讓司空許
之加特進巋之三年卒巋哭之慟自卒及葬三
臨其喪贈司徒進爵爲公謚曰文凱配食詧廟
大寶性嚴整有智謀雅達政事文詞贍速詧
之章表書記教令詔冊竝大寶專掌之詧推心
委任以爲謀主時人以詧之有大寶猶劉先主之
有孔明焉所著文集三十卷及尚書義疏竝行
於世有四子次子延壽有器識博涉經籍尤善

當世之務尚詧女宣成公主歷中書郎尚書右
丞吏部郎御史中丞從琮入隋授開府儀同三
司祕書丞終於成州刺史大寶弟大業
大業字敬道有至行父没居喪過禮性寬恕好
涉經史有將命材屢充使詣闕初以西中郎府
參軍隨詧之鎮詧稱帝歷尚書左丞開遠將軍
監利郡守散騎常侍衛尉卿巋嗣位遷都官尚
書除貞毅將軍漳川太守入爲左民尚書太常
卿巋之七年卒贈金紫光禄大夫謚曰簡有五
子允恭最知名起家著作佐郎太子舍人梁滅
入陳拜尚書庫部郎陳亡入隋授起居舍人
王操字子高其先太原晉陽人也詧母龔氏之
外弟也祖靈慶海鹽令父景休臨川内史操性
敦厚有籌略博涉經史在公恪勤初爲詧外兵
參軍親任亞於蔡大寶詧承制除尚書左丞及
稱帝遷五兵尚書大將軍郢州刺史尋進位柱
國封新康縣侯巋嗣位授鎮右將軍尚書僕射
及吴明徹爲寇巋出頓紀南操撫循將士莫不

周命明徹既退江陵獲全操之力也遷侍中中衛將軍尚書令開府儀同三司參掌選事領荆州刺史操既位居朝右每自挹損深得當時之譽歸之十四年卒歸舉哀於朝堂流涕謂其羣臣曰天不使吾平蕩江表何奪吾賢相之速也及葬親祖於死官門贈司空進爵爲公謚曰康節有七子次子衡最知名有才學起家祕書郎歷太子洗馬中書黄門侍郎

魏益德襄陽人也有才幹膽勇過人數從軍征討以功累遷至郡守詧莅襄陽以益德爲其府司馬詧承制拜將軍尋加大將軍及詧稱帝進位柱國封上黄縣侯邑千戸加車騎將軍詧之二年卒贈司空謚曰忠壯進爵爲公歸之五年以益德配食詧廟

尹正其先天水人詧莅雍州正爲其府中兵參軍擒張纘獲杜岸皆正之力詧承制以爲將軍尋拜大將軍及稱帝除護軍將軍進位柱國封新野縣侯邑千戸詧之三年卒贈開府儀同三

司謚曰剛歸之五年以正配食詧廟子德毅多權略位至大將軍後以見疑賜死

薛暉河東人也有才略身長八尺形貌甚偉詧督禁旅爲詧爪牙當禦侮之任與尹正攻獲杜岸於南陽詧承制拜將軍尋加大將軍進位柱國除領軍將軍歸之三年卒贈開府儀同三司有六子子建子尚知名

許孝敬吳人小名嗣兒勁勇過人爲詧驍將以大將軍守河東既無救援爲吳明徹所擒遂戮於建康市贈車騎大將軍子世武嗣少襲父大將軍好勇不拘行檢重賓客施與不節資産既盡鬱鬱不得志遂謀奔陳事覺伏誅又有大將軍李廣會稽人早事詧以敢勇聞沌口之役先登力戰及華皎軍敗爲吳明徹所擒將降之廣辭色不屈遂被害贈太尉追封建興縣公謚曰忠武

甄玄成字敬平中山人博達經史善屬文少爲簡文所知以録事參軍隨詧鎮襄陽轉中記

室參軍掌書記頗參政事以江陵甲兵殷盛遂懷貳心詧書與梁元帝申其誠款遂有得其書者進之於詧詧深信佛法常願不殺誦法華經人玄成素誦法華經遂以此獲免詧後見之常曰甄公好得法華經力歷位中書侍郎御史中丞祠部尚書吏部尚書詧之六年卒贈侍中護軍將軍有文集二十卷子詡以沈敏閑習政事歷中書舍人尚書右丞從琮入隋授開府儀同三司終於大府少卿

劉盈彭城人以西中郎府録事參軍隨詧之鎮有器度勤於在公詧之軍國經謀頗得參預歷黄門郎中書監雍州刺史尚書僕射巋之七年卒贈本官第三子然于時頗知名隋鷹擊郎將

岑善方字思義南陽棘陽人漢征南大將軍彭之後也祖惠甫給事中父昶散騎侍郎善方有器局博綜經史善於辭令以刑獄參軍隨詧至襄陽詧初請内附以善方兼記室充使詣闕應對閑敏深爲太祖所嘉自此往來凡數十反魏

恭帝二年授驃騎大將軍開府儀同三司封長寧縣公詧之承制也授中書舍人遷襄陽郡守及稱帝徵爲太府卿領中書舍人轉太府領舍人如故尋遷散騎常侍起部尚書善方性清慎有當世幹能故詧委以機密詧之七年卒贈太常卿謚曰敬所著文集十卷有七子竝有操行之元之利之象最知名之元太子舍人早卒高祖録善方充使之功追之利之象入朝授之利帥都督代王記室參軍後仕隋歷安固令郴義江三州司馬零陵郡丞之象掌式中士隋文帝相府參軍事後仕隋歷尚書虞部員外郎邵陵上宜渭南邯鄲四縣令

傅准北地人祖熙金紫光禄大夫父諝湘東王外兵參軍准有文才善詞賦以西中郎參軍隨詧之鎮官至度支尚書巋之七年卒贈太常卿謚曰敬康所著文集二十卷有二子曰秉曰執竝材兼文史秉尚書右丞執中書舍人尚書左丞

宗如周南陽人有才學容止詳雅以府僚隨詧

歷黃門散騎列卿後至度支尚書巋之九年卒
如周面狹長以法華經云聞經隨喜面不狹長
嘗戲之曰卿何爲謗經如周踧踖自陳不謗詧
又謂之如初如周懼出告蔡大寶大寶知其旨
笑謂之曰君當不謗餘經政應不信法華耳如
周乃悟又嘗有人訴事於如周謂爲經作如州
官也乃曰某有屈滯故來訴如州官如周曰爾
何小人敢呼我名其人慙謝曰秖言如州官作
如州不知如州官名如周早知如州官名如周

不敢喚如州官作如周如周乃笑曰命卿自責
見侮反深衆咸服其寛雅有七子希顏希華知
名希顏有文學仕至中書舍人希華博通經術
爲荆楚儒宗

蕭欣梁武帝弟安成康王秀之孫煬王機之子
也幼聰警博綜墳籍善屬文詧踐位以欣襲
機封歷侍中中書令尚書僕射尚書令巋之二
十三年卒贈司空欣與柳信言當巋之世俱爲
一時文宗有集三十卷又著梁史百卷遭亂失本

柳洋河東解人祖惔尚書左僕射父昭中書侍
郎洋少有文學以禮度自拘與王湜俱以風範
方正爲當時所重位至吏部尚書出爲上黃郡
守梁國廢以郡歸隋授開府儀同三司尋卒

徐岳東海人尚書左僕射開府儀同三司簡肅
公勉之少子也少方正博通經史初爲東陽王
琮師琮爲皇太子授詹事及嗣位除侍中左民
尚書俄遷尚書僕射從琮入隋授上開府儀同
三司終於陳州刺史子凱秘書郎岳兄矩有文
學善吏事頗黷於貨賄位至度支尚書子敬鴻
臚卿

王淀琅邪臨沂人祖琳侍中太府卿父錫侍中淀少
有令譽尚詧妹廬陵長公主歷秘書郎太子舍人
宣城王友廬陵内史詧踐位授侍中吏部尚書
巋之四年使詣闕卒於賓館侍中右光禄大夫子
璀有文詞黃門侍郎淀弟湜方雅有器識位至都
官尚書巋之二十年卒子懷秘書郎隋沔陽令
范迪順陽人祖縝尚書左丞父胥鄱陽内史迪

少機辯善屬文歷中書黃門侍郎尚書右丞散騎常侍歸之十七年卒有文集十卷子袁迪弟遹文采劣於迪而經術過之位至中衛東平王長史

沈君游吳興人祖僧旻左民尚書父巡東陽太守君游博學有詞采位至散騎常侍歸之十二年卒有文集十卷弟君公有幹局美風儀文章典正特爲歸所重歷中書黃門侍郎御史中丞自都官尚書爲義興王瓛師從瓛奔陳侍中太

子詹事隋平陳以瓛同謀度江伏誅

袁敞陳郡人祖昂司空父士俊安成內史敞少有器量博涉文史以吏部郎使詣闕時主者以敞班在陳使之後敞固不從命主者詰之敞對曰昔陳之祖父乃梁諸侯之下吏也棄忠與義盜有江東今大周朝宗萬國招攜以禮若使梁之行人在陳人之後便恐彝倫失序豈使臣之所望焉主者不能屈遂以狀奏高祖善之乃詔敞與陳使異日而進還以稱旨遷侍中轉左民尚書從琮入隋授開府儀同三司終於譙州刺史子謐謙

史臣曰梁主任術好謀知賢養士蓋有英雄之志霸王之略焉及淮海版蕩骨肉猜貳擁衆自固稱藩內款終能據有全楚中興頹運雖土宇殊於舊邦而位號同於曩日貽厥自遠享國數世可不謂賢哉嗣子纂承舊業增修遺構賞罰得衷舉厝有方密邇寇讎則威略具舉朝宗上國則聲猷遠振豈非繼世之令主乎

列傳第四十　周書四十八

列傳第四十一　周書四十九

令狐　德棻　等撰

異域上

高麗　百濟

蠻　獠

宕昌　鄧至

白蘭　氐

稽胡　厙莫奚

蓋天地之所覆載至大矣日月之所臨照至廣矣然則萬物之内民人寡而禽獸多兩儀之間中土局而庶俗曠求之鄒說詭怪之迹實繁考之山經奇譎之詞匪一周孔存而不論是非紛而莫辯秦皇鞭笞天下黷武於遐方漢武士馬疆盛肆志於遠略匈奴既却其國已虛大馬既來其民亦困是知鴈海龍堆天所以絶夷夏也炎方朔漠地所以限内外也況乎時非秦漢志甚嬴劉違天道以求其功殫民力而從所欲顛墜之釁夯固不旋踵是以先王設教内諸夏而外夷狄往哲垂範美樹德而鄙廣地雖禹迹之東漸西被不過海及流沙王制之自北徂南裁稱穴居交趾豈非道貫三古義高百代者乎有周承喪亂之後屬戰爭之日定四表以武功安三邊以權道趙魏尚梗則結姻於北狄厩庫未實則通好於西戎由是德刑具舉聲明遐洎卉服氈裘輻湊於屬國商胡販客填委於旗亭雖東略漏三吳之地南巡阻百越之境而國威之所肅服風化之所覃被亦足爲弘矣其四夷來朝聘者今並紀之於後至於道路遠近物產風俗詳諸前史或有不同斯皆録其當時所記以備遺闕云爾

高麗者其先出於夫餘自言始祖曰朱蒙河伯女

感日影所孕也朱蒙長而有材略夫餘人惡而逐之土于紇斗骨城自號曰高句麗仍以高爲氏其孫莫來漸盛擊夫餘而臣之莫來裔孫璉始通使於後魏其地東至新羅西渡遼水二千里南接百濟北鄰靺鞨千餘里治平壤城其城東西六里南臨浿水城內唯積倉儲器備寇賊至日方入固守王則別爲宅於其側不常居之其外有國內城及漢城亦別都也復有遼東玄菟等數十城皆置官司以相統攝大官有大對盧

次有太大兄大兄小兄意俟奢烏拙太大使者大使者小使者褥奢翳屬仙人并褥薩凡十三等分掌內外事焉其大對盧則以彊弱相陵奪而自爲之不由王之署置也其刑法謀反及叛者先以火焚爇然後斬首籍沒其家盜者十餘倍徵贓若貧不能備及負公私債者皆聽評其子女爲奴婢以償之丈夫衣同袖衫大口袴白韋帶黃革履其冠曰骨蘇多以紫羅爲之雜以金銀爲飾其有官品者又插二鳥羽於其上以顯

異之婦人服裙襦裾袖皆爲襈書籍有五經三史三國志晉陽秋兵器有甲弩弓箭戟矟矛鋌賦稅則絹布及粟隨其所有量貧富差等輸之土田塉薄居處節儉然尚容止多詐偽言辭鄙穢不簡親疎乃至同川而浴共室而寢風俗好淫不以爲愧有遊女者夫無常人婚娶之禮略無財幣若受財者謂之賣婢俗甚恥之父母及夫喪其服制同於華夏兄弟則限以三月敬信佛法尤好淫祀又有神廟二所一曰夫餘神

刻木作婦人之象一曰登高神云是其始祖夫餘神之子竝置官司遣人守護蓋河伯女與朱蒙云璉五世孫成大統十二年遣使獻其方物成死子湯立建德六年湯又遣使來貢高祖拜湯爲上開府儀同大將軍遼東郡開國公遼東王

百濟者其先蓋馬韓之屬國夫餘之別種有仇台者始國於帶方故其地界東極新羅北接高句麗西南俱限大海東西四百五十里南北九百餘里治固麻城其外更有五方中方曰古沙城

東方曰得安城南方曰久知下城西方曰刀先城北方曰熊津城王姓夫餘氏號於羅瑕民呼爲鞬吉支夏言竝王也妻號於陸夏言妃也官有十六品左平五人一品達率三十人二品恩率三品德率四品扞率五品柰率六品六品已上冠飾銀華將德七品紫帶施德八品皂帶固德九品赤帶季德十品青帶對德十一品文督十二品皆黃帶武督十三品佐軍十四品振武十五品克虞十六品皆白帶自恩率以下官無常員各有部司分掌衆務內

三百四十二　周書列傳四十一　五　任

官有前內部穀部肉部內掠部外掠部馬部刀部功德部藥部木部法部後官部外官有司軍部司徒部司空部司寇部點口部客部外舍部綢部日官部都市部都下有萬家分爲五部曰上部前部中部下部後部統兵五百人五方各有方領一人以達率爲之郡將三人以德率爲之方統兵一千二百人以下七百人以上城之內外民庶及餘小城咸分肄焉其衣服男子略同於高麗若朝拜祭祀其冠兩箱加翅戎事則不拜謁之禮以兩

手據地爲敬婦人衣似袍而袖微大在室者編髮盤於首後垂一道爲飾出嫁者乃分爲兩道焉兵有弓箭刀矟俗重騎射兼愛墳史其秀異者頗解屬文又解陰陽五行用宋元嘉曆以建寅月爲歲首亦解醫藥卜筮占相之術有投壺樗蒲等雜戲然尤尚弈棊僧尼寺塔甚多而無道士賦稅以布絹絲麻及米等量歲豐儉差等輸之其刑罰反叛退軍及殺人者斬盜者流其贓兩倍徵之婦人犯姦者沒入夫家爲婢婚娶

三百二十六　周書列傳四十一　六　任

之禮略同華俗父母及夫死者三年治服餘親則葬訖除之土田下濕氣候溫暖五穀雜果菜蔬及酒醴餚饌藥品之屬多同於內地唯無駝驢騾羊鵝鴨等其王以四仲之月祭天及五帝之神又每歲四祠其始祖仇台之廟自晉宋齊梁據江左後魏宅中原竝遣使稱藩兼受封拜齊氏擅東夏其王隆亦通使焉隆死子昌立建德六年齊滅昌始遣使獻方物宣政元年又遣使來獻

蠻者盤瓠之後族類蕃衍散處江淮之間汝

豫之郡憑險作梗世為寇亂逮魏人失馭其暴滋甚有冉氏向氏田氏者陬落尤盛餘則大者萬家小者千戶更相崇樹僭稱王侯屯據三峽斷遏水路荆蜀行人至有假道者太祖略定伊瀍聲教南被諸蠻畏威靡然向風矣大統五年蔡陽蠻王魯超明内屬以為南雍州刺史仍世襲焉十一年蠻酋梅勒特來貢其方物尋而蠻帥田杜清及沔漢諸蠻擾動大將軍楊忠擊破之其後蠻帥杜青和自稱巴州刺史以州入附

朝廷因其所稱而授之青和後遂反攻圍東梁州其唐州蠻田魯嘉亦叛自號豫州伯王雄權景宣等前後討平之語在泉仲遵及景宣傳魏廢帝初蠻酋樊舍舉落内附以為淮北三州諸軍事淮州刺史淮安郡公于謹等平江陵諸蠻騷動詔豆盧寧蔡祐等討破之魏恭帝二年蠻酋宜民王田興彥北荆州刺史梅季昌等相繼款附以興彥季昌並為開府儀同三司加季昌洛州刺史賜爵石臺縣公其後巴西人譙淹扇動

羣蠻以附於梁蠻帥向鎮侯向日虎等應之向五子王又攻陷信州田烏度田都唐等抄斷江路文子榮復據荆州之汶陽郡自稱仁州刺史并隣州刺史蒲微亦舉兵逆命詔田弘賀若敦潘招李遷哲討破之語在敦及遷哲楊雄等傳武成初文州蠻叛州選軍討定之尋而冉令賢向五子王等又攻陷白帝殺開府楊長華遂相率作亂前後遣開府元契趙剛等摠兵出討雖頗翦其族類而元惡未除天和元年詔開府

陸騰督王亮司馬裔等討之騰水陸俱進次于湯口先遣喻之而令賢方增浚城池嚴設扞禦遣其長子西黎次子南王領其支屬於江南險要之地置立十城遠結涔陽蠻為其聲援令賢率其精卒固守水邏城騰乃摠集將帥謀其進趣咸欲先取水邏然後經略江南騰言於衆曰令賢内恃水邏金湯之險外託涔陽輔車之援兼復資粮充實器械精新以我懸軍攻其嚴壘脫一戰不剋更成其氣不如頓軍湯口先

取江南剪其羽毛然後進軍水邏此制勝之計
也衆皆然之乃遣開府王亮率衆渡江旬日攻
拔其八城凶黨奔散獲賊帥冉承公并生口三
千人降其部衆一千戶遂簡募驍勇數道入攻
水邏路經石壁城此城峻嶮四面壁立故以名焉
唯有一小路緣梯而上蠻蜑以爲峭絕非兵衆
所行騰被甲先登衆軍繼進備經危阻累月
乃得舊路且騰先任隆州摠管雅知蠻帥冉
伯犁冉安西與令賢有隙騰乃招誘伯犁等結

爲父子又多遺其金帛伯犁等悅遂爲鄉導
水邏側又有石勝城者亦是險要令賢使兄子
龍眞據之騰又密誘龍眞云若平水邏使其代
令賢處龍眞大悅密遣其子詣騰騰乃厚加禮
接賜以金帛蠻貪利既深仍請立効乃謂騰
曰欲翻所據城恐人力寡少騰許以三百兵助之
既而遣二千人銜枚夜進龍眞力不能禦遂平
石勝城晨至水邏蠻衆大潰斬首萬餘級虜獲
一萬口令賢遁走追而獲之并其子弟等皆斬之

司馬裔又別下其二十餘城獲蠻帥冉三公等
騰乃積其骸骨於水邏城側爲京觀後蠻蜑望
見輒大號哭自此狼戾之心輟矣時向五子王
據石默城令其子寶勝據雙城水邏平後頻遣
喻之而五子王猶不從命騰又遣王亮屯牢坪
司馬裔屯雙城以圖之騰慮雙城孤峭攻未拔
賊若委城奔散又難追討乃令諸軍周回立柵
遏其走路賊乃大駭於是縱兵擊破之擒五子
王於石默獲寶勝於雙城悉斬諸向首領生擒

萬餘口信州舊治白帝騰更於劉備故宮城南
八陣之北臨江岸築城移置信州又以巫縣
信陵秭歸並是硤中要險於是築城置防
以爲襟帶焉天和六年蠻渠冉祖喜冉龍
驤又反詔大將軍趙誾討平之自此羣蠻
懾息不復爲寇矣
獠者蓋南蠻之別種自漢中達于邛笮川洞之
間在所有皆有俗多不辨姓氏又無名字所生
男女唯以長幼次第呼之其丈夫稱阿謩阿段

婦人阿夷阿第之類皆其語之次第稱謂也喜
則羣聚怒則相殺雖父子兄弟亦手刃之
遞相掠賣不避親戚被賣者號叫不服逃竄
避之乃將買人指撝捕逐若追亡叛獲便縛之
但經被縛者即服爲賤隸不敢更稱良矣俗畏
鬼神尤尚淫祀巫祝至有賣其昆季妻孥盡者
乃自賣以祭祭焉往往推一酋帥爲王亦不能
遠相統攝自江左及中州遞有巴蜀多恃險不
賓太祖平梁益之後令所在撫慰其與華民雜

居者亦頗從賦役然天性暴亂旋致擾動每歲
命隨近州鎮出兵討之獲其口以充賤隸謂
之爲壓獠焉後有商旅往來者亦資以爲貨
公卿逮于民庶之家有獠口者多矣魏恭帝三
年陵州木籠獠反詔開府陸騰討破之俘斬
萬五千人保定二年鐵山獠又反抄斷江路陸
騰復攻拔其三城虜獲三千人降其種三萬落語
在騰傳天和三年梁州恒稜獠叛總管長史趙
文表討之軍次巴州文表欲率衆徑進軍吏等

曰此獠旅拒日久部衆甚彊討之者皆四面攻
之以分其勢今若大軍直進不遣奇兵恐併力於
我未可制勝文表曰往者既不能制之今須别爲
進趣若四面遣兵則獠降走路絕理當相率以死
拒戰如從一道則吾得示威恩分遣使人以理曉
諭爲惡者討之歸善者撫之善惡既分易爲經
略事有變通柰何欲遵前轍也文表遂以此
意遍令軍中時有從軍熟獠多與恒稜親識
即以實報之恒稜獠相與聚議猶豫之間文表

軍已至其界獠中先有二路一路稍平一路極險
俄有生獠酋帥數人來見文表曰我恐官軍不悉
山川請爲鄉導文表謂之曰此路寬平不須導
引卿但先去好慰諭子弟也乃遣之文表謂其
衆曰向者獠帥語吾從寬路而行必當設伏要
我若從險路出其不虞獠衆自離散矣於是勒
兵從險道進其有不通之處隨即治之乘高而
望果見其伏兵獠既失計爭攜妻子退保險要
文表頓軍大蓬山下示以禍福遂相率來降文表

皆慰撫之仍徵其稅租無敢動者後除文表爲蓬州刺史又大得獠和建德初李暉爲梁州總管諸獠亦並從附然其種類滋蔓保據巖壑依林走險若履平地雖屢加兵弗可窮討性又無知殆同禽獸諸夷之中最難以道義招懷者也

宕昌羌者其先蓋三苗之胤周時與庸蜀微盧等八國從武王滅商漢有先零燒當等世爲邊患其地東接中華西通西域南北數千里姓別

自爲部落各立酋帥皆有地分不相統攝宕昌即其一也俗皆土著居有棟宇其屋織犛牛尾及羖羊毛覆之國無法令又無徭賦唯征伐之時乃相屯聚不然則各事生業不相往來皆衣裘褐牧養犛牛羊豕以供其食父子伯叔兄弟死者即以其繼母世叔母及嫂弟妹等爲妻俗無文字但候草木榮落以記歲時三年一相聚殺牛羊以祭天有梁勤者世爲酋帥得羌豪心乃自稱王焉其界自仇池以西東西千里席水以南南北八百里地多山阜部衆二萬餘落勤孫彌忽始通使於後魏太武因其所稱而授之自彌忽至仚定九世每脩職貢不絕後見兩魏分隔遂懷背誕永熙末仚定乃引吐谷渾寇金城大統初又率其種人入寇詔行臺趙貴督儀同侯莫陳順等擊破之仚定懼稱蕃請罪太祖捨之拜撫軍將軍四年以仚定爲南洮州刺史要安蕃王後改洮州爲岷州仍以仚定爲刺史是歲秦州濁水羌反州軍討平之七年仚定又舉兵入

寇獨孤信時鎭隴右詔信率衆便討之軍未至而仚定爲其下所殺信進兵破其餘黨朝廷方欲招懷殊俗乃更以其弟彌定爲宕昌王十六年彌定宗人獠甘襲奪其位彌定來奔先是羌酋傍乞鐵怱等因仚定反叛之際遂擁衆據渠林川與渭州民鄭五醜扇動諸羌阻兵逆命至是詔大將軍宇文貴豆盧寧涼州刺史史寧等率兵討獠甘等並擒斬之納彌定而還語在貴等傳其後羌酋東念姐率𥝐俱和等反大將軍豆盧

寧王勇等前後討平之保定初彌定遣使獻方物三年又遣使獻生猛獸四年彌定寇洮州揔管李賢擊走之是歲彌定又引吐谷渾寇石門戍賢復破之高祖怒詔大將軍田引討滅之以其地爲宕州

鄧至羌者羌之別種也有像舒治者世爲白水酋帥自稱王焉其地北與宕昌相接風俗物產亦與宕昌略同自舒治至檐桁十一世魏恭帝元年檐桁失國來奔太祖令章武公導率兵送復之

白蘭者羌之別種也其地東北接吐谷渾西北至利模徒南界郍鄂風俗物產與宕昌略同保定元年遣使獻犀甲鐵鎧

氐者西夷之別種三代之際蓋自有君長而世一朝見故詩稱自彼氐羌莫敢不來王也漢武帝滅之以其地爲武都郡自汧渭抵於巴蜀種類寔繁漢末有氐帥楊駒始據仇池百頃最爲殭族其後漸盛乃自稱王至裔孫纂爲苻堅所滅堅敗其族人定又自稱王定爲乞伏乾歸所殺定從

弟盛代有其國世受魏氏封拜亦通使於江左然其種落分散叛服不恒隴漢之間屢被其害盛之苗裔曰集始魏封爲武興王集始死子紹先立遂僭稱大號魏將傅豎眼滅之執紹先歸諸京師以其地爲武興鎮魏氏洛京未定天下亂紹先奔還武興復自立爲王太祖定秦隴紹先稱藩送妻子爲質大統元年紹先請其妻女太祖奏魏帝還之紹先死子辟邪立四年南岐州氐苻安壽反攻陷武都自號太白王詔大都督侯莫陳順與渭州刺史長孫澄討破之安壽以其衆降九年清水氐酋李鼠仁據險作亂氐帥梁道顯叛攻南由太祖遣典籤趙昶慰諭之鼠仁等相繼歸附語在昶傳十一年於武興置東益州以辟邪爲刺史十五年安夷氐復叛趙昶時爲郡守收其首逆者二十餘人斬之餘衆乃定於是以昶行南秦州事氐帥蓋閙等相率作亂閙據北谷其黨覃洛聚洮中楊興德苻雙圍平氏城姜樊噲亂武階西結宕昌羌獠甘共推蓋閙爲主

昶分道遣使宣示禍福然後出兵討之擒盖閙
散其餘黨興州叛氐復侵逼南岐州刺史叱羅
協遣使告急昶率兵赴救又大破之先是氐首
楊法深據陰平自稱王亦盛之苗裔也魏孝昌
中舉衆内附自是職貢不絶廢帝元年以法深
爲黎州刺史二年楊辟邪據州反羣氐復與同
逆詔叱羅協與趙昶討平之太祖乃以大將軍宇
文貴爲大都督六州諸軍事興州刺史貴威名
先著羣氐頗畏服之是歲楊法深從尉遲迥平

蜀軍回法深旋鎮尋與其種人楊崇集楊陳侳
各擁其衆遞相攻討趙昶時督成武沙三州諸軍
事成州刺史遣使和解之法深等從命乃分其部
落更置州郡以處之魏恭帝末武興氐反圍利
州鳳州固道氐魏天王等亦聚衆響應大將軍
豆盧寧等討平之世宗時興州人叚吒及下辯柏
樹二縣民反相率破蘭皐戍氐酋姜多復率厨
中氐蜀攻陷落叢郡以應之趙昶率衆討平二
縣幷斬叚吒而陰平盧北二郡氐復往往屯聚與

厨中相應昶乃簡擇精騎出其不意徑入厨中
至大竹坪連破七柵誅其渠率二郡並降及昶還
厨中主氐復爲寇掠昶又遣儀同劉崇義宇文
琦率兵入厨中討之大破氐衆斬姜多及待肆王
等於是羣氐並平及王謙舉兵沙州氐帥開府
楊永安又據州應謙大將軍達奚儒討平之
稽胡一曰步落稽蓋匈奴別種劉元海五部之苗
裔也或云山戎赤狄之後自離石以西安定以東
方七八百里居山谷間種落繁熾其俗土著亦知

種田地少桑蠶多麻布其丈夫衣服及死亡殯
葬與中夏略同婦人則多貫蜃貝以爲耳及頸
飾又與華民錯居其渠帥頗識文字然語類夷
狄因譯乃通蹲踞無禮貪而忍害俗好淫穢處
女尤甚將嫁之夕方與淫者叙離夫氏聞之以多
爲貴既嫁之後頗亦防閑有犯姦者隨事懲罰
又兄弟死皆納其妻雖分統郡縣列於編戶然輕
其徭賦有異齊民山谷阻深者又未盡役屬而凶
悍恃險數爲寇亂魏孝昌中有劉蠡升者居雲

陽谷自稱天子，立年號，署百官。屬魏氏政亂，力不能討，蠡升遂分遣部衆抄掠，居汾晉之間，略無寧歲。齊神武遷鄴後，始密圖之，僞許以女妻蠡升太子。蠡升信之，遂遣其子詣鄴。齊神武厚爲之禮，綫以婚期。蠡升既恃和親，不爲之備。大統元年三月，齊神武潜師襲之。蠡升率輕騎出外徵兵，爲其北部王所殺，斬首送於齊神武。其衆復立蠡升第三子南海王爲主，率兵拒戰。齊神武擊滅之，獲其僞主及其弟西海王并皇后夫

人王公以下四百餘人，歸於鄴。居河西者，多恃險不賓。時方與齊神武爭衡，未遑經略，太祖乃遣黄門郎楊忠就安撫之。五年，黑水部衆先叛。七年，別帥夏州刺史劉平伏又據上郡反。自是北山諸部連歲寇暴。太祖前後遣李遠、于謹、侯莫陳崇、李弼等相繼討平之。武成初，延州稽胡郝阿保、郝狼皮率其種人附於齊氏。阿保自署丞相，狼皮自署柱國，并與其別部劉桑德共爲影響。柱國豆盧寧督諸軍與延州刺史高琳擊破之。二年，狼

皮等餘黨復叛，詔大將軍韓果討之，俘斬甚衆。保定中，離石生胡數寇汾北，勳州刺史韋孝寬於險要築城，置兵糧，以遏其路。及楊忠與突厥伐齊，稽胡等復懷旅拒，不供糧餼。忠乃詐其酋帥，云與突厥欲回兵討之。酋帥等懼，乃相率供饋焉。語在忠傳。其後丹州、綏州、銀州等部内諸胡，與蒲川別帥郝三郎等又頻年逆命，復詔達奚震、辛威、于寔等前後窮討，散其種落。天和二年，延州總管宇文盛率衆城銀州，稽胡白郁久同、喬

是羅等欲邀襲盛軍，盛並討斬之。又破其別帥喬三勿同等。五年，開府劉雄出綏州，巡檢北邊川路，稽胡帥喬白郎、喬素勿同等度河逆戰，雄復破之。建德五年，高祖敗齊師於晉州，乘勝逐北，齊人所棄甲仗，未暇收斂，稽胡乘間竊出，並盜而有之。乃立蠡升孫没鐸爲主，號聖武皇帝，年曰石平。六年，高祖定東夏，將討之。議欲窮其巢穴，齊王憲以爲種類既多，又山谷阻絶，王師一舉，未可盡除，且當剪其魁首，餘加慰撫。高祖然

之乃以憲爲行軍元帥督行軍摠管趙王招譙王儉滕王逌等討之憲軍次馬邑乃分道俱進没鐸遣其黨天柱守河東又遣其大帥穆支據河西規欲分守險要掎角憲軍憲命譙王儉攻天柱滕王逌擊穆支並破之斬首萬餘級趙王招又擒没鐸餘衆盡降宣政元年汾州稽胡帥劉受羅千復反越王盛督諸軍討擒之自是寇盜頗息

厙莫奚鮮卑之别種也其先爲慕容晃所破竄於松漠之間後種類漸多分爲五部一曰辱紇主二曰莫賀弗三曰契箇四曰木昆五曰室得每部置俟斤一人有阿會氏者最爲豪帥五部皆受其節度役屬於突厥而數與契丹相攻虜獲財畜因而行賞死者則以葦薄裹尸懸之樹上大統五年遣使獻其方物

史臣曰凡民肖形天地禀靈陰陽愚智本於自然剛柔繫於水土故雨露所會風流所通九川爲紀五嶽作鎮此之謂諸夏生其地者則仁義出焉昧谷嵎夷孤竹北戶限以丹徼紫塞隔以滄海交河此之謂荒裔感其氣者則凶德成焉若夫九夷八狄種落繁熾七戎六蠻充牣邊鄙雖風土殊俗嗜欲不同至於貪而無厭佷而好亂彊則旅拒弱則稽服其揆一也斯蓋天之所命使其然乎

列傳第四十一　周書四十九

異域下

突厥
吐谷渾
高昌
鄯善
焉耆
龜茲
于闐
嚈噠
粟特
安息
波斯

突厥者蓋匈奴之別種姓阿史那氏別爲部落後爲鄰國所破盡滅其族有一兒年且十歲兵人見其小不忍殺之乃刖其足棄草澤中有牝狼以肉飼之及長與狼合遂有孕焉彼王聞此兒尚在重遣殺之使者見狼在側幷欲殺狼狼遂逃于高昌國之北山山有洞穴穴內有平壤茂草周回數百里四面俱山狼匿其中遂生十男十男長大外託妻孕其後各有一姓阿史那卽一也子孫蕃育漸至數百家經數世相與出穴臣於茹茹居金山之陽爲茹茹鐵工金山形似兜鍪其俗謂兜鍪爲突厥遂因以爲號焉或云突厥之先出於索國在匈奴之北其部落大人曰阿謗步兄弟十七人其一曰伊質泥師都狼所生也謗

步等性並愚癡國遂被滅泥師都旣別感異氣能徵召風雨娶二妻云是夏神冬神之女也一孕而生四男其一變爲白鴻其一國於阿輔水劍水之間號爲契骨其一國於處折水其一居踐斯處折施山卽其大兒也山上仍有阿謗步種類並多寒露大兒爲出火溫養之咸得全濟遂共奉大兒爲主號爲突厥卽訥都六設也訥都六有十妻所生子皆以母族爲姓阿史那是其小妻之子也訥都六死十母子內欲擇立一人乃相率於大樹

下共爲約曰向樹跳躍能最高者即推立之阿史那子年幼而跳最高者諸子遂奉以爲主號阿賢設此說雖殊然終狼種也其後曰土門部落稍盛始至塞上市繒絮願通中國大統十一年太祖遣酒泉胡安諾槃陁使焉其國皆相慶曰今大國使至我國將興也十二年土門遂遣使獻方物時鐵勒將伐茹茹土門率所部邀擊破之盡降其衆五萬餘落恃其彊盛乃求婚於茹茹茹茹主阿那瓌大怒使人罵辱之曰爾是我鍛

奴何敢發是言也土門亦怒殺其使者遂與之絶而求婚於我太祖許之十七年六月以魏長樂公主妻之是歲魏文帝崩土門遣使來弔贈馬二百匹魏廢帝元年正月土門發兵擊茹茹大破之於懷荒北阿那瓌自殺其子菴羅辰奔齊餘衆復立阿那瓌叔父鄧叔子爲主土門遂自號伊利可汗猶古之單于也號其妻爲可賀敦亦猶古之閼氏也土門死子科羅立科羅號乙息記可汗又破叔子於沃野北木賴山二年三月

科羅遣使獻馬五萬匹科羅死弟俟斤立號木汗可汗俟斤一名燕都狀貌多奇異面廣尺餘其色甚赤眼若瑠璃性剛暴務於征伐乃率兵擊鄧叔子滅之叔子以其餘燼來奔俟斤又西破嚈噠東走契丹北幷契骨威服塞外諸國其地東自遼海以西西至西海萬里南自沙漠以北北至北海五六千里皆屬焉其俗被髮左衽穹廬氊帳隨水草遷徙以畜牧射獵爲務賤老貴壯寡廉恥無禮義猶古之匈奴也其主初立

近侍重臣等輿之以氊隨日轉九回每一回臣下皆拜拜訖乃扶令乘馬以帛絞其頸使纔不至絶然後釋而急問之曰你能作幾年可汗其主既神情瞀亂不能詳定多少臣下等隨其所言以驗脩短之數大官有葉護次設次特勤次俟利發次吐屯發及餘小官凡二十八等皆世爲之兵器有弓矢鳴鏑甲矟刀劍其佩飾則兼有伏突旗纛之上施金狼頭侍衛之士謂之附離夏言亦狼也蓋本狼生志不忘舊其徵發

兵馬及科稅雜畜輒刻木爲數并一金鏃箭蠟
封印之以爲信契其刑法反叛殺人及姦人之婦
盜馬絆者皆死姦人女者重責財物即以其女
妻之鬬傷人者隨輕重輸物盜馬及雜物者各
十餘倍徵之死者停屍於帳子孫及諸親屬男
女各殺羊馬陳於帳前祭之繞帳走馬七匝一
詣帳門以刀剺面且哭血淚俱流如此者七度乃
止擇日取亡者所乘馬及經服用之物并屍俱
焚之收其餘灰待時而葬春夏死者候草木

黃落秋冬死者候華葉榮茂然始坎而瘞之葬
之日親屬設祭及走馬剺面如初死之儀葬訖於
墓所立石建標其石多少依平生所殺人數又以
祭之羊馬頭盡懸挂於標上是日也男女咸盛
服飾會於葬所男有悅愛於女者歸即遣人娉
問其父母多不違也父兄伯叔死者子弟及姪等
妻其後母世叔母及嫂唯尊者不得下淫雖移
徙無常而各有地分可汗恒處於都斤山牙帳
東開蓋敬日之所出也每歲率諸貴人祭其先

窟又以五月中旬集他人水拜祭天神於都斤
四五百里有高山迥出上無草樹謂其爲勃登
凝黎夏言地神也其書字類胡而不知年曆
唯以草青爲記俟斤部衆既盛乃遣使請誅
鄧叔子等太祖許之收叔子以下三千人付其使者
殺之於青門外三年俟斤襲擊吐谷渾破之語
在吐谷渾傳明帝二年俟斤遣使來獻方物保
定元年又三輩遣使貢其方物時與齊人交爭
戎車歲動故每連結之以爲外援初魏恭帝世

俟斤許進女於太祖契未定而太祖崩尋而俟
斤又以他女許高祖未及結納齊人亦遣求婚
俟斤貪其幣厚將悔之至是詔遣涼州刺史楊
荐武伯王慶等往結之慶等至諭以信義俟斤
遂絕齊使而定婚焉仍請舉國東伐語在荐
等傳三年詔隋公楊忠率衆一萬與突厥伐齊
忠軍度陘嶺俟斤率騎十萬來會明年正月
攻齊主於晉陽不剋俟斤遂縱兵大掠而還忠
言於高祖曰突厥甲兵惡爵賞輕首領多而無

法令何謂難制馭正由比者使人妄道其彊盛欲令國家厚其使者身往重取其報朝廷受其虛言將士望風畏懾但虜態詐健而實易與耳今以臣觀之前後使人皆可斬也高祖不納是歲俟斤復遣使來獻更請東伐詔楊忠率兵出沃野晉公護趣洛陽以應之會護戰不利俟斤引還五年詔陳公純大司徒宇文貴神武公竇毅南安公楊荐等往逆女天和二年俟斤又遣使來獻陳公純等至俟斤復貳於齊會有

風雷變乃許純等以后歸語在皇后傳四年俟斤又遣使獻馬俟斤死弟他鉢可汗立自俟斤以來其國富彊有凌轢中夏志朝廷既與和親歲給繒絮錦綵十萬段突厥在京師者又待以優禮衣錦食肉者常以千數齊人懼其寇掠亦傾府藏以給之他鉢彌復驕傲至乃率其徒屬曰但使我在南兩箇兒孝順何憂無物邪建德二年他鉢遣使獻馬及齊滅齊定州刺史范陽王高紹義自馬邑奔之他鉢立紹義爲齊帝召集所部云爲之復讎宣政元年四月他鉢遂入寇幽州殺略居民柱國劉雄率兵拒戰兵敗死之高祖親揔六軍將北伐會帝崩乃班師是冬他鉢復寇邊圍酒泉大掠而去大象元年他鉢復請和親帝冊趙王招女爲千金公主以嫁之并遣執紹義送闕他鉢不奉詔仍寇并州大象二年始遣使奉獻且逆公主而紹義尚留不遣帝又令賀若誼往諭之始送紹義云

吐谷渾本遼東鮮卑慕容廆之庶兄也初吐谷

渾與廆馬鬭而廆馬傷廆遣讓之吐谷渾怒率其部落去之止于枹罕自爲君長及孫葉延頗視書傳以古有王父字爲氏遂以吐谷渾爲氏焉自吐谷渾至伏連籌一十四世伏連籌死子夸呂立始自號爲可汗治伏俟城在青海西十五里雖有城郭而不居之恒處穹廬隨水草畜牧其地東西三千里南北千餘里官有王公僕射尚書及郎中將軍之號夸呂椎髻毦珠以皂爲帽坐金師子床號其妻爲恪尊衣

織成裙披錦大袍辮髮於後首戴金花其俗丈
夫衣服略同於華夏多以羃䍦為冠亦以繒
為帽婦人皆貫珠束髮以多為貴兵器有弓刀
甲矟國無常賦須則稅富室商人以充用焉其
刑罰殺人及盜馬者死餘則徵物量事決杖刑
人必以氈蒙頭持石從高擊殺之父兄亡後妻後
母及嫂等與突厥俗同至于婚姻貧不能備財
物者輒盜女將去死者亦皆埋殯其服制葬訖
則除之性貪婪忍於殺害好射獵以肉酪為糧
亦知種田然其北界氣候多寒唯得蕪菁大
麥故其俗貧多富少青海周回千餘里海內
有小山每冬冰合後以良牝馬置此山至來冬
收之馬皆有孕所生得駒號為龍種必多駿異
世傳青海驄者也土出犛牛烏多鸚鵡大
統中夸吕再遣使獻馬及羊牛等然猶寇抄
不止緣邊多被其害魏廢帝二年太祖勒大
兵至姑臧夸吕震懼遣使貢方物是歲夸吕
又通使於齊氏涼州刺史寧覘知其還率輕

騎襲之於州西赤泉獲其僕射乞伏觸扳將
軍翟潘密商胡二百四十人駞騾六百頭雜綵
絲絹以萬計魏恭帝二年史寧又與突厥木汗
可汗襲擊夸吕破之虜其妻子大獲珍物及
雜畜語在史寧傳武成初夸吕復寇涼州刺
史是云寶戰沒詔賀蘭祥宇文貴率兵討之
夸吕遣其廣定王鍾留王拒戰祥等破之廣定
等遁走又攻拔其洮陽洪和二城置洮州以還保
定中夸吕前後三輩遣使獻方物天和初其龍
涸王莫昌率衆降以其地為扶州二年五月復
遣使來獻建德五年其國大亂高祖詔皇太子
征之軍渡青海至伏俟城夸吕遁走虜其餘
衆而還明年又再遣奉獻宣政初其趙王他婁
屯來降自是朝獻遂絕
高昌者車師前王之故地東去長安四千九百
里漢西域長史及戊己校尉並治於此晉以其地
為高昌郡張軌吕光沮渠蒙遜據河西皆置
太守以統之其後有闞爽及沮渠無諱並自署

爲太守無諱死茹茹殺其弟安周以闞伯周爲
高昌王高昌之稱王自此始也伯周之從子首
歸爲高車所滅次有張孟明馬儒相繼王之並爲
國人所害乃更推立麴嘉爲王嘉字靈鳳金城
榆中人本爲儒右長史魏太和末立嘉死子堅立
其地東西三百里南北五百里國內揔有城一十六
官有令尹一人比中夏相國次有公二人皆其王子
也一爲交河公一爲田地公次有左右衛次有八長
史曰吏部祠部庫部倉部主客禮部民部兵部

等長史也次有建武威遠陵江殿中伏波等將軍
次有八司馬長史之副也次有侍郎校書郎主簿
從事階位相次分掌諸事次有省事專掌導
引其大事決之於王小事則世子及二公隨狀斷決評
章録記事訖即除籍書之外無久掌文按官人
雖有列位並無曹府唯每旦集於牙門評議衆事
諸城各有戶曹水曹田曹每城遣司馬侍郎相監
檢校名爲城令服飾丈夫從胡法婦人略同華
夏兵器有弓箭刀楯甲矟文字亦同華夏兼用

胡書有毛詩論語孝經置學官弟子以相教授
雖習讀之而皆爲胡語賦稅則計輸銀錢無者
輸麻布其刑法風俗婚姻喪葬與華夏小異而
大同地多石磧氣候溫暖穀麥再熟宜蠶多五
果有草曰羊刺其上生蜜焉自嘉以來世修蕃
職於魏大統十四年詔以其世子玄喜爲王恭
帝二年又以其田地公茂嗣位武成元年其王
遣使獻方物保定初又遣使來貢自燉煌向其國多
沙磧道里不可准記唯以人畜骸骨及駞馬糞爲

驗又有魍魎怪異故商旅來往多取伊吾路云
鄯善古樓蘭國也東去長安五千里所治城方
一里地多沙鹵少水草北即白龍堆路魏太武時
爲渠沮安周所攻其王西奔且末西北有流沙數
百里夏日有熱風爲行旅之患風之欲至唯老
駞知之即鳴而聚立埋其口鼻於沙中人每以爲
候亦即將氈擁蔽鼻口其風迅駃斯須過盡若
不防者必至危斃大統八年其兄鄯米率衆內附
焉耆國在白山之南七千里東去長安五千八百

里其王姓龍即前涼張軌所封龍熙之胤所治
城方二里部內凡有九城國小民貧無綱紀法
令兵有弓刀甲矟婚姻略同華夏死亡者皆焚
而後葬其服制滿七日則除之丈夫並翦髮以
爲首飾文字與婆羅門同俗事天神並崇信佛
法尤重二月八日四月八日是日也其國咸依釋教
齋戒行道焉氣候寒土田良沃穀有稻粟菽麥
畜有駝馬牛羊養蠶不以爲絲唯充綿纊俗尚
蒲桃酒兼愛音樂南去海十餘里有魚鹽蒲葦

之饒保定四年其王遣使獻名馬
龜茲國在白山之南一百七十里東去長安六千
七百里其王姓白即後涼呂光所立白震之後所
治城方五六里其刑法殺人者死劫賊則斷其一
臂并刖一足賦稅准地山之天田者則稅銀錢婚
姻喪葬風俗物產與治封天白唯氣候少溫爲
異又出細氈麖皮氍毹鐃多鹽綠雌黃胡粉及
良馬封牛等東有輪臺即漢貳師將軍李廣
利所屠其南三百里有大水東流號計戍水即

黃河也保定元年其王遣使來獻
于闐國在葱嶺之北二百餘里東去長安七千
七百里所治城方八九里部內有大城五小城數十
其刑法殺人者死餘罪各隨輕重懲罰之自外
風俗物產與龜茲略同俗重佛法寺塔僧尼甚
衆王尤信向每設齋日必親自灑掃饋食焉城
南五十里有贊摩寺即昔羅漢比丘盧旃爲
其王造覆盆浮圖之所石上有辟支佛趺處雙
跡猶存自高昌以西諸國人等多深目高昌以東
此一國貌不甚胡頗類華夏城東二十里有大水

北流號樹拔水即黃河也城西十五里亦有大水
名達利水與樹拔俱北流同會於計戍建德三
年其王遣使獻名馬
嚈噠國大月氏之種類在于闐之西東去長安
一萬百里其王治拔底延城蓋王舍城也其城方
十餘里刑法風俗與突厥略同其俗又兄弟共
娶一妻夫無兄弟者其妻戴一角帽若有兄弟
者依其多少之數更加帽角焉其人凶悍能戰

闞于闐安息等大小二十餘國皆役屬之大統
十二年遣使獻其方物魏廢帝二年明帝二年
並遣使來獻後爲突厥所破部落分散職貢
遂絶
粟特國在葱嶺之西蓋古之奄蔡一名溫那
沙治於大澤在康居西北保定四年其王遣使
獻方物
安息國在葱嶺之西治蔚搜城北與康居西
與波斯相接東去長安一萬七百五十里天和

二年其王遣使來獻
波斯國大月氏之別種治蘇利城古條支國也
東去長安一萬五千三百里城方十餘里戶十餘
萬王姓波斯氏坐金羊床戴金花冠衣錦袍織
成帔皆飾以真珠寶物其俗丈夫翦髮戴白
皮帽貫頭衫兩廂近下開之并有巾帔緣以織
成婦女服大衫披大帔其髮前爲髻後被之飾
以金銀華仍貫五色珠絡之於膊王於其國內
別有小牙十餘所猶中國之離宮也每年四月

出遊處之十月乃還王即位以後擇諸子內賢
者密書其名封之於庫諸子及大臣皆莫之知
也王死乃衆共發書視之其封內有名者即立
以爲王餘子各出就邊任兄弟更不相見也國
人號王曰翳囋妃曰防步率王之諸子曰殺野
大官有摸胡壇掌國內獄訟泥忽汗掌庫藏關
禁地早勃掌文書及衆務次有遏羅訶地掌王
之內事薩波勃掌四方兵馬其下皆有屬官分
統其事兵器有甲矟圓排劍弩弓箭戰並乘

象每象百人隨之其刑法重罪懸諸竿上射而
殺之次則繫獄新王立乃釋之輕罪則劓刖若
髡或翦半鬚及繫排於項上以爲恥辱犯彊盜
者禁之終身姦貴人妻者男子流婦人割其耳
鼻賦稅則准地輸銀錢俗事火祆神婚合亦不
擇尊卑諸夷之中最爲醜穢矣民女年十歲以
上有姿貌者王收養之有功勳人即以分賜
死者多棄屍於山一月治服城外有人別居唯知
喪葬之事號爲不淨人若入城市搖鈴自別以

六月為歲首尤重七月七日十二月一日其日民庶以上各相命召設會作樂以極歡娛又以每年正月二十日各祭其先死者氣候暑熱家自藏氷地多沙磧引水溉灌其五穀及禽獸等與中夏略同唯無稻及黍秫土出名馬及駞富室至有數千頭者又出白象師子大鳥卵真珠離珠頗黎珊瑚琥珀瑠璃馬瑙水精瑟瑟金銀鍮石金剛火齊鑌鐵銅錫朱沙水銀綾錦白疊氍毹毾㲪赤麖皮及薰六鬱金蘇合青木等香胡椒畢撥石蜜千年棗香附子訶棃勒無食子鹽綠雌黃等物魏廢帝二年其王遣使來獻方物

史臣曰四夷之為中國患也久矣而北狄尤甚焉昔嚴尤班固咸以周及秦漢未有得其上策雖通賢之宏議而史臣嘗以為疑夫步驟之來綿自今古澆淳之變無隔華戎是以反道德棄仁義凌替之風歲廣至涇陽入北地充斥之釁日深爰自金行遽乎水運戎夏雜錯風俗混并夷狄之情偽中國畢知之矣中國之得失夷狄

備聞之矣若乃不與約誓不就攻伐來而禦之去而守之夫然則敵有餘力我無寧歲將士疲於奔命疆埸苦其交侵欲使偃伯靈臺歐世仁壽其可得乎是知秩宗之雅旨護軍之誠說寔有會於當時而未允於後代也然則易稱見幾而作傳云相時而動夫時者得失之所繫幾者吉凶之所由況乎諸夏之朝治亂之運代有戎狄之地彊弱之勢無恒若使臣畜之與羈縻和親之與征伐因其時而制變觀其幾而立權則舉無遺策謀多上筭獸心之虜革面匪難沙幕之北雲撤何遠安有周秦漢魏優劣在其間哉

列傳第四十二　周書五十

跋

眉山七史唯周書最罕見涵芬樓獨有其二且宋刊之葉尙存什之七八壬申初春正在攝影將付印矣戰事遽作燬於火殘餘才百數十葉懸格訪補應者凡六七部多刓敝不可用余友吴縣潘博山以所藏三朝本相假元明補版多於涵芬藏本版心雖已刓去一望可識然以余所見此亦其亞已列傳第十二賀蘭祥傳宣陽縣公下有建德五年從高祖於并州戰歿贈上大將軍追封清都郡公師尙世宗女位至上儀同大將軍幽州刺史博陵郡公寬開府儀同大將軍武始郡公祥弟隆大將軍襄樂縣公六十六字爲武英殿本及明監本汲古閣本所闕尙不止此紀第四史臣贊享年不永下有嗚呼二字列傳第十王羆傳有客與羆食瓜下有客削瓜三字列傳第二十六元定傳遂爲度等所執下有所部二字列傳第二十八裴果傳幽州總管府下有司馬朔州總管府七字列傳第三十一杜杲傳後四年遷下有溫州諸軍事五字殿本及他本亦無之（唯汲古本有客削瓜三字）其他訛字不勝枚舉舉其甚者紀第七大象二年下立天元皇后楊氏爲天元大皇后天皇后朱氏爲天大皇后天右皇后元氏爲天右大皇后三大字殿本均作太按宣帝即位即立妃楊氏爲皇后大象元年四月又立妃朱氏爲天元帝后七月又改天元帝后朱氏爲天皇后立妃

元氏爲天右皇后又列傳宣帝楊皇后隋文帝長女朱皇后靜帝之母元皇后開府晟之第二女是可知三氏皆皇后殿本稱太皇后實誤列傳第七于謹傳太師晉國公護升階設几於席承上文有司設三老席於中楹而言殿本乃云設几施席一似原未有席者豈非自相牴牾列傳第十二尉遲綱傳太祖西討關隴迴綱與母昌樂大長公主留于晉陽殿本乃曰留守晉陽是綱與其兄母同爲守土之官矣安得有此事乎列傳第十五蘇綽傳以供養老之具殿本養老作養生上文已言以備生生之資矣此又何必複述故知養生二字實非列傳第二十二于翼傳數日間至殿本間作問間者猶言間諜時土谷渾入寇河右涼鄯河三州咸被攻圍軍事方急遣使偵採事所當有若通音問恐有未能列傳第三十八皇甫遐傳遭母喪乃廬於墓側負土爲墳後於墓南作一襌窟又云襌窟重臺兩匝總成十有二室按襌字當從衣旁訓附訓小蓋遐於其母墓側穿一窟室取土培墓已即處於窟中冀朝夕不離其母而殿本乃改爲禪窟按之本傳絕無於彼習佛參禪之意蓋襌禪形近遂因而致誤耳列傳第四十二突厥傳父兄伯叔死者殿本無兄字按此對下文子弟及姪等與後母世叔母及嫂言若無兄字則文義爲不完矣先是涵芬藏本未燬時余嘗用校諸本其校記尙存紀第七大象二年下每召侍臣

論議是本論議作論議列傳第七李㦸傳贈恆朔等五州刺史是本無贈字列傳第十王羆傳討平諸賊是本討平作許平列傳第十六盧辯傳強記默識是本默識作默契列傳第二十史寧傳梁武帝引寧至香磴前是本磴作蹬列傳第二十二竇熾傳政號清淨是本淨作靜列傳第二十四陸通傳戰於邙山是本邙作芒列傳第二十六元定傳先時生羌據險不賓者是本生羌作主羌列傳第二十八司馬裔傳信州蠻酋冉令賢等是本冉作舟裴果傳司右中士帥都督涼州別駕是本無士字列傳第三十一辛慶之族子昂傳遂募開通二州得三千人是本開通作通開列傳第三十三庾信傳才子并命俱非百年是本非作飛又硎穽摺拉是本硎作州列傳第三十六扶猛傳時遣使微通餉饋而已是本微作徵凡此諸字均似舊本勝於今茲所用之本而灰燼銷沈永不復見於人世良可惜已海鹽張元濟

周跋 三